高等院校经济与管理专业教材

资产评估理论与实务

于艳芳　宋凤轩　编著

人民邮电出版社

北　京

图书在版编目(CIP)数据

资产评估理论与实务 / 于艳芳，宋凤轩编著 . —北京：人民邮电出版社，2010.2

高等院校经济与管理专业教材

ISBN 978-7-115-22237-4

Ⅰ.①资… Ⅱ.①于… ②宋… Ⅲ.①资产评估—高等学校—教材 Ⅳ.①F20

中国版本图书馆 CIP 数据核字（2010）第 010785 号

内 容 提 要

在资产评估理论不断发展和资产评估实务操作不断规范的背景下，本书坚持理论联系实际的原则，从资产评估的基本理论、具体资产评估实务以及评估报告与案例分析三个方面进行了详细的阐述。全书内容全面、系统、实用且具有较强的可操作性。

本教材既适用于高等院校财经与工商管理类专业的资产评估课程，也可作为专业资产评估人员的参考用书。

高等院校经济与管理专业教材

资产评估理论与实务

◆ 编　著　于艳芳　宋凤轩

　　责任编辑　张亚捷

　　执行编辑　程珍珍

◆ 人民邮电出版社出版发行　　北京市崇文区夕照寺街 14 号

邮编 100061　电子函件 315@ ptpress. com. cn

网址 http://www. ptpress. com. cn

三河市海波印务有限公司印刷

◆ 开本：787×1092　1/16

印张：25　　　　　　　　2010 年 2 月第 1 版

字数：360 千字　　　　　2010 年 2 月河北第 1 次印刷

ISBN 978-7-115-22237-4

定　价：45.00 元

读者服务热线：(010) 67129879　印装质量热线：(010) 67129223

反盗版热线：(010) 67171154

前　言

我国资产评估行业经过 20 余年的迅速发展，已经深入到市场经济的诸多领域，并且在国民经济中的服务范围也得到逐步拓展，服务对象包括了各种经济成分的各类资产。资产评估在我国经济改革和对外开放、证券市场发育、保障资产权益相关的各方利益、维护市场经济秩序等方面发挥了重要作用，因此，资产评估行业已经成为与注册会计师和律师并列的三大中介服务行业之一，是我国社会主义市场经济体系的重要组成部分。但是，在目前的资产评估实践中还存在着很多问题，涉及到的方面也很多，这一现状和资产评估理论研究相对落后是息息相关的。为此，我们组织编写了《资产评估理论与实务》一书，作为高等院校本科教材。希望本教材能为开设这门课程的财政学专业、会计专业、财务管理专业、人力资源管理专业和工商管理专业的学生提供一些指导和帮助，使他们初步了解资产评估的基本理论、基本思路和基本方法，并为他们今后继续研究资产评估理论或参加资产评估实践打下良好的基础。

本书坚持理论联系实际的原则，力求全面、系统、实用。在详细介绍了资产评估基本理论的基础上，更为详细地介绍了各类具体资产的评估方法，包括基本理论、具体资产评估实务和评估报告与案例分析三篇内容，共十三章。第一篇为资产评估基本理论部分，共四章，分别介绍了资产评估基本知识、资产评估准则、资产评估程序和资产评估基本方法；第二篇为具体资产评估实务部分，共七章，分别介绍了机器设备评估、不动产评估、资源资产评估、无形资产评估、流动资产评估、长期投资评估和企业价值评估；第三篇为资产评估报告与案例分析部分，共两章，分别介绍了资产评估报告、机器设备评估案例、不动产评估案例、无形资产评估案例和企业价值评估案例。

参加本书编写的人员具体分工如下：于艳芳老师编写了第一章、第四章、第八章和第十一章；宋凤轩老师编写了第二章、第五章和第六章；杨文杰老师和杨勇刚老师共同编写了第三章和第九章；钤青莲老师和康绍娟老师共同编写了第七章和第十章；姜杰凡老师和谷彦芳老师共同编写了第十二章和第十三章。最后由于艳芳老师和宋凤轩老师总纂、定稿。

我们在本书编写过程中参考了注册资产评估师考试用书和国内专家的优秀研究成果。此外，本教材的顺利出版得到了人民邮电出版社各位员工的支持和帮助，在此表示衷心的感谢。

由于时间和水平有限，本书的缺点和不足之处在所难免，真诚欢迎广大读者给予批评指正。

编者

2009 年 12 月

目　录

第一篇
资产评估基本理论

第一章 资产评估概论

学习目的与要求

通过本章的学习，使学生了解：资产评估的含义及特点；资产价值形成原理；资产评估的主体和依据；资产评估与会计工作、审计和清产核资的关系；资产评估的目的和价值类型；资产评估的假设和原则；资产评估的产生与发展。重点要掌握资产评估的特点和资产评估的要素。

第一节 资产评估的含义及特点

一、资产评估的含义

(一) 资产

资产是个具有多角度、多层面的概念，既有经济学中资产的概念，也有其他学科，如会计学科中资产的概念。经济学中的资产是指特定经济主体拥有或控制的，能够给特定经济主体带来经济利益的经济资源；会计学中的资产是指过去的交易或事项形成的并由企业拥有或控制的资源，该资源预期会给企业带来经济利益；资产评估学中的资产概念在全国注册资产评估师考试辅导教材《资产评估》中则表述为经济主体拥有或控制的、能以货币计量的并能够给经济主体带来经济效益的经济资源。可见，资产评估学中的资产更接近于经济学中的资产。

1. 资产的基本特点

(1) 资产必须由经济主体拥有或控制。通常情况下，企业应当对其资产拥有所有权，企业可以按照自己的意愿使用或处置该项资产，其他企业或个人未经同意，不能擅自使用。但在某些情况下，对于一些特殊方式形成的资产，如融资租入固定资产、土地使用权等，企业虽然对其不拥有所有权，但实际上能够对其实施控制，按照实质重于形式的原则，也应当确认为经济主体的资产。

(2) 资产必须能够用货币计量。即资产价值必须能够用货币进行计量，否则就不能确认为资产。

(3) 资产必须能够给经济主体带来未来经济利益，这是资产最重要的特征。所谓给经济主体带来未来经济利益，是指直接或间接地增加流入经济主体的现金或现金等价物的潜力，这种潜力可以单独或与其他资产结合起来产生净现金流入。预期不能带来经济利益的，就不能作为经济主体的资产。同样，对于经济主体已经取得的某项资产，如果其未来经济利益已经不复存在，就应该将其剔除，不能再作为经济主体的资产，否则，将会虚增经济主体的资产。

2. 资产的分类

资产的种类多种多样，为了便于评估的操作和进行科学的评估，需要对资产按照不同的标准进行分类。

（1）按被评估资产是否具有综合获利能力可分为单项资产和整体资产。单项资产是指单台、单件的资产，如一台设备、一栋房屋、一种材料等。整体资产是指由一组单项资产组成的具有整体获利能力的资产综合体，如一个具有正常经营活动能力的企业、一个独立的部门或车间等。在一些情况下，企业各单项资产之和并不一定等于企业的整体资产，因为在企业整体资产中，有一部分资产无法以单项资产的形式存在。另外，判断资产具有综合获利能力的标准是是否具备单独计算获利能力。

（2）按被评估资产的存在形态可分为有形资产和无形资产。有形资产是指那些具有实物形态的资产，如机器设备、房屋建筑物、库存商品等。无形资产是指那些没有实物形态，但在很大程度上制约着企业物质产品生产能力和生产质量，直接影响企业经济效益的资产，主要包括专利权、商标权、非专利技术、土地使用权、特许权、商誉等。无形资产通常具有较强的综合性，影响因素较为复杂，评估难度也较大。

（3）按被评估资产能否独立存在可分为可确指的资产和不可确指的资产。可确指的资产是指能独立存在的资产，除商誉以外的有形资产和无形资产，都是可确指的资产。不可确指的资产是指不能脱离企业有形资产而单独存在的资产，如商誉。商誉是指企业基于地理位置优越、信誉卓著、生产经营出色、劳动效率高、历史悠久、经验丰富、技术先进等原因，所获得的投资收益率高于一般正常投资收益率所形成的超额收益资本化的结果。商誉是一种特殊的无形资产，它不能以独立的形式存在，通常表现为企业整体资产与各单项资产之和的差额。

（4）按被评估资产与生产经营过程的关系可分为经营性资产和非经营性资产。经营性资产是指处于生产经营过程中的资产，如企业中的机器设备、厂房、运输工具等。经营性资产又可按其是否对盈利产生影响分为有效资产和无效资产，区分有效资产和无效资产是开展资产评估工作的一项重要内容。非经营性资产是指处于生产经营过程以外的资产，如政府机关用房、办公设备等。

（5）按会计报表项目可分为流动资产、长期投资、固定资产、无形资产及其他资产。目前我国资产评估实务工作中，企业资产评估项目通常情况下是与企业会计报表相联系的，了解这些不同类型的资产，有利于合理地组织和顺利地完成企业整体资产评估项目，同时，也便于被评估单位在评估对象发生产权变动后根据评估结果进行会计账务处理。

（6）按资产的法律意义不同可分为不动产、动产和合法权利。不动产是指不能离开原有固定位置而存在的资产，如自然资源等。动产是指能脱离原有位置而存在的资产，如各种流动资产、长期资产。合法权利是指受国家法律保护并能取得预期收益的特权，如专利权、商标权、特许经营权等无形资产。

（二）价格和价值

价格是历史数据或事实，是特定交易行为中，特定买方和卖方对商品或服务实际支付或收到的货币金额。价值是一个交换价值范畴，不是历史数据或事实，只是专业人士根据特定的价值定义在特定时间内对商品或服务价值的估计。

对于是评估资产的价值还是评估资产的价格，资产评估理论界的争论由来已久，《国际评估准则》避开了不必要的争论，指出价格是事实，而价值是对资产在一定条件下应当进行交易的价格的估计额，认为评估的是资产的价值。本书也认为，评估的是资产的价值而不是资产的实际成交价格。在具体评估中，应该谨慎使用价值这一概念，也就是说，要明确评估的是资产的什么价值。

（三）资产评估

传统概念上，资产评估是指专业机构和人员，按照国家法律、法规和资产评估准则，根据特定目的，遵循评估原则，依照相关程序，选择适当的价值类型，运用科学方法，对资产价值进行评定和估算的行为。

2004 年颁布的《资产评估准则——基本准则》中，资产评估是指注册资产评估师依据相关法律、法规和资产评估准则，对评估对象在评估基准日特定目的下的价值进行分析、估算并发表专业意见的行为和过程。这一概念强调资产评估是要发表专业的意见，更有利于明确评估责任。

由资产评估的定义可知，资产评估作为一种评估程序，会涉及资产评估的基本要素。主要包括：

1. 评估主体，即从事资产评估的机构和人员，他们是资产评估工作的主导者；

2. 评估客体，即被评估的资产，它是资产评估的具体对象，也称为评估对象；

3. 评估依据，也就是资产评估工作所遵循的法律、法规、经济行为文件、重大合同、协议以及收费标准和其他参考依据；

4. 评估目的，即资产业务引发的经济行为对资产评估结果的要求，或资产评估结果的具体用途。它直接或间接地决定和制约资产评估价值类型和方法的选择；

5. 评估价值类型，即对评估价值的质的规定，它对资产评估参数的选择具有约束性；

6. 评估假设，即资产评估行为的基本前提，是建立资产评估理论体系和方法体系的基础；

7. 评估原则，即资产评估的行为规范，是调节评估当事人各方关系、处理评估业务的行为准则；

8. 评估准则，即资产评估执业的标准规范，是实行资产评估行业自律管理的重要依据；

9. 评估程序，即资产评估工作从开始准备到最后结束的工作顺序；

10. 评估方法，即资产评估所运用的特定技术，是分析和判断资产评估价值的手段和途径。这里的评估目的、评估价值类型、评估方法与评估结果具有非常密切的联系，必须引起高度的重视。

二、资产评估的种类和特点

（一）资产评估的种类

资产种类的多样化和资产业务的多样性，决定了资产评估也相应有多种类型。

1. 按工作内容可分为一般评估、评估复核和评估咨询。一般评估是指在正常情况下的资产评估，通常以资产发生产权变动、产权交易以及资产保险、纳税或其他经济行为为前提，包括市场价值评估和市场价值以外的价值评估。评估复核是指在对被评估的资产已经出具评估报告的基础上，由其他评估机构和评估人员对同一被评估资产独立地进行评定和估算并出具报告的行为和过程。评估咨询是一个较为宽泛的术语。确切地讲，评估咨询对评估标的价值的估计和判断并不是主要的，它更侧重于评估标的的利用价值、利用方式、利用效果的分析和研究，以及与此相关的市场分析、可行性研究等。本书所讲内容属于一般评估。

2. 按资产评估与准则的关系可分为完全评估和限制评估。完全评估一般是指完全按照评估准则的要求进行资产评估，未适用准则中的背离条款。完全评估中的被评估资产通常不受某些方面的限制，评估人员可以按照评估准则和有关规定收集评估资料并对被评估资产的价值作出判断。限制评估一般是指根据背离条款，或在允许的前提下未完全按照评估准则或规定进行的资产评估，评估结果受到某些特殊因素的影响。本书所讲内容属于完全评估。

3. 按评估对象与适用原则可分为单项资产评估和整体资产评估。单项资产评估是指评估对象为单项可确指资产的评估。整体资产评估是指以若干单项资产组成的资产综合体所具有的整体生产能力或获利能力为评估对象的资产评估。企业价值评估是整体资产评估最常见的形式。整体资产评估不同于单项资产评估的关键之处就是在整体资产评估工作中要以贡献原则为中心，考虑不同资产的相互作用以及它们对企业整体生产能力或总体获利能力的影响。

（二）资产评估的特点

充分理解和把握资产评估的特点，有利于进一步理解资产评估的实质，提高资产评估工作的质量。

1. 现实性。资产评估是以一定的时点即资产评估基准日为基础进行的活动，被评估资产是现实的、客观存在的。在进行资产的评定和估算时，仅以资产的现实状态为基础，而不考虑其过去的状况和现实状况的形成过程；而且资产评估值不是永远都正确的，它具有一定的时效性，一般在评估基准日后一年内有效。

2. 市场性。资产评估是适应市场经济要求的专业中介服务活动，其基本目标就是根据资产业务的不同性质，通过模拟市场条件对资产价值作出经得起市场检验的评定估算和报告。

3. 预测性。预测性是指以资产未来的潜能反映现实的价值。现实的评估值必须反映资产未来的潜能，未来没有潜能和效用的资产，现实的评估值是不存在的。

4. 公正性。公正性是指资产评估行为服务于资产业务的需要，而不是服务于资产业务当事人的任何一方的需要。公正性主要表现为：

（1）资产评估按公允、法定的准则和规程进行，公允的行为规范和业务规范是公正性的技术基础；

（2）评估人员是与资产业务没有利害关系的第三者，这是公正性的组织基础。

5. 咨询性。咨询性是指资产评估结论为资产业务提供专业化评估意见，该意见本身并无强制执行的效力，评估师只对结论本身合乎职业规范要求负责，而不对资产业务定价决策负责。评估结果只是为资产业务提供一个参考价值，最终的成交价格取决于交易双方在交易过程中的讨价还价能力。

6. 专业性。资产评估是一种专业人员的活动，从事资产评估业务的机构应由一定数量和不同类型的专家及专业人士组成。专业性主要表现为：

（1）资产评估机构形成专业化分工，使得评估活动专业化；

（2）评估机构及其评估人员对资产价值的评估都是建立在专业技术知识和经验的基础之上的。

三、资产评估的功能

资产评估在市场经济中发挥着重要的社会中介服务的功能，具体可以概括为：评价和评值功能、管理功能、公证功能。

（一）评价和评值功能

资产评估的评价和评值功能是指资产评估具有评定和估算资产价值的内在功效和能力，它包括对资产的性质和价值量的评价和估计。评价和评值功能是资产评估的基本职能，也是首要职能。随着人们对在各种条件下了解资产价值需求的不断增加，资产评估也会不断地发展，在其评价和评值功能的基础上，又赋予了资产评估一些辅助功能，如管理功能和公证功能等。

（二）管理功能

资产评估的管理功能是指在以公有制为基础的社会主义市场经济初级阶段中，国家赋予资产评估特殊的功能。在社会主义市场经济初级阶段的某一历史时期，作为国有资产所有者代表的国家，不仅把资产评估视为提供专业服务的中介行业，而且将其作为维护国有资产、促使国有资产保值增值的工具和手段。国家通过制定申请立项、资产清查、评定估算和验证确认的国有资产评估管理程序，使得资产评估具有了管理功能。但是，资产评估的管理职能并不是与资产评估同时产生和存在的，它只是国有资产评估在特定历史时期的特定职能，会随着国家在国有资产评估管理体制方面的变化而加强或减弱。从目前我国的情况来看，2001年12月21日，国务院办公厅转发的《财政部关于改革国有资产评估行政管理方式加强资产评估监督管理工作意见的通知》指出：取消政府部门对国有资产评估项目的立项确认审批制度，实行核准制和备案制。这说明随着国有资产评估项目的立项确认审批制度的取消和核准制及备案制的确立，资产评估的管理职能将随之减弱。

（三）公证功能

资产评估的公证功能是指资产业务、评估对象和评估报告的使用者的特殊性要求及发挥的公证作用的职能。随着抵押贷款、财产担保等经济活动日益频繁，资产评估经常被用于证明资产的存在以及资产的价值量，以满足银行及有关部门发放贷款以及其他形式融资的需要。通过资产评估来证实资产及资产价值量的需求使得资产评估具备了公证作用的职能。从这个意义上讲，资产评估的公证功能是由资产评估及评估功能派生出来的辅助性功能，但资产评估的公证功能将会发挥越来越重要的作用。

四、资产评估与会计工作、审计和清产核资的关系

（一）资产评估与会计工作的关系

由于资产评估产生于对资产价值进行估算的客观需要，资产评估所需要的数据资料有相

当一部分来源于企业的财务会计数据，而会计工作也涉及到对资产的价值进行计量的问题。因此，会计工作与资产评估二者之间有许多联系，但它们之间也存在着根本的区别，只有科学地认识它们之间的不同点，才能充分发挥资产评估和会计工作在社会经济中的不同作用。

1. 资产评估与会计工作的联系

（1）资产评估的结论为会计计价提供依据。《公司法》及相关法律法规规定当投资方以非货币资产投资时，应当对非货币资产进行资产评估，以资产评估结果为依据，确定投资数额，并以此作为公司会计入账的重要依据；当企业进行联合、兼并、重组等产权变动的经济行为时，也需要对拟发生产权变动的资产进行评估，评估结果可以作为产权变动后企业重新建账、调账的重要依据；此外，为了消除通货膨胀等因素的影响，使财务报表使用者正确理解和使用财务报表数据，《国际会计准则》及许多国家的会计制度中，也提倡或允许同时使用历史成本和现行公允价值对有关资产进行记账和披露，而公允价值一般可通过资产评估得到。例如，91/92 版的《国际会计准则 16——固定资产会计》第 21 条指出："有时财务报表不是在历史成本的基础上编报，而是将一部分或全部固定资产以代替历史成本的重估价值编报，折旧也相应地重算……"，第 22 条指出："重定固定资产价值的公认方法，是由合格的专业估价员进行估价，有时也使用其他方法，如按指数或参照现行价格进行调整。"另外，英国、丹麦、法国也颁布过类似的规定。可见，特定条件下，资产会计计价和财务报告需要利用资产评估结论。鉴于此，国际资产评估准则中对资产评估与会计之间的联系给予了充分的考虑，对"以会计报表为目的的资产评估"方面的内容作出了规定。

（2）资产评估结论的形成依赖于会计提供的有关数据资料。资产评估结论的形成需要大量的数据支持，评估中所依据的许多数据资料都来源于企业的会计资料和财务数据，特别是在续用前提下的资产评估。如企业会计账簿中记录的取得资产的原始凭证是资产评估工作中确定资产产权和原始价值构成的重要证明资料；对固定资产修理和损耗情况的记录是资产评估工作中判断其实际贬值、确定成新率指标的重要参考；资产评估工作中对资产的预期收益、预期风险的测算都离不开企业的财务会计数据。另外，由于资产评估结论的形成依赖于会计提供的有关数据资料，这些企业会计数据资料的准确度在一定程度上也会对资产评估结果的质量产生影响。

因此，不管是特定条件下会计计价利用资产评估的结果，还是资产评估需要参考会计数据资料，都说明资产评估与会计工作有着一定的联系，而且这种联系会随着投资者对企业披露资产现值要求的不断提高而更加广泛。

2. 资产评估与会计工作的区别

（1）性质和基本职能不同。会计工作是一项以记账、算账和报账为基本手段，连续、系统地反映和监督企业生产经营、财务收支及其成果的一种社会活动，是企业组织管理中的一个重要组成部分，其基本职能是对会计主体经济活动的反映和监督。资产评估则是一种以提供资产价值判断为主要内容的咨询活动，同时也是一种社会中介服务活动，其基本职能是评值和评价。

（2）确定资产价值的依据不同。会计账簿中为了能够清楚地反映资产的取得成本，主要以历史成本为依据记录资产的价值，对于没有发生实际耗费的资产，通常情况下不予确认。

而在资产评估中，判断一项资产是否有价值以及价值的大小，则不能简单地以是否发生历史成本为标准，而必须以资产的效用和市场价值为依据，对于那些虽有历史成本的发生，但在评估基准日及其以后不能再给企业创造收益的资产，或没有市场需求的资产，从资产评估的角度来看，则没有价值；而对于那些虽没有发生实际支出，但能给企业带来预期收益的项目，仍然可以对其价值进行评估。

（3）计价方法不同。现代会计理论为了解决通货膨胀因素的影响，使会计资料更好地反映资产的现时价值，对于资产计价方法在历史成本计价的基础上，又提出了重置成本、变现价值、收入现值和清算价值等多种新的会计计量标准。但到目前为止，世界各国普遍采用的资产计价方法仍然以历史成本为主。而资产评估中的资产价值评估除了可以利用核算方法外，还广泛采用收益法、市场法等多种技术方法。

（4）计价目的不同。会计与资产评估虽都要对资产的价值进行确认和计量，但二者的计价目的却不同。会计计价的总体目标是全面反映企业的历史和现实资产状况，为企业管理服务，而资产评估的总体目标则是为资产交易提供估值服务。

（二）资产评估与审计的关系

资产评估与审计都是通过专业机构和人员为社会提供中介服务，二者在业务上有着广泛的联系，但也存在着本质的区别。

1. 资产评估与审计的联系

（1）使用的方法相同。审计主要是对反映企事业单位经济活动的财务资料及其相关资料的真实性、公允性、合理性等方面作出判断，属于"事实判断"的范畴，因此审计中运用的主要方法是分析法和证实法，如对期初余额的分析性复核、对应收账款的函审、对存货的监盘等。资产评估虽然要对被评估资产的价值作出判断，具有"价值判断"的性质，但在实际工作中也会广泛采用分析法和证实法，如在资产评估中的资产清查阶段，要对委托方申报的评估对象进行核实和界定时，就需采用证实法，对应收账款价值的判断通常也会运用向债务人发询证函、对存货的数量和价值判断必须依赖于评估人员对存货的检测和盘点等。可以说，资产评估中很多方法均借鉴了审计的方法，特别是流动资产的评估。

（2）二者是相互配合的。在实际工作中，资产评估与审计通常情况下是相互配合的。企业经过审计后，剔除了财务资料中的虚假成分，使其公允性得到证实，在此基础上开展资产评估工作，可以大大减少资产评估的工作量，如评估前期的财产清查、企业整体资产评估中的流动资产评估等，审计结果为评估提供了基础数据。企业经过资产评估后，对资产的现存数量及其产权进行了核实，对资产的现实价值进行了估算，这些都是审计财务报表的重要依据。

2. 资产评估与审计的区别

（1）产生的社会条件和活动的本质不同。审计是在现代企业两权分离背景下产生的旨在对企业财务报表所反映的企业财务状况和经营成果的真实性和公允性作出事实判断，具有明显的公证性特征。资产评估是在市场经济充分发展，适应资产交易、产权变动的需要，旨在为委托人与有关当事人的被评估资产作出价值判断，具有明显的咨询性特征。

（2）执业过程中遵循的原则不同。审计人员在执业过程中，要自始至终地贯彻公证、防护和建设三大专业原则，而资产评估人员在执业过程中则必须遵循供求、替代、贡献、预期等基本经济原则。

（3）专业基础不同。审计工作主要是围绕着会计及相关法规进行的，开展审计工作所需的专业知识以会计学、税法及其他经济法规等为主，因此，审计人员主要由具有财务方面知识的人员构成；而开展资产评估工作所需的专业知识，除了涉及经济学、法律、会计学等社会科学知识外，工程、技术等方面的自然科学知识也是其重要的组成部分，因此，从总体上来看，资产评估体现了专业知识的综合性，它不但要由具有财务方面知识的人员构成，而且还应当由具有建筑、设备、土地等方面的专业技术人员构成。

（4）与会计原则的关系不同。尽管现代审计的业务范围不断扩大，但对会计报告的审计仍然是审计的基本业务，审计会计报表及其相关业务的标准与会计是一致的，如对资产价值的计量都以历史成本原则为主，凡是违背了这一会计原则的，审计都将给予查处；而资产评估虽然与会计有着密切的联系，但在资产价值计量标准上却有很大区别，会计强调资产的历史成本，而资产评估则强调资产的现时价值，注重资产的重置成本、市场价值和未来收益的价值。

（三）资产评估与清产核资的关系

清产核资是清查企业财产、核实企业资金的过程，是国家为了了解企业的资产及现有资产的实际存量和价值状况，解决企业的账面价值与实际价值严重不符等问题而进行的一项管理活动。我国曾先后进行过五次全国性的清产核资工作。清产核资与资产评估在许多方面具有相同的内容，但二者也有本质的区别。

1. 资产评估与清产核资的联系

（1）资产评估与清产核资都属于资产管理的范畴，是资产业务的一种形式。在市场经济条件下，作为资产业务范畴的资产管理具有多种多样的形式，但其目的都是为了提高资产的运营效率，使有限的经济资源发挥最大的经济效力。作为资产管理的内容，资产评估和清产核资分别是两种不同的手段。

（2）资产评估与清产核资都是以资产作为对象的资产管理方式。资产评估是对拟发生交易或产权变动的资产的价值进行的估算，作为资产评估对象的资产既可以是会计资料中已经确认的有形资产或无形资产，也可以是尚未在会计账簿中予以确认但能够给企业带来预期经济效益的资源；清产核资只是对企业已入账的部分有形资产进行清查核实、重估调账，主要以实物资产为主，对于尚未入账或已入账的无形资产、流动资产等则一般不作为清产核资的对象。尽管二者在资产的范围上有一定的区别，但它们的行为指向的都是资产。

（3）资产评估与清产核资都要对资产进行清查和核实。资产评估前期工作的一项重要内容就是与被评估单位一起对被评估资产的现有数量和质量状况进行清查核实，在现场工作阶段，评估人员还要逐项勘察、检测，以确定被评估资产的价值状况；开展清产核资工作的主要目的是弄清资产主体占有资产的历史价值及其变化情况，不对资产进行清查和核实就难以达到其目的。

2. 资产评估与清产核资的区别

（1）目的不同。资产评估的目的在于通过评定、估算资产的现时价值，适应资产产权的变动与交易，促进资产或产权的合理流动，维护资产业务有关各方的合法权益。而清产核资的主要目的则是弄清企业的资产及财务状况，为企业管理和核算提供基础和依据，促进企业管理的科学化。

（2）方法不同。资产评估是由专门的评估机构和专业评估人员按照严格的评估程序，运用规范的评估方法进行的，评估结果通常以评估报告的形式提交给委托方，具体评估方法包括市场法、成本法和收益法，任何评估机构或评估人员都不得违反。而清产核资则一般没有法定的、严格的评估方法和评估程序，在执行过程中可以根据实际情况灵活掌握。

（3）价值尺度不同。清产核资只考虑资产本身的价值，按照资产的历史成本原则计价。而资产评估除了按资产的历史成本原则计价外，还必须考虑资产使用的收益以及资产占有单位各类资产的匹配情况以及货币的时间价值等，主要反映企业资产的获利能力和现时价值。

（4）范围不同。清产核资通常仅对企业的有形资产即实物资产、各种款项、债权和债务进行清理核实。而资产评估除了对企业的有形资产进行清理核实外，还必须对无形资产如商誉、商标、专利以及土地使用权等进行评定估算，其范围比较广。

（5）主体和功能不同。清产核资一般在上级有关部门的指导下，由企业内部财务人员进行，因此不具有客观性和公证性。而资产评估必须由企业之外专门的资产评估机构和人员进行，资产评估提供的服务属于社会中介服务，具有独立性，因此资产评估既具有评值功能，还具有评价功能和公证功能。

（6）结果的效力不同。清产核资的结果只能作为企业自身在经济核算和向上级反映企业经营状况时使用，其结果不具有法律效力。而资产评估的结果除了作为企业在经济核算和向上级反映企业经营状况时使用，还可以是企业股东或其他利益主体维护自己合法权益的法律依据，评估机构和评估人员对资产业务的有关方面承担相应的法律责任。

第二节　资产价值的形成原理

资产评估是对一定时点资产价值的评定估算，而评估资产价值的不同方法所适用的价值理论依据是不同的，所以，我们首先介绍一下资产价值的形成原理。关于价值，从早期的重商主义和重农学派到近现代经济学派都对此争论不休，而且形成了不同的价值观和不同的经济学流派。我们这里主要介绍劳动价值论、效用价值论和均衡价值论。

（一）劳动价值论

劳动价值论由大卫·李嘉图创立，并在马克思经济学中得到发展完善。这种观点认为是劳动创造了价值，资产的价值由生产这种资产的社会必要劳动时间决定。生产资产的社会必要劳动时间越长，资产的价值就越大，因此，资产评估中要充分考虑生产资产的社会必要劳动时间。

劳动价值论认为资产的价值由凝结在资产中的物化劳动和活劳动决定，也就是资产的价值是由其生产成本决定的。因此，劳动价值论是资产评估方法——成本法的理论依据。

（二）效用价值论

19世纪70年代，经济学发生了边际革命，出现了边际效用价值论，进而形成了边际效用学派。该学派认为资产的价值不是来自于生产过程，而是来自于消费者对于资产的主观评价。

效用价值论认为，资产的价值由资产为其所有者带来的效用决定，资产的效用越大，资产的价值就越高。而资产的效用就是资产为其所有者带来的收益。所以，一项资产的未来收益越高，资产的价值就越大，反之就越小。因此，效用价值论是资产评估方法——收益法的理论依据。

（三）均衡价值论

19世纪末20世纪初，以马歇尔为代表的新古典主义学派成功地将古典经济学派的供给——成本观点与边际学派的需求——价格观点结合起来。认为市场的供给与需求共同决定了资产的价值，形成了均衡价值论。

均衡价值论认为资产的价值是由供给与需求双方形成的均衡价格所决定的。在均衡价格中有需求价格，它取决于消费者对资产效用的主观评价，是买方愿意支付的最高价格；在均衡价格中也有供给价格，它取决于生产费用，是生产者愿意接受的最低价格。因此，均衡价格是供求双方的意愿达成一致时的价格，均衡价格受效用与生产费用两个因素的影响。

均衡价值论认为在资产评估中，既要考虑资产的购建成本，又要考虑资产的效用。在市场竞争激烈的环境中，资产的市场价格是以实际价格（价值）为基础上下波动的。因此，均衡价值论是资产评估方法——市场法的理论依据。

第三节　资产评估的主体和依据

一、资产评估的主体

资产评估的主体是指具体从事资产评估工作的评估人员及由评估人员组成的评估机构。资产评估具有很强的技术性、政策性，是跨专业、跨学科、跨行业的边缘学科及综合性社会活动。资产评估的质量将影响委托人及有关当事人的经济决策和经济利益。因此，作为资产评估的具体操作机构及其人员必须具备执业的技术业务素质和相应的职业道德。

（一）资产评估机构

1. 资产评估机构的类型

从目前及发展的趋势来看，我国的资产评估机构大致可以从以下两个方面进行分类。

（1）按照评估机构的执业范围可分为专营资产评估机构、专项资产评估机构和兼营资产评估机构。专营资产评估机构大都是专门从事资产评估，而不从事其他中介业务的资产评估事务所或资产评估公司。一般情况下，专营资产评估机构的评估业务的范围比较广泛，评估人员比较固定，评估人员的素质相对较高。专项资产评估机构大都是专门从事某一类或某一项资产的评估机构。如土地估价事务所、不动产估价事务所等。专项资产评估机构由于评估范围较窄，评估对象的性质、功能比较统一，专业性比较强，因而，专项资产评估机构的专业化程度和专业技术水平比较高，具有较明显的专业优势。兼营资产评估机构是指那些开展多种中介服务活动的会计师事务所、审计师事务所、财务咨询公司等，这些中介机构把资产评估作为机构咨询执业的一项业务内容，同时开展财务审计、查账验货等业务活动。

（2）按照评估机构的企业组织形式可分为合伙制资产评估机构和有限责任制资产评估机构。合伙制资产评估机构，由发起人共同出资设立、共同经营，对合伙债务承担无限连带责任。有限责任制资产评估机构，由发起人共同出资设立，评估机构以其全部财产对其债务承担责任。通过资产评估机构与原部门进行脱钩改制，我国的评估机构将适应社会主义市场经济，与国际惯例相衔接，朝着完全合伙制和有限责任制资产评估机构的方向发展。

2. 资产评估机构执业资格制度

按现行的资产评估机构管理体制的规定，要取得资产评估执业资格的中介机构，必须满足国家对资产评估机构在注册资本、人员构成、内部制度建设等方面的要求和条件，并取得省级以上资产评估行政主管部门授予的资格证书。同时，国家对已取得资产评估执业资格的资产评估机构实行等级制度，并采取统一政策、分级管理的原则。如 A 级资产评估机构可以从事包括股票上市企业资产评估在内的所有资产评估项目；B 级资产评估机构可从事除企业股份化上市外的所有资产评估项目。另外，非专业性的资产评估机构，可以从事与各等级相适应的土地、房地产、机器设备、流动资产、无形资产、其他长期资产及整体资产评估项目；从事土地、不动产或无形资产等专业性资产评估业务的机构，其评估资格等级只限于 B 级以下，评估范围只限于该专业资产相应的范围内。各等级的资产评估机构开展资产评估业务，不受地区、部门的限制，可在全国范围内从事与该资格等级相适应的资产评估项目。

（二）资产评估人员

1. 注册资产评估师制度

我国的注册资产评估师制度大致由注册资产评估师执业资格考试制度、注册资产评估师注册制度、注册资产评估师执业管理制度和注册资产评估师后续教育制度组成。

注册资产评估师执业资格考试制度是指要取得注册资产评估师资格的人，必须参加注册资产评估师执业资格全国统一考试，考试合格者获得注册资产评估师资格。

注册资产评估师注册制度是指国家对资产评估人员实行注册登记管理制度。凡按本规定通过考试，取得中华人民共和国注册资产评估师《执业资格证书》，并经登记注册的人员，方可从事资产评估业务。

注册资产评估师执业管理制度主要由注册资产评估师的执业技术规范和职业道德规范组成。注册资产评估师执业技术规范原则规定了注册资产评估师的执业范围、执业技术规程和执业责任。注册资产评估师职业道德规范具体规定了注册资产评估师的职业理想、职业态度、职业职责、执业立场、执业者与委托人之间的关系，回避制度和专业胜任能力等。

注册资产评估师后续教育制度是指已经注册取得了注册资产评估执业资格并正在执业的注册资产评估师必须接受重新学习和教育的制度。在注册资产评估师的执业过程中，每年不得少于若干学时的再学习和再教育。若没有完成再学习和再教育规定的学时，注册资产评估师将不予重新注册。

2. 资产评估师职业道德规范

资产评估师职业道德规范是指资产评估师在资产评估执业过程中应当具有的职业品格和

应当遵守的职业标准要求。

（1）资产评估师的职业品格主要包括资产评估师的职业理想、职业态度和职业荣誉等。职业理想是资产评估师对资产评估工作的一种总体认识，资产评估师是把资产评估作为一项事业来看待，还是仅仅作为一种谋生的手段来看待。只有将资产评估作为一项事业来做，才能在资产评估工作中不断追求、不断提高，并自觉地遵守资产评估执业纪律和执业规范。职业态度就是资产评估师的工作态度，资产评估师的职业态度是否端正直接影响资产评估工作的效果和质量。职业荣誉是指资产评估师在执业过程中形成的职业形象，包括资产评估师个人的社会认同度，以及资产评估机构的社会公信度。资产评估师在日常执业过程中应不断培养和塑造职业形象，保持职业信誉，以取信于民，取信于社会。

（2）资产评估师的职业标准和要求主要包括资产评估遵纪守法的要求；坚持独立、客观、公正的要求；坚持专业胜任能力的要求以及承担责任的要求。

资产评估师遵纪守法是指资产评估师应当遵守国家的有关法律法规以及资产评估执业准则，保证资产评估在合法和合规的前提下进行。资产评估师在执业过程中应坚持独立、客观、公正，并始终坚持独立的第三者地位，以客观的数据资料为依据进行评估。而且，资产评估师应该有良好的教育背景、丰富的实践工作经验和良好的职业道德修养。专业胜任能力是指资产评估师在承揽资产评估项目时，要衡量自身的专业胜任能力，判断自己是否有能力完成该评估项目。任何超过自身能力而承揽评估项目的行为都是违反资产评估职业道德的。资产评估师的职业责任是指资产评估师必须对自己的执业行为和评估结果承担相应的经济和法律责任，任何违背资产评估执业道德的行为都将承担相应的民事责任和刑事责任。

二、资产评估的依据

资产评估是为评估当事人提供中介服务的一项工作，提供的评估结果必须公正、客观。因此，资产评估的依据十分重要。一般来讲，评估的具体事项不同，所需的评估依据也不同。多年的评估实践表明，资产评估依据虽然多种多样，但大致可以划分为四大类，即行为依据、法律法规依据、产权依据和取价依据。

（一）行为依据

行为依据是指评估委托人和评估人员从事资产评估活动的依据，如公司董事会关于进行资产评估的决议、评估委托人与评估机构签订的《资产评估业务约定书》等。资产评估机构或评估人员只有在取得资产评估行为依据后，才能正式开展资产评估工作。

（二）法律法规依据

法律法规依据是指从事资产评估工作应遵循的有关法律法规依据，如1991年国务院颁发的第91号令《国有资产评估管理办法》和1999年财政部颁发的财评字（1999）91号文件《资产评估报告基本内容与格式的暂行规定》等。

（三）产权依据

产权依据是指能证明被评估资产产权归属的依据，如《土地使用权证》、《房屋所有权证》等。在资产评估中，被评估的资产必须是资产占用方拥有或控制的资产，这就要求评估委托人必须为此提供依据，评估人员也必须收集被评估资产的产权依据。

（四）取价依据

取价依据是指评估人员确定被评估资产价值的依据。这类依据包括两个方面：一方面是由评估委托人提供的相关资料，如会计核算资料、工程结算资料等；另一方面是由评估委托人收集的市场价格资料、统计资料、技术标准资料及其他参数资料等。

行为依据、法律法规依据、产权依据和取价依据是从事一般资产评估工作的依据。在资产评估工作中，如从事特殊类型的资产评估项目，可能还会涉及到采用特殊的评估依据，这要视具体情况而定，而且评估人员应在评估报告中加以披露。

第四节　资产评估的目的和价值类型

一、资产评估的目的

资产评估的目的是指资产评估服务于什么业务，即为什么要进行资产评估，是资产评估工作进入实质性阶段后主要考虑的因素。资产评估的目的是资产评估的起点，它决定和制约资产评估价值类型和方法的选择，进而影响资产评估的结果，因此，资产评估的目的也是资产评估的终点。

资产评估的目的分为一般目的和特定目的，资产评估的一般目的包含特定目的，资产评估的特定目的是一般目的的具体化。

（一）资产评估的一般目的

资产评估的一般目的是由资产评估的性质及其基本功能决定的。资产评估作为一项专业人士对特定时点及特定条件约束下资产价值的估计和判断的社会中介活动，资产评估所要实现的一般目的只能是资产在评估时点的公允价值。公允价值是一种相对合理的评估价值，它是一种相对于当事人各方的地位、资产的状况及资产面临的市场条件的合理的评估价值，是评估人员根据被评估资产自身的条件及其所面临的市场条件，对被评估资产客观交换价值的合理估计值。公允价值的一个显著特点是它与相关当事人的地位、资产的状况及资产所面临的市场条件相吻合，且并没有损害各当事人的合法权益，也没有损害他人的利益。

（二）资产评估的特定目的

我们把资产即将进行的资产业务以及资产业务对评估结果用途的具体要求称为资产评估的特定目的。我国资产评估实践表明，资产业务主要有资产转让、企业兼并、企业出售、企业联营、股份经营、中外合资或合作、企业清算、抵押担保、企业租赁、债务重组等。

1. 资产转让。资产转让指企业有偿转让本企业的部分或全部资产，通常指转让非整体性资产的经济行为。

2. 企业兼并。企业兼并是指一个企业以承担债务、购买、股份化和控股等形式有偿接收其他企业的产权，使被兼并方丧失法人资格或改变法人实体的经济行为。

3. 企业出售。企业出售是指独立核算的企业或企业内部的分厂、车间及其他整体资产产权出售行为。

4. 企业联营。企业联营是指国内企业、单位之间以固定资产、流动资产、无形资产及其他资产投入组成各种形式的联合经营实体的行为。

5. 股份经营。股份经营是指资产占有企业实行股份制经营方式的行为，包括法人持股、内部职工持股、向社会发行不上市股票和上市股票。

6. 中外合资或合作。中外合资或合作是指我国的企业和其他经济组织与外国企业和其他经济组织或个人在我国境内举办合资或合作经营企业的行为。

7. 企业清算。企业清算包括破产清算、终止清算和结业清算。

8. 资产抵押。资产抵押是指资产占有企业以本企业的资产作为物质保证进行抵押而获得贷款的经济行为。

9. 资产担保。资产担保是指资产占有企业以本企业的资产为其他单位的经济行为担保，并承担连带责任的行为。

10. 企业租赁。企业租赁是指资产占有企业在一定期限内，以收取租金的形式，将企业全部或部分资产的经营使用权转让给其他经营使用者的行为。

11. 债务重组。债务重组是指债权人按照其与债务人达成的协议或法院的裁决同意债务人修改债务条件的事项。

（三）资产评估特定目的在资产评估中的地位作用

资产评估特定目的是引起资产评估的具体资产业务，贯穿于资产评估活动的始终，影响整个资产评估行为，在资产评估中具有很重要的地位和作用。具体包括：

1. 资产评估特定目的是界定评估对象的基础；

2. 资产评估特定目的对于资产评估的价值类型选择具有约束作用；

3. 资产评估特定目的对评估结果的性质有重大的影响。

值得注意的是，在不同时期、地点和市场条件下，同一资产业务对资产评估结果的价值类型的要求也不同。也就是说，具体资产业务是影响甚至决定资产评估结果价值类型的重要因素，但绝对不是唯一的影响因素。评估的时间、地点和市场条件以及资产业务当事人的状况和资产自身的状态不同，评估的价值类型也可能不同。

二、资产评估的价值类型

（一）含义及分类

资产评估中的价值类型是指资产评估结果的价值属性及其表现形式。不同的价值类型从不同的角度反映资产评估价值的属性和特征。不同属性的价值类型所代表的资产评估价值不仅在性质上是不同的，在数量上往往也存在着较大的差异。

由于所处的角度不同，以及对资产评估价值类型理解方面的差异，资产评估的价值类型主要有以下四种。

1. 以资产评估的估价标准形式表述的价值类型，具体包括重置成本、收益现值、现行市价（或变现价值）和清算价格。这是我国传统理论界的观点，把资产评估与会计计价联系在了一起。

2. 从资产评估假设的角度来表述资产评估的价值类型，具体包括继续使用价值、公开市场价值和清算价值。这种方法与资产评估假设联系在一起，强调了资产评估假设的重要性。

3. 从资产业务的性质来划分资产评估的价值类型，具体包括抵押价值、保险价值、课税价值、投资价值、清算价值、转让价值、保全价值、交易价值、兼并价值、拍卖价值、租赁价值、补偿价值等。这种方法强调了资产业务的重要性，认为有什么样的资产业务就有什么样的价值类型。

4. 以资产评估时所依据的市场条件，被评估资产的使用状态以及资产评估结果的适用范围来划分资产评估结果的价值类型，具体包括市场价值和非市场价值。这种方法是国际评估界较为一致的观点，通过提出市场价值的概念，树立了一个资产评估公允价值的坐标。资产的市场价值是资产公允价值的基本表现形式；非市场价值是资产公允价值的一种特殊表现形式。

我国于 2008 年 7 月 1 日实施的《资产评估价值类型指导意见》已经明确资产评估的价值类型，包括市场价值和市场价值以外的价值类型。

（二）市场价值和市场价值以外的价值类型

根据《资产评估价值类型指导意见》，市场价值定义如下：自愿买方和自愿卖方在各自理性行事且未受任何强迫的情况下，评估对象在评估基准日进行正常公平交易的价值估计数额。市场价值以外的价值类型没有直接给出定义，凡不符合市场价值定义条件的资产价值类型都属于市场价值以外的价值。市场价值以外的价值不是一种具体的资产评估价值存在形式，它是一系列不符合资产市场价值定义条件的价值形式的总称或组合，如在用价值、投资价值、清算价值、残余价值等。

在用价值是指将评估对象作为企业组成部分要素资产按其正在使用方式和程度及其对所属企业的贡献的价值估计数额。

投资价值是指评估对象对于具有明确投资目标的特定投资者或某一类投资者所具有的价值估计数额，也称特定投资者价值。

清算价值是指在评估对象处于被迫出售或快速变现等非正常条件下的价值估计数额。

残余价值是指机器设备、房屋建筑物或其他有形资产等的拆零变现价值估计数额。

（三）明确资产评估价值类型的意义和作用

从资产评估的价值基础和资产评估结果的适用范围和使用范围角度对评估结果进行分类，可分为市场价值与非市场价值，符合资产评估服务于客户、服务于社会的内在要求。因此，明确资产评估中的市场价值与非市场价值具有以下重要意义和作用。

1. 有利于评估人员对其评估结果性质的认识，便于评估人员在撰写评估报告时更清楚明了地说明其评估结果的确切涵义。

2. 便于评估人员划定其评估结果的适用范围和使用范围。

3. 避免因价值概念不清而造成对评估报告的使用不当。

总之，资产评估的价值类型不仅是评估师执业层面上的概念，而且是报告使用者在使用评估结论层面上的概念。重视价值类型的核心不是为了从理论上区分各种具体的价值类型，而是为了避免评估报告使用者将某种特定的价值类型的评估结论理解为另一种价值类型的评估结论，特别是将特定的非市场价值类型误认为市场价值类型。

第五节　资产评估的假设和原则

一、资产评估假设

由于认识客体的无限变化和认识主体有限能力的矛盾，人们不得不依据已掌握的数据资料对某一事物的某些特征或全部事实作出合乎逻辑地推断。这种依据有限事实，通过一系列推理，对于所研究的事物作出合乎逻辑的假定说明就叫假设。假设是认识和研究事物发展规律的前提，是建立一门学科的理论体系和方法体系的基础。假设必须依据充分的事实，运用已有的科学知识，通过合乎逻辑、合乎情理的推理（包括演绎、归纳和类比）而形成。资产评估与其他学科一样，其理论体系和方法体系的确立也需要建立在一系列假设基础之上，从理论上讲，可以根据评估对象的具体情况作出多种不同的评估假设。但是，从资产评估的实践来看，可从资产评估的众多假设中抽象出四个最基本的假设，即交易假设、公开市场假设、持续使用假设和清算假设。

（一）交易假设

交易假设是资产评估得以进行的一个最基本的前提假设，交易假设是假定所有待评资产已经处在交易过程中，评估师根据待评估资产的交易条件等模拟市场进行估价。众所周知，资产评估其实是在资产实施交易前进行的一项专业服务活动，而资产评估的最终结果又属于资产的交换价值范畴。为了发挥资产评估在资产实际交易之前为委托人提供资产交易底价的专家判断的作用，同时又能够使资产评估得以进行，利用交易假设将被评估资产置于"交易"当中，模拟市场进行评估就是十分必要的。

交易假设一方面为资产评估得以进行"创造"了条件；另一方面它明确限定了资产评估的外部环境，即资产是被置于市场交易之中，资产评估不能脱离市场条件而孤立地进行。

（二）公开市场假设

公开市场假设是对资产拟进入的市场条件，以及资产在这样的市场条件下接受何种影响的一种假定说明或限定。公开市场假设的关键在于认识和把握公开市场的实质和内涵。就资产评估而言，公开市场是指充分发达与完善的市场条件，指一个有自愿的买者和卖者的竞争性市场，在这个市场上，买者和卖者的地位是平等的，彼此都有获取足够市场信息的机会和时间，买卖双方的交易行为都是自愿的、理智的，而非强制或受限制的条件下进行的。事实上现实中的市场条件未必真能达到上述公开市场的完善程度。公开市场假设就是假定那种较为完善的公开市场存在，被评估资产将要在这样一种公开市场中进行交易。当然公开市场假设也是以市场客观存在的现实，即资产在市场上可以公开买卖这样一种客观事实为基础的。

由于公开市场假设假定市场是一个充分竞争的市场，资产在公开市场上实现的交换价值隐含着市场对该资产在当时条件下有效使用的社会认同。当然，在资产评估中，市场是有范围的，它可以是地区性市场，也可以是国内市场，还可以是国际市场。关于资产在公开市场上实现的交换价值所隐含的对资产效用有效发挥的社会认同也是有范围的，它可以是区域性的、全国性的或国际性的。

公开市场假设旨在说明一种充分竞争的市场条件，在这种条件下，资产的交换价值受市场机制的制约并由市场行情决定，而不是由个别交易决定。

公开市场假设是资产评估中的一个重要假设，其他假设都是以公开市场假设为基本参照。公开市场假设也是资产评估中使用频率较高的一种假设，凡是能在公开市场上交易、用途较为广泛或通用性较强的资产，都可以考虑以公开市场假设为前提进行评估。

（三）持续使用假设

持续使用假设也是对资产拟进入的市场条件，以及在这样的市场条件下的资产状态的一种假定性描述或说明。该假设首先设定被评估资产正处于使用状态，包括正在使用中的资产和备用的资产；其次根据有关数据和信息，推断这些处于使用状态的资产还将继续使用下去。持续使用假设既说明了被评估资产面临的市场条件或市场环境，同时着重说明了资产的存续状态。按照通行的说法，持续使用假设又细分为在用续用；转用续用；移地续用三种情况。在用续用指的是处于使用中的被评估资产在产权发生变动或资产业务发生后，将按其现行正在使用的用途及方式继续使用下去。转用续用则是指被评估资产将在产权发生变动后或资产业务发生后改变资产现时的使用用途，调换新的用途继续使用下去。移地续用则是说被评估资产将在产权变动发生后或资产业务发生后，改变资产现在的空间位置，转移到其他空间位置上继续使用。

持续使用假设是在一定市场条件下对被评估资产使用状态的一种假定说明，在持续使用假设前提下的资产评估及其结果的适用范围常常是有限制的。在许多场合下评估结果并没有充分考虑资产用途替换，它只对特定的买者和卖者是公平合理的。

持续使用假设也是资产评估中的一个非常重要的假设，尤其在我国，经济体制处于转轨时期，市场发育尚未成熟，资产评估活动大多与以前企业的存量资产产权变动有关。因此，被评估对象经常处于或被限定在持续使用的假设前提下。充分认识和掌握持续使用假设的内涵和实质，对于我国的资产评估来说有着重要的意义。

（四）清算假设

清算假设是对资产拟进入的市场条件的一种假定说明或限定。具体而言，是对资产在非公开市场条件下被迫出售或快速变现条件的假定说明。清算假设首先是基于被评估资产面临清算或具有潜在的被清算的事实或可能性，再根据相应数据资料推测被评估资产处于被迫出售或快速变现的状态。由于清算假设假定被评估资产处于被迫出售或快速变现条件之下，被评估资产的评估值通常要低于在公开市场假设前提下或持续使用假设前提下同样资产的评估值。因此，在清算假设前提下的资产评估结果的适用范围是非常有限的。当然，清算假设本身的使用也是较为特殊的。

二、资产评估的原则

资产评估既是一门科学，又是一门艺术，既要求有客观准确的评定估算，又必然会涉及主观的思考和判断。因此，要求评估人员在评估工作中既要遵循一定的工作原则，又要遵循一定的经济原则，二者不可偏废。

（一）资产评估的工作原则

资产评估的工作原则是资产评估机构和评估人员在评估工作中应遵循的基本原则，主要包括以下四项原则。

1. 独立性原则。独立性原则要求资产评估机构和评估人员必须坚持公平、公正的立场，不侧重资产业务的任何一方，以中立的第三者身份独立地进行评估。坚持这一原则可以从组织上保证评估工作不受有关利益方的干扰。

2. 客观性原则。客观性原则要求资产评估结果应以充分的事实为依据。要求资产评估人员在评估工作中必须以实际材料为基础，以确凿的事实为依据，以科学的态度为方针，实事求是地得出评估结果。此外，为了保证评估结果的客观性、公正性，按照国际惯例，资产评估的收费只与工作量有关，不与资产评估值挂钩。

3. 科学性原则。科学性原则要求资产评估机构和评估人员必须遵循科学的评估标准，以科学的态度制定评估方案，并采用科学的评估方法进行资产评估。在整个评估工作中必须把主观评价与客观测算，静态分析与动态分析，定性分析与定量分析有机地结合起来，使评估工作做到科学合理，真实可信。

4. 专业性原则。专业性原则要求评估机构必须是提供资产评估服务的专业机构，评估机构必须拥有工程、技术、管理、营销、会计、财务、法律等学科的专业人员，且他们必须具有良好的职业道德、专业的科学知识和丰富的实践经验，这是保证评估结果公正的技术基础。

（二）资产评估的经济原则

资产评估的经济原则是指在资产评估执业过程中的一些技术规范和业务准则。它们为评估人员在执业过程中的专业判断提供技术依据和保证，主要有以下五项原则。

1. 预期收益原则。预期收益原则是以技术原则的形式概括出资产及其资产价值的最基本的决定因素。资产之所以有价值是因为它能为其拥有者或控制者带来未来经济利益，资产价值的高低主要取决于它能为其所有者或控制者带来的预期收益量的多少。预期收益原则是评估人员判断资产价值的一个最基本的依据。

2. 供求原则。供求原则是经济学中关于供求关系影响商品价格原理的概括。假定在其他条件不变的前提下，商品的价格随着需求的增长而上升，随着供给的增加而下降。尽管商品价格随供求变化并不成固定比例变化，但变化的方向都带有规律性。供求规律对商品价格形成的作用力同样适用于资产价值的评估，评估人员在判断资产价值时也应充分考虑和依据供求原则。

3. 贡献原则。从一定意义上讲，贡献原则是预期收益原则的一种具体化原则。它也要求资产价值的高低由该资产的贡献来决定。贡献原则主要适用于构成某整体资产的各组成要素资产的贡献，或者是当整体资产缺少该项要素资产将蒙受的损失。

4. 替代原则。作为一种市场规律，在同一市场上，具有相同使用价值和质量的商品，应有大致相同的交换价值。如果商品具有相同使用价值和质量，却具有不同的交换价值或价格，买者会选择价格较低者。当然，作为卖者，如果可以将商品以较高的价格卖出，他自然会在较高的价位上出售商品。在资产评估中确实存在着评估数据、评估方法等的合理替代问题，正确运用替代原则是公正进行资产评估的重要保证。

5. 估价日期原则。市场是变化的，资产的价值会随着市场条件的变化而不断改变。为了使资产评估得以操作，同时又能保证资产评估结果可以被市场检测，在资产评估时，必须假定市场条件固定在某一时点，这一时点就是评估基准日，或称估价日期，它为资产评估提供了一个时间基准。资产评估的估价日期原则要求资产评估必须有评估基准日，而且评估值就是评估基准日的资产价值。

第六节　资产评估的产生与发展

一、资产评估的产生

资产评估与资产交易是不可分割的，没有资产交易就没有资产评估的必要，没有资产评估就不可能进行资产交易。关于资产评估产生于何时，目前学术界尚有不同说法。一般认为，资产评估起源于原始社会后期，发展至今经历了三个阶段。

（一）原始评估阶段

资产评估与人类社会资产交易行为同时产生。从原始社会后期剩余产品的出现和商品交换的开始，就产生了资产的交易行为，为了进行商品或资产的等价交换，具有直观性、偶然性、简单性、无偿性和非专业性特点的原始资产评估随之产生。

（二）经验评估阶段

大多数人认为，真正意义上的资产评估是从经验评估开始的。

经验评估阶段是以 16 世纪欧洲的安特卫普（现比利时）成立世界第一个商品和证券交易所为标志。15 世纪末 16 世纪初，随着新大陆的发现，资本主义发展的进程开始加快。世界范围内的商品贸易急剧增加，商品交易量的增加和市场的扩大，为资本主义手工工场的发展创造了市场和资本积累等条件，同时也极大地刺激了商业资本的发展。在这样的历史背景下，为适应资本主义初期商品和资本市场的发展需要，成立了世界上第一个商品和证券交易所。商品和证券交易所的成立，使得资产的交易行为越来越频繁，为那些以提供商品或资本交易估价中介服务为主要工作的评估人员的发展提供了广阔的空间。这些评估人员，由于长期从事资产交易估价服务，积累了较为丰富的评估经验，评估结果也往往容易被交易双方所接受，因此，资产交易双方都愿意委托他们进行评估。这时的评估已经不再是偶然的、个别的行为，而成为一种经常性的、专业性的评估活动。资产评估成为市场上不可缺少的、独立的、有特色的中介行业。

经验评估主要有以下几方面的特点：

（1）评估是由具有一定评估经验和专业知识水平的人员进行的，评估业务也比较频繁；

（2）评估人员对资产评估业务进行有偿服务，并对评估结果承担一定的责任；

（3）评估结果的准确性主要取决于评估人员积累的评估经验。因此，处于经验评估阶段的资产评估，还是一种个体的、无组织约束的、凭个人经验的估价行为，是资产评估的雏形阶段。

（三）科学评估阶段

随着社会经济的不断发展、现代科学技术的不断进步和管理水平的不断提高，同时以资产交易为主的资产业务急剧扩大，资产业务中的分工现象变得日益明显，作为中介组织的资产评估机构也逐渐产生和发展起来，资产评估行业应运而生。评估人员不仅仅依靠自身所积累的经验来开展资产评估业务，还把现代科学技术和管理方式引用到资产评估工作中，采用科学的方法和手段对被评估资产进行评估。以专业评估机构和专职评估人员的出现为主要标志的科学评估逐渐形成。一般认为，1792 年英国测量师学会的成立是科学评估阶段的开始。英国测量师学会是现在的英国皇家特许测量师学会的前身，是目前世界上影响最大的评估行业专业组织之一。其后，1896 年，由美国的穆思·约翰和杨·威廉在美国威斯康星州密尔基市创建了世界上最早的专业评估机构——美国评值公司。该公司目前仍然是国际上较有影响力的资产评估专业机构。

科学评估阶段的资产评估主要具有以下特点：

1. 资产评估成为一种有组织的社会活动，资产评估业务是由从事资产评估的专业机构进行的；

2. 科学的评估手段和方法在资产评估工作中得到广泛运用，大大提高了资产评估的准确性和科学性；

3. 资产评估的范围得到拓展，资产评估的内容也越来越丰富，不仅包括个人财产、自然资源的评估，还涉及企业整体资产、无形资产等评估领域；

4. 资产评估活动向规范化、法制化方向发展。

二、资产评估的发展

进入 20 世纪以后，世界经济高速发展，特别是第二次世界大战以后，西方一些资本主义国家的商品市场和资本市场得到了飞速发展。企业间的竞争进一步加剧，资产的交易行为越来越频繁，这些都为资产评估提供了广阔的发展空间。许多国家都成立了专门的评估机构，由专业评估人员开展评估工作，并设立了专业资产评估组织，资产评估逐渐成为一个独立、完整的中介行业，在社会经济生活中发挥着不可替代的重要作用。

（一）发达国家资产评估的发展

1. 资产评估机构向多元化方向发展

资产评估通常由从事有关资产评估业务的机构进行，这些评估机构一般是以提供资产评估专业服务为主要内容的独立企业法人单位。由于资产评估具有业务领域广泛、涉及的知识面广等特点，资产评估机构一般有两种类型，一种是专业化的资产评估公司，其专业化程度较高，业务范围是为客户提供几乎所有的资产评估业务，如美国资产评估联合公司；另一种是兼营资产评估业务的各类管理咨询公司、会计师事务所等，它们利用自身的人才优势，在从事其他有关业务如企业财务管理、市场营销管理、战略管理、生产作业管理、人力资源管理等方面的咨询服务的同时，也开展资产评估业务。资产评估机构向多元化方向发展是由资产评估业务的特点决定的。

2. 资产评估管理向科学化方向发展

资产评估的管理工作逐渐走向科学化，主要表现在评估管理机构健全、评估规则统一和监测评估结果三个方面。从评估管理机构来看，发达国家一般都设有全国性的资产评估协会，负责资产评估的行业管理，此外，各地区还设有分支机构，属于全国资产评估协会的派出机构，这些机构对资产评估工作的顺利进行发挥着重要作用；从评估规则的制定来看，一般都是由全国性资产评估协会制定统一的资产评估规则，其主要内容涉及评估公司的组织、评估师的资格及其晋升、评估师的职业道德规范以及资产评估应该遵循的一般原则等方面；此外，为了防止评估人员在评估中违反职业道德规范、有意损害一方利益的情况发生，一般都由行业管理部门对评估结果进行监测。

3. 资产评估业务向综合化方向发展

传统的资产评估业务主要以不动产评估为主，特别是在英国及英联邦体系国家尤其明显，至今仍然保持着这种业务优势。然而，随着经济全球化的发展和资本市场的不断成熟，资本运营的大规模运用已从单个资产交易发展到社会大规模的资产运作，各类资产都活跃起来，大规模资产的流动为资产评估提供了广阔的发展空间，同时，资产评估浓厚的不动产色彩也因此受到了很大的冲击，由不动产发展而来的资产评估业逐渐扩展到其他资产领域，如企业价值评估、无形资产评估等。

4. 资产评估执业人员向多层次方向发展

发达国家资产评估执业人员可以分为三类：①评估机构的高级管理人员，负责机构的经营管理工作；②评估机构的中级管理人员，负责推销服务，承揽业务；③评估机构的专业评估人员，一般具有较高的教育水平，多数具有工程师以上的技术职称，他们负责具体的评估工作。

5. 资产评估领域向国际化方向发展

随着世界经济一体化的加速，各国在资产评估领域内的合作也进一步加强。资产评估的国际化合作发展既是外部经济环境的客观需要，也是新形势下资产评估行业发展的内在要求。各国评估界都在努力克服本国和地区在评估理论、实务和准则上的差别，为跨国投资者提供质量可靠、标准统一的评估服务。在各国资产评估行业普遍得到发展的基础上，许多国家的评估专业组织和管理部门加强了国际交流及区域性、国际性合作，成立了许多区域性和国际性专业组织，如国际评估准则委员会（IVSC）、欧洲评估师协会联合会（TEGOVA）、东南亚联盟评估师委员会（AVA）等，分别制定了国际评估准则、欧洲评估准则和东盟内部的评估准则，旨在会员范围内统一评估执业要求，制定共同遵守的评估准则，更好地为世界经济服务。

（二）我国资产评估的发展

自20世纪80年代末引入资产评估以来，我国的资产评估经过不断的发展和壮大，在企业联营、企业兼并、股份制经营、资产转让、交易等众多业务中发挥着越来越重要的作用，已经成为市场经济发展中不可或缺的中介行业。其发展主要表现在以下几个方面。

1. 资产评估业务量不断增长，这不仅表现在全国资产评估完成的评估项目不断增加，而且表现在完成的资产评估值大幅增长。

2. 资产评估服务领域逐渐扩大，从单一的国有资产评估向非国有资产评估领域渗透。这标志着我国的资产评估逐渐走向了成熟化和市场化。

3. 资产评估业务种类不断增加，除了传统的股份制改造、中外合资合作、企业兼并、资产抵押等业务以外，又增加了财产课税、保险等一些新型的资产业务。

4. 资产评估管理逐渐规范。1991 年 11 月，国务院以 91 号令发布了《国有资产评估管理办法》，确立了我国资产评估工作的基本依据、基本方针和基本政策。1993 年 12 月，成立了中国资产评估协会，标志着我国资产评估行业由政府直接管理开始向政府监督指导下行业自律性管理过渡。1995 年 3 月，中国资产评估协会代表中国资产评估行业加入国际评估标准委员会，中国资产评估行业开始走向世界。2001 年和 2004 年颁布了无形资产评估准则和资产评估基本准则、职业道德基本准则。同时，建立了注册资产评估师制度和发布了资产评估机构暂行办法，规范了对评估人员和评估机构的管理。

练习题

一、单项选择题

1. 完全按照评估准则及规定程序和要求进行的资产评估称为（　　）。

A. 限制评估　　B. 评估复核　　C. 完全评估　　D. 整体评估

2. 下列资产中属于不可确指资产的是（　　）。

A. 机器设备　　B. 商标权　　C. 专利权　　D. 商誉

3. 资产评估（　　）对于评估价值类型的选择具有约束作用。

A. 原则　　B. 特定目的　　C. 假设前提　　D. 评估主体

4. 下列要素中不属于资产评估基本要素的是（　　）。

A. 评估主体　　B. 评估依据　　C. 评估原则　　D. 评估基准点

5. 资产价值的高低取决于它能为所有者带来多少（　　）。

A. 现实收益　　B. 预期收益　　C. 历史收益　　D. 账面收益

6. 正常情况下，一栋别墅在某一时点的市场价值，不会高于此时点重新开发一栋同等效用别墅的成本（包括利润），这体现了资产评估的（　　）。

A. 贡献原则　　B. 客观原则　　C. 预期原则　　D. 替代原则

7. 下列不属于资产评估工作原则的是（　　）。

A. 独立性　　B. 客观性　　C. 替代性　　D. 科学性

二、多项选择题

1. 以资产评估的估价标准形式表述的价值类型应该是（　　）。

A. 市场价值　　B. 重置成本　　C. 收益现值　　D. 现行市价

2. 下列假设中属于资产评估假设的是（　　）。

A. 交易假设　B. 持续经营假设　C. 公开市场假设　D. 币值不变假设

3. 下列资产业务中属于评估特定目的的是（　　）。

A. 资产转让　B. 企业保险　C. 企业兼并　D. 股份制经营

4. 下列功能中属于资产评估功能的是（　　）。

A. 评价与评估功能　B. 管理功能　C. 咨询功能　D. 市场功能

5. 资产评估的工作原则包括（　　）。

A. 独立原则　B. 客观原则　C. 科学原则　D. 专业原则

6. 资产评估行为涉及的经济行为包括（　　）。

A. 产权转让　B. 企业重组　C. 资产抵押　D. 资产纳税　E. 停业整顿

7. 资产评估的公正性表现为（　　）。

A. 资产评估应遵循正确适用的评估原则，依照法定的评估程序，运用科学的评估方法

B. 资产评估主体应当与资产业务及其当事人没有利害关系

C. 资产评估的目标是为了估算出服务于该业务的客观价值

D. 资产评估需要通过对评估基准日的市场实际状况进行模拟

E. 评估价值是为资产业务提供了一个参考价值，最终的成交价格取决于资产业务当事人讨价还价的能力

8. 确定评估基准日的目的是（　　）。

A. 确定评估对象的计价时间　B. 将动态下的资产固定在某一时点

C. 将动态下的资产评估在某一时期　D. 确定评估机构的工作日

E. 遵循科学的评估程序

第二章 资产评估准则

学习目的与要求

通过本章的学习，使学生了解：资产评估准则的概念、作用；我国资产评估准则体系的指导思想和设计思路；我国目前颁布的评估准则、国际评估准则、美国评估准则和欧洲评估准则的具体内容。重点要掌握我国资产评估准则体系的设计思路、我国评估准则和国际评估准则。

第一节 资产评估准则的概述

一、资产评估准则的概念

资产评估准则是指导评估师执行资产评估业务的技术规范和职业道德规范的总称。资产评估准则是资产评估行业发展到一定阶段的产物，是一国资产评估理论和实践经验的集中反映和高度浓缩，资产评估准则的完善和成熟程度反映了一国评估业发展的状况。

随着资产评估行业的不断发展和壮大，世界各国都在加紧制定和完善资产评估准则。然而，资产评估准则的制定是一项极为复杂的系统工程，不仅专业性、技术性要求高，而且反映了社会经济、文化、法律等社会背景和环境条件，是相关各方利益的协调过程。

由于各国评估业的发展很不均衡，各国的评估理论基础和实践均缺乏统一性和一致性。因此，各国和相关国际性评估专业组织制定的评估准则无论在内容上还是体例上都存在着较大的差别，侧重点也因为各国评估业热点问题的不同而各不相同。目前在国际评估界具有较大影响的评估准则主要有：国际评估准则委员会制定的《国际评估准则》；美国评估促进会制定的《专业评估执业统一准则》；欧洲评估师联合会制定的《欧洲评估准则》以及英国皇家特许测量师协会制定的《评估指南》。

二、资产评估准则的作用

（一）资产评估准则有利于实现行业自律管理

在准则尚未统一的情况下，评估行业只能由政府部门来进行行政管理，如我国资产评估业发展初期，原国家国有资产管理局是资产评估的行政主管部门。但这种管理模式容易造成整个部门直接干预评估业务，使评估行业有失公正、公允；而政府部门出于本位利益设立本部门的评估体系，则导致多头管理、评估市场条块分割。行业自律管理是资产评估业的发展方向，有利于评估执业水平的提高。而实现行业自律管理的前提则是制定行业统一的评估准则，评估准则中的执业技术规范和职业道德规范是实现行业自律管理的依据。

（二）资产评估准则有利于规范评估师的执业行为

资产评估准则是评估行业管理的权威性标准。在职业道德方面，准则对评估师的业务素质、业务能力、工作操守和执业态度进行了严格规定，明确规定了哪些工作必须做、哪些工作可以做、哪些工作不能做，促使评估师恪守独立、客观、公正的基本原则，不得出具虚假、不实的评估报告；在具体业务方面，评估师及其他从业人员应依法执业、谨慎工作，以保证评估质量。因此，评估准则将促使资产评估人员按照统一的标准开展业务，有利于提高评估质量和评估人员的业务素质。

（三）资产评估准则有利于维护评估事务所和评估师的合法权益

资产评估准则中规定了资产评估师的工作范围和规则，只要评估师按照准则的要求执业，就能得出科学合理的评估结果，并保证执业行为的独立、客观、公正，就可以最大限度地降低执业风险。当评估师受到不公正的指责和控告时，可以充分利用评估准则保护其正当权益。

（四）资产评估准则有利于提高资产评估的理论水平

资产评估准则来源于评估实践，是资产评估理论研究成果和实践经验的高度浓缩。反之，资产评估准则又用于指导评估实践活动。资产评估准则是资产评估实践的总结和升华，是资产评估理论的重要组成部分。资产评估准则的实施，有利于提高资产评估的理论水平。而且，通过各国评估准则的协调，便于推动各国评估经验的交流，促进全球评估业的共同发展。

第二节　我国资产评估准则

2007年11月28日，我国的资产评估准则体系正式发布，同时宣布成立财政部资产评估准则委员会。资产评估准则体系直接影响着评估具体准则和指南的内容，各国评估界在制定评估准则时都十分重视准则体系的结构设计，我国也不例外。由于我国资产评估行业发展的综合性，我国资产评估准则将涉及各种类型资产、各种评估目的和经济行为，因此更需要设计合理、灵活的准则体系，使其不仅对资产评估中的共性问题进行规范，而且也对具体的资产评估业务分别予以指导和规范。

一、我国资产评估准则体系的指导思想

（一）综合性的评估准则体系

我国资产评估准则是综合性的评估准则体系，包括不动产、动产、机器设备、企业价值、无形资产等各个类别资产的评估准则。

（二）高度重视程序性准则与专业性准则

鉴于资产评估行业的特点，我国资产评估准则体系应坚持程序性准则与专业性准则并重。资产评估准则不仅应包括从程序方面规范评估行为的准则，如评估报告、工作底稿、评估程序等，还应当包括针对各类资产特点而进行规范的专业性准则，如企业价值评估准则、

机器设备评估准则、不动产评估准则等。

（三）坚持职业道德准则与业务性准则并重

基于职业道德在资产评估行业的重要作用，我国资产评估准则在重视制定规范评估行为的业务性准则的同时，更应当高度重视职业道德准则。

（四）层次清晰，逻辑严密，并有一定的灵活性

我国资产评估准则体系应当体现各层次准则文件的不同效力和不同规范领域，同时由于资产评估理论与实践在国际上发展的不均衡性，我国资产评估行业的发展尚处于不断完善的过程中，准则的制定应考虑评估理论和实践的未来发展趋势。

二、我国资产评估准则体系的设计

从资产评估准则体系横向关系上划分，资产评估准则包括业务准则和职业道德准则两个部分。从资产评估准则体系纵向关系上划分，资产评估职业道德准则又可以分为职业道德基本准则和具体准则两个层次；资产评估业务准则又可以分为基本准则、具体准则、评估指南和评估指导意见四个层次。资产评估准则体系结构示意图如图2-1所示。

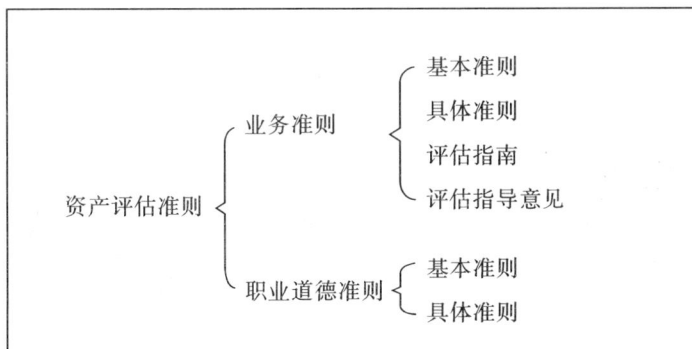

图2-1 资产评估准则体系结构示意图

（一）资产评估职业道德准则

资产评估职业道德准则的纵向关系较为简单，分为职业道德基本准则和具体准则两个层次。职业道德基本准则规范了注册资产评估师职业道德方面的基本要求、专业胜任能力、注册资产评估师与委托方和相关当事方的关系、注册资产评估师与其他注册资产评估师的关系等；职业道德具体准则进一步明确和规范了评估实践中存在的与职业道德有关的问题和职业道德基本准则中的一些重要内容，如独立性、不正当竞争、保密原则。我国于2004年5月1日施行《资产评估职业道德准则——基本准则》。

（二）资产评估业务准则

资产评估业务准则涉及面广，包括基本准则、具体准则、评估指南和评估指导意见四个层次。

1. 资产评估基本准则

资产评估基本准则是注册资产评估师执行各种资产类型、各种评估目的以及资产评估业

务的基本规范，是各类资产评估业务中应当共同遵守的基本规则。资产评估基本准则规范的内容应不区分所评估资产的类别和评估目的，其对于各具体准则和评估指南具有一定的"引出"作用，但并不一定是一一对应的。我国于 2004 年 5 月 1 日施行《资产评估准则——基本准则》。

2. 资产评估具体准则

资产评估具体准则是按照资产类型和评估行为类型分别制定的评估准则，在这些准则中，规定了对不同资产对象、不同目的、不同用途的资产的评估所应遵循的要求。资产评估具体准则又可分为程序性准则和专业性准则两个部分。程序性准则是关于注册资产评估师通过履行一定的专业程序完成评估业务、保证评估质量的规范。专业性准则针对不同资产类别的特点，分别对不同类别资产评估业务中的评估师执业行为进行规范。

资产评估具体准则按资产类型不同，可分为机器设备评估准则、不动产评估准则、无形资产评估准则、企业价值评估准则、资源性资产评估准则等；按行为类型不同，可分为以持续经营为目的的资产评估准则、以拍卖为目的的资产评估准则、以抵押贷款为目的的资产评估准则以及以破产清算为目的的资产评估准则等。

我国于 2001 年 9 月 1 日施行第一个评估准则《资产评估准则——无形资产》，并经过修订，于 2009 年 7 月 1 日施行；2008 年 7 月 1 日施行《资产评估准则——评估报告》、《资产评估准则——评估程序》、《资产评估准则——业务约定书》、《资产评估准则——工作底稿》、《资产评估准则——机器设备》、《资产评估准则——不动产》。

3. 资产评估指南

资产评估指南包括对特定评估目的、特定资产类别（细化）评估业务以及对资产评估中某些重要事项的规范。资产评估指南将根据评估业务的发展不断增加或进行修订。我国于 2007 年 12 月 31 日起施行《以财务报告为目的的评估指南（试行）》；于 2009 年 7 月 1 日起施行《企业国有资产评估报告指南》。

4. 资产评估指导意见

资产评估指导意见是针对资产评估业务中的某些具体问题的指导性文件。该层次较为灵活，针对评估业务中新出现的问题及时提出指导意见，某些尚不成熟的评估指南或具体评估准则也可以先作为指导意见发布，待实践一段时间或成熟后再上升为具体准则或指南。我国于 2003 年 3 月 1 日施行《注册资产评估师关注评估对象法律权属指导意见》和《珠宝首饰评估指导意见》；2005 年 4 月 1 日施行《企业价值评估指导意见》；2005 年 7 月 1 日施行《金融不良资产评估指导意见》；2008 年 7 月 1 日施行《资产评估价值类型指导意见》；2009 年 7 月 1 日施行《专利资产评估指导意见》。

第三节　国际评估准则

国际评估准则是由国际评估准则委员会于 1985 年制定并发布的。此后分别在 1994 年、1997 年、2000 年、2001 年、2003 年和 2005 年进行了修改。

一、国际评估准则的制定背景

(一) 国际评估准则制定的基础

在 20 世纪 80 年代以前，评估业在世界范围内就得到了很大的发展，像美国、英国、加拿大、新西兰等发达国家都纷纷成立了评估协会、评估学会等专业性组织，制定了本国评估准则。同时，评估业在发展中国家也得到了一定的普及和发展。这些都为制定国际性的评估准则奠定了行业基础和理论技术基础。

(二) 国际评估准则制定的内在动力

尽管各国评估业都取得了长足的进展，但评估行业在 20 世纪 80 年代以前始终未能形成一个国际性的行业，各国在评估准则及专业术语上的差异给评估业的国际合作和进一步发展带来了很大的困难。由于缺乏国际性的评估准则，许多国家及地区的评估准则的运用也受到了限制。为了适应评估行业发展的客观需要，急需制定统一的国际性评估准则，这是制定国际评估准则的内在动力。

(三) 国际评估准则制定的外部动力

随着国际经济和市场全球化的发展，专业资产评估在市场经济中的重要性得到了广泛认可。合格、客观、专业化发展的资产评估服务对各种经济行为，尤其是对跨国投资者来说是很必要的。国际经济界也迫切需要规范、统一的国际评估准则，以促使评估业更好地为经济发展服务。这就为国际评估准则的制定奠定了外部客观基础。

二、国际评估准则的内容体系

从结构上看，最新的国际评估准则包括引言、评估基本概念和原则、行为守则、资产类型、国际评估准则、国际评估应用指南、指导意见、白皮书、术语表和索引 10 部分。各部分的关系如图 2-2 所示。

(一) 引言

引言部分在回顾、总结国际资产评估发展历史的基础上，重点对国际评估准则委员会的宗旨、国际评估准则委员会的工作、国际评估准则的起源和国际评估准则的结构进行介绍。

(二) 评估基本概念和原则

为了避免各国评估师和评估报告使用者的误解，国际评估准则委员会对资产评估的一些基本理论和概念进行了总结和归纳。这些概念和原则充分借鉴了各国资产评估理论研究和资产评估准则制定的成果，对价格、价值、市场和成本的概念、市场价值的概念、最佳用途的概念等进行了深刻的阐述。

(三) 行为守则

行为守则阐述了对评估师执业中的道德和能力的要求以及披露和价值报告的要求，包括道德规范、能力、披露、价值报告四部分。行为守则既服务于公众，又服务于资产评估行业，它保证了评估结果的可靠和一致。

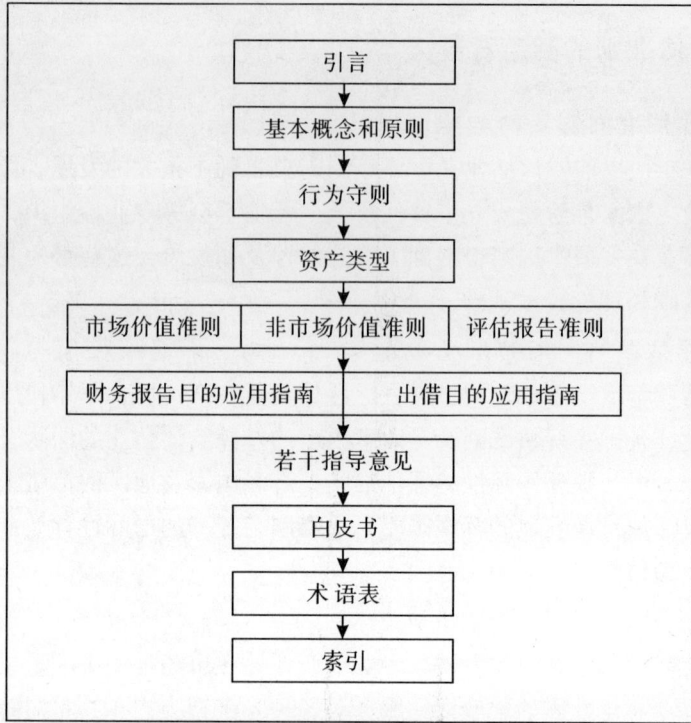

图2-2　国际评估准则结构示意图

（四）资产类型

资产类型详细地阐述了动产、不动产、企业价值和金融权益四种资产类型，并说明了它们之间的区别。

（五）国际评估准则

国际评估准则包括市场价值评估、非市场价值评估和评估报告。而且，每一项国际评估准则都包括九个部分，即引言、范围、定义、与会计准则的关系、准则的说明、讨论、披露要求、背离条款和生效日期。

（六）国际评估应用指南

国际评估应用指南包括财务报告目的应用指南和出借目的应用指南。而且，每一项国际评估应用指南都具有和国际评估准则类似的结构，也是九个部分。

（七）指导意见

指导意见提供了特定评估事项以及评估准则如何在特定企业和特定情况下应用的指南。指导意见完善和拓展了评估准则和应用指南，在国际评估准则体系中与评估准则和评估应用指南同等重要，所有依照国际评估准则进行的评估必须遵循整个准则文件详述的原则和程序。每一项指导意见包括引言、范围、定义、与会计准则的关系、指南和生效日期。

（八）白皮书

由于评估实务既不是完全相同的，也不是静止不变的，国际评估准则委员会针对有关评估事项发布白皮书。一是为新兴市场中的评估师提供特别的指南，二是为国际、国家、地区开发银行和机构重建或加强新兴市场金融体系的努力作出贡献。

（九）术语表（略）

（十）索引（略）

三、国际评估准则的相关概念

国际评估准则对资产评估的一些基本概念进行了详细的阐述，这里仅对折旧、价格、价值、市场、成本和最佳用途进行阐述，其他的不再逐一阐述。

（一）折旧

折旧是在评估行业和会计行业中使用的概念。评估师在资产评估业务中所使用的折旧概念表示从估计的全新重置成本中扣除的任何部分。这些扣除部分即评估中的折旧，包括实体性损耗、功能性（技术性）陈旧或经济性贬值。而会计上的折旧是指会计师根据历史成本原则做出的对资产原始成本的一种摊销，并不考虑这种摊销是否与实际情况相符。因此，折旧在评估和会计上最重要的区别为：对评估师而言，评估中的折旧应当与市场有关，反映相关的市场状况；对会计师而言，会计上的折旧与会计原则相关，并不反映市场状况。

（二）市场、成本、价格和价值

市场、成本、价格、价值等概念是资产评估中最基本的概念，同时也是争议最大的概念，理解这些基本概念在资产评估中的内涵对于评估专业人员是十分重要的。

市场是买方和卖方在价格作用机制下对商品和服务进行交易的体系，市场的存在是资产评估能够得以进行的关键条件之一。市场意味着买方和卖方能够在合理限制的条件下进行商品或服务交易。交易各方能够根据供求关系和其他价格确定因素、各方的能力和知识、各方对商品或服务效用的理解以及各自的需要、欲望等作出合理决策。

成本是与生产相关的概念，是为商品或服务所支付的货币金额，或者是生产商品、提供服务所需要的货币金额。对于购买者来说，为商品或服务所付出的价格就成为其成本。

价格是与商品或服务交换相关的概念，某商品或某项服务所要求的、提供的或支付的货币金额，反映了商品或服务进行实际交易的货币金额。一般情况下，价格反映出在特定条件下特定的买方或卖方对商品或服务价值的认可。

价值是个经济概念，是根据特定的价值定义在特定时间内对商品、服务进行交易时最可能形成的价格的估计额。价值的经济概念反映了在价值的有效日期（基准日）内，市场（而不是特定买方或卖方）对于某人拥有某商品或接受某服务而具有的利益的评判。

（三）最佳用途

最佳用途又称为最大最有效用途，对某项资产而言实际可能的、经合理证明的、法律允许的、财务上可行的并能实现该被评估资产最大价值的用途。根据最佳用途的定义，法律不允许或实际不可行的用途不得视为最佳用途。对法律允许且实际可行的用途仍需要评估师证明这种用途合理可行的原因。如果分析表明一种或多种用途是合理可行的，则需要进一步通过经济可行性研究来论证，能体现最高价值并满足其他条件验证的用途才可以认为是最佳用途。最佳用途对于不动产评估尤其重要。

四、国际评估准则的特点

从结构框架和发展情况来看，国际评估准则具有以下五个方面的特点。

（一）准则制定的内容还不太完善

目前，国际评估准则中的评估应用指南只有以财务报告为目的的评估和以出借为目的的评估两项。而实际中有必要作特别规定的评估远远不止这两项，比如资产出售、收购兼并、保险、纳税、拍卖、租赁等。此外，准则的其他方面，如指导意见、评估理论和概念原则，都存在有待完善的地方。

（二）准则定位从不动产评估向综合评估过渡

目前国际评估准则侧重于不动产。在国际评估准则中，未加特别说明的多数专业术语都是指不动产。然而，随着评估行业在经济中发挥的作用，以及会计行业对评估结论依赖程度的加大，对评估准则的需要日益迫切，国际评估准则委员会开始考虑对国际评估准则的专业定位进行调整，发展综合性评估准则，逐步改变以不动产为主的定位。

（三）准则与国际会计准则相衔接

国际评估准则注重与国际会计准则的衔接，不仅准则的目的和宗旨强调与国际会计准则的关系，而且专门制定了以财务报告为目的的评估具体应用指南。同时，每一具体准则、应用指南和指导意见，都有与会计准则相关的专门部分。

（四）准则特别注重专业术语

为了改变专业术语不统一的现状，消除不必要的误解，国际评估准则特别注重专业术语的阐释。除在每个具体评估准则、应用指南和指导意见中有专门的相关定义外，还在资产评估概念和原则部分对重点概念进行了讨论。

（五）准则致力于各国评估准则的统一

国际评估准则委员会的目标之一是将各个国家的评估准则整合为一套统一的高质量的全球准则。为了达到这一目标，国际评估准则委员会设立了新的准则委员会，负责与各国准则制定机构和地区评估师团体的沟通和协调。同时，国际评估准则委员会还努力促进国际评估准则在各国的推广和应用，国际评估准则的影响逐步扩大，像澳大利亚、新西兰、马来西亚等国已将国际评估准则的部分内容纳入了本国的评估准则体系。

第四节 美国和欧洲评估准则

一、美国评估准则

美国的资产评估准则是由评估促进会下属的评估准则委员会负责制定、出版、解释和修订的。美国的资产评估准则——专业评估执业统一准则的最新版本是 2005 版本。

（一）美国评估准则的内容体系

专业评估执业统一准则从一开始就设计了十分严密的结构体系，虽然已进行过多次修订，但其主要结构体系仍保持相对稳定，主要包括定义、导言、条款、准则及准则条文、评估准则说明五部分及附录——咨询意见。各部分的关系如图2-3所示。

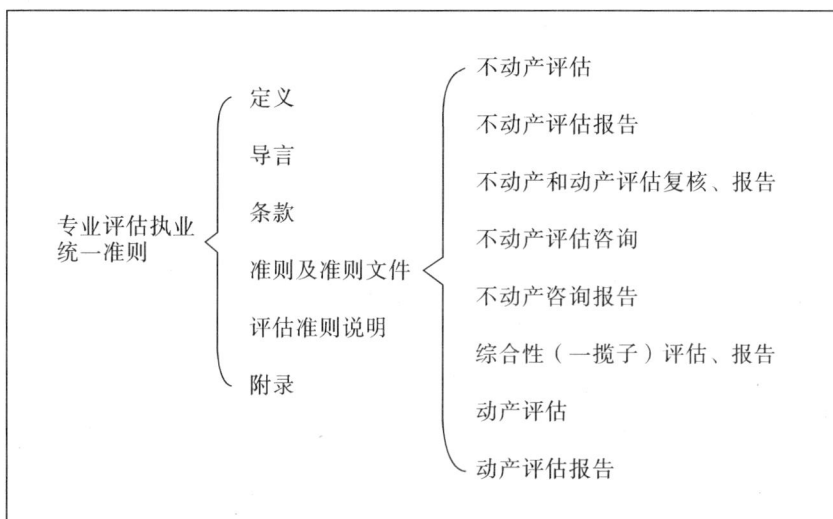

图2-3　专业评估执业统一准则

1. 定义、导言和条款

定义、导言和条款部分是对评估的基本要求和共性要求，适用于所有评估业务，包括定义、导言、职业道德条款、能力条款、背离条款、管辖除外条款、补充准则条款。

2. 准则及准则条文

准则及准则条文是专业评估执业统一准则最实质性的内容，主要是各类评估所应遵循的程序和报告要求。从内容上看，根据具体评估类型制定了10个准则，共分为六个主题，分别为不动产评估、评估复核、不动产评估咨询、综合评估、动产评估和评估报告。每个主题分为两个部分，一部分是关于评估操作的要求，对评估中应注意的事项进行了具体规定；另一部分是相关评估报告的要求，对各类评估报告的格式、内容及注意事项作了专门规定。每一准则的规定都包括原则性要求和专门性要求两类，原则性要求不允许有所背离，专门性要求可以根据背离条款有所背离。

3. 评估准则说明

评估准则说明是根据评估促进会的管理细则授权由评估准则委员会制定，专门用于明确、解释、阐述和细化专业评估执业统一准则。评估准则说明与准则条文具有同等重要性，并且只有经过披露、征求意见后才能由评估准则委员会采纳。截至2005版本，评估准则委员会已公布10项评估准则说明，并停止使用了其中三项。从结构上看，每一项评估准则说明都包括主题、适用范围、问题、说明、结论、采纳日期和最后修改日期或停止使用日期。

4. 咨询意见

评估准则委员会发布咨询意见是为了说明评估准则在特定情况下的运用，提供解决评估事项和问题的咨询意见。截至 2005 版本，评估准则委员会已公开发布了 27 项咨询意见。从结构上看，每一项咨询意见都包括声明、主题、适用范围、问题、评估准则委员会咨询意见、再次声明。

（二）美国评估准则的特点

1. 准则的影响力广泛

美国专业评估执业统一准则不仅被美国的评估师协会、评估学会和高级评估师联合会认可，而且还被加拿大、墨西哥、菲律宾等评估专业团体所认可，它已经成为在国际上具有重大影响力的评估准则之一。

2. 准则开始注重综合性资产

早期的专业评估执业统一准则带有浓厚的不动产评估色彩，条文中大量使用了不动产概念，如资产在没有特别限定的情况下仅指不动产，许多用语、表达方式也都潜移默化地沿用了不动产的概念。为适应评估业综合发展的需要，评估准则委员会逐步修改评估准则，使专业评估执业统一准则成为适用于不动产评估、动产评估、企业评估等在内的所有评估类别的综合性评估准则。专业评估执业统一准则在综合性方面明显强于国际评估准则和欧洲评估准则。

3. 准则的高度抽象概括

评估准则委员会对专业评估执业统一准则的定位是高度抽象、概括、笼统、原则性的指导文件，而不是具体的评估操作指南、规章流程，更不是事无巨细的详细阐述。采取这种定位的原因一是评估理论并非十分完善，许多基本定义、原则还不能界定清楚；二是为了避免不当的准则规定可能产生的风险和负面效应。

4. 准则注重灵活性和开放性

专业评估执业统一准则并不要求评估师在执业时必须遵守其全部条款要求，可根据实际情况背离部分条款要求，具有一定的灵活性。专业评估准则的背离条款允许评估师在执业时背离专业评估执业统一准则中的专门性要求，而除外条款中管辖方面的规定，如果专业评估执业统一准则的任何部分违反某司法管辖范围的法律或公共政策，则只有该部分在该司法管辖范围内不具有效力。专业评估执业统一准则同时也是开放的，允许政府部门、政府主办企业和其他制定公共政策的团体发布通用于特定日期的或资产类型评估业务的补充准则，评估师和客户必须明确专业评估执业统一准则外的任何补充准则是否适用于所考虑的评估业务。

5. 准则逐年修订

专业评估执业统一准则每年根据具体情况进行修订，不断发展，并非一成不变。10 年来的专业评估执业统一准则，不仅在用语上，而且在实质上也发生了变化。这样能最大限度地保证专业评估执业统一准则始终能够体现评估业的最新理论成果和实践要求。

二、欧洲评估准则

欧洲评估准则是由欧洲评估师联合会制定的一部适用于欧洲地区的区域性评估准则，也是当前国际评估界具有重大影响力的评估准则之一。随着评估业的综合发展，欧洲评估业近10年来也在向不动产评估和以财务报告为目的的评估业务以外的领域拓展，反映到欧洲评估准则中，从其第四版中已经开始涉及其他商业目的等领域。2003年出版的第五版向非不动产评估领域延伸的速度之快引起了国际评估界的广泛关注，这在一定意义上也验证了国际评估业综合发展的趋势。

《欧洲评估准则》第五版主要包括以下内容：

准则1 遵守事项；

准则2 具有资格的评估师；

准则3 业务约定书；

准则4 评估基础（价值类型）；

准则5 以财务报告为目的的评估；

准则6 以银行安全为目的及与资产证券化、抵押贷款资产证券化相关的评估；

准则7 估计、预测和其他评估；

准则8 投资评估——保险公司、房地产信托和养老基金等；

准则9 评估报告；

指南1 影响价值的特殊因素；

指南2 特殊性资产评估；

指南3 机器设备评估；

指南4 开发中资产的评估；

指南5 以贷款为目的的农业资产评估；

指南6 历史性资产评估；

指南7 企业价值评估；

指南8 无形资产评估；

指南9 不动产指标评估；

指南10 跨国评估；

指南11 合资公司、有限合伙评估；

指南12 土地与建筑物之间的价格分割；

指南13 国别立法与实践；

指南14 以证券化为目的的抵押组合评估。

练习题

一、单项选择题

1. 《国际评估准则》中非市场价值主要包括（ ）。

A. 在用价值　B. 保险价值　C. 交易价值　D. 持续使用价值

2. 《国际评估准则》中明确的市场价值具有下列（ ）条件。

A. 自愿买方　B. 自愿卖方　C. 以货币单位表示　D. 有投资价值

3. 我国最早颁布的准则是（　　）。

A. 基本准则　B. 无形资产准则　C. 职业道德准则　D. 企业价值准则

二、多项选择题

1. 资产评估业务准则可以分为（　　）。

A. 基本准则　B 具体准则　C. 评估指南　D. 评估指导意见

2. 2007 年颁布的准则有（　　）。

A. 不动产准则　B. 无形资产准则　C. 机器设备准则　D. 评估程序准则

3. 美国评估准则的特点有（　　）。

A. 影响力广泛　B. 注重综合性资产　C. 高度的抽象概括　D. 逐年修订

第三章 资产评估程序

学习目的与要求

通过本章的学习，使学生了解：资产评估程序的涵义、重要性；资产评估的具体程序，包括明确资产评估业务基本事项、签订资产评估业务约定书、编制资产评估计划、现场调查、收集资产评估资料、评定估算、编制和提交资产评估报告书、资产评估工作底稿归档。重点要掌握资产评估的各个具体程序的内容。

第一节 资产评估程序概述

一、资产评估程序的定义

资产评估程序是指资产评估机构和评估人员执行资产评估业务形成资产评估结论所履行的系统性工作步骤。资产评估程序由具体的工作步骤组成，不同的资产评估业务由于评估对象、评估目的、资产评估资料收集情况等相关条件的差异，评估人员可能需要执行不同的资产评估程序或工作步骤，但由于资产评估业务的共性，各种资产类型、各种评估目的资产评估业务的基本程序是相同或相通的。通过对资产评估基本程序的总结和规范，可以有效地指导评估人员开展各种类型的资产评估业务，因此有必要加强对资产评估基本程序的研究和规范。

我国评估实务界从不同角度对评估程序有着不同的理解，总的说来可以从狭义和广义的角度来了解资产评估程序。资产评估是一种基于委托合同基础之上的专业服务，因此从狭义的角度看，很多人认为资产评估程序开始于资产机构和人员接受委托，终止于向委托人或相关当事人提交资产评估报告书。然而作为一种专业性、风险性很强的中介服务，为保证资产评估业务质量、控制资产评估风险、提高资产评估服务水平，以便更好地服务于委托人，维护资产评估行为各方当事人合法利益和社会公共利益，有必要从广义角度认识资产评估程序。广义的资产评估程序开始于承接资产评估业务前的明确资产评估基本事项环节，终止于资产评估报告书提交后的资产评估文件归档管理。

二、资产评估的基本程序

资产评估具体程序或工作步骤的划分取决于资产评估机构和人员对资产评估工作步骤共性的归纳，资产评估业务的性质、复杂程度也是影响资产评估具体程序划分的重要因素。在2008 年 7 月 1 日施行的《资产评估准则——评估程序》中，规定了注册资产评估师通常执行的资产评估的基本程序：

1. 明确资产评估业务基本事项；
2. 签订资产评估业务约定书；
3. 编制资产评估计划；
4. 现场调查；
5. 收集资产评估资料；
6. 评定估算；
7. 编制和提交资产评估报告书；
8. 资产评估工作底稿归档。

注册资产评估师不得随意删减基本评估程序。注册资产评估师应当根据准则，结合评估业务具体情况，制定并实施适当的具体评估步骤。注册资产评估师在执行评估业务的过程中，由于受到客观限制，无法或者不能完全履行评估程序，可以根据能否采取必要措施弥补程序缺失或是否对评估结论产生重大影响，决定继续执行评估业务或者终止评估业务。注册资产评估师应当记录评估程序履行情况，形成工作底稿。

三、资产评估程序的重要性

（一）是规范资产评估行为、提高资产评估业务质量和维护资产评估服务公信力的重要保证

资产评估机构和人员接受委托，不论执行何种资产类型、何种评估目的的资产评估业务，都应当履行必要的资产评估程序，按照工作步骤有计划地进行资产评估。这样做不仅有利于规范资产评估机构和人员的执业行为，而且能够有效地避免由于机构和人员水平不同而导致的在执行具体资产评估业务中可能出现的程序上的重大疏漏，切实保证资产评估业务质量。恰当履行资产评估程序对于提高资产评估机构的业务水平乃至资产评估行业整体业务水平具有重要意义。另一方面，资产评估是一项专业性很强的中介服务工作，评估机构和人员履行严格的评估程序也是赢得客户和社会公众信任、提高评估行业社会公信力的重要保证。

（二）是相关当事方评价资产评估服务的重要依据

由于资产评估结论是相关当事方进行决策的重要参考依据之一，因此资产评估服务必然引起许多相关当事方的关注，包括委托人、资产占有方、资产评估报告使用人、相关利益当事人、司法部门、证券监督及其他行政监督部门、资产评估行业主管协会以及社会公众、新闻媒体等。资产评估程序不仅为资产评估机构和人员执行资产评估业务提供了必要的指导和规范，也为上述相关当事方提供了评价资产评估服务的重要依据，也是委托人、司法和行政监管部门及资产评估行业协会监督资产评估机构和人员、评价资产评估服务质量的主要依据。

（三）是资产评估机构和人员防范执业风险、保护自身合法权益、合理抗辩的重要手段

随着资产评估行业的发展，资产评估机构和人员与其他当事人之间就资产评估服务引起

的纠纷和法律诉讼越来越多。从各国的实践来看，由于资产评估工作的专业性，无论是当事人还是司法部门由于在举证、鉴定方面存在较大难度等原因，都倾向于追究资产评估机构和人员在履行必要资产评估程序方面的疏漏和责任，而避免在专业判断方面下结论。由于我国资产评估实践尚处于初步发展阶段，各方对资产评估的专业性还存在认识上的差距，我国资产评估委托人和相关当事方、政府和行业监管部门及司法部门在相当长的一段时间里倾向于对资产评估结论作出"高低"、"对错"的简单二元判断，并以此作为对资产评估服务和评估机构、人员的评判依据。随着我国资产评估行业的发展，有关各方对资产评估的认识逐步提高，目前已经开始逐步转向重点关注资产评估机构和人员在执行业务过程中是否恰当履行了必要的资产评估程序。因此，恰当履行资产评估程序是资产评估机构和人员防范执业风险的主要手段，也是在产生纠纷或诉讼后，合理保护自身权益、合理抗辩的重要手段。

第二节　资产评估的具体程序

一、明确资产评估业务基本事项

明确资产评估业务基本事项是资产评估程序的第一个环节，包括在签订资产评估业务约定书以前所进行的一系列基础性工作，对资产评估项目风险评价、项目承接与否以及资产评估项目的顺利实施具有重要意义。由于资产评估专业服务的特殊性，资产评估程序甚至在资产评估机构接受业务委托前就已开始。资产评估机构和人员在接受资产评估业务委托之前，应当采取与委托人等相关当事人讨论、阅读基础资料、进行必要初步调查等方式，与委托人等相关当事人共同明确资产评估业务基本事项。

（一）委托方、产权持有者和委托方外的其他报告使用者

资产评估机构和人员应当了解委托方和产权持有者的基本状况。在不同的资产评估项目中，相关当事方的人员组成有所不同，主要包括资产占有方、资产评估报告使用方、其他利益关联方等。委托人与相关当事人之间的关系也应当作为重要基础资料予以充分了解，这对于理解评估目的、相关经济行为以及防范恶意委托等十分重要。在可能的情况下，评估机构和评估人员还应要求委托人明确资产评估报告的使用人或使用人范围以及资产评估报告的使用方式。明确评估报告使用者范围一方面有利于评估机构和评估人员更好地根据使用者的需求提供良好的服务，同时也有利于降低评估风险。

（二）评估目的

资产评估机构和人员应当与委托方就资产评估目的达成明确、清晰的共识，并尽可能细化资产评估目的，说明资产评估业务的具体目的和用途，避免仅仅笼统列出通用资产评估目的的简单做法。

（三）评估对象和评估范围

资产评估机构和人员应当了解评估对象及其权益基本状况，包括法律、经济和物理状况，如资产类型、规格型号、结构、数量、购置（生产）年代、生产（工艺）流程、地理

位置、使用状况、企业名称、住所、注册资本、所属行业在行业中的地位和影响、经营范围、财务和经营状况等。资产评估机构和人员应当十分了解有关的评估对象权利受限状况。

（四）价值类型

资产评估机构和人员应当在明确资产评估目的的基础上恰当确定价值类型，确保所选择的价值类型适用于资产评估目的，并就所选择价值类型的定义与委托方进行沟通，避免出现歧义、误导。

（五）评估基准日

资产评估机构和人员应当通过与委托方的沟通，了解并明确资产评估基准日。资产评估基准日是评估业务中极为重要的基础，也是评估基本原则之一的时点原则在评估实物中的具体实现。评估基准日的选择应当有利于资产评估结论有效地服务于资产评估目的，减少和避免不必要的资产评估基准日期后事项。评估机构和人员应当凭借自己的专业知识和经验，建议委托方根据评估目的、资产和市场变化情况等因素合理选择评估基准日。

（六）资产评估报告使用限制

资产评估机构和人员在承接评估业务前，应该充分地了解所有对资产评估业务可能造成影响的限制条件，以便进行必要的风险评价，并更好地为客户服务。

（七）评估报告提交时间及方式

（八）评估服务费总额、支付时间和方式

（九）委托方与注册资产评估师工作配合和协助等其他需要明确的重要事项

根据具体评估业务的不同，评估机构和人员应当在了解上述基本事项的基础上，了解其他对评估业务的执行可能具有影响的相关事项。资产评估机构和人员在明确上述资产评估基本事项的基础上，应当分析下列因素，确定是否承接资产评估项目。

1. 评估项目风险。评估机构和人员应当根据初步掌握的相关评估业务的基础情况，具体分析资产评估项目的执业风险，以判断该项目的风险是否超出合理的范围。

2. 专业胜任能力。评估机构和人员应当根据所了解的评估业务的基础情况和复杂性，分析本机构和评估人员是否具有与该项目相适应的专业胜任能力及相关经验。

3. 独立性分析。评估机构和人员应当根据职业道德要求和国家相关法则规定，结合评估业务的具体情况分析资产评估机构和人员的独立性，确认与委托人或相关当事方是否存在现实或潜在利害关系。

二、签订资产评估业务约定书

资产评估业务约定书是资产评估机构与委托人共同签订的，以确认资产评估业务委托与受托关系，明确委托目的、被评估资产范围及双方义务等相关重要事项的合同。

根据我国资产评估行业的现行规定，注册资产评估师承办资产评估业务，应当由其所在的资产评估机构统一受理，并由评估机构与委托人签订书面资产评估业务约定书。注册资产评估师不得以个人名义签订资产评估业务约定书。资产评估业务约定书应当由资产评估机构与委托方的法定代表人或其授权代表签订，资产评估业务约定书应当内容全面、具体，含义清晰准确，符合国家法律、法规和资产评估行业的管理规定。2008年7月1日起施行的《资产评估准则——业务约定书》，其基本内容主要包括：

1. 资产评估机构和委托方名称、住所；

2. 资产评估目的；

3. 资产评估对象和范围；

4. 资产评估基准日；

5. 资产评估报告使用者；

6. 出具资产评估报告的期限和方式；

7. 资产评估服务费总额、支付时间和方式；

8. 评估机构和委托方的其他权利和义务；

9. 违约责任和争议解决；

10. 签约时间。

评估机构在决定承接评估业务后，应当与委托方签订业务约定书。评估目的、评估对象、评估基准日发生变化，或者评估范围发生重大变化，评估机构应当与委托方签订补充协议或者重新签订业务约定书。

三、编制资产评估计划

为高效完成资产评估业务，资产评估机构和人员应当编制资产评估计划，对资产评估过程中的每个工作步骤以及时间和人力安排进行规划与安排。资产评估计划是资产评估机构和人员为执行资产评估业务拟定的资产评估思路和实施方案，对合理安排工作量、工作进度、专业人员调配、按时完成资产评估业务具有重要意义。评估计划通常包括评估的具体步骤、时间进度、人员安排和技术方案等内容。由于资产评估项目千差万别，资产评估计划也不尽相同，注册资产评估师可以根据评估业务具体情况确定评估计划的繁简程度。资产评估机构和人员应当根据所承接的具体资产评估项目情况编制合理的资产评估计划，并根据执行资产评估业务过程中的具体情况及时修改、补充资产评估计划。

注册资产评估师编制的评估计划的内容应该涵盖现场调查、收集评估资料、评定估算、编制和提交评估报告等评估业务实施全过程，在资产评估计划编制过程中应当同委托人等就相关问题进行洽谈，以便于资产评估计划的实施。注册资产评估师应当将编制的评估计划报评估机构相关负责人审核、批准。编制资产评估工作计划应当重点考虑以下因素：

1. 资产评估目的、资产评估对象状况；

2. 资产评估业务风险、资产评估项目的规模和复杂程度；

3. 评估对象的性质、行业特点、发展趋势；

4. 资产评估项目所涉及资产的结构、类别、数量及分布状况；

5. 相关资料收集状况；

6. 委托人或资产占有方过去委托资产评估的经历、诚信状况及提供资料的可靠性、完整性和相关性；

7. 资产评估人员的专业胜任能力、经验及专业、助理人员配备情况。

四、现场调查

资产评估机构和人员执行资产评估业务，应当对评估对象进行必要的勘查，包括对不动产和其他实物资产进行必要的现场勘查，对企业价值、股权和无形资产等非实物性资产进行评估时，也应当根据评估对象的具体情况进行必要的现场勘查。进行资产勘查和现场调查工作不仅仅基于资产评估人员勤勉尽责义务的要求，同时也是资产评估程序和人员全面、客观了解评估对象，核实委托方和资产占有方提供资料的可靠性，并通过在资产勘查和现场调查过程中发现的问题、线索，有针对性地开展资料收集和分析工作。由于各类资产差别很大以及评估目的不同，不同项目中对评估对象进行勘查或现场调查的具体方式和程度也不尽相同。评估师应当根据评估项目具体情况，确定合理的资产勘查或现场调查方式，并与委托方或资产占有方进行沟通，确保资产勘查或现场调查工作的顺利进行。

五、收集资产评估资料

在上述几个环节的基础上，资产评估机构和人员应当根据资产评估项目具体情况收集资产评估相关资料。资料收集工作是资产评估业务质量的重要保证，也是进行分析、判断进而形成评估结论的基础。由于资产评估的专业性和评估对象的广泛性，不同的项目、不同的评估目的、不同的资产类型对评估资料有着不同的需求。另一方面由于评估对象及其所在行业的市场状况、信息化和公开化程度差别较大，相关资料的可获取程度也不同。因此资产评估机构和人员的执业能力在一定程度上就体现在其收集、占有与所执行项目相关信息资料的能力上。资产评估机构和人员在日常工作中应当注重收集信息资料及其来源，并根据所承接的项目情况确定收集资料的深度和广度，尽可能全面、详实地占有资料，并采取必要措施确保资料来源的可靠性。

注册资产评估师应当通过询问、函证、核对、监盘、勘查、检查等方式进行调查，获取评估业务需要的基础资料，了解评估对象现状，关注评估对象法律权属。注册资产评估师在执行现场调查时无法或者不宜对评估范围内所有资产、负债等有关内容进行逐项调查的，可以根据重要程度采用抽样等方式进行调查。注册资产评估师应当根据评估业务需要和评估业务实施过程中的情况变化及时补充或者调整现场调查工作。注册资产评估师收集的评估资料包括直接从市场等渠道独立获取的资料，从委托方、产权持有者等相关当事方获取的资料，以及从政府部门、各类专业机构和其他相关部门获取的资料。评估资料包括查询记录、询价结果、检查记录、行业资讯、分析资料、鉴定报告、专业报告及政府文件等。注册资产评估师应当根据评估业务具体情况对收集的评估资料进行必要的分析、归纳和整理，形成评定估算的依据。

六、评定估算

资产评估机构和人员在占有相关资产评估资料的基础上，进入评定估算环节，主要包括分析资产评估资料、恰当选择资产评估方法、运用资产评估方法形成初步资产评估结论、综合分析确定资产评估结论、资产评估机构内部复核等具体工作步骤。

资产评估机构人员应当对所收集的资产评估资料进行充分分析，确定其可靠性、相关性、可比性，摒弃不可靠、不相关的信息，对不可比信息进行必要分析调整，在此基础上恰当选择资产评估方法，并根据业务需要及时补充收集相关信息。

成本法、市场法和收益法是三种通用的资产评估基本方法，原则上在任何资产评估项目中，资产评估人员都应当首先考虑三种方法的适用性。长期以来在我国资产评估实践中，绝大多数资产评估业务是以成本法为唯一使用的资产评估方法。随着我国资产评估理论和实践的发展，特别是市场发展状况及其他相关条件的日益成熟，应当提倡资产评估人员根据评估对象、评估目的、资料收集情况等相关条件恰当选择资产评估方法，鼓励尽可能选用多种评估方法进行评估，对宜采用两种以上资产评估方法的评估项目，应当使用两种以上资产评估方法，并说明选择资产评估方法的理由。

资产评估人员在选择恰当的资产评估方法后，应当根据评估基本原理和评估准则的要求恰当运用评估方法进行评估，形成初步评估结论。采用成本法，应当合理确定完全重置成本和各相关贬值因素；采用市场法，应当合理选择参照物，分析参照物的信息资料，根据评估对象与参照物的差异进行必要调整；采用收益法，应当合理预测未来收益，合理确定收益期限和折现率等相关参数。

资产评估人员在形成初步资产评估结论的基础上，需要对信息资料、参数的数量、质量和选取的合理性等进行综合分析，以最终形成资产评估结论。当采用两种以上资产评估方法时，资产评估人员应当在初步结论的基础上，综合分析评估方法的相关性和恰当性及相关参数选取的合理性，形成资产评估结论。

资产评估结构应当建立内部质量控制制度，由不同人员对资产评估过程和结论进行必要的复核。

七、编制和提交资产评估报告书

资产评估机构和人员在执行必要的资产评估程序、形成资产评估结论后，应当按有关资产评估报告的规范编制资产评估报告书。资产评估报告书主要内容包括委托方和资产评估机构情况、资产评估目的、资产评估结论价值类型、资产评估基准日、资产评估方法及其说明、资产评估假设和限制条件等内容。资产评估机构和人员可以根据资产评估业务性质和委托方或其他评估报告使用者的要求，在遵守资产评估报告书规范和不引起误导的前提下选择恰当的资产评估详略程度。

资产评估机构和人员应当以恰当的方式将资产评估报告书提交给委托人。正式提交资产评估报告书之前，可以在不影响对最终评估结论进行独立判断的前提下与委托方或者委托方许可的相关当事方就评估报告有关内容进行必要沟通，听取委托人、资产占有方对资产评估结论的反馈意见，并引导委托人、资产占有方、资产评估报告使用者等合理理解资产评估结论。

八、资产评估工作底稿归档

资产评估机构和人员在向委托人提交资产评估报告书后，应当及时将资产评估工作底稿归档。将这一环节列为资产评估基本程序之一，充分体现了资产评估服务的专业性和特殊性，不仅有利于评估机构应对今后可能出现的资产评估项目检查及进行法律诉讼，也有利于资产评估工作总结、完善和提高资产评估业务水平。

根据 2008 年 7 月 1 日施行的《资产评估准则——工作底稿》，注册资产评估师执行资产评估业务，应当遵守法律、法规和资产评估准则的相关规定，编制和管理工作底稿。工作底稿应当真实完整、重点突出、记录清晰、结论明确；注册资产评估师可以根据评估业务的具体情况合理确定工作底稿的繁简程度；工作底稿可以是纸质文档、电子文档或者其他介质形式的文档，电子或者其他介质形式的重要工作底稿，如评估业务执行过程中的重大问题处理记录，对评估结论有重大影响的现场勘查记录、询价记录和评定估算过程记录等，应当同时形成纸质文档；注册资产评估师收集委托方和相关当事方提供的与评估业务相关的资料作为工作底稿，应当由提供方在相关资料中签字、盖章或者以其他方式进行确认；注册资产评估师应当在评估报告日后 90 日内，及时将工作底稿与评估报告等一起归入评估业务档案，并由所在评估机构按照国家有关档案管理的法律、法规及本准则的规定妥善管理；评估业务档案自评估报告日起一般至少保存 10 年；工作底稿的管理应当执行保密制度。除下列情形外，工作底稿不得对外提供：

1. 司法部门按法定程序进行查询的；
2. 依法有权审核评估业务的政府部门按规定程序对工作底稿进行查阅的；
3. 资产评估行业协会按规定程序对执业质量进行检查的；
4. 其他依法可以查阅的情形。

练习题

一、单项选择题

1. 对不同的评估对象和评估目的而言，评估的基本程序应该是（　　）。
A. 相通或相同　B. 完全不相同　C. 基本相同　D. 部分不相同
2. 明确资产评估业务基本事项是鉴定评估业务约定书（　　）的基础工作。
A. 之前　B. 之后　C. 贯穿全过程　D. 与此无关
3. 与委托人签订评估业务约定书的应当是（　　）。
A. 注册资产评估师　B. 资产评估机构　C. 注册资产评估师和评估机构　D. 均可
4. 资产评估计划的详略程度取决于（　　）。
A. 评估收费多少　B. 评估人员素质　C. 评估机构规模　D. 评估业务规模和复杂程度

二、多项选择题

1. 资产评估业务约定书的内容包括（　　）。
A. 评估范围　B. 评估目的　C. 评估假设　D. 评估基准日　E. 评估工作日期
2. 狭义的评估程序不包括（　　）。
A. 明确基本事项　B. 编制评估计划　C. 收集资料　D. 整理归档　E. 评定估算

第四章　资产评估的基本方法

学习目的与要求

通过本章的学习，使学生了解：资产评估三种基本方法中的市场法、收益法和成本法的概念、基本前提、基本程序、具体指标、具体评估方法及其优缺点；三种评估方法的比较与选择。重点要掌握市场法、收益法和成本法三种方法的计算和应用。

第一节　市场法

一、市场法的基本含义和基本前提

（一）市场法的基本含义

市场法又叫现行市价法，是利用市场上相同或类似资产的近期交易价格，经过直接比较或类比分析以估测被评估资产价值的各类评估方法的总称。

从市场法的基本含义我们可以看出，市场法是资产评估的一种评估思路，而不是一种具体的评估方法。市场法包括很多具体的评估方法，只要是符合市场法评估思路的方法都可以作为市场法的评估方法。

市场法依据替代原理，采取比较或类比的思路和方法，利用已经被市场检验了的资产成交价格的信息，以评定和估算出被评估资产的价值。这种方法得出的评估结果是很容易被当事人双方理解和接受的，因为任何一个理性的投资者在购买资产时，都不会支付高于市场上具有相同用途的替代品的成交价格。

市场法的应用与市场经济体制的建立和发展、资产的市场化程度密切相关，随着我国社会主义市场经济体制的建立和完善，市场法将有更广泛的应用空间，并将逐步成为一种重要的评估方法。

（二）市场法的基本前提

市场法虽然是一种被广泛应用的评估方法，但是必须要满足两个基本前提条件：一是要有一个活跃的公开市场；二是公开市场上的参照物及其与被评估资产可比较的指标、技术参数等资料可以搜集到。

活跃的公开市场是一个充分的市场，市场上的成交价格基本上可以反映市场行情，排除了个别交易的偶然性，以此为基础估测的资产的评估值，更接近于市场价格，更易于当事人双方理解和接受。

二、市场法的基本程序

(一) 选择参照物

选择参照物是运用市场法进行评估的重要环节，对参照物的要求最关键的就是可比性问题，包括功能、市场条件以及成交时间的可比性等。其次就是参照物的数量问题，不论参照物与评估对象怎样相似，通常参照物应选择三个以上。因为运用市场法评估资产价值，被评估资产的评估值高低取决于参照物成交价格水平，而参照物成交价又不仅仅是参照物功能自身的市场体现，同时还受买卖双方交易地位、交易动机、交易时限等因素的影响。为了避免某个参照物个别交易中的特殊因素和偶然因素对成交价及评估值的影响，运用市场途径评估资产时应尽量选择多个参照物。另外，选择的参照物的成交价必须是正常的真实的成交价，如报价、拍卖底价、关联方交易价格等都不能视为成交价。

(二) 在评估对象与参照物之间选择比较因素

不论何种资产，影响其价值的因素基本相同，如资产的性质、市场条件等。但具体到每一项资产时，影响资产价值的因素又各有侧重。例如，不动产主要受地理位置因素的影响，而机器设备则受技术水平的影响。根据不同种类资产价值形成的特点，选择对资产价值形成影响较大的因素作为对比指标，在参照物与评估对象之间进行比较。

一般来讲，需要比较的因素包括以下几个方面。

1. 时间因素。时间因素是指参照物交易时间与评估基准日时间上的不一致所导致的差异。由于大多数资产的交易价格总是处于波动之中，不同时间条件下，资产的价格会有所不同，在评估时必须考虑时间差异。一般情况下，应当根据参照物价格变动指数将参照物实际成交价格调整为评估基准日交易价格。

2. 区域因素。区域因素是指参照物所在地区与被评估资产所在地区条件不同所导致的差异。一般情况下，应当把参照物所在地区的条件与被评估资产所在地区的条件进行对比，根据参照物的成交价格调整为被评估资产的价格。区域因素对不动产价格的影响尤为突出。

3. 功能因素。功能因素是指参照物与被评估资产在功能上的差异对评估值的影响。一般可以通过功能系数法调整功能差异。功能因素对机器设备价格的影响尤为突出。

4. 成新率因素。成新率因素是指参照物与被评估资产在新旧程度方面的差异对评估值的影响。一般来讲，资产的成新率越大，资产的价值就越高。在评估时，需要把参照物的成新率与被评估资产的成新率进行比较，将参照物的成交价格调整为被评估资产的价格。

5. 交易情况。交易情况主要包括交易的市场条件和交易条件。市场条件主要是指参照物成交时的市场条件与评估时的市场条件，属于公开市场或非公开市场以及市场供求状况。在通常情况下，供不应求时价格偏高；供过于求时价格偏低。市场条件上的差异对资产价值的影响很大。交易条件主要包括交易批量、交易动机、交易时间等。交易批量不同，交易对象的价格就可能会不同，交易动机对资产交易价格也有影响，在不同时间进行交易，资产的交易价格也会有所不同。

6. 个别因素。个别因素主要包括资产的实体特征和质量。资产的实体特征主要是指资产的外观、结构、规格型号等。资产的质量主要是指资产本身的建造或制造的工艺水平。

（三）指标对比、量化差异

根据所选定的对比指标，在参照物及评估对象之间进行比较，并将两者的差异进行量化。例如资产功能指标，参照物与评估对象尽管用途功能相同或相近，但是在生产能力及生产产品的质量方面，以及在资产运营过程中的能耗、物耗和人工消耗等方面都会有不同程度的差异，将参照物与评估对象对比指标之间的差异数量化、货币化是运用市场法的重要环节。

（四）在各参照物成交价格的基础上调整已经量化的对比指标差异

市场法是以参照物的成交价格作为估算评估对象价值的基础。在此基础上将已经量化的参照物与评估对象对比指标差异进行调增或调减，就能得到以每个参照物为基础的评估对象的初评结果。初评结果的数量取决于所选择的参照物个数，一般选择了几个参照物就有几个初评结果。

（五）综合分析确定评估结果

运用市场法通常应选择三个以上参照物，就是说在通常情况下，运用市场法评估的初评结果也在三个以上。按照资产评估一般惯例的要求，正式的评估结果只能是一个，因此需要评估人员对若干初评结果进行综合分析，以确定最终的评估值，但这在制度上没有明确规定，完全取决于评估人员对参照物的把握和对评估对象的认识，再加上评估经验。

三、市场法中的具体评估技术方法

（一）类比调整法

类比调整法，也叫市场售价类比法，是在公开市场上无法找到与被评估资产完全相同的参照物时，选择若干个类似资产的交易案例作为参照物，通过分析比较评估对象与各个参照物交易案例的因素差异，并对参照物的价格进行差异调整，来确定被评估资产价值的方法。

类比调整法是市场法中最基本的评估方法，具有适应性强、应用广泛的特点。由于这种方法对参照物的要求不高，只要参照物与被评估资产大体相似就可以。

类比调整法的具体计算公式为：

资产评估价值＝参照物的成交价±功能因素调整值±时间因素调整值±区域因素调整值±交易情况调整值±……

或 资产评估价值＝参照物的成交价×功能因素调整系数×时间因素调整系数×区域因素调整系数×交易情况调整系数×……

例4-1 估价对象为城市规划中属于住宅区的一块空地，面积为600平方米，地形为长方形。要求评估该地块2009年10月的公平市场交易价格。

解：1. 选择评估方法。该种类型的土地有较多的交易实例，故采用市场法进行评估。

2. 搜集有关的评估资料。（1）搜集待估土地资料（略）。（2）搜集交易案例资料（详见表4-1）。

表 4-1 交易实例情况表

影响因素	案例 A	案例 B	案例 C	案例 D	评估对象
坐落	略	略	略	略	略
所在地区	临近	类似	类似	类似	一般市区
用地性质	住宅	住宅	住宅	住宅	住宅
土地类型	空地	空地	空地	空地	空地
交易日期	2009.4	2009.3	2008.10	2008.12	2009.10
总价	196 万元	312 万元	274 万元	378 万元	
单价	8700 元/平方米	8200 元/平方米	8550 元/平方米	8400 元/平方米	
面积	225 平方米	380 平方米	320 平方米	450 平方米	600 平方米
形状	长方形	长方形	长方形	略正方形	长方形
地势	平坦	平坦	平坦	平坦	平坦
地质	普通	普通	普通	普通	普通
基础设施	较好	完备	较好	很好	很好
交通状况	很好	较好	较好	较好	很好
正面路宽	8 米	6 米	8 米	8 米	8 米
容积率	6	5	6	6	6
剩余使用年限	35 年	30 年	35 年	30 年	30 年

3. 进行交易情况修正。经分析，交易实例 A、D 为正常买卖，无需进行交易情况修正；交易实例 B 较正常买卖价格偏低 2%；交易实例 C 较正常买卖价格偏低 3%。则各交易实例的交易情况修正率为：交易实例 A 为 0%；交易实例 B 为 2%；交易实例 C 为 3%；交易实例 D 为 0%。

4. 进行交易日期修正。根据调查，2008 年 10 月以来土地价格平均每月上涨 1%，则各参照物交易实例的交易日期修正率为：交易实例 A 为 6%；交易实例 B 为 7%；交易实例 C 为 12%；交易实例 D 为 10%。

5. 进行区域因素修正。交易实例 A 与待估土地处于同一地区，无需作区域因素修正。交易案例 B、C、D 的区域因素修正情况可参照表 4-2。

表 4-2 区域因素比较表

区域因素	B	C	D
自然条件	相同	相同	相同
社会环境	稍差	相同	相同
街道条件	相同	相同	相同

（续表）

区域因素	B	C	D
交通便捷度	稍差	稍好	相同
离车站距离	稍远	稍近	相同
离市中心距离	相同	稍近	相同
基础设施状况	稍差	相同	稍好
公共设施完备状况	相同	稍差	相同
环境污染状况	相同	相同	相同
周围环境及景观	相同	相同	相同
规划限制	相同	相同	相同

本次评估设定待估地块的区域因素值为100，则根据表4-2中各种区域因素的对比分析，经综合判定打分，交易实例B所属地区为区域因素88，交易实例C所属地区区域因素为108，交易实例D所属地区区域因素为100。

6. 进行个别因素修正。

（1）经比较分析，待估土地的面积较大，有利于充分利用，另外环境条件也比较好，故判定比各交易实例土地价格高2%。

（2）土地使用年限因素的修正。交易实例B、D与待估土地的剩余使用年限相同无需修正。交易实例A、C均需作使用年限因素的调整，其修正系数如下（假定折现率为8%）：

$$年限修正系数 = [1-1÷(1+8\%)^{30}] ÷ [1-1÷(1+8\%)^{35}]$$
$$= 0.900\ 6 ÷ 0.932\ 4$$
$$= 0.965\ 9$$

7. 计算待估土地的初步评估价格。

交易案例A修正后的单价为：$8\ 700 × \dfrac{100}{100} × \dfrac{106}{100} × \dfrac{100}{100} × \dfrac{100}{98} × 0.965\ 9 ≈ 9\ 089$（元/平方米）

交易案例B修正后的单价为：$8\ 200 × \dfrac{100}{98} × \dfrac{107}{100} × \dfrac{100}{88} × \dfrac{100}{98} ≈ 10\ 382$（元/平方米）

交易案例C修正后的单价为：$8\ 550 × \dfrac{100}{97} × \dfrac{112}{100} × \dfrac{100}{108} × \dfrac{100}{98} × 0.965\ 9 ≈ 9\ 009$（元/平方米）

交易案例D修正后的单价为：$8\ 400 × \dfrac{100}{100} × \dfrac{110}{100} × \dfrac{100}{100} × \dfrac{100}{98} = 9\ 429$（元/平方米）

8. 采用简单算术平均法求取评估结果。

土地评估单价为：（9 089 + 10 382 + 9 009 + 9 429）÷4 ≈ 9 821（元/平方米）

土地评估总价为：600 × 9 821 = 5 892 600（元）

（二）直接比较法

直接比较法是指能够在市场上找到与被评估资产完全相同或基本相同的参照物，直接利用参照物的成交价格或利用参照物的成交价格与参照物的某一特征直接与被评估资产的同一特征进行比较而判断被评估资产价值的各种具体评估方法。其总公式为：

资产评估值 = 参照物成交价格

或　　　资产评估值 = 参照物成交价格 × （评估对象某因素 ÷ 参照物某因素）

直接比较法适用于具有完全相同或基本相同的参照物的情况，具有直观简捷、便于操作的特点。其主要包括以下六种方法。

1. 功能价值法

功能价值法适用于被评估资产与参照物仅存在功能因素差异的情况，具体计算公式为：

资产评估价值 = 参照物成交价格 × （评估对象生产能力 ÷ 参照物生产能力）

例 4-2　被评估资产年生产能力为 90 吨，参照资产年生产能力为 120 吨，评估时点参照资产的市场价格为 20 万元，试确定被评估资产的价值。

解：资产评估价值 = 20 × 90/120 = 15 （万元）

即被评估资产的价值为 15 万元。

2. 市价折扣法

市价折扣法适用于被评估资产与参照物仅存在交易条件方面差异的情况，具体计算公式为：

资产评估价值 = 参照物成交价格 × （1 − 价格折扣率）

例 4-3　评估某拟快速变现资产，在评估时点与其完全相同的资产的正常变现价为 20 万元，评估师经综合分析，认为快速变现的折扣率应为 30%，试评估快速变现资产的价值。

解：资产评估价值 = 20 × （1 − 30%） = 14 （万元）

即快速变现资产的价值为 14 万元。

3. 成本市价法

成本市价法以被评估资产的合理成本为基础，利用参照物的成本市价比例来估算被评估资产价值的方法，具体计算公式为：

资产评估价值 = 评估对象现行合理成本 × （参照物成交价格 ÷ 参照物现行合理成本）

例 4-4　评估时点某市商品住宅的成本市价率为 150%，已知被估全新住宅的现行合理成本为 20 万元，试确定其价值。

解：资产评估价值 = 20 × 150% = 30 （万元）

即某市商品住宅的价值为 30 万元。

4. 价格指数法

价格指数法适用于被评估资产与参照物仅存在时间因素差异的情况，具体计算公式为：

资产评估价值 = 参照物成交价格 × 价格指数

或　　　　　　　　资产评估价值 = 参照物成交价格 × （1 + 物价变动指数）

例 4-5　与被评估对象完全相同的参照资产 6 个月前的成本价格为 10 万元，一年间该类资产的成本价格上升了 10%，计算评估资产现在的价值。

解：资产评估价值 = 10 × （1 + 10%） = 11 （万元）

即资产现在的价值为 11 万元。

5. 成新率价格法

成新率价格法适用于被评估资产与参照物仅存在成新率差异的情况，具体计算公式为：

资产评估价值 = 参照物成交价格 ×（评估对象成新率 ÷ 参照物成新率）

其中，资产的成新率 = 资产的尚可使用年限 ÷（资产的已使用年限 + 资产的尚可使用年限）

6. 市盈率乘数法

市盈率乘数法以参照物的市盈率为乘数，以此乘数与被评估资产的收益额相乘来估算被评估资产价值的方法，具体计算公式为：

资产评估价值 = 评估对象年收益额 × 参照物市盈率

例 4-6　某被估企业的年净利润为 1 000 万元，评估时点资产市场上同类企业平均市盈率为 20 倍，试评估该企业的价值。

解：企业的评估价值 = 1 000 × 20 = 20 000（万元）

即该企业的价值为 20 000 万元。

以上各种具体的评估方法中，市盈率乘数法适用于整体企业价值评估，其他方法适用于单项资产评估。值得注意的是，上述评估方法只是市场法中的一些常用的方法，市场法还有很多其他的具体方法。而且上述评估方法还可能成为或可以成为成本法的具体方法。

四、市场法的优缺点

市场法是一种最简单、最有效的方法，也是发达市场经济国家应用最广泛的评估方法。市场法的优点表现在：评估值能反映市场现实价格；评估结果易为各方理解和接受。缺点表现在：前提条件严格；适用范围有限，不适用于专用机器设备、大部分无形资产及受地区、环境严格限制的资产的评估。

第二节　成本法

一、成本法的基本含义和基本前提

（一）成本法的基本含义

成本法也叫重置成本法，是指首先估测被评估资产的重置成本，然后估测被评估资产业已存在的各种贬值、受损因素，并将其从重置成本中予以扣除而得到被评估资产价值的各类评估方法的总称。

从成本法的基本含义我们可以看出，成本法也是资产评估的一种评估思路，而不是一种具体的评估方法。成本法包括很多具体的评估方法，只要是符合成本法评估思路的方法都可以是成本法的评估方法。

成本法是以被评估资产的重置价值为基础，扣除从资产的形成并开始投入使用至评估基准日这段时间内的各种损耗以得到被评估资产价值的一种评估方法。成本法是从成本取得和成本构成的角度对被评估资产的价值进行分析和判断的，其基本公式为：

$$资产评估价值 = 资产的重置成本 - 资产实体性贬值 - 资产功能性贬值$$
$$- 资产经济性贬值$$

或　　资产评估价值 = 资产的重置成本 × 成新率 - 资产功能性贬值 - 资产经济性贬值

（二）成本法的基本前提

成本法的应用必须满足以下三个基本条件。

第一，被评估资产处于持续使用状态或被假定处于持续使用状态。同时，被评估资产必须是可再生的或可复制的。土地、矿藏等一般不适用于成本法。

第二，必须具备可利用的真实的历史资料。成本法的应用是建立在历史资料基础上的，许多信息资料、指标需要通过历史资料获得。因此要求能够收集到可利用的历史资料，而且必须注意这些资料的真实性和准确性。

第三，形成资产价值的成本耗费是必需的。成本耗费是形成资产价值的基础，但耗费包括有效耗费和无效耗费。采用成本法评估资产，首先要确定这些耗费是必需的，而且应体现社会或行业平均水平，而不是个别情况。

二、重置成本及其估算

应用成本法评估资产的价值时，需要从重置成本中扣除资产的各种贬值，因此，重置成本是估算资产价值的基础。在评估实务中，一般以重置成本的具体估算方法来划分成本法的各种方法。

（一）重置成本的含义

简单地说，资产的重置成本就是资产的现行再取得成本。具体来说，重置成本又分为复原重置成本和更新重置成本两种。

复原重置成本是指采用与评估对象相同的材料、建筑或制造标准、设计、规格及技术等，以现时价格水平重新购建与评估对象相同的全新资产所发生的费用。

更新重置成本是指采用新型材料，先进建筑或制造标准，新型设计、规格和新技术等，以现行价格水平购建与评估对象具有同等功能的全新资产所需的费用。

复原重置成本与更新重置成本的相同点在于都采用的是资产的现行价格；不同点在于采用的材料、技术和工艺等方面存在差异，复原重置成本采用的是与被评估资产相同的材料、技术和工艺等，而更新重置成本采用的是新型的材料、技术和工艺等。

那么，在计算重置成本时，既能计算出复原重置成本，又能计算出更新重置成本，我们选择哪种重置成本呢？一般应该选择更新重置成本，原因在于：一方面，更新重置成本比复原重置成本的值小，因为新技术的采用提高了劳动生产率，生产资产的必要劳动时间减少了。根据替代的原理，应该选择更新重置成本。另一方面，采用新型的材料、技术和工艺生产的资产无论从使用性能上还是从成本耗费方面都优于旧资产，重置这样的一种资产更容易为人们理解和接受。另外，如果在计算重置成本时选择了更新重置成本，那么在计算功能性贬值时一般不用刻意计算超额投资成本，只需计算超额营运成本。这样就简化了功能性贬值的计算。

（二）重置成本的估算方法

重置成本的估算方法有很多种，在计算时需要根据被评估的资产和可获取的数据资料进行选择，主要方法包括重置核算法、价格指数法、功能系数法和统计分析法。

1. 重置核算法

重置核算法也叫核算法，是利用成本核算的原理，根据重新取得资产所需的费用项目逐项计算，然后累加得到资产的重置成本的方法。在实际测算过程中，又具体划分为两种类型，即购买型和自建型。

购买型是以购买资产的方式作为资产的重置过程。资产的重置成本具体是由资产的现行购买价格、运杂费、安装调试费以及其他必要费用构成，将上述取得资产的必要费用累加起来，便可计算出资产的重置成本。

自建型是把自建资产作为资产重置方式，它根据重新建造资产所需的料、工、费及必要的资金成本和开发者的合理收益等分析和计算出资产的重置成本。这里要注意的是，资产的重置成本必须包括开发者的合理收益。这是因为作为自建的资产其重置成本只有包括了开发者的合理收益，才能使相同的资产有大致相同的价格。

例4-7　重新购进一台设备，现行市场价格每台5万元，运杂费1 000元，直接安装成本800元，其中原材料300元，人工成本500元，据统计分析，安装成本中的间接成本为每人工成本的0.8倍，计算机器设备的重置成本。

解：直接成本应该包括买价、运杂费和安装成本，

即直接成本 = 50 000 + 1 000 + 800 = 51 800（元）

间接成本为每人工成本的0.8倍，所以，间接成本 = 500 × 0.8 = 400（元）

则　重置成本 = 直接成本 + 间接成本 = 51 800 + 400 = 52 200（元）

即该机器设备的重置成本为52 200元。

2. 价格指数法

价格指数法是利用与资产有关的价格变动指数，将被估资产的历史成本（账面价值）调整为重置成本的一种方法，其计算公式为：

$$重置成本 = 资产的账面原值 × （1 + 价格变动指数）$$

或　　　　　　$$重置成本 = 资产的账面原值 × 价格指数$$

公式中，价格指数可以是定基价格指数或环比价格指数。

定基价格指数是评估时点的价格指数与资产购建时点的价格指数之比，即：

$$（评估时点价格指数 ÷ 资产购建时点的价格指数）× 100\%$$

例4-8　一台机器设备购置于2009年，账面原值为10万元。该类资产适用的定基物价指数：2009年为100%，评估基准日为150%。试求被评估资产的重置成本。

解：被评估资产的重置成本 = 10 × （150%/100%）× 100% = 15（万元）

即该台机器设备的重置成本为15万元。

环比价格变动指数可考虑按下式求得：

$$（1 + a_1）× （1 + a_2）× （1 + a_3）……（1 + a_n）× 100\%$$

式中，a_n 为第 n 年环比价格变动指数。

例4-9 一台机器设备购置于2003年，账面原值为100 000元，2009年进行评估。该资产适用的环比物价指数：2004年为2.9%，2005年为3.1%，2006年为4.3%，2007年为3.7%，2008年为5.8%，2009年为4.7%。试求出被评估资产的重置成本。

解：被评估资产的重置成本 = 100 000 × （1 + 2.9%） × （1 + 3.1%） × （1 + 4.3%） ×

（1 + 3.7%） × （1 + 5.8%） × （1 + 4.7%） = 127 107 （元）

即该台机器设备的重置成本为127 107元。

重置核算法和价格指数法是估算重置成本较常用的方法，但二者又有区别：价格指数法估算的重置成本，仅考虑价格变动因素，因而确定的只能是复原重置成本；而重置核算法既可以考虑价格因素，也可以考虑生产技术进步和劳动生产率的变化因素，因而既可估算复原重置成本也可估算更新重置成本。比如一项技术进步较快的资产，采用价格指数法估算的重置成本往往会偏高，这时就不宜采用价格指数法。

3. 功能系数法

功能系数法是通过调整参照物与被评估资产的功能差异以获得被评估资产的重置成本的方法。根据资产的成本（价值）与功能之间的函数关系不同，功能系数法又可以具体分为功能价值法和规模经济效益指数法。

（1）功能价值法

功能价值法，也称生产能力比例法。这种方法适用于资产的成本（价值）与功能之间存在线性关系的情况，功能越多成本越高，即功能与成本之间成同方向同比例的变化。这种方法是寻找一个与被评估资产相同或相似的资产为参照物，根据参照资产的重置成本及参照物与被评估资产生产能力的比例估算被评估资产的重置成本。计算公式为：

被评估资产重置成本 = （被评估资产年产量 ÷ 参照物年产量） × 参照物重置成本

例4-10 某企业重置全新的一台机器设备价格为10万元，年产量为10 000件，现知被评估资产年产量为9 000件，请由此求出其重置资本。

解：被评估资产重置成本 = （9 000/10 000） × 10 = 9 （万元）

即该台机器设备的重置成本为9万元。

（2）规模经济效益指数法

规模经济效益指数法适用于资产的成本（价值）与功能之间存在指数关系的情况。这时资产的成本与功能只是成同方向变化，而不成同比例变化，即当功能增加一倍时，其成本却不一定增加一倍，这是规模经济效益作用的结果。计算公式为：

$$被评估资产的重置成本 = 参照物的重置成本 × （被评估资产的产量$$
$$÷ 参照物的产量）^x$$

公式中，x 为经验数据，称为规模经济效益指数。美国的这个经验数据在0.4~1之间，我国目前为止尚没有统一的规定。

4. 统计分析法

在应用成本法评估企业整体资产和某同一类型的价值低、数量多的资产时，为了节约时间，简化评估业务，可以使用统计分析法。具体的操作步骤为：

（1）按照一定的标准对全部资产进行分类；

（2）在各类资产中抽样选择适量的代表性的资产，并计算其重置成本；

（3）计算分类资产的调整系数 K；

$$K = \sum \text{某类抽样资产的重置成本} / \sum \text{某类抽样资产的历史成本}$$

（4）计算某类资产的重置成本。

$$\text{某类资产的重置成本} = \sum \text{某类抽样资产的历史成本} \times K$$

其中，历史成本可以查找企业的会计记录。

例4-11　评估某企业某类通用设备，经抽样选择具有代表性的通用设备5台，估算其重置资本之和为30万元，而这5台具有代表性的通用设备历史成本之和为20万元，该类通用设备账面历史成本之和为500万元。则该类通用设备重置成本为多少。

解：调整系数 $K = 30/20 = 1.5$

则该类通用设备重置成本 $= 500 \times 1.5 = 750$（万元）

即该类通用设备重置成本为750万元。

三、实体性贬值及其估算

（一）实体性贬值的含义

资产的实体性贬值也叫有形损耗，是指资产由于使用及自然力的作用导致的资产物理性能的损耗或下降而引起的资产价值损失。通常采用相对数——实体性贬值率表示资产的实体性贬值，实体性贬值的判断对资产价值的影响较大。

（二）实体性贬值的估算方法

实体性贬值常用的估算方法有两种，即观察法和使用年限法。

1. 观察法

观察法也叫成新率法，是指具有专业知识和丰富经验的工程技术人员对被评估资产实体的主要部位进行技术鉴定，综合分析资产的设计、使用、修理和磨损等情况，确定资产的成新率，进而确定资产的实体性贬值的方法。计算公式为：

$$\text{资产实体性贬值} = \text{重置成本} \times （1 - \text{成新率}）$$

公式中，成新率 $= 1 - $ 实体性贬值率

2. 使用年限法

使用年限法是利用资产的实际已使用年限与总使用年限的比例来判断实体性贬值率，进而确定资产的实体性贬值的方法。计算公式为：

$$\text{资产的实体性贬值} = [（\text{重置成本} - \text{预计残值}） \div \text{总使用年限}]$$
$$\times \text{实际已使用年限}$$

公式说明：（1）预计残值是指被评估资产在清理作废时净收回的金额。在资产评估实务中，通常只考虑数额较大的残值，数额较小的残值可以忽略不计；（2）总使用年限指的是实际已使用年限与尚可使用年限之和。资产的尚可使用年限是指资产的预计可以继续使用的年限。

资产的使用年限与资产在使用中的负荷程度以及日常的维修保养有关，因此需将资产的

名义已使用年限转化为实际已使用年限。资产的名义已使用年限是从资产的购进使用到评估时的年限，可以通过会计资料查到；资产的实际已使用年限则可以通过名义已使用年限和资产利用率来调整。计算公式为：

实际已使用年限 = 名义已使用年限 × 资产利用率

公式中，资产利用率 = 截至评估基准日资产累计实际利用时间 ÷ 截止评估基准日资产累计法定利用时间 × 100%

当资产利用率 > 1 时，表示资产超负荷运转，资产实际已使用年限比名义已使用年限要长；

当资产利用率 = 1 时，表示资产满负荷运转，资产实际已使用年限等于名义已使用年限；

当资产利用率 < 1 时，表示开工不足，资产实际已使用年限小于名义已使用年限。

在实际的评估中，由于资产的基础管理较差和资产运转的复杂性，资产利用率一般都很难确定。

例 4-12　某资产 1999 年 2 月购进，2009 年 2 月评估。根据该资产技术指标，正常使用情况下，每天应工作 8 小时，该资产实际每天工作 7.5 小时。由此可计算资产利用率。

解：资产利用率 = 10 × 360 × 7.5 / （10 × 360 × 8）× 100% = 93.75%

即某资产利用率为 93.75%。

四、功能性贬值及其估算

（一）功能性贬值的含义

资产的功能性贬值是资产无形贬值的一种，是指由于技术进步引起的资产功能相对落后而造成的资产价值的损失。它包括由于新工艺、新材料和新技术的采用，而使原有资产的建造成本超过现行建造成本的超支额（即超额投资成本），以及原有资产超过体现技术进步的同类资产的运营成本的超支额（即超额运营成本）。超额运营成本主要表现在：材耗、能耗和工耗的增加；废品率的上升；等级的下降等方面。

（二）功能性贬值的估算方法

功能性贬值包括两种形式：超额运营成本形成的功能性贬值和超额投资成本形成的功能性贬值。

1. 超额运营成本形成的功能性贬值

超额运营成本形成的功能性贬值的测算步骤如下。

第一，将被评估资产的年运营成本与功能相同但性能更好的新资产的年运营成本进行比较，计算二者的差异，确定年超额运营成本。

第二，扣除所得税的影响，确定年净超额运营成本。由于企业支付的运营成本是在税前扣除的，企业支付的超额运营成本会引致税前利润额下降，所得税额降低，使得企业负担的运营成本低于其实际支付额。因此，净超额运营成本是超额运营成本扣除其抵减的所得税以后的余额。

第三，估计被评估资产的剩余寿命。

第四，以适当的折现率将被评估资产在剩余寿命内每年的超额运营成本折现，这些折现值之和就是被评估资产功能性贬值。计算公式为：

$$被评估资产功能性贬值额 = \sum（被评估资产年净超额运营成本 × 折现系数）$$

如果被评估资产每年的净超额运营成本相同，则上述公式可以写为：

$$被评估资产功能性贬值额 = 被评估资产年净超额运营成本 ×（P/A,r,n）$$

式中，$（P/A，r，n）$为年金现值系数。

2. 超额投资成本形成的功能性贬值

超额投资成本形成的功能性贬值可以通过超额投资成本的估算进行评估，即超额投资成本可视为功能性贬值，计算公式为：

$$超额投资成本功能性贬值 = 复原重置成本 - 更新重置成本$$

例4-13　评估某种机器设备，技术先进的设备比原有的陈旧设备的生产效率高，节约工资费用，有关资料及结果见表4-3。

表4-3　某设备的技术资料及功能性贬值的计算过程

项目	技术先进设备	技术陈旧设备
月产量	10 000 件	10 000 件
单件工资	0.80 元	1.2 元
月工资成本	80 000 元	12 000 元
月差异额		12 000 - 8 000 = 4 000（元）
年工资成本超支额		4 000 × 12 = 48 000（元）
减：所得税（税率25%）		12 000 元
扣除所得税后年净超额工资		36 000 元
资产剩余年限		5 年
假定折现率10%，5年年金折现系数		3.790 8
功能性贬值额		136 468.8 元

应当指出，新老设备的对比，除了本例中的生产效率影响工资超额支出外，还可能有原材料消耗、能源消耗等超额支出，在计算其功能性贬值时都应逐一的考虑。

此外，在实际评估工作中，也可能存在功能性溢价的情况。当评估对象的功能明显优于参照资产的功能时，评估对象就可能存在着功能性溢价。

五、经济性贬值及其估算

（一）经济性贬值的含义

经济性贬值是由于资产的外部环境变化而导致的资产价值的损失，而并非资产本身的原因。引起外部环境变化的原因主要有：宏观经济的衰退导致的社会总需求的不足；国家产业政策的调整；国家环保政策的实施；经济地理位置的变化等。

就其表现形式而言，资产的经济性贬值主要表现为运营中的资产利用率下降，甚至闲置，并由此引起资产的运营收益减少。

（二）经济性贬值的估算方法

当有确实证据表明资产已经存在经济性贬值时，可参考下面方法估测其经济性贬值率或经济性贬值额。

1. 资产利用率下降导致的经济性贬值

经济性贬值率 = [1 – （资产预计可被利用的生产能力/ 资产原设计生产能力）^{x}] × 100%

式中，x 为功能价值指数，实践中多采用经验数据，数值一般在 0.6 ~ 0.7 之间。

经济性贬值额 = （重置成本 – 实体性贬值 – 功能性贬值）×经济性贬值率

注意，上述公式采用的是重置成本减去实体性贬值及功能性贬值后的余额，再乘以经济性贬值率，得到经济性贬值额的方法。因此，成本法的四个指标应该按照重置成本、实体性贬值、功能性贬值和经济性贬值的顺序逐一确定。

2. 收益额减少导致的经济性贬值

经济性贬值额 = 资产年收益损失额 × （1 – 所得税率）× （P/A, r, n）

例 4-14 某被估生产线的重置成本为 20 万元，成新率为 80%，由于能耗量大形成的功能性贬值为 6 万元，该生产线的设计生产能力为年产 20 000 台产品，因市场需求结构变化，在未来可使用年限内，每年产量估计要减少 6 000 台，请根据上述条件求出该生产线的经济性贬值额。

解：经济性贬值率 = [1 – （14 000/20 000）$^{0.6}$] × 100% ≈ 19.27%

则 经济性贬值额 = （20×80% – 6）× 19.27% ≈ 3.08（万元）

即该生产线的经济性贬值额为 3.08 万元。

需要注意的是，并不是所有的资产都存在经济性贬值，一般能单独计算收益的资产，如整体资产，要考虑经济性贬值。单个资产因为已经在有形损耗的实际使用年限上考虑了，所以就不用再考虑经济性贬值率，否则会导致重复计算。另外，当外部经济环境有利于资产的功能和效用发挥时，也可能存在经济性溢价。

六、成本法的优缺点

一般来讲，成本法的应用没有严格的前提条件，在不能使用收益法和市场法评估资产的价值时，可以广泛应用成本法。成本法的优点表现在：较充分地考虑了资产的损耗，评估结果更趋于公平合理；适用于单项资产和特定用途资产的评估；在不能使用市场法和收益法时广泛使用。缺点表现在：工作量大；以历史资料为依据，必须考虑这种假设的可行性；经济性贬值不易全面准确地计算。

第三节　收益法

一、收益法的基本含义和基本前提

（一）收益法的基本含义

收益法也叫收益现值法，是指通过估测被评估资产未来预期收益并折算成现值，来确定被评估资产价值的各类评估方法的总称。

从收益法的基本含义我们可以看出，收益法也是资产评估的一种评估思路，而不是一种具体的评估方法。收益法包括很多具体的评估方法，只要是符合收益法评估思路的方法都可以作为收益法的评估方法。

收益法服从资产评估中将利求本的思路，即采用本金化和折现的途径及其方法来判断和估算资产的价值。这是一种很有效的方法，因为任何一个理性的投资者在投资某一资产时，他所愿意支付的货币金额不会高于他所投资的资产预期给他带来的回报。

（二）收益法的基本前提

收益法的应用涉及到三个基本要素，即被评估资产的未来预期收益；折现率或资本化率；被评估资产预期获利年限。因此，应用收益法必须能够确定并量化这三个基本要素。收益法的应用必须要满足三个基本前提条件：

第一，被评估资产的未来预期收益可以预测并可以用货币衡量；

第二，资产拥有者获得预期收益所承担的风险也可以预测并可以用货币衡量；

第三，被评估资产预期获利年限可以预测。

一般情况下，不能单独计算收益的资产、没有收益的资产以及收益很少但不稳定的资产都不适用于收益法评估。

二、收益法的基本程序

（一）收集与评估对象未来预期收益有关的资料

与评估对象未来预期收益有关的资料包括经营前景、市场形势、财务状况和经营风险等各个方面，这些资料是测算评估对象未来预期收益的基础。

（二）分析测算评估对象未来预期收益

收益额是适用收益法评估资产价值的基本参数之一。资产评估中的收益额是资产未来预期收益额，而不是资产的历史收益额或现实收益额；是资产的客观收益，而不是资产的实际收益。因资产种类较多，不同种类资产的收益额表现形式也不完全相同，如企业的收益额通常表现为净利润或净现金流量，而不动产的收益额则通常表现为纯收益等。

（三）确定折现率或资本化率

折现率本质上是一种期望投资报酬率，是投资者在投资风险一定的情况下对投资所期望的回报率。折现率由无风险报酬率和风险报酬率组成。其中，无风险报酬率一般是指同期国库券利率；风险报酬率是指超过无风险报酬率以上部分的投资回报率。资本化率与折现率在本质上是相同的，都是将未来预期收益折算成现值的比率，但其在数值上并不一定是相等的，因为同一资产在未来不同时期所面临的风险是不一定相同的。人们习惯上把未来有限期预期收益折算成现值的比率称为折现率，而将未来永续性预期收益折算成现值的比率称为资本化率。

（四）确定评估对象的收益期限

资产的收益期限是指资产具有获利能力持续的时间，通常以年为时间单位。它由评估人员根据被评估资产自身效能及相关条件，以及有关法律、法规、契约、合同等加以确定。

（五）分析确定评估结果

通过利用收益法的具体的技术方法，用折现率或资本化率将评估对象的未来预期收益折算成现值，以确定最后的评估结果。

三、收益法中的主要技术方法

收益法体现的是一种评估思路，包括很多种具体的评估方法，这里大致介绍几种具体的评估方法。为了便于学习和讲述，首先对字符的含义做以下统一定义。

P——评估值；

t——年序号；

R_t——未来第 t 年的预期收益；

r——折现率；

r'——资本化率；

n——收益年期；

A——相等的年收益额，即年金。

（一）资产未来收益有限期的情况

1. 年收益额不相等的情况

$$P = \sum_{t=1}^{n} \frac{R_t}{(1+r)^t}$$

2. 年收益额相等的情况

$$P = \sum_{t=1}^{n} \frac{A}{(1+r)^t} = A \times \sum_{t=1}^{n} \frac{1}{(1+r)^t}$$

式中，$\sum_{t=1}^{n} \frac{1}{(1+r)^t}$ 为年金现值系数公式，可以有两种表达形式：

(1) $\sum_{t=1}^{n} \frac{1}{(1+r)^t} = \frac{1-(1+r)^{-n}}{r}$

(2) $\sum_{t=1}^{n} \frac{1}{(1+r)^t} = (P/A, r, n)$

3. 分段法

分段法将年收益额人为地分成两段，第一段是前 n 年，每年的收益额不相等需要分别预测；第二段是 $N-n$ 年，并假定收益额是相等的。则计算公式为：

$$P = \sum_{t=1}^{n} \frac{R_t}{(1+r)^t} + \frac{A}{r(1+r)^n}\left[1 - \frac{1}{(1+r)^{N-n}}\right]$$

公式说明：第一段前 n 年每年收入不相等，将每年的收益额分别折现再求和。第二段是从第 $n+1$ 年开始一直到第 N 年，第二段每年收入相等，通过 A/r' 折现到第 $n+1$ 年的年初，而第 $n+1$ 年的年初，即第 n 年的年末，所以要按第 n 年再折现。

（二）资产未来收益无限期的情况

1. 未来收益是相等的情况

$$P = A/r'$$

2. 分段法

根据第二段未来每年收益情况，分段法可采用两种具体的形式：

（1）第二段未来每年收益都相等的情况

$$P = \sum_{t=1}^{n} \frac{R_t}{(1+r)^t} + \frac{A}{r'(1+r)^n}$$

（2）第二段未来每年收益呈固定比例增长的情况

$$P = \sum_{t=1}^{n} \frac{R_t}{(1+r)^t} + \frac{R_n(1+g)}{r'-g} \times \frac{1}{(1+r)^n}$$

例 4-15　预计某企业未来 5 年的净现金流分别为 15 万元、13 万元、12 万元、14 万元、15 万元，假定该企业可以永续经营下去，且从第 6 年起以后各年收益均为 15 万元，折现率和资本化率都为 10%，试确定该企业在持续经营下的价值。

解：该企业的价值 = 15/（1 + 10%）+ 13/（1 + 10%）^{2} + 12/（1 + 10%）^{3} + 14/（1 + 10%）^{4} + 15/（1 + 10%）^{5} + 15/10%（1 + 10%）^{5}

= 15 × 0.909 1 + 13 × 0.826 4 + 12 × 0.751 3 + 14 × 0.683 0 + 15 × 0.620 9 + 15/10% × 0.620 9

= 145.4（万元）

即该企业在持续经营下的价值为 145.4 万元。

例 4-16　某企业预计未来 5 年的收益额分别为 50 万元、60 万元、55 万元、68 万元、70 万元。假定从第六年开始，以后每年收益额均为 70 万元，确定的折现率和资本化率都为 10%。试确定该企业在 50 年经营期情况下的评估值。

解：该企业的评估值 = 50/（1 + 10%）+ 60/（1 + 10%）^{2} + 55/（1 + 10%）^{3} + 68/（1 + 10%）^{4} + 70/（1 + 10%）^{5} + 70/10%（1 + 10%）^{5} × $\left[1 - \frac{1}{(1+10\%)^{50-5}}\right]$

= 50 × 0.909 1 + 60 × 0.826 4 + 55 × 0.751 3 + 68 × 0.683 0 + 70 × 0.620 9 + 70/10% × 0.620 9 ×（1 − 0.013 7）

= 654.94（万元）

即该企业在 50 年经营期情况下的评估值为 654.94 万元。

四、收益法的优缺点

收益法理论上是一种非常完美的评估方法，但需要具备一定的前提，而且受主观因素的影响较大。收益法的优点表现在：较真实准确地反映资产本金化的价格；与投资决策相结合，应用此法评估的资产价格易被买卖双方接受；紧扣被评估资产的收益，符合资产评估的本质要求。缺点表现在：预期收益和折现率都较难确定；适用范围小，一般适用整体资产和可预测未来收益的单项生产经营性资产，如无形资产和资源资产。

第四节　评估方法的选择

一、评估方法之间的关系

资产评估的市场法、成本法和收益法共同构成了资产评估的基本方法体系，三种方法既有联系又有区别。正确认识资产评估方法之间的内在联系和各自的特点，对于评估方法的选择具有十分重要的意义。

（一）资产评估方法之间的联系

评估方法是实现评估目的的手段。对于特定经济行为，在相同的市场条件下，对处在相同状态的同一资产进行评估，其评估值应该是客观的。这个客观的评估值不会因评估人员所选用的评估方法不同而出现截然不同的结果。可以说正是评估基本目的决定了评估方法间的内在联系，而这种内在联系为评估人员运用多种评估方法评估同一条件下的同一资产，并作相互验证提供了理论根据。但需要指出的是，运用不同的评估方法评估同一资产，必须保证评估目的、评估前提、被评估对象状态的一致，以及运用不同评估方法所选择的经济技术参数合理。

由于资产评估工作基本目标的一致性，在同一资产的评估中可以采用多种方法，如果使用这种方法的前提条件同时具备，而且评估师也具备相应的专业判断能力，那么多种方法得出的结果应该趋于相同。如果采用多种方法得出的结果出现较大差异，可能的原因有：某些方法的应用前提不具备；分析过程有缺陷；结构分析有问题；某些支撑评估结果的信息依据出现失真；评估师的职业判断有误。建议评估师为不同评估方法建立逻辑关系框架图，通过对比分析，有利于问题的发现。评估师在发现问题的基础上，除了对评估方法做出取舍外，还应该分析问题产生的原因，并据此研究解决问题的对策，以便最后确定评估价值。

（二）资产评估方法之间的区别

各种资产评估方法独立存在的本身就说明各种方法之间存在着差异。各种评估方法都是从不同角度去表现资产的价值。不论是通过市场参照物比较获得评估对象的价值，还是根据评估对象预期收益获得其评估价值，抑或是按照资产的再取得途径寻求评估对象的价值，都是对评估对象在一定条件下的价值的描述，它们之间具有内在联系并可相互替代。但是，每一种评估方法都有其自成一体的运作过程，并要求具备相应的信息基础，评估结论也都从某一角度反映资产的价值。

由于评估的特定目的不同，评估时市场条件的差别，以及评估时对评估对象使用状态设定的差异，需要评估的资产价值类型也是有区别的。评估方法由于自身的特点在评估不同类型的资产价值时，就有了效率上和直接程度上的差别，评估人员应具备选择最直接且最有效率的评估方法完成评估任务的能力。

二、评估方法的选择

评估方法多种多样，为了高效、简捷、相对合理地估算资产的价值，在选择评估方法时应遵循以下原则。

第一，评估方法的选择要与评估目的，评估时的市场条件，被评估对象在评估过程中所处的状态，以及由此所决定的资产评估价值类型相适应。资产评估目的解决为什么要进行资产评估的问题，这是在进行资产评估时首先要考虑的问题。一般来说，资产评估目的会影响到评估假设、评估范围和评估对象的确定，从而影响到评估方法的确定。所以，资产评估目的制约着资产评估方法的选择。

第二，评估方法的选择受评估对象的类型、理化状态等因素制约。由于不同的评估方法是从不同的途径评估资产的价值，因此评估时应根据被评估资产自身的特点，分析从哪个途径评估最合适。在评估时，首先应区分被评估资产是单项资产还是整体资产，是有形资产还是无形资产，是通用性资产还是专用性资产，是可以复制的劳动创造的资产还是不可复制的资源性资产。一般来说，整体资产、无形资产和不可复制的资源性资产可以考虑选择收益法和市场法；通用性的单项有形资产可以选择市场法；专用性资产、可以复制的劳动创造的资产可以选择成本法进行评估。

第三，评估方法的选择受各种评估方法运用所需的数据资料及主要经济技术参数能否搜集的制约。每种评估方法都需要有相应的大量数据资料，如果短时间内不能收集到这些资料或者收集有很大困难，则只能选择其他的替代方法进行评估。如无货币收益的公益性资产、微利亏损企业、收益无规律难以预测的资产以及风险报酬率无法确定的资产，不能运用收益法评估，可以考虑选择成本法。

第四，评估方法的选择要考虑工作效率和评估人员的特长。

总之，在评估方法的选择时，应注意因地制宜、因事制宜，不可机械地按照某种模式或某种特定的顺序进行选择。而且不管选择了哪种评估方法，都应该保证评估目的、评估时所依据的各种假设与各种参数及其评估结果在性质上和逻辑上的一致。

练习题

一、单项选择题

1. 用物价指数法估算的资产成本是资产的（　　）。

A. 复原重置成本　　B. 既可以是复原重置成本，也可以是更新重置成本

C. 更新重置成本　　D. 既不是复原重置成本，也不是更新重置成本

2. 某项资产 1997 年购建，账面原值 100 000 元，2000 年进行评估，若以构建时的物价指数为 100%，则 3 年间同类资产物价环比价格指数分别为 110%、120%、115%，则该项资产的重置成本应为 （ ） 元。

A. 145 000　B. 115 000　C. 152 000　D. 151 800

3. 某被评估资产 1980 年购建，账面价值为 50 万元，1989 年进行评估，1980 年、1989 年该类资产的定基物价指数分别为 120%、170%，则该被评估资产的重置成本为 （ ） 万元。

A. 50　B. 70.8　C. 35.3　D. 85

4. 复原重置成本与更新重置成本的相同之处在于运用 （ ）。

A. 相同的原材料　B. 相同的建筑技术标准　C. 资产的现时价格　D. 相同的设计

5. 估计资产的实体性贬值时所用的总使用年限是资产的 （ ）。

A. 总经济使用年限　B. 总技术使用年限　C. 总物理寿命　D. 以上三个都可以

6. 在应用市场法时，一般应该选择 （ ） 参照物进行比较。

A. 3 个或 3 个以上　　　　　　B. 2 个或 2 个以上

C. 1 个或 1 个以上　　　　　　D. 4 个或 4 个以上

二、多项选择题

1. 实体性贬值的估算方法有 （ ）。

A. 观察法　B. 成新率法　C. 使用年限法　D. 修复费用法　E. 重置成本法

2. 造成资产经济性贬值的主要原因有 （ ）。

A. 该项资产技术落后　　　　B. 该项资产生产的产品需求减少

C. 社会劳动生产率提高　D. 自然力作用加剧

E. 政府公布淘汰该类资产的时间表

3. 复原重置成本与更新重置成本的相同之处在于运用 （ ）。

A. 相同的功能效用　B. 相同的建造技术标准　C. 资产现时价格

D. 相同的设计　E. 相同的材料

三、计算题

1. 2008 年 1 月评估设备一台，该设备于 2004 年 12 月购建，账面原值为 20 万元，2006 年进行一次技术改造，改造费用（包括增加设备）为 2 万元。若定基物价指数 2004 年为 1.05，2006 年为 1.20，2008 年为 1.32，求该设备的重置成本。

2. 机器设备 1 台，3 年前购置，据了解，该设备尚无替代品。该设备的账面原值为 10 万元，其中买价为 8 万元，运输费为 0.4 万元，安装费用（包括材料）为 1 万元，调试费用为 0.6 万元。经调查，该设备的现行价格为 9.5 万元，运输费、安装费、调试费分别比 3 年前上涨了 40%、30%、20%。求该设备的重置成本。

3. 某被评估机组购建于 2009 年 3 月，主要由主机、辅助装置和工艺管道组成，账面原值为 60 万人民币，其中主机占 70%，辅助装置占 20%，工艺管道占 10%。到评估基准日，机组主机价格下降 2%，辅助装置价格上升 1%，工艺管道价格上升了 5%。求该机组评估基准日的重置成本。

4. 某被估资产需用 10 名工人进行操作，而同类先进设备只需要 5 名工人，据统计每名工人年工资福利等共约 12 000 元，据测算该被估资产尚可使用五年，适用资本化率和折现率为 10%。试计算功能贬值额（所得税率 25%）。

5. 某企业进行股份制改造，根据企业过去的经营情况和未来的市场形势，预测其未来 5 年的收益率分别为 13 万元、14 万元、11 万元、12 万元和 15 万元。根据银行利率及经营风险情况，确定其折现率和资本化率分别为 10% 和 11%。试采用年金资本化法，确定该企业的重估价值。

6. 某企业预计未来五年的收益额分别为 15 万元、18 万元、20 万元、24 万元和 20 万元。假定从第六年起以后每年收益均为 20 万元，确定的资本化率和折现率均为 10%。试评估该项资产在永续经营下的评估值。

7. 某企业产品设计生产能力为 10 万台，每台市场售价为 1 500 元，现因市场竞争加剧，如完成 10 万台产量，每台需降至 1 400 元，据测算该产品寿命周期还有 3 年，折现率为 10%。试计算经济贬值额（所得税率 25%）。

第二篇
资产评估实务

第五章　机器设备评估

学习目的与要求

通过本章的学习，使学生了解：机器设备的概念、特点与分类；机器设备评估的特点、评估的具体程序；运用重置成本法对机器设备的评估；运用市场法和收益法对机器设备的评估。重点要掌握应用成本法对机器设备的评估，本章是实务重点章。

第一节　机器设备评估概述

一、机器设备的基本含义及特点

（一）机器设备的基本含义

在自然科学领域里，机器设备是指将机械能或非机械能转换为便于人们利用的机械能，以及将机械能转换为某种非机械能或利用机械能来做一定工作的装备或器具。

在资产评估里，机器设备是指纳入固定资产管理范围的机器、设备、仪器、工具和器皿等。国际评估准则对机器设备的有关定义如下：设备、机器和装备是用来为所有者提供收益以及提供不动产以外的有形资产。设备是包括专门化的非永久性建筑物、机器和仪器在内的资产组合；机器包括单独的机器和机器的组合，是指使用或应用机械动力的器械装置，由具有特定功能的几部分组成，组合起来用以完成一定的工作；装备是用以支持企业功能的附属性资产。

（二）机器设备的特点

1. 机器设备的单位价值大、使用年限长、流动性差

机器设备都是在一定价值以上的生产资料，在企业资产价值中占的比重较大。机器设备在企业生产经营中长期发挥作用，反复进入生产过程，实体状态和功能都在发生变化。另外，机器设备虽属于动产类资产，但相对于流动资产来说，其流动性较差，尤其是某些大型的、专用的、高精尖的设备，在价值评估时较难获得公开的市场价值。

2. 机器设备的工程技术性强、专业门类多、分布广

机器设备种类繁多，情况复杂，分布在各行各业，而且工程技术性很强。因此，在评估时，不能仅仅靠评估人员的观察，还要借助于一定的工具或手段对机器设备进行技术检测，以正确确定其寿命期限及贬值程度，保证评估结果更准确。

3. 机器设备的价值补偿和实物补偿不同时进行

机器设备属于固定资产，其价值补偿是通过分期提取折旧抵减收益来实现的；而其实物

补偿则是在机器设备寿命终结更换新设备或通过对原有设备改造、翻新一次性完成的。因此，在评估中，不能单纯依据设备价值的转移程度来确定成新率，还应该注意机器设备的维修情况、使用情况以及保养情况。

4. 机器设备的价值和使用价值并非一成不变，贬值和增值具有同发性

机器设备在使用过程中会产生有形贬值和无形贬值，这都会使机器设备的价值量降低。同时，通过技术改造会提高机器设备性能，实现内含的扩大再生产，则资产会产生增值。

二、机器设备的分类

为了设计、制造、使用及管理工作的方便，我们按不同的需要、不同的目的对机器设备进行分类。作为一名优秀资产评估人员，应该了解机器设备分类的有关知识。

1. 按固定资产分类标准可分为通用设备；专用设备；交通运输设备；电气设备；电子及通信设备；仪器仪表、计量标准器具等。

2. 按现行会计制度规定可分为生产经营用机器设备；非生产经营用机器设备；租出机器设备；未使用机器设备；不需用机器设备和融资租入机器设备。

3. 按机器设备的组合程度可分为单台设备、机组和成套设备。单台设备是独立的一台或一件设备；机组如组合机床、柴油发电机组等；成套设备是由若干不同设备按生产工艺过程，依次排序联结，形成的一个完成全部或主要生产过程的机器体系，如合成氨成套设备、胶合板生产线等。

4. 按机器设备的取得方式可分为自制设备和外购设备。其中，外购设备又可以分为国内购置和国外引进设备。

5. 按评估对机器设备的要求可分为机器设备、运输设备和电子设备。1999 年财政部制定了《资产评估报告基本内容与格式的暂行规定》文件，将设备类资产分为机器设备、运输设备和电子设备。

关于机器设备的分类方式还有许多种，在此不再全部列举。但要注意，这些分类方式并不是独立的，各种分类之间有不同程度的联系。例如，外购的设备可能是通用设备，也可能是专用设备，还可能是进口设备或国内购买设备。

三、机器设备评估的特点

（一）以单台或单件设备为评估对象，评估工作量大

由于机器设备数量多、单价高、规格复杂、情况各异，所以机器设备评估以单台、单件为对象，以保证评估的真实性和准确性。这样，无形中就增加了评估的工作量。

（二）以技术检测为基础

由于机器设备分布在各行各业，情况千差万别，而机器设备的技术性又很强。因此，往往需要通过技术检测的手段来确定机器设备的损耗程度。

（三）注重机器设备的价值构成

机器设备的价值构成相对来说比较复杂，由于机器设备的来源不同，其价值构成也不相

同。一般来讲，国内购买的机器设备价值中，应包括买价、运杂费、安装调试费等；而进口的机器设备价值中，则应包括买价、国外运输费、国外保险费、增值税、关税、国内的运杂费、安装调试费等。因此，在评估机器设备尤其是采用成本法评估时，掌握其价值构成尤为重要。

（四）注意与土地、房屋建筑物的不可分割性

机器设备与土地、房屋建筑物以及构筑物有不可分离的必然联系，在评估时必须要明确区分，以防止漏评和重评。比如电梯、水、电、气、通信设备等，还比如大型机器设备的构筑物基础。一般情况下，简易的基础可以包含在机器设备的价值中评估，大型的构筑物基础作为单独的构筑物评估。

四、机器设备评估的基本程序

在资产评估中，机器设备是重要的评估对象，由于机器设备本身也很复杂，为此，应该分步骤、分阶段地评估机器设备，具体包括以下几个阶段。

（一）评估准备阶段

在签订了资产评估协议以后，具体实施资产评估工作之前，应该着手做好评估的准备工作。

1. 指导委托方做好准备工作，填写准备资料。如评估人员应指导委托方根据评估操作的要求填写被评估机器设备明细表，对被评估机器设备进行自查和盘盈、盘亏事项的调整，以及机器设备产权资料及有关经济技术资料的准备等。

2. 广泛收集相关数据资料，并进行整理。应收集的数据资料主要包括：

（1）设备的产权资料，即证明设备的权属资料，如购置发票、合同、报关单等。注册资产评估师应当关注机器设备的权属，要求委托方或者相关当事方对机器设备的权属作出承诺。注册资产评估师应当对机器设备的权属相关资料进行必要的查验；

（2）设备使用情况的资料，如设备的生产厂家、规格型号、购置时间、利用率、产品产量、产品质量、大修及技术改造情况等；

（3）设备实际存在数量的资料。通过清查盘点及审核固定资产明细账和设备卡片，核实设备实际存在数量；

（4）价格资料，如设备原值、折旧、净值、现行市价、可比参照物的价格以及有关价格的文件和价格指数等。此外，还应关注设备是否有抵押、担保、租赁及诉讼等情况。对产权受到某种限制的设备，应另行造册，在资产评估报告书中进行披露。

3. 分析研究委托方提供的资料，明确评估重点和清查重点，制定评估方案，落实评估人员，设计评估路线。

（二）现场工作阶段

现场工作阶段是机器设备评估的重点，主要是对机器设备进行清查核实和技术鉴定，以判断其成新率及其损耗情况等。现场工作阶段的具体工作内容主要包括以下几个方面。

1. 逐件清查核实被评估的机器设备

这是机器设备评估现场工作阶段的首要工作，以核实后的设备作为评估对象，来确保评

估对象真实可靠。根据被评估单位的设备管理状况，以及被评估机器设备的数量多少和价值高低，可以采用全面清查、重点清查和抽样清查三种方法进行清查核实。一般来讲，价值大的设备适用于全面清查；价值低且数量大的设备适用于抽样清查，评估人员需要根据实际情况具体确定。

2. 对被评估的机器设备进行分类

为了突出重点，提高工作效率，必须对设备进行分类。一般的分类方法有两种：一是按设备的重要性划分，如 ABC 分类法。这种方法把单位价值大、生产上关键的重要设备归为 A 类，比如 5 万元以上的设备；把单位价值小且数量较多的设备归为 C 类，比如 5 千元以下的设备；把介于 A 类与 C 类之间的设备归为 B 类，比如 5 千元以上 5 万元以下的设备。在评估中，应根据需要对三类设备采用不同的评估方法。另一种分类方法是按设备的性质划分，如可分为通用设备和专用设备。这样可以有效地搜集数据资料，合理地分配评估人员。

3. 对被评估的机器设备进行鉴定

对被评估的机器设备进行鉴定是现场工作阶段的重点，注册资产评估师可以通过现场观察，利用机器设备使用单位所提供的技术档案、检测报告、运行记录等历史资料以及专业机构的检测结果，对机器设备的技术状态做出判断。必要时，注册资产评估师可以聘请专业机构对机器设备进行技术鉴定。具体鉴定包括对设备的技术鉴定、使用情况鉴定、质量鉴定以及磨损鉴定等。

（1）对设备技术状况的鉴定。主要是对设备满足生产工艺的程度、生产精度和废品率以及各种消耗和污染情况的鉴定，判断设备是否有技术性贬值和功能性落后现象。

（2）对设备使用情况的鉴定。主要了解设备是在用状态还是闲置状态、使用时的设备运行参数、故障率、零配件保证率、设备闲置的原因和维护情况等。

（3）对设备质量的鉴定。主要了解设备的制造质量、设备所处环境条件对设备质量的影响、设备现时的完整性、外观和内部结构情况等。

（4）对设备磨损程度的鉴定。主要了解和掌握设备的物质性损耗，如锈蚀、准确度下降、疲劳损伤、材料老化等。

此外，在整个工作过程中，还要了解机器设备的相关辅助设施，如基座、连接的工艺管道、自动控制装置的价值是否包含在机器设备价值中。

总之，现场工作收集到的是第一手资料，必须要有完整的工作记录，特别是设备的鉴定工作更要有详细的鉴定记录。这些记录是机器设备价值评估的重要数据来源，也是评估工作底稿的重要组成内容。

（三）评定估算阶段

1. 评估人员应当根据评估对象、价值类型、资料收集情况等相关条件，分析成本法、市场法和收益法三种资产评估基本方法的适用性，并作出恰当选择。

注册资产评估师运用成本法评估机器设备时，应当明确机器设备的重置成本包括购置或者购建设备所发生的必要的、合理的成本、利润和相关税费等；明确重置成本可以划分为更新重置成本与复原重置成本，并应当优先选用更新重置成本；了解机器设备的实体性贬值、功能性贬值和经济性贬值，以及可能引起机器设备贬值的各种因素，采用科学的方法，合理估算各种贬值；了解对具有独立运营能力或者独立获利能力的机器设备组合进行评估时，成本法一般不应当作为唯一使用的评估方法。

注册资产评估师运用市场法评估机器设备时，应当明确活跃的市场是运用市场法评估机器设备的前提条件，注册资产评估师应当考虑市场是否能够提供足够数量的可比资产的销售数据以及数据的可靠性；明确参照物与评估对象具有相似性和可比性是运用市场法的基础，应当使用合理的方法对参照物与评估对象的差异进行调整；了解不同交易市场的价格水平可能存在的差异。注册资产评估师应当根据评估对象的具体情况确定可以作为评估依据的合适的交易市场，或者对市场差异作出调整；明确拆除、运输、安装、调试等因素对评估结论的影响。

注册资产评估师运用收益法评估机器设备时，应当明确收益法一般适用于具有独立获利能力或者获利能力可以量化的机器设备；合理确定收益期限、合理量化机器设备的未来收益；合理确定折现率。

2. 评估人员查问有关的可行性分析报告、设计报告、概预算报告、竣工报告、技术改造报告、重大设备运行和检验记录等，与设备管理和操作人员进行沟通，充分了解设备的历史和现状，广泛地收集资料。

3. 评估人员查问有关法律法规，如设备进口环节的税收政策、环境保护法律法规、运输工具的报废标准等，以便在设备评估中考虑法律法规对评估价值的影响。

4. 对产权受到某种限制的设备，包括已抵押或作为担保物等设备，根据实际情况确定评估价值，无法确定评估价值的应在资产评估报告书中进行披露。对已提足折旧，但仍然使用设备，应该按照正常情况进行评估计价。

5. 在整体评估中，评估人员还应与其他专业评估人员交流，及时处理设备与房屋建筑物、无形资产和存货等之间的界限问题，防止重评和漏评。

6. 选择合适的参数以确定评估结果，如有必要应适当地调整评估结果，使其与评估目的和用途相适应。

（四）撰写评估说明及评估报告阶段

在评定估算过程结束后，应该整理评估工作底稿，并对评估结果进行分析评价，及时地撰写评估说明及评估报告书。机器设备评估结果汇总表的格式详见表5-1。

表5-1　机器设备评估结果汇总表

评估基准日：　　　　　　　　　　　　　　　　　　　　　　　　单位：万元

资产类别	账面值	账面净值	调整后净值	评估值	增减值	增减率
专用设备						
普通设备						
运输设备						
……						

注册资产评估师在编制机器设备评估报告时，应当反映机器设备的相关特点：

1. 对机器设备的描述一般包括物理特征、技术特征和经济特征，注册资产评估师应当根据具体情况确定需要描述的内容；

2. 除了机器设备评估明细表，在评估报告中应当包括对评估对象的文字描述，使评估报告使用者了解机器设备的概况，包括机器设备的数量、类型、安装、存放地点、使用情况等；了解评估对象是否包括了安装、基础、管线及软件、技术服务、资料、备品备件等；

3. 对评估程序实施过程的描述，应当反映对设备的现场及市场调查、评定估算过程；说明设备的使用情况、维护保养情况、贬值情况等；

4. 在评估假设中明确机器设备是否改变用途、改变使用地点等；

5. 应当明确机器设备是否存在抵押及其他限制情况。

（五）评估报告的审核和报出阶段

评估报告完成以后，必须有三级审核，包括复核人的审核、项目负责人的审核和评估机构负责人的审核。在审核无误，确认评估报告无重大纰漏后，再将评估报告送达委托方及有关部门。

第二节 成本法在机器设备评估中的应用

成本法是机器设备评估中最广泛采用的方法。其基本思路是，首先确定机器设备的重置成本，然后再扣减机器设备的实体性贬值、功能性贬值和经济性贬值。具体公式为：

机器设备评估值＝重置成本－实体性贬值－功能性贬值－经济性贬值

或　　　　　机器设备评估值＝重置成本×成新率－功能性贬值－经济性贬值

一、机器设备重置成本的估算

机器设备的重置成本可分为两种：复原重置成本和更新重置成本。复原重置成本是按现行的价格购买一台与被评估设备完全相同的设备的成本耗费；更新重置成本是按现行的价格购建一台与被评估设备效用相同设备的成本耗费。评估时要确定机器设备的重置成本的内涵，也就是要确定机器设备的重置成本的构成及其数额，所以，我们首先要确定机器设备的重置成本的构成。

（一）机器设备重置成本的构成

机器设备的重置成本在构成上包括设备的直接费用和设备的间接费用。设备的直接费用由基础费用和其他费用两部分构成。基础费用是指设备的购置价或建造价；其他费用是指设备的运杂费、安装调试费和必要的配套装置费等。设备的间接费用通常是指为购置、建造设备而发生的各种管理费、总体设计制图费、资金成本以及人员培训费用等。

根据设备是外购的还是自制的、是国产的还是进口的、是单台（件）还是成套设备，其重置成本的构成也不相同，具体有以下几种情况。

1. 国内购买的单台设备

国内购买的单台设备的重置成本应该包括评估基准日的购买价、运杂费、安装调试费等。

2. 国外购买的单台设备

国外购买的单台设备的重置成本应该包括境外发生的成本即到岸价，包括离岸价、境外运杂费和境外保险费；进口从属费用，即进口关税、消费税、增值税、代理手续费、银行手续费、海关监管手续费和商检费等；境内发生的成本，即境内运杂费和安装调试费等。

3. 外购成套需安装的设备

外购成套设备是指由多台设备组成的，具有相对独立的生产能力和一定收益能力的生产装置。对于这种成套设备，重置成本可采用一般单台设备重置成本的估算方法，即先评估单台设备成本，再计算求和。但是，在实际操作中，对于一些属于整体性的费用就不一定能够计入单台设备的成本中，如整体的安装调试费、资金成本等，对这些费用也要考虑进去。

4. 车辆

国内购买车辆的重置成本应该包括车辆价格、车辆购置税、国内运杂费和证照费；国外购买车辆的重置成本应该包括车辆价格、进口关税、消费税、增值税、国内运杂费和证照费。

5. 自制非标准设备

自制非标准设备的价格构成包括：

（1）直接材料，包括设备制造所消耗的主辅材料、外购件；

（2）燃料和动力，指直接用于设备制造的外购与自制的燃料和动力费；

（3）直接人工，指设备制造所直接消耗的人工的工资和福利费；

（4）制造费用，包括生产单位管理人员的工资和福利费、折旧费、办公费、水电费、物料消耗费、劳动保护费、专用模具费、专用工具费等；

（5）期间费用分摊，包括管理费用、财务费用、销售费用等；

（6）利润和税金；

（7）非标准设备设计费；

（8）对制造、安装调试周期较长的，需考虑占用资金的资金成本。

（二）机器设备重置成本的估算

1. 核算法

核算法也叫直接法，适合仍在生产和销售的机器设备的重置成本的估算。重置成本的估算应以市场价为基础，再加上运杂费和安装调试费。其中，市场价格资料的取得，可以采取直接向制造商或销售商询价，也可以从商家的价格表、正式出版的价格资料、广告、计算机网络上公开的价格信息等渠道获取。但是通过各种渠道获得的市场价格信息可能与设备的真实价格有一定的差异，评估人员应该注意以下三个问题：

（1）市场价格的多样性。根据替代原则，同等条件下选择可获得的最低售价；

（2）报价与成交价的区别。通过向近期购买该厂同类产品的其他客户了解实际成交价，以剔除报价水分；

（3）折扣因素。销售商给大批量购买者的折扣因素对成交价的影响。

核算法具体的计算公式为：

（1）国内购买的单台设备

重置成本＝评估基准日的购买价＋运杂费＋安装调试费

（2）国外购买的单台设备

重置成本＝（离岸价（FOB）＋国外运杂费＋国外保险费）×评估基准日外汇汇率
＋进口关税＋增值税＋消费税＋海关监管手续费＋银行及外贸手续费＋
国内运杂费＋安装调试费

＝CIF（离岸价＋保费＋运费）价×评估基准日外汇汇率＋进口关税＋增
值税＋消费税＋海关监管手续费＋银行及外贸手续费＋国内运杂费＋安
装调试费

其中，国外运杂费＝FOB价×运杂费率；

国外保险费＝（FOB价＋国外运杂费）／（1－保险费率）×保险费率；

关税＝CIF价×关税税率；

消费税＝（关税完税价格＋关税）／（1－消费税税率）×消费税税率；

增值税＝（关税完税价格＋关税＋消费税）×增值税税率；

银行财务费用＝FOB价×费率；

外贸手续费＝CIF价×费率；

海关监管手续费＝CIF价×费率；

国内运杂费＝CIF价×进口设备国内运杂费率；

安装调试费＝CIF价×进口设备安装调试费率。

（3）外购成套需安装的设备

重置成本＝单台未安装进口设备重置成本的和＋单台未安装国产设备重置成本的和
＋工器具重置成本＋安装工程费＋工程监理费＋安装调试费＋设计费＋
资金成本

（4）车辆

国内购买车辆的重置成本＝车辆价格＋车辆购置附加税＋国内运杂费＋证照费

国外购买车辆的重置成本＝车辆价格＋进口关税＋消费税＋增值税＋国内运杂费
＋证照费

其中，车辆购置税＝（车辆价格＋关税＋消费税）×税率

注：车辆购置税中的税率一般为10%。

例5-1 某企业2003年购建的一台设备，账面原值135 000元，2009年进行评估，经市场询价，设备的市场价为136 000元，运杂费600元，安装调试费1 200元，计算该设备的重置成本。

解：重置成本＝136 000＋600＋1 200＝137 800（元）

即该设备的重置成本为137 800元。

例5-2 2002年底评估某合资企业的一台进口汽流纺机。该机1999年从德国某公司进口，进口合同中FOB价格是20万马克。现已安装，正在使用。评估人员通过德国有关纺机厂商在国内的代理机构向德国生产厂家进行了询价，了解到当时德国已不再生产被评估的这

种型号的气流纺机，其替代产品是全面采用计算机控制的新型纺机，新型纺机的现行 FOB 报价为 35 万马克。针对这一情况，评估人员经与有关纺机专家共同分析研究报价和成交价格的差别及新型纺机与被评估气流纺机在技术性能上的差别。最后认为，按照通常情况，实际成交价应为报价的 70%～90%。故按德方 FOB 报价的 80% 作为 FOB 成交价。针对新型纺机在技术性能上优于被评估的气流纺机，估测被评估气流纺机的现行 FOB 价格约为新型纺机 FOB 价格的 70%，30% 的贬值折扣主要是技术落后造成的。评估基准日德国马克对美元的汇率为 1.7∶1，人民币对美元的汇率为 5.8∶1。境外运杂费按 FOB 价格的 5% 计算，保险费按 FOB 价格的 0.5% 计算，关税与增值税因为符合合资企业优惠条件，予以免征。银行手续费按 CIF 价格的 0.8% 计算，国内运杂费按（CIF 价格＋银行手续费）的 3% 计算，安装调试费用包括在设备价格中，由德方派人安装调试，不必另付费用。由于该设备安装周期较短，故没有考虑到利息因素。

解：FOB 价格 = 35 × 80% × 70% = 19.6（万马克）

FOB 价格 = 19.6 ÷ 1.7 = 11.53（万美元）

境外运杂费 = 11.53 × 5% = 0.58（万美元）

保险费 = 11.53 × 0.5% = 0.058（万美元）

CIF 价格 = FOB 价格＋运费＋保险费 = 12.168（万美元）

银行手续费用 = 12.168 × 0.8% = 0.097（万美元）

国内运杂费 =（12.168＋0.097）× 3% = 0.368（万美元）

汽流纺机的重置成本 = 12.168＋0.097＋0.368 = 12.633（万美元）

即汽流纺机的重置成本为 12.633 万美元，折合成人民币为 73.271 万元。

2. 功能系数法

对于无法直接取得现行购置价或建造费用的设备，如果能够找到现有同类设备的市价、建造费用，或市价、建造费用加运杂费和安装调试费，就可采用功能系数法计算设备的更新重置成本。根据被评估设备的功能与成本的关系，功能系数法又分为功能价值法和规模经济效益指数法两种。

（1）当成本和生产能力呈线性关系时，计算公式为：

被评估设备重置成本 = 参照物重置成本 ×（被评估设备的生产能力 ÷ 参照物的生产能力）

（2）当成本和生产能力呈指数关系时，计算公式为：

被评估设备重置成本 = 参照物重置成本 ×（被评估设备的生产能力 ÷ 参照物的生产能力）^{x}

式中，x 为经验数据，称为规模经济效益指数。美国在 0.4～1 之间，在机器设备评估中常取 0.6～0.8。

例 5-3 某企业 2000 年购建一套年产 50 万吨某产品的生产线，账面原值 1 000 万元。2005 年进行评估，评估时选择了一套与被评估生产线相似的生产线，该生产线 2004 年建成，年产同类产品 75 万吨，造价为 3 000 万元。经查询，该类生产线的规模效益指数为 0.7，根据被评估资产生产能力与参照物生产能力方面的差异，采用规模经济效益指数法计算被评估生产线 2004 年的重置成本。

解：重置成本 $=3000 \times (50/75)^{0.7} = 2\ 259$ （万元）

即被评估生产线 2004 年的重置成本为 2 259 万元。

以上计算的重置成本还需要调整到评估基准日的水平。由于无法获取评估基准日该生产线的价格指数，不能直接将 2004 年的重置成本调整为 2005 年评估基准日的重置成本。因此，将该生产线适当划分为主要装置、辅助生产装置、工艺管道、仪器仪表、建筑安装费和管理费六大项，并按被评估生产线原始成本中上述六项所占比重作为权数，对 2004 年至 2005 年上述六项的价格变动系数加权求取生产线价格调整系数。上述六项在生产线原始成本的比重为：主要装置 70%，辅助装置 5%，工艺管道 5%，仪器仪表 5%，建筑安装费 10%，管理费 5%。2004 年至 2005 年上述六项价格及费用变动率为：主要装置 5%，辅助装置 3%，工艺管道 10%，仪器仪表 2%，建筑安装费 15%，管理费 10%。所以，2005 年的重置成本为：

$$重置成本 = 2\ 259 \times (1 + 70\% \times 5\% + 5\% \times 3\% + 5\% \times 10\% + 5\% \times 2\% + 10\% \times 15\% + 5\% \times 10\%)$$
$$= 2\ 259 \times (1 + 3.5\% + 0.15\% + 0.5\% + 0.1\% + 1.5\% + 0.5\%)$$
$$= 2\ 400 （万元）$$

3. 物价指数法

对于既无法直接取得设备现行购置价或建造成本，也无法获得同类设备的购置价或建造成本的，可以采取物价指数法计算其复原重置成本。但是对于技术进步速度较快、技术进步对价格影响较大的设备，不宜采用物价指数法。计算公式为：

重置成本 = 设备账面原值 ×（评估时点定基价格指数 ÷ 资产购建时定基价格指数）

例 5-4　某被评设备 2000 年购进，账面原值 10 万元，2007 年进行评估，2000 年和 2007 年定基物价指数分别为 109.6 和 143.2，2000 年至 2007 年环比物价指数分别为 119.7%，109.5%，106.3%，101.6%，98.1%，97%，97%，则按两种物价指数计算只计购置费的重置成本。

解：（1）用定基物价指数计算

$$被评定资产重置成本 = 100\ 000 \times \frac{143.2}{109.6} = 130\ 657 （元）$$

（2）用环比物价指数计算

$$被评定资产重置成本 = 100\ 000 \times (119.7\% \times 109.5\% \times 106.3\% \times 101.6\% \times 98.1\% \times 97\% \times 97\%)$$
$$= 130\ 661.5 （元）$$

物价指数法简便易行，但在使用时，评估人员应注意以下问题：应使用设备的分类物价指数，避免使用综合物价指数；对设备重置成本的各个构成部分，如购置价、运杂费、安装费、基础费等，应采用各自的物价指数分别计算。对于进口设备，应使用设备生产国的分类物价指数，外汇和人民币要分别考虑；对于不同时期投入资金进行技术改造的设备，一般根据分类物价指数将不同时期投入的资金分别折算成现行价格，然后再加总以确定其重置成本。

运用物价指数法计算进口设备重置成本时，其中原来用外币支付的部分（即原来的 CIF 价格），应使用设备生产国的物价变动指数来调整，而不是用国内价格变动指数来调整。但对原来的国内费用（如进口关税、增值税、银行手续费、国内运杂费、安装调试费等）都应按国内的物价变动指数来调整。调整公式如下：

重置成本＝账面原值中的到岸价值/进口时外汇汇率×进口设备生产国同类资产价格变动指数×评估基准日外汇汇率×（1＋现行进口关税税率）×（1＋其他税费率）＋账面原值中支付人民币部分价格×国内同类资产价格变动指数

该公式假定进口设备的到岸价格全部以外汇支付，其余均为人民币支付。如实际情况与此假设不符，应自行调整。在运用物价指数法对进口设备重置成本进行估测时，应尽量将支付外汇部分与支付人民币部分，或者说将受设备生产国物价变动影响部分与受国内价格变动影响部分分开，分别运用设备生产国的价格变动指数与国内价格变动指数进行调整，不应综合采用国内或设备生产国的价格变动指数一揽子调整。

例 5-5　某企业 2003 年从美国进口一套设备，账面原值 735 万元人民币。购建时以外汇支付的部分为 500 万元，其中设备价款为 485 万元，境外运输及保险费为 15 万元，以人民币支付的部分为 235 万元，其中关税和其他税费 225 万元，国内运费及安装调试费 10 万元，进口时美元和人民币的比价为 1∶5.80。2005 年对该进口设备进行评估，经调查分析可知，该类设备目前在美国市场的销售价格比 2003 年提高 10%，境外运输费及保险费比 2003 年提高 5%，2005 年美元同人民币的比价为 1∶8.30，2005 年关税税率为 20%，增值税税率为 17%，其他费率为 1.50%，国内运输费及安装调试费综合比较，2005 年比 2003 年提高 6%，试计算该进口设备的重置成本。

解：进口设备重置成本＝[485÷5.80×（1＋10%）＋15÷5.80×（1＋5%）]×8.30×
（1＋20%）×（1＋18.50%）＋10×（1＋6%）
＝1 117.69＋10.60
＝1 128.29（万元）

即该进口设备的重置成本为 1 128.29 万元。

实际上，不但设备生产国设备出口时的同类资产价格指数不易获取，而且评估时点的同类资产价格指数也不易取得。所以，实际运用上述公式时，往往可以用进口设备生产国在设备出口时的价格水平为基期价格水平，再根据设备生产国从基期到评估时点的价格变化率，将生产国出口设备价值从原值调整为现值。即表达公式为：

进口设备离岸价现值＝设备原值中离岸价折合人民币部分÷设备进口时的外汇汇率×（1＋设备生产国从设备出口到评估时点的价格变化率）

例 5-6　某企业 1999 年从美国引进一条生产线，该生产线在当年安装试车成功并正式投入生产。进口设备离岸价总金额为 90 万美元，境外运输、保险费为离岸价的 5%，进口环节总税费率为 40%，从被评估机组进口合同中得知，进口设备离岸价中主机原始价值 75 万美元，两年用的进口备件 15 万美元。另外从其他会计凭证中查得国内配套设施原始价值 45 万元人民币，国内运费、安装费和其他费用原值 18 万元人民币。2002 年进行评估。经评估人员对该生产线进行现场勘查和技术水平鉴定，以及向有关部门进行调查了解，认为该生产线的技术水平在国内仍居先进行列，在国际上也属普遍使用的设备，故决定采用指数调整法对该生产线重置成本进行估测。按照国内及国外价格变动对生产线产生的影响，评估人员先将生产线分成进口设备主机、进口备件、国内配套设施、其他费用四大部分，分别考虑国外、国内不同部分价格变化率予以调整。经调查询价了解到，从设备进口到评估基准日进口设备主机在其生产国的价格变化率上升了50%，进口备件的价格变化率上升了30%，境外运输保险费仍为5%，进口环节总税费率为到岸价的40%，国内配套设施价格上升了60%，国内运费、安装费和其他费用上升了50%。评估时点美元对人民币汇率为1：5.8。根据上述数据，估算续用前提下被评估机组的重置成本。

解：重置成本 $= (75 \times 1.5 + 15 \times 1.3) \times (1 + 5\%) \times 5.8 \times (1 + 40\%) + 45 \times 1.6 + 18 \times 1.5$

$= 1\,224.43$（万元）

即续用前提下被评估机组的重置成本为1 224.43万元。

4. 重置核算法

自制非标准设备的市场价格资料较难收集到，因此常用重置核算法，而重置核算法常用的方法是综合估价法。综合估价法是根据设备的主材费用和主要外购件费用与设备成本费用的比例关系，通过确定设备的主材费用和主要外购件费用计算出设备的相应成本，另外考虑一定的利润、税金和设计费，从而求得该设备重置成本。计算公式为：

$$RC = (M_{rm}/K_m + M_{pm}) \times (1 + K_p) \times (1 + K_d/n)/(1 - r_t)$$

式中：RC——非标准设备重置成本；

M_{rm}——主材费；

K_m——成本主材费率；

M_{pm}——主要外购件费；

K_p——成本利润率；

r_t——综合税率；

K_d——非标准设备设计费率；

n——非标准设备的产量。

其中，主材费 $M_{rm} = \sum [$（某主材净消耗量/该主材利用率）$\times$含税市场价格/$(1 + 增值税率)]$

主要外购件费 $M_{pm} = \sum [$某主要外购件的数量$\times$含税市场价格/$(1 + 增值税率)]$

综合税率 $r_t =$ 增值税税率 $\times$（1 + 城建税税率 + 教育费附加费率）

例5-7 某悬链式水幕喷漆室为非标自制设备，购建日期为1999年12月，评估基准日为2007年9月30日。计算该悬链式水幕喷漆室的重置成本。

解：根据设计图纸，该设备主材为钢材，主材的净消耗量为25.5吨，评估基准日期钢材不含税市场价为3 500元/吨，另外，所需主要外购件（电机、泵、阀、风机等）不含税费55 680元。主材费利用率90%，成本主材费率55%，成本利润率15%，设计费率16%，产量1台。

首先确定设备的主材费用，该设备的主材利用率为90％，则主材费：

$M_{rm} = 25.5$ 吨 $\div 90\% \times 3\ 500$ 元 $= 99\ 167$（元）

成本利润率：

$K_p = 15\%$

如增值税率为17％，城市维护建设税率为7％，教育附加费率为3％，则综合税率：

$r_t = 18.7\%$

非标设备设计费率：

$K_d = 16\%$

非标设备的数量：

$n = 1$（台）

则设备的重置成本：

$RC = （99\ 167 \div 55\% + 55\ 680）\times（1 + 15\%）/（1 - 18.7\%）\times（1 + 16\%/1）$

$= 387\ 210.54$（元）

即该悬链式水幕喷漆室的重置成本为387 210.54元。

二、机器设备实体性贬值的估算

实体性贬值也称有形损耗，是指设备由于运行中的磨损或暴露在自然环境中被侵蚀，造成设备实体形态的损耗而引起的贬值。实体性贬值的具体计算方法有观察法、使用年限法和修复费用法。

（一）观察法

观察法是评估人员到评估现场对被评估机器设备进行现场观察和现场技术检测，并结合设备的实际使用情况，如使用时间、使用强度、技术状况、制造质量等经济技术参数，经综合分析估测设备的实体性贬值率的一种方法。

运用观测法所分析的主要指标有：设备的现时技术状态、设备的实际已使用时间、设备的正常负荷率及原始制造质量、设备的维修保养及技术改造情况、设备重大故障（事故）经历、设备的工作环境和条件、设备的外观和完整性等。

在估算机器设备的实体性贬值率时，可以参考表5-2中给定的经验数据。但在实际评估活动中，这些数据只能作为参考，不可作为唯一的标准生搬硬套，不能简单地"对号入座"。评估人员进行评估时，还应广泛听取专家组及一线的设备操作人员、维修人员和管理人员的介绍和评判，并进行综合分析和归纳，依据经验判断设备的实体性贬值。

表5-2　实体性贬值率参考表

设 备 状 态		贬值率（％）
全新	全新，刚刚安装，尚未使用，资产状态极佳	0
		5

设　备　状　态		贬值率（%）
很好	很新，只轻微使用过，无需更换任何部件或进行任何修理	10
		15
良好	半新资产，但经过维修或更新，处于极佳状态	20
		25
		30
		35
一般	旧资产，需要进行某些修理或更换一些零部件，如轴承之类	40
		45
		50
		55
		60
尚可使用	处于可运行状况的旧资产，需要大量维修或更换零部件，如电机等	65
		70
		75
		80
不良	需要进行大修理的旧资产，如更换运动机件或主要结构件	85
		90
报废	除了基本材料的废品回收价值外，没有以其他方式出售的希望	97.5
		100

注：美国评估协会使用的实体性贬值率参考表。

（二）使用年限法

使用年限法是从使用寿命角度来估算贬值，它假设机器设备有一定的使用寿命，所评估的机器设备的贬值率与其已使用年限成正比，并且成线性关系。

实体性贬值率＝实际已使用年限÷总使用年限×100%

＝实际已使用年限÷（实际已使用年限＋尚可使用年限）×100%

1. 总使用年限

机器设备的已使用年限与尚可使用年限之和为设备的总使用年限，即机器设备的使用寿命。机器设备的使用寿命是指从开始使用到淘汰的整个过程，通常可以分为物理寿命、技术寿命和经济寿命。机器设备的物理寿命是指机器设备从开始使用到报废所经历的时间。机器设备的物理寿命的长短，主要取决于机器设备的自身质量与运行过程中的使用、保养和正常维修情况。机器设备的技术寿命是指机器设备从开始使用到技术过时经历的时间。机器设备的技术寿命在很大程度上取决于社会技术进步和技术更新的速度和周期，通过现代化改造可以延长其技术寿命。机器设备的经济寿命是指机器设备从开始使用到因经济上不划算而停止使用所经历的时间。所谓经济上不合算，是指维持机器设备的继续使用所需要的维持费用大于机器设备继续使用所带来的收益。这样，在估算机器设备的实体性贬值时，就涉及机器设备的总使用年限应该选择哪个寿命年限的问题，应该说，这是个比较复杂的问题。由于经济寿命要小于物理寿命和技术寿命，因此，国际上首选的是经济寿命，但并不排除物理寿命和技术寿命作为总使用年限的可能性。我国目前没有具体的规定，可以把设备的已使用年限和尚可使用年限之和作为其总使用年限，这样较现实、合理且易于操作。

2. 实际已使用年限

实际已使用年限是指机器设备从开始使用到评估基准日所经历的时间。实际已使用年限不同于折旧时间，也不同于购置时间，是实际应用于生产经营的时间。在评估实务中，通常需要把名义使用年限转换为实际已使用年限。具体公式为：

$$实际已使用年限 = 名义使用年限 \times 设备利用率$$

其中，

$$设备利用率 = 截至评估基准日累计实际利用时间$$
$$\div 截至评估基准日累计法定利用时间 \times 100\%$$

例5-8 某被评估设备已投入使用5年，在正常情况下该设备按一班制生产，每天工作8小时。经调查了解，该设备在5年中平均每天工作只有6小时，经现场鉴定，若该设备保持每天8小时的工作量尚可使用7年。计算该设备的实体性贬值率。

解：实体性贬值率 $= \dfrac{5 \times \dfrac{6}{8}}{5 \times \dfrac{6}{8} + 7} \times 100\% = \dfrac{3.75}{3.75 + 7} \times 100\% = 34.88\%$

即该设备的实体性贬值率为34.88%。

另外，如果机器设备经过多次大修理、技术改造或追加投资，就会延长其尚可使用年限或缩短其实际已使用年限，那么上述方法计算的已使用年限就不能反映设备的实际情况，需要进行调整。在评估实务中，采用的是缩短其已使用年限的方法，即以每次投资的重置成本为权数，对每次投资的已使用年限进行加权平均，以确定其实际已使用年限的方法。具体计算公式为：

$$加权投资年限 = \sum 加权重置成本 \div \sum 重置成本$$

其中，加权重置成本 = 重置成本 × 投资后设备的已使用年限

则　　　实体性贬值率 = 加权投资年限 ÷（加权投资年限 + 尚可使用年限）

值得注意的是，如果在计算加权重置成本时采用的已使用年限是名义上的已使用年限，那么以此为基础计算出来的加权投资年限应该是加权投资名义年限，还必须将其再乘以资产利用率以转换为加权投资实际年限。

例5-9 某企业1995年购入一台设备，账面原值为30 000元，2000年和2002年进行两次更新改造，当年投资分别为3 000元和2 000元，2005年对该设备进行评估，假定从1995年到2005年每年价格上升率为10%，该设备的尚可使用年限经检测和鉴定为7年，试估算

设备的成新率。

解：第一步，估算重置成本（详见表5-3）。

表5-3　重置成本估算表

投资日期（年）	原始投资额（元）	价格变动系数	重置成本（元）
1995	30 000	2.6	78 000
2000	3 000	1.61	4 830
2002	2 000	1.33	2 660
合计	35 000	5.54	85 490

第二步，计算加权重置成本（详见表5-4）。

表5-4　计算加权重置成本

投资日期（年）	现行成本（元）	投资年限	加权重置成本（元）
1995	78 000	10	78 000
2000	4 830	5	24 150
2002	2 660	3	7 980
合计	85 490	18	812 130

第三步，计算加权投资年限：

加权投资年限 = 812 130/85 490 ≈ 9.5（年）

第四步，计算成新率：

成新率 = 7 ÷（9.5 + 7）× 100% = 42%

即该设备的成新率为42%。

3. 尚可使用年限

机器设备的尚可使用年限是指机器设备的剩余使用寿命，可以通过技术检测和专业技术鉴定来确定；也可以通过用总使用年限减去实际已使用年限的余额来确定。根据机器设备的具体情况，估算尚可使用年限可以采用以下方法：

对于较新且使用维护正常的设备，可用设备的总使用年限减去设备的实际已使用年限得到设备的尚可使用年限；

对那些已经接近甚至超过总使用年限的设备，可以通过专业技术人员的判断直接估算尚可使用年限；

对那些不准备通过大的修理继续使用的设备，可以利用设备的一个大的修理周期作为设备尚可使用年限的上限，减去设备上一次大的修理至评估基准日的时间，其余下的时间便是尚可使用年限；

对于国家明文规定限期淘汰、禁止超期使用的设备，如压力容器、运输车辆、严重污染环境及高能耗等设备，不论设备的现时状态如何，其尚可使用年限均不能超过国家规定禁止使用的日期。

（三）修复费用法

修复费用法是假设所发生的实体性损耗是可以修复的，则设备的实体性损耗就应该等于补偿实体性损耗所发生的费用。即这种方法的基本原理是：如果机器设备可以通过修复来恢复到其全新状态，那么可以认为设备的实体性损耗等于其修复费用。那么，补偿所用的手段一般是通过修理或者更换损坏部分来完成的。例如，某机床的电机损坏，如果这台机床不存在其他贬值，则更换电机的费用即为机床的实体性贬值。

机器设备的实体性损耗可分为可修复部分和不可修复部分。在采用修复费用法时，要尽量把实体性贬值中的可修复部分和不可修复部分区别开来。可修复部分的实体性损耗是指可以通过技术修理恢复其功能，且经济上是合理的。不可修复部分的实体性损耗是指通过技术修理不能恢复其功能，或者是经济上不划算的。对可修复部分的实体性损耗，可以修复费用直接作为实体性贬值；对不可修复部分的实体性损耗，应该采用前述方法加以确定。这两部分之和就是被评估设备的全部实体性贬值。计算公式为：

实体性贬值率＝（可修复部分的实体性损耗＋不可修复部分的实体性损耗）

÷设备的重置成本

例5-10　被评估设备为一储油罐，这个油罐已经建成并使用了10年，并预计将来还能再使用20年。评估人员了解到，该油罐目前正在维修，其原因是原储油罐因受到腐蚀，底部已出现裂纹，发生渗漏，必须更换才能使用。整个维修计划大约需要花费350 000元，其中包括油罐停止使用造成的经济损失、清查及布置工作环境、拆卸并更换被腐蚀底部的全部费用。评估人员已估算出该油罐的复原重置成本为2 000 000元，现在用修复费用法估测油罐的实体性贬值率。

解：可修复部分实体性贬值：350 000元

不可修复部分实体性贬值率：$\dfrac{10}{10+20} \times 100\% = 33.3\%$

不可修复部分复原重置成本：2 000 000 – 350 000 = 1 650 000（元）

不可修复部分实体性贬值：1 650 000 × 33.3% = 549 450（元）

油罐全部实体性贬值率：$\dfrac{350\ 000 + 549\ 450}{2\ 000\ 000} \times 100\% = 45\%$

即用修复法估测油罐的实体性贬值率为45%。

假如该油罐有更新重置成本，这时用更新重置成本乘以45%的实体性贬值率，就可得到成本法评估油罐时应当扣除的实体性贬值。

修复费用法适用于那些特定结构部件经常被磨损，但能够以经济上可行的办法加以修复的机器设备，如需定期更换部分系统的机组、成套设备、生产线等。在能够应用修复费用法时，应该尽量采用这种方法，因为这种方法区分了可修复部分和不可修复部分，计算结果较准确。

（四）估算机器设备的实体性贬值应注意的问题

首先，估算设备实体性损耗具体方法的选择。可以根据信息资料的获得情况、被评估设备具体特点以及评估人员的专业知识和经验来确定。一般情况下，在信息资料充分的情况下，同时运用几种方法估算实体性损耗，并且互相核对，在核对的基础上根据孰低原则确定成新率。也可在有充分依据的前提下，采用加权平均法确定成新率，即

$$成新率 = 观察法成新率 \times 60\% + 使用年限法成新率 \times 40\%$$

其次，在分析估算实体性损耗时，要注意其中是否含有功能性损耗或其他损耗因素，以避免发生重复扣减的问题。用观测分析法确定设备的实体性损耗（或成新率）时，往往可能考虑功能性损耗；用使用年限法确定实体性损耗时，对已经过大的维修或技术改造的设备，也可能涉及功能性损耗；用修复费用法确定实体性损耗时，修复费用中更有可能含有功能性损耗。因为新替换上去的部件如果是采用新技术生产的，那么它不仅可以恢复设备的原有功能，还可能改善设备的原有功能。因此，当可修复性损耗在设备总损耗额中占有较大比重时，就应考虑用修复费用法计算的成新率是否是一个包含功能性损耗的综合成新率。

三、机器设备功能性贬值的估算

机器设备的功能性贬值主要是由于科学技术的进步引起的，主要有两种表现形式：

第一，由于新工艺、新材料和新技术的采用，而使原有资产的建造成本超过现行建造成本的超支额，即超额投资成本；

第二，由于科技进步出现了新的、性能更优越的设备，致使原有设备的功能相对新式设备已经落后，而引起其价值贬值，即超额运营成本。

（一）超额投资成本形成的功能性贬值

超额投资成本形成的功能性贬值是设备的复原重置成本与更新重置成本之间的差额。即：

$$超额投资成本 = 复原重置成本 - 更新重置成本$$

从理论上讲，直接使用设备的更新重置成本其实就已经将被评估设备价值中所包含的超额投资成本部分剔除掉了，就不必再去刻意寻找设备的复原重置成本，然后再减去设备的更新重置成本得到设备超额投资成本。

（二）超额运营成本形成的功能性贬值

超额运营成本引起的功能性贬值就是设备在未来使用过程中超额运营成本的折现值。超额运营成本引起的功能性贬值通常按以下步骤测算：

1. 选择参照物，并将参照物的年运营成本与被评估设备的年运营成本进行对比，找出两者之间的差别，并计算年超额运营成本额；

2. 按企业运用的所得税率计算被评估设备因超额运营成本而抵减的所得税，得到被评估设备的年超额运营成本净额；

3. 估测被评估设备的剩余使用年限；

4. 选择适当的折现率，将被评估设备在剩余使用年限中的每年超额运营成本净额折现，累加计算被评估设备的功能性贬值。

例5-11　某一生产控制装置拟作为评估对象，其正常运行需6名操作人员。目前同类新式控制装置所需的操作人员定额为4名。假设该被评估装置与参照物在运营成本的其他支出

项目方面大致相同，操作人员人均年收入为9 000元，被评估控制装置尚可使用3年，所得税率为25%，适用的折现率为10%。试测算被评估控制装置的功能性贬值额。

解：（1）计算被评估控制装置的年超额运营成本额：

$$(6-4)\times 9\ 000 = 18\ 000\ （元）$$

（2）测算被评估控制装置的年超额运营成本净额：

$$18\ 000\times（1-25\%）=13\ 500\ （元）$$

（3）将被评估控制装置在剩余使用年限内的年超额运营成本净额折现累加，估算其功能性贬值额：

$$13\ 500\times（P/A，10\%，3）=13\ 500\times 2.486\ 9\approx 33\ 573.15\ （元）$$

例5-12　计算某电焊机超额运营成本引起的功能性贬值。（1）分析比较被评估机器设备的超额运营成本因素：经分析比较，被评估的电焊机与新型电焊机相比，引起超额运营成本的因素主要为老产品的能耗比新产品高。通过统计分析，按每天8小时计算，每年300个工作日，每台老电焊机比新电焊机多耗电6 000度。（2）确定被评估设备的尚可使用寿命，计算每年的超额运营成本：根据设备的现状，评估人员预计该电焊机尚可使用10年，如每度电按0.5元计算。（3）折现率为10%，所得税率按25%计算。

解：（1）每年的超额运营成本 = 6 000×0.5 = 3 000（元）

（2）每年净超额运营成本 = 税前超额运营成本×（1-所得税）

$$=3\ 000\times（1-25\%）$$

$$=2\ 250\ （元）$$

（3）净超额运营成本的折现值 = 净超额运营成本×折现系数

$$=2\ 250\times 6.145$$

$$\approx 13\ 826.3\ （元）$$

该电焊机由于超额运营成本引起的功能性贬值为13 826.3元。

（三）估算机器设备的功能性贬值应注意的问题

首先，是对比参照物的选择。参照物的选择直接影响功能性贬值的大小，一般应选择评估涉及的地区范围内已普遍使用的先进设备，而不是尚未普遍使用的最先进的设备。因为后者的技术在评估所涉及的行业或地区范围内尚未成熟，其功能价值尚未被普遍接受。

其次，是功能性贬值是否需要单独计算的问题。一般来说，如果所测算的机器设备的重置成本是复原重置成本，就需单独计算功能性贬值，除非被评估设备刚刚购建尚不存在功能性贬值；如果所测算的机器设备的重置成本是更新重置成本，进一步考虑所测算的更新重置成本是将两类功能性贬值均剔除了还是仅剔除了超额投资成本，如果仅剔除了超额投资成本，仍需单独计算超额运营成本。

四、机器设备经济性贬值的估算

机器设备的经济性贬值是由于外部因素引起的贬值。主要原因有：由于市场竞争加剧，产品需求减少，导致设备开工不足，生产能力相对过剩；原材料、能源等提价，造成成本提高，但生产的产品售价没有相应提高；国家有关能源、环境保护等限制或削弱产权的法律、法规使产品生产成本提高或者使设备强制报废，缩短了设备的正常使用寿命等。这些情况可以归结到两个方面：生产能力降低或收益减少。

（一）生产能力降低引起的经济性贬值

当机器设备因外部因素，即经济衰退、产业结构调整、国家环保政策限制等影响，出现开工不足，致使设备的实际生产能力明显低于其额定或设计能力时，其价值低于充分利用时的价值而产生的经济性损耗。计算公式为：

经济性贬值率 = [1 − （设备预计可被利用的生产能力 ÷ 设备原设计生产能力)^x]
×100%

经济性贬值额 = （重置成本 − 实体性贬值 − 功能性贬值）×经济性贬值率

其中，x 为规模效益指数，实践中多用经验数据，机器设备的 x 指数一般选取0.6～0.7。

（二）收益减少造成的经济性贬值

由于企业外部的原因，虽然设备生产负荷并未降低，但出现如原材料涨价、劳动力费用上升等情况导致生产成本提高，或部分迫使产品降价出售等情况，均可能使设备创造的收益减少，使用价值降低，进而产生经济性损耗。计算公式为：

经济性贬值额 = 设备年收益损失额 × （1 − 所得税额） × （P/A，r，n）

例5-13　某家电生产厂家，其家电生产线年生产能力为10万台，由于市场竞争加剧，该厂家电产品销售量锐减，企业不得不将生产量减至年产7万台（销售价格及其他条件未变）。这种局面在今后很长一段时间均难以改变，试估测该生产线的经济性贬值率。

解：根据以上公式和提供的有关资料，计算设备的经济性贬值率：

经济性贬值率 $= \left[1 - \left(\dfrac{70\,000}{100\,000} \right)^{0.6} \right] \times 100\% = [1 - 0.81] \times 100\% = 19\%$

即该生产线的经济性贬值率为19%。

在5-13例中，如果家电生产企业不降低生产量，就必须降价销售家电产品。假定原来产品销价为2 000元/台，今后如果要继续保持10万台的销售量，产品售价需降至1 900元/台，即每台产品损失毛利100元。经估测，该生产线还可以继续使用3年，若折现率为10%，试估算该生产线的经济性贬值额。

解：根据上式和提供的有关材料，计算该生产线的经济性贬值额：

经济性贬值额 = （100 ×100 000） × （1 − 25%） × （P/A，10%，3）
= 7 500 000 ×2.486 9
= 18 651 750 （元）

即该生产线的经济性贬值额为18 651 750元。

（三）估算机器设备的经济性贬值应注意的问题

首先，注意被评估设备是否为能够单独计算获利能力的生产线、成套设备。一般来说，不能单独计算获利能力的单台（件）设备不计算经济性损耗。

其次，需对评估基准日后，即未来的影响设备利用率或收益额的因素进行预测，进而判断是否存在经济性损耗的问题。

五、成本法应用举例

例5-14　被评估设备购建于1996年，账面价值为100 000元，2001年进行了技术改造，追加技改投资50 000元。2006年对该设备进行了评估，根据评估人员的调查、检查、对比分析，得到以下数据：

1. 1996年至2006年每年的设备价格上升率为10%；

2. 该设备的月人工成本比其替代设备高1 000元；

3. 被评估设备所在企业的正常投资报酬率为10%，规模效益指数为0.7，所得税税率为25%；

4. 该设备在评估前使用期间的实际利用率仅为正常利用率的50%，经技术检测，该设备尚可使用5年，在未来5年中，设备利用率能够达到设计要求。根据上述条件，估测该设备的有关参数和评估值。

解：第一步，计算该设备的重置成本：

$$100\ 000 \times (1+10\%)^{10} + 50\ 000 \times (1+10\%)^5 = 339\ 899.746\ （元）$$

$$100\ 000 \times (1+10\%)^{10} \times 10 + 50\ 000 \times (1+10\%)^5 \times 5 = 2\ 996\ 396.96\ （元）$$

第二步，计算加权投资名义年限：

$$2\ 996\ 396.96 \div 339\ 899.746 = 8.82\ （年）$$

第三步，计算加权投资实际年限：

$$8.82 \times 50\% = 4.41\ （年）$$

第四步，计算成新率：

$$[5 \div (4.41+5)] \times 100\% = 53.14\%$$

第五步，计算功能性贬值：

$$1\ 000 \times 12 \times (1-25\%) \times (P/A,\ 10\%,\ 5) = 34\ 117.2\ （元）$$

第六步，该设备在评估后的设计利用率可以达到设计要求，故经济性贬值率为0。

第七步，计算评估值：

$$339\ 899.746 \times 53.14\% - 34\ 117.2 = 146\ 505.53\ （元）$$

第三节　市场法和收益法在机器设备评估中的应用

一、市场法

应用市场法评估机器设备的技术路线，首先明确鉴定被评估对象，选择参照物，然后选择适当的方法估测对比，最后分析确定设备评估值。其中，与参照物的比较和评估方法的选择是很重要的环节。

（一）比较因素

比较因素是指可能影响机器设备市场价值的因素。使用市场比较法评估的过程中，重点是将参照物与评估对象进行比较。在比较之前，评估师首先要确定哪些因素可能影响机器设备的价值，哪些因素对价值没有影响。比较因素是一个指标体系，它要能够全面反映影响价值的因素。不全面的或仅使用个别指标所做出的价值评估是不准确的。一般来讲，设备的比较因素可分为四大类，即个别因素、交易因素、地域因素和时间因素。

1. 个别因素

设备的个别因素一般指反映设备在结构、形状、尺寸、性能、生产能力、安装、质量、经济性等方面差异的因素。不同的设备，差异因素也不同。在评估中，常用于描述机器设备的指标一般包括：

（1）名称；

（2）型号规格；

（3）生产能力；

（4）制造厂家；

（5）技术指标；

（6）附件；

（7）设备的出厂日期；

（8）役龄；

（9）安装方式；

（10）实体状态。

2. 交易因素

设备的交易因素是指交易动机和背景对价格的影响，不同的交易动机和交易背景都会对设备的出售价格产生影响。如以清偿、快速变现或带有一定优惠条件的出售，其售价往往低于正常交易的价格。另外，交易数量也是影响设备售价的一个重要因素，大批的购买价格一般要低于单台购买。

3. 时间因素

不同交易时间的市场供求关系、物价水平等都会不同，评估人员应选择与评估基准日最接近的交易案例，并对参照物的时间影响因素作出调整。

4. 地域因素

由于不同地区市场供求条件等因素的不同，设备的交易价格也受到影响，评估参照物应尽可能与评估对象在同一地区。如评估对象与参照物存在地区差异，则需要作出调整。

（二）具体技术方法

1. 直接匹配法

直接匹配法是根据与评估对象基本相同的市场参照物，通过直接比较来确定评估对象的价值。例如评估一辆汽车时，如果二手汽车交易市场能够发现与评估对象基本相同的汽车，它们的制造商、型号、年代、附件都相同，只有行驶里程和实体状态方面有些差异，在这种情况下，评估师一般直接将评估对象与市场上正在销售的同样的汽车作比较，以确定评估对象的价格。直接比较法相对比较简单，但是它对市场的反映最为客观，能最精确地反映设备的市场价值。这种方法可用以下公式表示：

$$V = V' \pm \Delta i$$

式中：V——评估值；

V'——参照物的市场价值；

Δi——差异调整。

2. 因素调整法

因素调整法是通过比较分析相似的市场参照物与被评估设备的可比因素差异，并对这些因素逐项作出调整，由此确定被评估设备的价值。这种方法是在无法获得基本相同的市场参照物的情况下，以相似的参照物作为分析调整的基础。例如，当评估一台由 A 厂制造的车床，评估师发现在市场上没有 A 公司生产的相似的车床，但是有 B 和 C 公司生产的相似的车床。这种方法与直接比较法相比更主观，在对比较因素进行分析的基础上，需要做更多的调整。

为了减少调整时因主观因素产生的误差，所选择参照物应尽可能与评估对象相似。从时间上来讲，参照物的交易时间应尽可能接近评估基准日；在地域上，尽可能与评估对象在同一地区；另外，评估对象与参照物应具有较强的可比性，实体状态方面比较接近。

例 5-15 对某企业一台 1515 型纺织机进行评估，评估人员经过市场调查，选择本地区近几个月已经成交的 1515 型纺织机的 3 个交易实例作为比较参照物，被评估对象及参照物的有关情况详见表 5-5。

表 5-5 被评估对象及参照物情况表

影响因素	参照物 A	参照物 B	参照物 C	被评估对象
交易价格	10 000 元	6 000 元	9 500 元	
交易状况	公开市场	公开市场	公开市场	公开市场
生产厂家	上海	济南	上海	沈阳
交易时间	6 个月前	5 个月前	1 个月前	
成新率	80%	60%	75%	70%

评估人员经过对市场信息进行分析得知，三个交易实例都是在公开市场条件下销售的，不存在因受交易状况影响而使价格偏高或偏低的现象，影响售价的因素主要是生产厂家（品牌）、交易时间和成新率。

（1）生产厂家（品牌）因素分析和修正。经分析参照物 A 和参照物 C 是上海一家纺织机械厂生产的名牌产品，其价格同一般厂家生产的纺织机相比高 25% 左右。则参照物 A、B、C 的修正系数分别为 100/125、100/100、100/125。

（2）交易时间因素的分析和修正。经分析近几个月纺织机械的销售价格每月上升 3% 左右。则参照物 A、B、C 的修正系数分别为 118/100、115/100、103/100。

（3）成新率因素分析和修正。根据公式：成新率修正系数 = 被评估对象成新率/参照物成新率，参照物 A、B、C 成新率修正系数分别为 70/80、70/60、70/75。

（4）计算参照物 A、B、C 的因素修正后价格，得出初评结果。

参照物 A 修正后的价格为：$10\ 000 \times \dfrac{100}{125} \times \dfrac{118}{100} \times \dfrac{70}{80} = 8\ 260$（元）

参照物 B 修正后的价格为：$6\ 000 \times \dfrac{100}{100} \times \dfrac{115}{100} \times \dfrac{70}{60} = 8\ 050$（元）

参照物 C 修正后的价格为：$9\ 500 \times \dfrac{100}{125} \times \dfrac{103}{100} \times \dfrac{70}{75} = 7\ 306$（元）

（5）确定评估值。对参照物 A、B、C 修正后的价格进行简单算术平均，求得被评估设备的评估值为：$(8\ 260 + 8\ 050 + 7\ 306) \div 3 = 7\ 872$（元）

使用市场法应该注意的是，市场法评估的仅是机器设备的购买价格，如需评估其在用、续用价值，则必须再加上相关的其他费用。

二、收益法

（一）适用范围

1. 收益能够量化的设备。单项设备大部分不具有独立获利能力，一般不采用；自成体系的成套设备、生产线、单独作业的车辆特别是租赁的设备可用。

2. 作为一种补充方法，确定设备的功能性贬值和经济性贬值，或分析企业是否存在无形资产。

（二）基本公式

1. 每年收益额不相等时：

$$p = \sum_{t=1}^{n} \frac{Rt}{(1+r)^t}$$

2. 每年收益额相等时：

$$P = A \times [1 - (1+r)^{-n}]/r = A \times 年金现值系数$$

值得注意的是，公式中的收益额只是机器设备所获得的全部收益的一部分，而不是全部收益。因为机器设备要获得收益，还必须具备其他的条件。

（三）优缺点

应用收益法评估机器设备能充分考虑其各种贬值，评估结果易于被投资者接受。但是，由于机器设备评估是以单台设备为评估对象的，很难量化单台设备的收益，加之折现率很难确定。所以，单台设备的评估不适合运用收益法。

练习题

一、单项选择题

1. 采用价格指数调整法评估进口设备所适用的价格指数是（　　）。

A. 设备进口国零售商品价格指数　　B. 设备出口国生产资料价格指数

C. 设备出口国综合价格指数　　　　D. 设备出口国零售商品价格指数

2. 运用修复费用法估测成新率适用于（　　）。

A. 所有机器设备　B. 具有特殊结构及可补偿性有形损耗的设备

C. 具有特殊结构及在技术上可修复的有形损耗的设备

D. 具有特殊结构及不可补偿有形损耗的设备

3. 运用价格指数法评估机器设备的重置成本仅仅考虑了（　）因素。

A. 技术因素　B. 功能因素　C. 地域因素　D. 时间因素

4. 对被评估的机器设备进行模拟重置，按现行技术条件下的设计、工艺、材料、标准、价格和费用水平进行核算，这样求得成本称为（　）。

A. 更新重置成本　B. 复原重置成本　C. 完全重置成本　D. 实际重置成本

二、多项选择题

1. 进口设备的重置成本包括（　）。

A. 设备购置价格　B. 设备运杂费用　C. 设备进口关税

D. 银行手续费用　E. 设备安装调试费用

2. 运用使用年限法估测设备的成新率涉及的基本参数为（　）。

A. 设备额总经济使用寿命　B. 设备的技术水平　C. 设备的实际已使用时间

D. 设备的负荷程度　E. 设备的剩余经济使用年限

3. 设备成新率的估测通常采用（　）进行。

A. 使用年限法　B. 修复费用法　C. 观测分析法

D. 功能价值法　E. 统计分析法

4. 设备的功能性贬值通常表现为（　）。

A. 超额重置成本　B. 超额投资成本　C. 超额运营成本　D. 超额更新成本

三、计算题

1. 某被评估的生产控制装置购建于 1999 年，原始价值 100 万元，2004 年和 2007 年分别投资 5 万元和 2 万元进行了两次更新改造，2009 年对该资产进行评估。调查表明，该类设备及相关零部件的定基价格指数在 1999 年、2004 年、2007 年、2009 年分别为 110%、125%、130%、150%。该设备尚可使用年限为 6 年。另外，该生产控制装置正常运行需要 5 名技术操作员，而目前的新式同类控制装置仅需要 4 名操作员。假定待评估装置与新装置的运营成本在其他方面相同，操作人员的人均年工资福利费为 12 000 元，所得税税率为 25%，适用折现率为 10%。

根据上述调查资料，求待评估资产的价值。

2. 某被评估设备购建于 2000 年 6 月，账面原值 100 万元，2003 年 6 月对该设备进行了技术评估，以使用某种专利技术，改造费用为 10 万元，2004 年 6 月对该设备进行评估，评估基准日为 2004 年 6 月 30 日。现得到以下数据：

（1）2000 年至 2004 年该类设备的定基价格指数分别为 105%、110%、110%、115%、120%；

（2）被评估设备的月人工成本比同类设备节约 1 000 元；

（3）被评估设备所在企业的正常投资报酬率为 10%，规模效益指数为 0.7，该企业为正常纳税企业；

（4）经过了解，得知该设备在评估使用期间因技术改造等原因，其实际利用率为正常利用率的60%，经过评估人员鉴定分析认为，被评估设备尚可使用6年，预计评估基准日后其利用率可以达到设计标准的80%。

根据上述条件估算该设备的有关技术经济参数和评估价值。

3. 评估对象为某机器设备生产企业的一条国产Ⅰ型机组，该机组于2001年5月20日购置并投入使用，其实际设计生产能力为年产A产品10万件，账面原值为150万元，现评估人员需要评估该机组于2006年5月20日的价值。评估人员经过调查得到以下有关经济技术数据资料：

（1）从2001年5月至2006年5月，该类设备的环比价格指数2002年为102%，2003年为101%，2004年为99%，2005年为100%，2006年为102%；

（2）Ⅰ型机组在2006年的出厂价格为100万元，运杂费、安装调试费大约占购置价格的25%；

（3）被评估机组从使用到评估基准日，由于市场竞争的原因，利用率仅仅为设计能力的60%，估计评估基准日后其利用率会达到设计要求；

（4）该机组经过检测尚可使用7年；

（5）与具有相同生产能力的Ⅱ型机组相比，该机组的年运营成本超支额在4万元左右；

（6）折现率为10%。

试评估确定该机组的市场价值。

4. 评估对象为某企业2004年购进的一条生产线，账面原值为150万元，2007年进行评估。经调查分析确定，该生产线的价格每年比上一年增长10%，专业人员勘察估算认为，该资产还能使用6年，又知目前市场上已出现功能更先进的资产，并被普遍运用，新设备与评估对象相比，可节省人员4人，每人的月工资水平为650元，此外，由于市场竞争的加剧，使该生产线开工不足，由此而造成的收益损失额每年为30万元（该企业所得税率为25%，假定折现率为10%）。要求根据上述资料，采用成本法对该资产进行评估。

5. 被评估设备购建于1995年，账面价值30 000元，2000年和2003年进行了两次技术改造，主要是添置了一些自动控制装置，当年投资分别为3 000元和2 000元，2005年对设备进行评估，假设从1995年至2005年每年的价格上升率为10%，该设备的尚可使用年限为8年。

试根据所给条件计算被估设备的成新率。

第六章　不动产评估

学习目的与要求

通过本章的学习，使学生了解：不动产的涵义及特征；不动产价格的分类；不动产评估的原则；影响不动产价格的因素；不动产评估的市场法、成本法、收益法、残余法和剩余法；在建工程评估。重点要掌握不动产评估的市场法、收益法、成本法、残余法和剩余法，本章是实务重点章。

第一节　不动产评估概述

一、不动产的概念及其特性

根据 2008 年 7 月 1 日实施的《资产评估准则——不动产》，不动产是指土地、建筑物及其他附着于土地上的定着物，包括物质实体及其相关权益。但是，这并不意味着只有土地和建筑物的合成体才是不动产。本章不动产的评估对象有三种：单纯的土地的评估，即地产评估；单纯的建筑物的评估，即房产评估；土地和建筑物合成体的评估，即不动产评估。当然，在不动产评估实务中，单纯的建筑物评估比较少见，这里我们以土地的评估和不动产评估为重点内容。

（一）土地

狭义的土地是指地球表层的陆地部分，包括内陆水域和滩涂。广义的土地是指陆地及其空间的全部环境因素，是由土壤、气候、地质、地貌、生物和水文、水文地质等因素构成的自然综合体。土地具有两重性，因为它既是资源，也是资产。尤其是城市土地，是人类改造自然、经过加工的改良物，凝聚了人类大量的物化劳动，投入了各种基础设施，它是由人类开发和再开发形成的。土地的供给可以分为土地的自然供给和经济供给两个方面。

地球提供给人类可利用的土地数量，叫做土地的自然供给，它反映了土地供人类使用的天然特性，其数量包括已利用的土地和未来可供利用的土地。土地的自然供给是相对稳定的，几乎不受任何人为的因素或社会经济因素的影响，因此，它是无弹性的。一般来说，自然供给的土地具有以下特征：适宜于人类生存和工作的气候条件；适宜于植物生长的土壤质地和气候条件；可以利用的淡水资源；可供人类利用的生产资源；一定的交通条件。

所谓土地的经济供给，是指在土地的自然供给的范围内，对土地进行了开发、规划和整治，以满足人类不同需求的土地供给。因此可以说，土地的经济供给是通过人类开发利用而形成的土地供给。因而土地经济供给的数量会受人类社会活动的影响，如开发新土地、调整用地结构、提高土地集约率等活动都影响土地的经济供给量。由此可见，土地的经济供给是有弹性的。土地的经济供给的变化可以是直接变化，也可以是间接变化。直接变化是指土地经济供给的绝对土地面积的变化或某种用途土地数量绝对面积的变化；间接变化是指单位土地面积上集约率的变化。

1. 土地的特性

土地的特性可以分为土地的自然特性和经济特性两个方面。

（1）土地的自然特性

①位置的固定性。土地具有位置的固定性，不能随土地产权的流动而改变其空间的位置。地产交易，不是土地实体本身的空间移动，而是土地产权的转移。土地位置的固定性决定了土地价格具有明显的地域性特征。

②质量的差异性。土地的位置不同，造成了土地之间存在自然差异，这个差异导致了土地级差地租的产生。

③不可再生性。土地是自然的产物，是不可再生资源，土地资源的利用只有科学合理，才能供人类永续利用。

④效用永续性。只要对土地利用得当，土地的效用即利用价值会一直延续下去。

（2）土地的经济特性

①供给的稀缺性。所谓土地经济供给的稀缺性，主要是指某一地区的某种用途的土地供不应求，形成稀缺的经济资源。土地经济供给的稀缺性，与土地总量的有限性、土地位置的固定性、土地质量的差异性有关。土地经济供给的稀缺性客观上要求人们集约用地。

②可垄断性。土地的所有权和使用权都可以垄断。由于土地具有可垄断性，因此，土地所有权或使用权在让渡时，就必然要求在经济上有所表现。

③土地利用多方向性。一块土地的用途很多，可以作为农田，也可以建住宅或建写字楼或建造商场。土地利用的多方向性客观上要求在地产估价中需要确定土地的最佳用途。

④效益级差性。由于土地质量的差异性而使不同土地的生产力不同，从而在经济效益上具有级差性。

2. 土地使用权

在我国，城市土地的所有权属于国家，农村和城市郊区的土地，除由法律规定属于国家所有的以外，属于农民集体所有，宅基地和自留地、自留山属于农民集体所有。集体土地不能进入不动产市场流转，国有土地所有权也不能进入不动产市场流转，因此地价一般指的是土地使用权的价格。

（1）土地使用权出让

土地使用权出让是指国家以土地所有者的身份将国有土地使用权在一定年限内出让给土地使用者，并由土地使用者向国家支付土地使用权出让金的行为。土地使用权最高出让年限由国务院按下列用途确定：居住用地 70 年；工业用地 50 年；教育、科技、文化、卫生、体育用地 50 年；商业、旅游、娱乐用地 40 年；综合或者其他用地 50 年。

（2）土地使用权转让

土地使用权转让是指土地使用者将土地使用权再转移的行为，包括出售、交换、赠与。

但要注意，土地使用权转让时，土地使用权出让合同和登记文件中所载明的权利与义务要随之转移，而且未按出让合同规定的期限和条件开发、利用土地的不得转让。

（3）土地使用权出租

土地使用权出租是指土地使用者作为出租人将土地使用权随同地上建筑物和附着物租赁给承租人使用，由承租人向出租人支付租金的行为。未按出让合同规定的期限和条件开发、利用土地的不得出租。

（4）土地使用权抵押

土地使用权抵押时，抵押人与抵押权人应当签订抵押合同。抵押合同不得违背国家法律法规和土地使用权出让合同的规定；同时，还应当办理抵押登记和过户登记。

值得注意的是，土地使用权的使用年限届满，土地使用者需要继续使用土地的，应当最迟于届满前一年申请续期，除非有社会公共利益需要，一般应该予以批准。土地使用权使用年限届满未申请续期或虽申请但未被批准续期的，土地使用权由国家无偿收回。

（二）建筑物

建筑物与土地不同，建筑物是劳动的产物，是一种社会资源，具有不同于土地的特点。

1. 建筑物不能脱离土地而独立存在

土地是可以独立存在的一种自然资源和社会资源，而建筑物必须建立在土地之上，与土地具有不可分割性，离开土地的空中楼阁是不存在的。

2. 建筑物的使用寿命是有限的

尽管建筑物的使用寿命很长，一般可以达到十几年、几十年，甚至更长，但相对于土地来说，建筑物的寿命是相当有限的，也就是说建筑物的使用价值是有时间限制的。随着时间的推移，不管使用还是不使用，建筑物的主体和功能都会不断地贬值，在一定年限后，建筑物就会失去其使用价值。

3. 建筑物属于可再生性社会资源

建筑物的使用寿命尽管是有限的，但可以通过重建恢复其使用价值，扩展其功能，或通过局部翻修改造等手段延长其使用寿命。

（三）不动产

不动产是土地和房屋及其权属的总称。土地是房屋不可缺少的物质载体，任何房屋都不能离开土地而独立存在，我国《城市房产管理法》规定："房地产转让、抵押时，房屋的所有权和该房屋占用范围内的土地使用权同时转让、抵押。"同时，土地的区位决定了房屋的位置，直接影响到不动产的价格，因此，在不动产评估中，通常要评估不动产的整体价值。不动产一般具有如下几个方面的特性。

1. 位置固定性

由于房屋固着在土地上，因此不动产的相对位置是固定不变的。可以说，地球上没有完全相同的不动产，即使有两宗不动产的地上建筑物设计、结构和功能等完全相同，因为土地位置的差异也会造成价格的差异。

2. 供求区域性

由于土地位置的固定性，不动产还具有区域性的特点。一个城市不动产的供给过剩并不能解决另一个城市供给不足的问题。例如，海南省大量空置的不动产并不能解决上海市不动产需求不足的问题。不动产供求关系的区域差异又造成区域之间不动产价格的差异性。

3. 长期使用性

由于土地可以永续利用，建筑物也是可以再生的，使用年限可达数十年甚至长达上百年，使用期间即使房屋变旧或受损，也可以通过不断地翻修延长其使用期限。

4. 大量投资性

不动产生产和经营管理要经过一系列过程：取得土地使用权、土地开发和再开发、建筑设计和施工、不动产销售等环节，且需要投入大量的资金。如大城市地价和房屋的建筑成本都相当高，无论开发者和消费者，一般都难以依靠自身的资金进行不动产投资，因此，金融业的支持和介入，是发展不动产必不可少的条件。

5. 保值与增值性

一般物品在使用过程中由于老化、变旧、耗损、毁坏等原因，其价值会逐渐减少。与此相反，在正常的市场条件下，从长期来看，土地的价值呈上升趋势。由于土地资源的有限性和固定性，制约了对不动产不断膨胀的需求，特别是对良好地段物业的需求，导致价格上涨。同时，对土地的改良和城市基础设施的不断完善，使土地原有的区位条件得到改善，进而使土地增值。

6. 投资风险性

不动产使用的长期性和保值增值性使之成为投资回报率较高的行业，同时不动产投资风险也比较大。不动产投资的风险主要来自三个方面：其一，不动产无法移动，建成后又不易改变用途，如果市场销售不对路，容易造成长期的空置、积压；其二，不动产的生产周期较长，从取得土地到房屋建成销售，通常要 3~5 年的时间，在此期间影响不动产发展的各种因素发生变化，都会对不动产的投资效果产生影响；其三，自然灾害、战争、社会动荡等，都会对不动产投资产生无法预见的影响。

7. 相对不易变现性

由于不动产位置固定性、用途不易改变等，不动产不像股票和外汇那样，可以迅速变现，其变现性较差。但是，随着不动产市场的不断成熟和完善，不动产的交易日益频繁。

8. 政策限制性

不动产市场受国家和地区政策影响较大。城市规划、土地利用规划、土地用途管制、住房政策、不动产信贷政策、不动产税收政策都会对不动产的价格产生直接或间接的影响。

二、不动产价格的种类及特点

（一）不动产价格的种类

不动产价格的种类有各种表现形式，可根据其权益、形成方式和交易方式等加以分类。

1. 根据权益的不同，可分为所有权价格、使用权价格、其他权利价格

不动产发生交易行为时，所针对的权益有所有权、使用权、抵押权、租赁权、典权等。所针对的不动产权益不同，其价格就不同，如不动产使用权价格、不动产抵押权价格、不动产租赁权价格等。不动产的使用权价格，是指不动产使用权的交易价格。一般情况下，不动

产所有权价格高于不动产使用权价格。抵押权价格是为不动产抵押而评估的不动产价格。抵押权价格由于要考虑抵押贷款清偿的安全性，一般要比市场交易价格低。租赁权价格是承租方为取得不动产租赁权而向出租方支付的价格。

2. 按价格形成方式可分为市场交易价格、评估价格和理论价格

市场交易价格是不动产在市场交易中的实际成交价格。在正常的市场条件下，买卖双方均能迅速获得交易信息，买方能自由地在市场上选择其需要，卖方也能自由地出售不动产，买卖双方均以自身利益为前提，在彼此自愿的条件下，以某一价格完成不动产交易。由于交易的具体环境不同，市场交易价格经常波动，可能是公平交易价格，也可能是非公平交易价格。拍卖价格、协议价格、招标价格、转让价格等都属于市场交易价格。市场交易价格一般具有如下作用：它是交易双方收支价款的依据、交纳契税和管理费的依据等。

评估价格是对市场交易价格的模拟。由于评估人员的经验、对不动产价格影响因素理解不同，同一宗不动产可能得出不同的评估价格，评估结果也可能不同，但在正常的情况下，不论运用何种方法，评估结果均不应有太大的差距。不动产评估价格根据使用目的及其作用可分为基准地价、标定地价、房屋重置价格、交易底价、课税价格等几种。其中基准地价、标定地价、房屋重置价格由政府制定，且由政府定期公布。交易底价则不一定由政府制定，可以由交易有关方制定。房屋重置价格，是指在重置时的建筑技术、工艺水平、建筑材料价格、工资水平及运输费用等条件下，重新建造与原有房屋相仿的结构、式样、设备和装修新房时所需的费用。课税价格，是政府为课征有关房地产税而由估价人员评估的作为课税基础的价格。

理论价格是经济学理论中认为的不动产"公开市场价格"，即如果不动产在合理市场进行交易，它应该实现的价格。

3. 按不动产的实物形态，可分为土地价格、建筑物价格和不动产价格

土地价格包括基准地价、标定地价和出让底价等。基准地价是按照城市土地级别或均质地域分别评估的商业、住宅、工业等各类用地和综合土地级别的土地使用权的平均价格。基准地价评估以城市为单位进行。标定地价是市、县政府根据需要评估的正常地产市场中，具体宗地在一定使用年限内的价格。标定地价，可以以基准地价为依据，根据土地使用年限、地块大小、土地形状、容积率、微观区域等条件，通过系数修正进行评估得到，也可以通过市场交易资料，直接进行评估得到。出让底价是政府出让土地使用权（招标或拍卖）时确定的最低价格，也称起叫价格，低于这个价格则不出让。出让底价是政府根据土地出让的年限、用途、地产市场行情等因素确定的待出让宗地或成片土地在某时点的价格。建筑物价格是指纯建筑物部分的价格，不包含其占用的土地价格。在现实生活中，很少有单纯建筑物的买卖，因此建筑物价格很少见。不动产价格，是指建筑物连同其占用的土地的价格。

4. 按不动产价格表示单位，可分为总价格、单位价格、楼面地价等

不动产价格，是指一宗不动产的整体价格。不动产单位价格，有三种情况：对土地而言，是指单位土地面积的土地价格；对建筑物而言，是指单位建筑面积的建筑物价格；对不动产单位价格而言，是指单位建筑面积的房地价格。不动产的单位价格的高低能反映不动产单位价格水平的高低，而不动产总价格一般不能说明不动产价格水平的高低。楼面地价，又

称单位建筑面积地价，是指平均到每单位建筑面积上的土地价格。楼面地价＝土地总价格/建筑总面积，因为，建筑总面积/土地总面积＝容积率，所以，楼面地价＝土地单价/容积率。

5. 其他价格，包括公告地价和申报地价

公告地价，是政府定期公布的土地价格，在有些国家和地区，一般作为征收土地增值税和土地征用补偿的依据。申报地价，是土地所有人或使用人参照公告地价向政府申报的土地价格，《中华人民共和国城市房地产管理法》第34条规定："国家实行房地产成交价格申报制度。房地产权利人转让房地产，应当向县级以上地方人民政府规定的部门如实申报成交价，不得瞒报或者作不实的申报。"

（二）不动产价格的特点

1. 不动产价格是权益价格

由于不动产位置不可移动，因此不动产买卖、抵押等并不能转移不动产的物质实体本身，而是转移与不动产有关的各种权益。不动产的权益有多种表现形式，如所有权、使用权、抵押权、租赁权等，因此，发生经济行为的不动产转移方式不同，形成的不动产权益不同，其权益价格也不相同，评估时必须对此仔细考虑。

2. 不动产价格与用途有关

一般商品的价格由其生产成本、供给和需求等因素决定，其价格一般并不因使用状况不同而产生差别。但是，同样一宗不动产在不同的用途下产生的收益是不一样的。特别是土地，在不同的规划用途下，其使用价值是不一样的，土地价格与其用途相关性极大。例如，在市场经济条件下，一宗土地如果合法地用于经营商业比用于住宅更有利，其价格必然由商业用途决定。

3. 不动产价格具有个别性

由于不动产的个别性，没有两宗不动产条件完全一致。同时不动产价格形成中，交易主体之间的个别因素也很容易起作用。因此，不动产价格形成具有个别性。由于不动产位置的固定性，其交易往往是单个进行，因此形成的不动产市场是一个不完全竞争市场。不动产不像一般商品可以开展样品交易、批量交易，每一宗不动产交易都具有个别性。

4. 不动产价格具有可比性

不动产价格尽管具有与一般商品不同的许多特性，但并不意味着其价格之间互不联系。事实上，人们可以根据不动产价格的形成规律，对影响不动产价格的因素进行比较，从而能够比较不动产的价格。

三、不动产评估的原则

所谓不动产评估，是专业评估人员为特定目的对不动产的特定权益在某一特定时点上的价值进行估计。由于土地具有固定性、稀缺性、个别性等特性，不动产市场是一个不完全竞争即不充分市场。不动产价格通常依交易要求个别形成，受许多个别因素影响，因此评估师在评估时，是在个人经验基础之上对市场作出判断，是科学方法和经验判断的结合。评估师在进行评估活动时，必须受到行业行为准则的约束，在一定的评估原则下开展评估活动。在进行不动产评估时，除了需要遵循供需原则、替代原则、贡献原则和预期收益原则以外，还特别需要注意遵循最有效使用原则和合法原则等。

（一）最有效使用原则

土地及其建筑物可以有商业、工业、住宅等多种用途。但同一不动产在不同用途状况下，其收益并不相同。不动产权利人为了获得最大收益总是希望不动产达到最佳利用。但是不动产的最佳利用必须在法律、法规允许的范围内，必须受城市规划的制约。在市场经济条件下，不动产用途可以通过竞争决定使不动产达到最有效利用。因此评估不动产价值时，不能仅仅考虑不动产现时的用途和利用方式，还要结合预期原则考虑何种情况下不动产才能达到最佳利用及实现的可能，以最佳利用所能带来的收益评估不动产的价值。

（二）合法原则

合法原则是指不动产评估应以评估对象的合法产权、合法使用和合法处分等为前提进行。在分析不动产的最有效使用时，必须根据城市规划及有关法律的规定，依据规定用途、容积率、建筑高度与建筑风格等确定该不动产的最有效使用。又如测算不动产的净收益时，其经营用途应为合法用途，比如不能用作赌场。城市规划为居住用地的，评估该地块价值时，必须以居住用地作为其用途，不能用作工业用地或商业用地。测算房地产的净收益时，不能以临时建筑或违章建筑的净收益作为测算依据。

四、不动产评估的程序

不动产评估一般应依照以下程序进行：明确评估基本事项→制订工作计划→实施勘查与收集资料→测算被估不动产的价值→确定评估结果和撰写评估报告。

（一）明确评估基本事项

在不动产评估时，必须了解评估对象的基本情况，这是拟订不动产评估方案、选择评估方法的前提。评估事项包括以下内容。

1. 明确评估目的

不同的评估目的，其所评估的价值的内涵并不完全相同。不动产评估目的包括不动产转让、抵押、租赁、保险、税收、征收、征用、企业产权变动，以及财务报告目的等。因此在受理评估业务时，通常由委托评估方提出评估目的，并将评估目的明确地写在评估报告上。

2. 了解评估对象

注册资产评估师执行不动产评估业务，应当全面了解不动产的实物状况、权益状况和区位状况，掌握评估对象的主要特征。对不动产的实体了解包括土地面积、土地形状、临路状态、土地开发程度、地质、地形及水文状况，建筑物的类型、结构、面积、层数、朝向、平面布置、工程质量、新旧程度、装修和室内外的设施等。对不动产的权益状态了解包括土地权力性质、权属、土地使用权年限、建筑物的权属、评估对象设定的其他权利状况等。

3. 确定评估基准日

所谓确定评估基准日，就是确定待估对象的评估时点，通常以年、月、日表示。由于不动产价格经常处于变化之中，而且不动产价格随其价格影响因素的变化而变动，因此，必须事先确定所评估的是某一具体时点的价值。

4. 签订评估合同

在明确评估基本事项的基础上，双方便可签订评估合同，用法律的形式保护各自的权益。评估合同是委托方和受理方就评估过程中双方的权利和义务达成的协议，包括对评估对象，评估目的等事宜的约定。评估日期一般也要写入评估项目委托合同中。一旦确定，评估人员必须按期保质完成。评估合同的内容要明确规定双方的权益和应尽的义务，以及对违反合同的处理办法。一旦合同签订后，任何一方未经对方同意不得随意更改合同内容，如有未尽事宜，双方需通过协商解决。

（二）制订工作计划

制订工作计划，就是对评估工作日程、人员组织等作出安排。在对被评估对象有了基本了解后，就可以对资料的收集、分析和价值的测算等工作程序和组织作出科学的安排。工作计划的合理制订，有助于提高工作效率和评估质量。

（三）实地勘察与收集资料

虽然受理评估业务时评估师已通过对方提供的资料大体了解到评估对象的基本状况，但此时评估师仍需亲临现场勘查。因为评估需要的资料和数据十分广泛，委托方提供的资料有限，并不能完全满足评估工作的需要。实地勘察是不动产评估工作中的一个重要步骤。注册资产评估师执行不动产评估业务，一般情况下，应当对所评估的不动产进行现场调查，明确不动产存在状态并关注其权属状况。特殊情况下，如果采用抽样等方法对不动产进行现场调查，注册资产评估师应当制定合理的抽样方法，并充分考虑抽样风险。对于不动产处于隐蔽状态或者因客观原因无法进行实地查看的部分，应当采取适当措施加以判断并予以恰当披露。不动产市场是地域性很强的市场，交易都是个别交易，非经实地勘察难以对不动产进行评估。实地勘察就是评估人员亲临不动产所在地，对被估房产实地调查，以充分了解不动产的特性和所处区域环境。实地勘察要做记录，形成工作底稿。

评估资料的收集在评估过程中是一项耗时较长、艰苦细致的工作。其内容涉及选用评估方法和撰写评估报告所需的资料数据，包括：评估对象的基本情况；有关评估对象所在地段的环境和区域因素资料；与评估对象有关的不动产市场资料，如市场供需状况、建造成本等；国家和地方涉及不动产评估的政策、法规和定额指标。获得上述资料的途径除了委托方提供外，还主要通过现场的勘测和必要的调查访问。

（四）测算被估不动产价值

注册资产评估师执行不动产评估业务，应当根据评估对象特点、价值类型、资料收集情况等相关条件，分析市场法、收益法和成本法三种资产评估基本方法以及假设开发法、基准地价修正法等衍生方法的适用性，恰当选择评估方法。《资产评估准则——不动产》有如下规定。

注册资产评估师采用市场法评估不动产时，应当收集的交易实例信息一般包括：交易实例的基本状况，主要有名称、坐落、四至、面积、用途、产权状况、土地形状、土地使用期限、建筑物建成日期、建筑结构、周围环境等；成交日期；成交价格，包括总价、单价及计价方式；付款方式；交易情况，主要有交易目的、交易方式、交易税费负担方式、交易人之间的特殊利害关系、特殊交易动机等。

用作参照物的交易实例应当具备的条件包括：在区位、用途、规模、建筑结构、档次、权利性质等方面与评估对象类似；成交日期与评估基准日接近；交易类型与评估目的吻合；成交价格为正常价格或者可修正为正常价格。

注册资产评估师运用收益法评估不动产时，应当了解：不动产应当具有经济收益或者潜在经济收益；不动产未来收益及风险能够较准确地预测与量化；不动产未来收益应当是不动产本身带来的收益；不动产未来收益包含有形收益和无形收益。注册资产评估师还应当合理确定收益期限、净收益与折现率：收益期限应当根据建筑物剩余经济寿命年限与土地使用权剩余使用年限等参数，并根据有关法律、法规的规定合理确定；确定净收益时应当考虑未来收益和风险的合理预期；折现率与不动产的收益方式、收益预测方法、风险状况有关，也因不动产的组成部分不同而存在差异。折现率的口径应当与预期收益口径保持一致。

注册资产评估师运用成本法评估不动产，估算重置成本时，应当了解：重置成本采用客观成本；不动产重置成本采取土地使用权与建筑物分别估算、然后加总的评估方式时，重置成本的相关成本构成应当在两者之间合理划分或者分摊，避免重复计算或者漏算；不动产的重置成本通常采用更新重置成本。当评估对象为具有特定历史文化价值的不动产时，应当尽量采用复原重置成本，并对不动产所涉及的土地使用权剩余年限、建筑物经济寿命年限及设施设备的经济寿命年限进行分析判断，合理确定不动产的经济寿命年限。而且还应全面考虑可能引起不动产贬值的主要因素，合理估算实体性贬值、功能性贬值和经济性贬值。

注册资产评估师运用假设开发法评估不动产时，应当了解：假设开发法适用于具有开发和再开发潜力，并且其开发完成后的价值可以合理确定的不动产；开发完成后的不动产价值是开发完成后不动产状况所对应的价值；后续开发建设的必要支出和应得利润包括：后续开发成本、管理费用、销售费用、投资利息、销售税费、开发利润和取得待开发不动产的税费等；假设开发方式应当是满足规划条件下的最佳开发利用方式。

注册资产评估师运用基准地价修正法评估土地使用权价值时，应当根据评估对象的价值内涵与基准地价内涵的差异，合理确定调整内容。在土地级别、用途、权益性质等要素一致的情况下，调整内容一般包括交易日期修正、区域因素修正、个别因素修正、使用年期修正和开发程度修正等。

（五）综合分析确定评估结果

同一宗不动产运用不同评估方法评估出来的价值往往不一致，需要进行综合分析。综合分析是对所选用的评估方法、资料及评估程序的各阶段，做客观的分析和检查。此时应特别注意以下几点：所选用的资料是否适当；评估原则的运用是否适当；对资料分析是否准确，特别是对影响因素权重的赋值是否恰当。

（六）撰写评估报告

注册资产评估师执行不动产评估业务，应当在履行必要的评估程序后，根据《资产评估准则——评估报告》编制评估报告，无论单独出具不动产评估报告，还是将不动产评估作为评估报告的组成部分，注册资产评估师都应当在评估报告中披露必要信息，使评估报告使用者能够合理理解评估结论。评估报告是评估过程和评估成果的综合反映，通过评估报告，不仅可以得到不动产评估的最后结果，还能了解整个评估过程的技术思路、评估方法和评估依据。

第二节　不动产价格的影响因素

影响不动产价格的因素很多，错综复杂，这些因素相互作用于不动产价格的影响是不同的，有的有利于提高不动产的价格，有的则起相反的作用。同时，不同的因素对不动产价格的影响程度也不尽相同，有的影响力较大，有的则较小，甚至没有影响。即使同一因素，也会由于不动产的用途、类型等的不同而产生不同的影响。此外，随着时间的变化、位置的不同，影响不动产价格的因素也会发生变化。正是因为这样，在进行不动产价格评估时，应明确把握各种影响因素，充分调查和分析过去的变化、现在的状态及未来的趋势，并研究分析各种因素之间的相互关系。

影响不动产价格的因素，按照它们与不动产的关系，可分为一般因素、区域因素和个别因素三个层次。

（一）一般因素

一般因素是指影响不动产价格的一般、普遍、共同的因素。它通常会对整个不动产市场产生全面的影响，从而成为影响不动产价格的基本因素。

1. 社会因素

社会因素包括人口数量、人口素质、家庭规模、政治安定状况、社会治安状况、城市化程度及公共设施的建设状况等。人口因素与不动产价格的关系非常紧密，呈正相关。人口增多，对不动产的需求就会增加，而在供给相对匮乏的情况下，房价水平就会上升。人口素质，包括人们的受教育程度、文明程度等，也可能引起不动产价格的变化，例如，地区居民的素质低、组成复杂，社会秩序欠佳，则该地区不动产价格必然低落。家庭规模是指社会或某一地区家庭平均人口数。家庭人口数有变化，即使人口总数不变，也将影响居住单位数的变动，从而影响需用住宅使用面积的变动，导致不动产需求的变化，最终影响到不动产价格。政治安定状况是指现有政权的稳定程度、不同政治观点的党派和团体的冲突情况、民族的团结情况等。一般来说，政局稳定、民族团结、人们安居乐业，不动产价格就会呈上升趋势。社会治安状况对房价的影响主要指不同区域的治安状况对该区域房价的影响。城市化意味着人口向城市地区集中，造成城市不动产需求不断加大，带动城市不动产价格上涨。另一方面，公共设施的建设又从成本方面推动不动产价格，从而导致不动产价格上升。

2. 经济因素

经济因素包括经济发展状况，储蓄及投资水平，财政收支及金融状况，物价、工资及就业水平、利率水平等。经济发展状况对不动产价格的影响巨大。经济发展速度快，各行各业对不动产的需求也就相应增加，不动产价格看涨；在经济发展速度放慢甚至萧条时，不动产价格就会出现徘徊甚至回落的情况。因此，从不动产价格的变化也可以反映经济发展的状况。储蓄及投资水平对不动产价格的影响较为复杂。一般来说，随着储蓄水平和投资水平的提高，人们对不动产的需求就会增加。财政收支和金融状况对不动产价格的影响表现为，财政、金融状况的恶化会导致银根紧缩，从而造成一方面对不动产的需求减退，另一方面因开发资金不足，使不动产的供给量也急剧下降。物价波动对不动产价格的影响较为明显，当通货膨胀严重时，人们为了减少货币贬值带来的损失，往往转向不动产投资，以求保值增值，从而刺激不动产价格猛涨。在工资及就业水平较高时期，由于人们货币购买力较强，就可能推动不动产价格；反之，失业率上升，问津不动产的人就会减少。利率水平对不动产价格的影响也较为复杂，但一般来讲，利率提高一方面增加不动产的开发成本，另一方面会减少对不动产的投资需求；反之则相反。

3. 政策因素

政策因素是指影响不动产价格的制度、政策、法规、行政措施等方面的因素，主要包括土地制度、住房制度、城市规划、土地利用规划、不动产价格政策、不动产税收政策等。土地制度对土地价格的影响很大。例如，在我国传统的土地无偿使用的制度下，地租、地价等根本不存在。在市场经济条件下，制定科学合理的土地制度和政策，不仅使国家作为土地所有者的权益得到体现，而且通过市场形成合理的土地使用权价格，可以大大促进土地的有效利用。住房制度与土地制度一样，对不动产价格的影响也是很大的。实行福利型的住房制度，必然造成住宅不动产价格偏低，无法促进供给的有效增加，难以形成真正的不动产市场。城市规划、土地利用规划等，对不动产价格都有很大的影响，特别是城市规划中规定用途、容积率、覆盖率、建筑高度等指标。就规定用途来说，城市规划把土地规划为住宅区、商业区、工业区等，这就相当于大体上规定了某地区的土地价格。不动产价格政策对不动产价格的影响是通过具体的政策措施来实现的，如果政府试图抑制过高的房价，就会采取一系列有助于降低房价的措施。如降低税收、降低贷款利率、规定收费标准等。不动产税收政策对不动产价格的影响是比较明确的，税收的变化必然会直接影响不动产价格。

影响不动产价格的一般因素除了上面所讲的三个方面外，还有自然因素，例如，日照、气候、温度、湿度、降雨量等。一般因素影响所有不动产时，通过价格体现出来，因而对具体的评估对象而言，一般因素并不是评估中重点考虑的因素。

(二) 区域因素

区域因素是指不动产所在区域的自然、社会、经济、政策等因素相结合所产生的区域性特征对不动产价格水平的影响因素。这些因素包括商业繁华度、道路通达度、交通便捷度、设施完备度和环境质量状况等因素。当然，不同性质的区域，如住宅区、商业区、工业区等，其影响不动产价格的区域因素是不同的，即使是同一种因素，其对不同性质区域的影响程度也是不同的。

1. 商业服务业繁华度

商业服务业繁华度是指所在区域的商业、服务业繁华状况及各级商业、服务中心的位置关系。一般来说，商业繁华程度越高，该地区的不动产价格也就越高。

2. 道路通达度

道路通达度是指所在区域道路系统的通畅程度。道路的级别（一般分为主干道、次干道、支路）越高，则该区域的不动产价格也越高。

3. 交通便捷度

交通便捷度是指区域交通的便捷程度，包括公共交通系统的完善程度和便利程度。交通越是便捷，不动产价格就越高。

4. 设施完备度

设施完备度是指城市的基础设施、生活设施、文化娱乐设施等的完备程度。基础设施主要包括供水、排水、供电、供气、供热、通信等设施；生活设施主要包括学校、医院、农贸市场、银行、邮电局等设施；文化娱乐设施主要包括电影院、图书馆、博物馆、俱乐部、文化馆、公园、体育场馆等设施。这些设施的完备程度对不动产价格有较大的影响，设施越是完备，不动产价格越高。

5. 环境质量状况

环境质量状况是指区域景观环境、人文环境、社区环境等状况，包括景观、绿化、空气质量、区域居民素质、社区文化、污染等状况。一般来说，一个区域拥有优美的环境、清新的空气、优良的水质，则该区域的不动产价格水平会较高。

当然，在进行不动产评估时，应注意评估对象的用途。因为，不同用途的不动产，所考虑的区域因素是不同的，且同一种因素对不同用途的不动产来说，其影响的方向、影响的程度均会有所不同，如对于临街的住宅，车水马龙、人来人往是一个不利因素，但对于商铺来说却是个有利因素。

（三）个别因素

个别因素是指不动产的个别性对不动产个别价格的影响因素，它是决定相同区域不动产出现差异价格的因素，包括土地个别因素和房屋建筑物个别因素两个方面。

1. 土地个别因素

不同用途的土地个别因素并不完全一致，对土地价格影响较大的个别因素主要有如下几个方面。

（1）位置、面积、地势、地质。位置的差异可带来收益上的差异、生活环境的差异，要获得位置好的地段，必然要付出较高的代价。土地面积大小对于土地的利用有一定的制约作用，土地面积对土地价格的影响主要是通过它与土地利用性质是否匹配发挥作用的。如果土地面积过小，其可利用的范围就会缩小，从而影响地价。地势即与相临地块的高低关系，一般来说，地势高的土地价格要高于地势低的土地价格。地质条件与地价的关系是正相关的，即地质条件越好，地价越高；地质条件越低劣，地价越低。

（2）形状、宽度、深度。土地的开头可能是矩形、三角形或不规则形，对建筑物的规模可能产生不同的影响。通常，地块形状使用的效用大，则价格就高。临街宽度与深度对商业地块的价格影响很大，在宽度一定的条件下，一般来说，宽度增大，土地的价格也增加，如宽度与深度适当，则可使地块充分发挥面积的效用。

（3）临街状况。地块的临街状况对地价的影响很大，街角地处于两条街道交叉或拐角处，具有两面正面长度，对商用不动产最能发挥效用，从而使地价提高。但对于居住用不动产来说，街角地对地价的影响则相反。临街地、一面临街，其商用价值低于街角的土地。袋地深入到街区的腹地，通过巷道与街道相连，从而形成了不利的位置条件，其商用价值较低，但袋地用于住宅建设时，地价可能高于商用，这要看袋地的采光、通风、视野、防火等因素情况。盲地一般指未接公共道路的宗地，其价格一般较低。

（4）规划用途、容积率、使用年限。土地的用途对地价的影响很大，同样一块土地规划为不同的用途，则地价各不同。一般来说，对于同一宗土地，商业用途、住宅用途、工业用途的地价是递减的。容积率是影响地价的一个主要因素，容积率越大，地价就越高，反之亦然。使用年限对地价影响也较大，土地使用年限越长，则地价越高。

（5）生熟程度。生熟程度是指被开发的程度，土地的被开发程度越来越高，则地价也越高。通常，土地有生地、毛地、熟地之分，熟地的价格要高于生地和毛地的价格。

2. 房屋建筑物个别因素

从房屋建筑物个别性看，影响不动产价格的个别因素主要有以下几个方面。

（1）面积、构造、材料等。房屋建筑物的高度、建筑面积不同，建造成本就有差异；构造及使用材料品质不同，也影响着建造成本。

（2）设计、设备。房屋建筑物的设计是否合理，设备档次、质量对建筑物的价格有重大影响。一般来说，房屋的布局、造型及使用功能合理，房价就高；设备的性能好、质量好，同样房价也高。

（3）施工质量。施工质量是指房屋建筑物在抗震、防渗漏、隔音、抗变形、抗磨损及安全性等方面的质量。在其他条件相同的情况下，房屋的施工质量将直接影响不动产的价格。

（4）楼层、朝向。楼层的高低决定房屋的使用功能和使用的方便性、舒适性，进而影响房价。房屋的朝向决定房屋的通风、采光及视野等并进而影响房价。

（5）政府各种法规的限制。如政府对住宅区绿地面积的规定，对房屋间距的规定，消防对建筑的要求以及建筑高度限制等，都会影响到房价。

（6）新旧程度。新的房屋价格一般较高，旧的房屋价格一般较低。

第三节　收益法在不动产评估中的应用

一、基本思路

收益法又称收益现值法、收入资本化法、收益还原法，是不动产评估最常用的方法之一。收益法是将被评估不动产未来预期收益折现以确定其评估值的方法。具体的步骤为：

1. 搜集相关不动产收入和费用资料；

2. 预测不动产客观总收益；

3. 估算不动产客观总费用；

4. 测算不动产净收益；

5. 估测并选择适当的资本化率；

6. 选用恰当的具体评估技术和方法估测不动产评估价值。

二、适用范围

应用收益法评估不动产的前提是被评估不动产在未来时期能够形成收益。所以，收益现值法适用于有未来收益的不动产价格评估，如写字楼、商场、旅馆、公寓用地等，而不适用于政府机关、学校、公园等公共建设设施不动产价格的评估。

三、净收益的估算

（一）含义

净收益是指归属于不动产的收益除去各种费用后的收益，即总收益扣除总费用，一般以年为单位。在确定净收益时，必须注意不动产的实际净收益和客观净收益的区别。实际净收益是指在现实状态下被估不动产实际取得的净收益，实际净收益由于受到多种因素的影响，通常不能直接用于评估。例如：当前收益权利人在法律上、行政上享有某种特权或受到特殊的限制，致使不动产的收益偏高或偏低，而这些权利或限制又不能随同转让；当前不动产并未处于最佳利用状态，收益偏低；收益权利人经营不善，导致亏损，净收益为零甚至为负值；土地处于待开发状态，无当前收益，同时还必须支付有关税、费，净收益为负值。由于评估的结果是用来作为正常市场交易的参考，因此，必须对存在上述偏差的实际净收益进行修正剔除其中特殊的、偶然的因素，取得的不动产在正常的市场条件下用于法律上允许的最佳利用方向上的净收益值，其中还应包含对未来收益和风险的合理预期。我们把这个收益称为客观净值收益，只有客观净值收益才能作为评估的依据。

（二）客观总收益

总收益是指以收益为目的的不动产和与之有关的各种设施、劳动力及经营管理者要素结合产生的收益，也就是指被估不动产在一年内所能得到的所有收益。求取总收益时，以客观收益即正常收益为基础。

在计算以客观收益为基础的总收益时，不动产所产生的正常收益必须是其处于最佳利用状态下的结果。最佳利用状态是指该不动产处于最佳利用方向和最佳利用程度。在现实经济中，应为正常使用下的正常收益。

由于现实经济过程的复杂性，呈现在评估人员面前的收益状况也非常复杂，因而较难确定收益。如某种经营能带来的收益虽较丰厚，但在未来存在激烈竞争或存在潜在的风险，使现实收益呈下降趋势，则不能用现实收益估价，而必须对其加以修正。为此，在确定收益值时，一是需以类似不动产的收益作比较，二是需对市场走势作准确的预测，三是必须考虑收益的风险性和可实现性。

（三）客观总费用

总费用是指取得该收益所必需的各项支出，如维修费、管理费等，也就是为创造总收益所必须投入的正常支出。总费用也应该是客观费用。

总费用所应包含的项目随被评估不动产的状态不同而有所区别。费用支出，有些是正常支出，有些是非正常支出。作为从总收益中扣除的总费用，要做认真分析、剔除不正常的费用支出。

（四）不同类型的不动产净收益的估算

不同类型的不动产净收益的具体估算并不相同，主要有以下几种可供参考。

1. 出租型不动产正常收益的估测

正常收益 = 租赁收入 – 维修费 – 管理费 – 保险费 – 房地产税 – 租赁代理费

租赁收入具体包括有效毛租金、租赁保证金、押金等的利息收入。

有效毛租金 = 毛租金 – 空置损失 – 损失租金

维修费、管理费、保险费、房地产税和租赁代理费是否要扣除，应在分析租赁合同的基础上决定，关键看租赁合同规定这些费用具体由谁来负担。如果上述费用由出租方负担，则应将这些费用全部扣除；如果这些费用全部由承租方负担，此时的租赁收入就接近于净收益或正常收益了。

2. 直接经营性不动产正常收益的估测

直接经营性不动产通常是指不动产所有者同时又是经营者，不动产租金与不动产经营者利润没有分开。直接经营性不动产的正常收益实际上就是该不动产纯租金。

正常收益 = 销售收入 – 销售成本 – 销售费用 – 销售税金及其附加 – 管理费用
– 财务费用 – 经营利润

3. 自用或尚未使用不动产正常收益的估测

自用或尚未使用不动产正常收益的估测可以参照同一市场上有收益的类似不动产的有关资料，并参照上述方法估算。

在不动产未来有限年期正常收益的测算过程中，通常不把土地使用权的摊销费和房屋建筑物的折旧费作为扣除项。如果把不动产未来有限期的收益年限假设为无限年限，此时，在测算不动产未来收益的过程中，则需要把土地使用权的摊销费和房屋建筑物的折旧费作为正常费用处理。

四、折现率或资本化率的估测

折现率或资本化率是决定不动产价格的最关键因素。评估价格对折现率或资本化率最为敏感，折现率或资本化率的每个微小变动，都会导致评估价格的显著变化。因此，评估价格要求确定一个很精确的折现率或资本化率。

（一）求取方法

1. 收益与售价比率法

这种方法是以市场上收集若干与待评估不动产相类似的交易案例，分析其内含资本化，然后加以加权平均或简单平均求出折现率或资本化率的方法。此方法适用于市场比较成熟、交易案例较多的情况。由于这种方法的数据来自市场，能直接反映市场供求状况，因而是一种比较客观的方法。

例 6-1 在不动产市场中收集到 5 个与待估不动产类似的交易实例，详见表 6-1。

表6-1 纯收益与售价交易实例

可比实例	纯收益	价格	资本化率
1	418.9 元/（年·平方米）	5 900 元/平方米	7.1%
2	450.0 元/（年·平方米）	6 000 元/平方米	7.5%
3	393.3 元/（年·平方米）	5 700 元/平方米	6.9%
4	459.9 元/（年·平方米）	6 300 元/平方米	7.3%
5	507.0 元/（年·平方米）	6 500 元/平方米	7.8%

对以上5个可比实例的资本化率进行简单算术平均就可以得到资本化率 r，即

$$r = （7.1\% + 7.5\% + 6.9\% + 7.3\% + 7.8\%）/5 = 7.32\%$$

2. 无风险报酬率加风险报酬率法

无风险报酬率一般可选用一年期国库券利率或银行一年定期贷款利率，然后根据影响待评估不动产的社会经济环境，预计其风险程度确定风险报酬率，并以这两者之和为资本化率，这种方法适用于不动产存在不活跃市场，难以寻找类似的交易实例的情况。

3. 各投资风险、收益率排序插入法

这种方法的基本思路是收集社会上各种类型投资及其收益率的资料，按收益率大小进行排序，并制成图表，评估人员再根据经验判断待估不动产的资本化率应在哪个范围内，从而确定所要求取的资本化率。

（二）折现率或资本化率的种类

1. 综合折现率或资本化率

综合折现率或资本化率是将土地和附着于其上的建筑物看作一个整体来评估所采用的折现率或资本化率。此时评估的是不动产整体的价格，采用的净收益也是房地合一的净收益。

2. 建筑物折现率或资本化率

建筑物折现率或资本化率用于评估建筑物的自身价格。这时采用的净收益是建筑物自身所产生的净收益，把不动产整体收益中的土地净收益排除在外。

3. 土地折现率或资本化率

土地折现率或资本化率用于求取土地自身的价格。这时采用的净收益是土地自身的净收益，把不动产整体收益中的建筑物净收益排除在外。一般来说，土地资本化率会低于建筑物资本化率的2%～3%。

综合资本化率、建筑物资本化率和土地资本化率的关系，可用公式表示如下：

$$r = \frac{r_1 L + r_2 B}{L + B}$$

或

$$r = r_1 x + r_2 y$$

$$r_1 = \frac{r(L + B) - r_2 B}{L}$$

式中，r——综合资本化率；

r_1——土地资本化率；

r_2——建筑物资本化率；

x——土地价格占不动产价格的比例；

y——建筑物价格占不动产价格的比例；

L——土地价格；

B——建筑物价格。

五、收益期限

不动产收益期限要根据具体的评估对象、评估对象的寿命及评估时采用的假设条件等来确定。

1. 对于单独的土地和单纯的建筑物作为评估对象的，应分别根据土地使用权年限和建筑物经济寿命确定未来可获收益的期限。

2. 对于土地与建筑物合成体作为评估对象的，如果建筑物的经济寿命长于或等于土地使用权年限，则根据土地使用权年限确定未来可获收益的期限；如果建筑物的经济寿命短于土地使用权年限，则可以先根据建筑物的经济寿命确定未来可获收益的期限，然后再加上土地使用权年限超出建筑物经济寿命的土地剩余使用年限确定未来可获收益的期限。

六、计算公式

（一）评估房地合在一起的不动产价值

$$不动产价值 = 不动产净收益 / 综合资本化率$$

式中：不动产净收益 = 不动产总收益 − 不动产总费用

不动产总费用 = 管理费 + 维修费 + 保险费 + 税金

（二）单独评估土地的价值

1. 由土地收益评估土地价值

$$土地价值 = 土地净收益 / 土地资本化率$$

式中：土地净收益 = 土地总收益 − 土地总费用

土地总费用 = 管理费 + 维护费 + 税金

2. 由不动产收益评估土地价值

（1）土地价值 = 不动产价值 − 建筑物现值

式中：建筑物现值 = 建筑物重置价 − 年贬值额 × 已使用年数

$$年贬值额 = \frac{建筑物重置价 − 残值}{耐用年限} = \frac{建筑物重置价 × （1 − 残值率）}{耐用年限}$$

此时，建筑物的现值必须采用收益法以外的方法，可以是成本法和市场法，但一般采用成本法。

（2）$土地价值 = \dfrac{房地产净收益 − 建筑物净收益}{土地资本化率}$

式中：建筑物净收益 = 建筑物现值 × 建筑物资本化率

不动产价值和不动产净收益的计算方法和前面相同。

（三）单独评估建筑物的价值

1. 建筑物价值 = 不动产价值 - 土地价值

此时，土地的现值必须采用收益法以外的方法，可以是成本法和市场法，但一般采用市场法。

2. 建筑物价值 = $\dfrac{房地产净收益 - 土地净收益}{建筑物资本化率}$

值得注意的是，用来求取不动产净收益的不动产总费用并不包含不动产折旧费。同时，以上所列计算公式均假设土地使用年限为无限年期，但在评估实务中应注意土地使用的有限年期。

七、应用举例

例6-2 某房地产公司于1998年2月以有偿出让方式取得一块土地的50年使用权，并于2000年2月在此地块上建成一座钢筋混凝土结构的写字楼，当时造价为每平方米3 800元，经济耐用年限为60年。目前，该类型建筑的重置价格为每平方米4 200元。该大楼总建筑面积为5 000平方米，全部用于出租。据调查，当地同类型写字楼的租金一般为每天每平方米2元，空置率在10%左右，每年需支付的管理费用一般为年租金的3.5%，维修费为建筑物重置价的1.5%，房产税为租金收入的12%，其他税为租金收入的6%，保险费为建筑物重置价的0.2%，资本化率确定为8%。试根据以上资料评估该写字楼在2003年2月的价格。

解：（1）估算年有效毛收入

年有效毛收入 = 2 × 365 × 5 000 × （1 - 10%） = 3 285 000（元）

（2）估算年营运费用

①管理费：年管理费 = 3 285 000 × 3.5% = 114 975（元）

②维修费：年维修费 = 4 200 × 5 000 × 1.5% = 315 000（元）

③保险费：年保险费 = 4 200 × 5 000 × 0.2% = 42 000（元）

④税金：年税金 = 3 285 000 × （12% + 6%） = 591 300（元）

⑤年营运费用：年营运费用 = 114 975 + 315 000 + 42 000 + 591 300

= 1 441 275（元）

（3）估算净收益

年净收益等于年有效毛收入减去年营运费用，

即：年净收益 = 3 285 000 - 1 441 275

= 1 843 725（元）

（4）计算不动产价格

不动产的剩余收益期为45年，则：不动产价格 = 1 843 725/8% × $\left[1 - 1/ （1 + 8\%）^{45} \right]$

≈ 22 324 552（元）

（5）评估结果

经评估，该写字楼在 2003 年 2 月的价格为 22 324 552 元，单价约为每平方米 4 465元。

例6-3　某房地产公司于 2002 年 11 月以有偿出让方式取得一块土地的 30 年使用权，并于 2004 年 11 月在此土地上建成一座砖混结构的写字楼，当时造价为每平方米2 000 元，经济耐用年限为 55 年，残值率为 2%，目前，该类建筑重置价格为每平方米 2 500 元。该建筑物占地面积 500 平方米，建筑物面积为 900 平方米。目前，用于出租，每月平均实收租金为 3 万元。另据调查，当地同类写字楼出租租金一般为每月每平方米 50 元，空置率为 10%，每年需支付的管理费为年租金的 3.5%，维修费为重置价的 1.5%，土地使用税及房产税为每平方米 20 元，保险费为重置价的 0.2%，土地资本化率 7%，建筑物资本化率 8%。试根据以上资料评估该宗地 2006 年 11 月的土地使用权价格。

解：（1）选定评估方法。该宗不动产有经济收益，适宜采用收益法。

（2）计算总收益。总收益应该为客观收益而不是实际收益。

年总收益 = 50 × 12 × 900（1 − 10%）= 486 000（元）

（3）计算总费用：

①年管理费 = 486 000 × 3.5% = 17 010（元）

②年维修费 = 2 500 × 900 × 1.5% = 33 750（元）

③年税金 = 20 × 900 = 18 000（元）

④年保险费 = 2 500 × 900 × 0.2% = 4 500（元）

年总费用 = 年管理费 + 年维修费 + 年税金 + 年保险费

= 17 010 + 33 750 + 18 000 + 4 500

= 73 260（元）

（4）计算不动产纯收益

不动产纯收益 = 年总收益 − 年总费用 = 486 000 − 73 260 = 412 740（元）

（5）计算房屋纯收益

①计算年贬值额。年贬值额本来是应该根据房屋的耐用年限而确定，但是，在本例中，土地使用年限小于房屋耐用年限，根据《城市房地产管理法》的规定，土地使用权出让年限届满，土地使用权由国家无偿收回。这样，房屋的重置价必须在可使用期限内全部收回。本例中，不动产使用者可使用的年限为 50 − 2 = 48（年），并且不计残值，视为土地使用权年期届满，一并由政府无偿收回。（注：如计算残值，也可以。）

年贬值额 = 建筑物重置价/使用年限 = 2 500 × 900/48 = 46 875（元）

②计算房屋现值。

房屋现值 = 房屋重置价 − 年贬值额 × 已使用年数

= 2 500 × 900 − 46 875 × 2

= 2 156 250（元）

③计算房屋纯收益。

房屋纯收益 = 房屋现值 × 房屋资本化率 = 2 156 250 × 8% = 172 500（元）

（6）计算土地纯收益：

土地纯收益 = 年不动产纯收益 - 房屋年纯收益 = 412 740 - 172 500 = 240 240（元）

（7）计算土地使用权价格。土地使用权在 2006 年 11 月的剩余使用年期为 50 - 4 = 46（年）。

$$V = \frac{240\ 240}{7\%} \times \left[1 - \frac{1}{(1+7\%)^{46}} \right] = 3\ 279\ 280.8（元）$$

（8）评估结果。

本宗土地使用权在 2006 年 11 月的土地使用权价格为 3 279 280.8 元，单价为每平方米 6 558.56 元。

第四节　市场法在不动产评估中的应用

一、基本思路

市场法又称市场比较法、交易实例比较法或现行市价比较法等，是不动产评估最常用的方法之一。市场法是在求取一宗待评估不动产价格时，依据替代原理，将待评估不动产与类似不动产的近期交易价格进行对照比较，通过对交易情况、交易日期、区域因素和个别因素等的修正得出待评估不动产在评估基准日的价格。

二、适用范围

只要有类似不动产的适合的交易实例都可应用市场法。因此在不动产市场比较活跃的情况下，市场法得到广泛应用。在同一地区或同一供求范围内的类似地区中，与待估不动产相类似的不动产交易越多，市场法应用越有效。而在下列情况下，市场法往往难以适用：

1. 没有发生过不动产交易或在不动产交易发生较少的地区；
2. 对某些类型很少见的不动产或交易实例很少见的不动产，如古建筑等；
3. 对那些很难成为交易对象的不动产，如教堂、寺庙等；
4. 风景名胜区土地；
5. 图书馆、体育馆、学校用地等。

三、计算公式

$$P = P' \times A \times B \times C \times D \times 容积率修正系数 \times 使用年限修正系数$$

式中：P——待评估不动产评估价格；　P'——可比交易实例价格；

　　A——交易情况修正系数；　　　B——交易日期修正系数；

　　C——区域因素修正系数；　　　D——个别因素修正系数。

上述公式中，各个因素均为待估不动产的可比特征与参照物可比特征之比，即都是以评估对象为标准的。

A：正常交易定量值定为100，通过参照物实际交易与正常交易比较确定参照物交易的定量值。

B：交易日期修正系数，是待评估不动产交易日物价指数与参照物交易日物价指数之比。

C：区域因素一般采用打分法进行评价。区域因素修正系数为待评估不动产区域因素评价值与参照物区域因素评价值之比。

D：个别因素一般包括：容积率因素、土地使用年限因素与其他个别因素。

①一般情况下，地价指数与容积率相关，根据容积率与地价指数的对应关系，确定不同的容积率对应的地价指数，将容积率的对比转化为地价指数的比较；也可将容积率与修正系数直接联系进行比较。

②我国实行有限年期的土地使用权有偿使用制度，土地使用年期的长短，直接影响土地收益的多少。土地的年收益确定以后，土地的使用期限越长，土地的总收益就越多，土地利用效益也越高，土地的价格也会因此提高。通过使用年期修正，可以消除由于使用期限不同而对不动产价格造成的影响。

土地使用的年期修正系数按下式计算：

$$K = (P/A,r,m)/(P/A,r,n) = [1 - (1 + r)^{-m}]/[1 - (1 + r)^{-n}]$$

式中：K——将可比实例年期修正到待评估对象使用年期的年期修正系数；

r ——还原利率；

m ——待评估对象的使用年期；

n ——可比参照物的使用年期。

③其他个别因素一般采用打分法进行评价。其他个别因素修正系数为待评估不动产其他个别因素评价值与参照物其他个别因素评价值之比。

每个参照物与待评估不动产各个可比因素按上述方法比较均可得出一个评估值，有几个参照物就可得出几个评估值。最后，根据执业经验，分析取舍评估值，并采用适当的方法最终确定一个评估值。

四、操作步骤

（一）收集交易资料

运用市场法评估不动产，必须以大量的交易资料为基础，如果资料太少，则评估结果难免失真，因此，评估人员要经常性地搜集并积累尽可能多的交易资料，而不要等到需要采用市场法估价时才临时去做。所搜集的交易资料一般包括不动产的坐落位置、用途、交易价格、交易日期、交易双方的基本情况、建筑物结构、设备及装修情况、周围环境以及市场状况等。对于搜集到的每一个交易实例、每一个内容，都需要查证，做到准确无误。另外，所选取的交易案例资料不应该超过5年。

（二）确定可比交易案例

评估人员应对从各个渠道搜集的交易实例进行筛选，选择其中符合本次评估要求的交易对象作为供比较参照的交易实例。为确保估价的精确度，参照物交易实例的选取要注意以下几点：一是应在邻近地区或同一个供需圈内的类似地区中的交易实例；二是与待估不动产属于同一交易类型，且用途相同；三是参照物的交易应属于正常交易或可修正为正常交易；四是与待估不动产的估价日期接近；五是与待估不动产的区域特征、个别特征相近。

（三）因素修正

1. 交易情况修正

交易情况修正就是剔除交易行为中的一些特殊因素所造成的交易价格偏差，使所选择的参照物交易实例的交易价格成为正常价格。特殊因素对交易情况的影响主要表现在以下几个方面：（1）有特别利害关系的人之间的交易，如亲友之间、有利害关系的单位之间的交易，通常价格偏低；（2）有特殊动机的交易，如急于脱手的价格往往偏低，急于购买的价格往往偏高；（3）有意为逃避交易税，签订的是虚假交易合同，造成交易价格偏低；（4）买方和卖方不了解市场行情，盲目购买或出售，使交易价格偏高或偏低。上述情况对交易价格的影响主要由评估人员靠经验加以判断和修正。

2. 交易日期修正

由于参照物交易实例与待估不动产的交易时间不同，价格会发生变化，因此必须进行适当的交易日期修正。交易日期修正一般是利用价格指数，将交易实例当时的交易价格，修正为评估基准日价格。利用价格指数进行交易日期修正的公式为：

评估基准日的交易实例价格 = 交易实例当时成交价格 × 评估基准日价格指数/交易日价格指数。

值得注意的是，公式中所选用的价格指数应该是本地区的不动产价格指数，当缺乏这样的资料时，可以通过调查本地区过去不同时间的数宗类似不动产的交易价格，并测算出这些不动产价格随时间变化的变动率，以此代替不动产价格指数。

3. 区域因素修正

区域因素修正主要内容包括参照物交易实例所在区域与待估不动产所在区域在繁华程度、交通状况、环境质量、城市规划等方面的差异。进行因素修正时，主要有两种方法：一是直接比较法，即把待估不动产区域因素具体化、分值化。如把待估不动产区域因素具体细化为繁华程度、交通通达状况、基础设施完备程度、公共设施完备程度等，并给出分值，再以此为基准，将所选择的参照物的各因素相比较打分，求得各个参照物的区域因素修正比率。二是间接比较法，即假想一块标准不动产，以其具体区域因素状况及其分值为基准，参照物不动产与待估不动产的具体区域因素均与其逐项因素比较打分，求得参照物和待估不动产的区域因素值以及区域因素修正比率。

4. 个别因素修正

个别因素修正主要内容包括参照物的交易实例与待估不动产在面积、形状、临街状态、位置、地势、土地使用年限、建筑物结构、朝向、装修、设备、已使用年限等方面的差异。个别因素修正的方法与区域因素修正的方法大致相同。

5. 容积率修正

容积率与地价指数相关，可以根据容积率与地价指数的对应关系确定不同的容积率对应的地价指数，然后将容积率的对比转化为地价指数的比较；也可将容积率与修正系数直接联系进行比较。

6. 使用年限修正

土地使用年限修正系数的数学表达式为：

$$K = \left[1 - \frac{1}{(1+r)^m} \right] \div \left[1 - \frac{1}{(1+r)^n} \right]$$

式中：K——将可比实例年期修正到待评估对象使用年期的年期修正系数；

r——还原利率；

m——待评估对象的使用年期；

n——可比实例的使用年期。

（四）确定不动产价格

按照要求，采用市场法评估不动产至少应选择三个以上参照物交易实例，通过上述各种因素修正后，至少应得到三个以上初步评估结果，最后需要综合求出一个评估值，作为最终的评估结论。在具体操作中，可考虑采用以下几种方法：

1. 简单算术平均法。将多个参照物交易实例修正后的初步评估结果简单地算术平均后，作为待估土地的最终评估结果。

2. 加权算术平均法。判定各个初步评估结果与待估土地的接近程度，并根据接近程度赋予每个初步评估结果以相应的权重，然后将加权平均后的结果作为待估土地的评估价值。

3. 中位数法。以多个初步评估结果的中间一个价格作为评估土地的评估价值。

五、应用举例

例6-4　有一待估宗地 G 需评估，现收集到与待估宗地条件类似的 6 宗地，具体情况详见表6-2。

表6-2　待估宗地及与之条件类似的 6 宗地的基本信息

金额单位：元/平方米

宗地	成交价	交易时间	交易情况	容积率	区域因素	个别因素
A	680	2004	+1%	1.3	0	+1%
B	610	2004	0	1.1	0	-1%
C	700	2003	+5%	1.4	0	-2%
D	680	2005	0	1.1	-1%	-1%
E	750	2006	-1%	1.6	0	+2%
F	700	2007	0	1.3	+1%	0
G		2007	0	1.1	0	0

该城市地价指数表详见表6-3。

表 6-3 该城市地价指数表

时间	2001	2002	2003	2004	2005	2006	2007
指数	100	103	107	110	108	107	112

另据调查,该市此类用地容积率与地价的关系为:当容积率在 1 ~ 1.5 之间时,容积率每增加 0.1,宗地单位地价比容积率为 1 时的单位地价增加 5%;超过 1.5 时,超出部分的容积率每增长 0.1,单位地价比容积率为 1.5 时的单位地价增加 3%。对交易情况、区域因素、个别因素的修正,都是案例宗地与待估宗地比较,表中负号表示案例条件比待估宗地差,正号表示案例宗地条件优于待估宗地,数值大小代表对宗地地价的修正幅度。

试根据以上条件,评估该宗土地 2007 年的价格。

解:1. 制定容积率地价指数表,详见表 6-4。

表 6-4 容积率地价指数表

容积率	1.0	1.1	1.2	1.3	1.4	1.5	1.6
地价指数	100	105	110	115	120	125	128

2. 案例修正计算。

A. $680 \times \dfrac{112}{110} \times \dfrac{100}{101} \times \dfrac{105}{115} \times \dfrac{100}{100} \times \dfrac{100}{101} = 620$

B. $610 \times \dfrac{112}{110} \times \dfrac{100}{100} \times \dfrac{105}{105} \times \dfrac{100}{100} \times \dfrac{100}{99} = 627$

C. $700 \times \dfrac{112}{107} \times \dfrac{100}{105} \times \dfrac{105}{120} \times \dfrac{100}{100} \times \dfrac{100}{98} = 623$

D. $680 \times \dfrac{112}{108} \times \dfrac{100}{100} \times \dfrac{105}{100} \times \dfrac{100}{99} \times \dfrac{100}{99} = 755$

E. $750 \times \dfrac{112}{107} \times \dfrac{100}{99} \times \dfrac{105}{128} \times \dfrac{100}{100} \times \dfrac{100}{102} = 638$

F. $700 \times \dfrac{112}{112} \times \dfrac{100}{100} \times \dfrac{105}{115} \times \dfrac{100}{101} \times \dfrac{100}{100} = 633$

3. 评估结果。

案例 D 的值为异常值,应予剔除。其他结果较为接近,取其平均值作为评估结果。因此,待估宗地 G 的评估结果为:(620 + 627 + 623 + 638 + 633)÷5 = 628(元/平方米)。

第五节　成本法在不动产评估中的应用

一、基本思路

成本法是不动产估价方法之一。重置一宗与待估不动产可以产生同等效用的不动产,所需投入的各项费用之和为依据,再加上合理的利润和税金来确定不动产价格。不动产评估的成本法和一般意义上的成本法是不同的，评估结果不是不动产的成本价，而是从再取得不动产的角度评判其交换价值。成本法的评估对象可以划分为新开发的土地；新建的不动产；旧的建筑物。

二、适用范围

成本法的适用范围很广泛，只要是新开发建造、计划建造或可以假设重新开发建造的不动产，都可以用成本法评估。但成本法尤其适用于那些既无收益又很少发生交易的不动产的评估，如政府的办公楼、学校、图书馆、医院、军队、公园等公用、公益性不动产，以及化工厂、钢铁厂、发电厂、码头、机场等有独特设备或只针对个别用户的特殊需要而开发建造的不动产。单纯的建筑物评估通常也采用成本法。

三、土地评估中成本法操作步骤

土地评估中成本法的计算公式为：

$$土地使用权价格 = 土地取得费 + 土地开发成本 + 利息 + 利润$$
$$+ 税费 + 土地增值收益$$

（一）土地取得费

土地取得费，是为取得土地而向原土地使用者支付的费用，主要有以下两种情况。

第一，国家征用集体土地而支付给农村集体经济组织的费用，包括土地补偿费、地上附着物和青苗补偿费及安置补助费等。

一般认为，土地补偿费中包含一定的级差地租。地上附着物和青苗补偿费是对被征地单位已投入土地而未回收的资金的补偿，类似地租中所包含的投资补偿部分。安置补助费是为保证被征地农业人口在失去其生产资料后的生活水平不致降低而设立的，因而可以看成是从被征土地未来产生的增值收益中提取的部分作为补偿。

按照《中华人民共和国土地管理法》有关规定：征用耕地的补偿费用包括土地补偿费、安置补助费以及地上附着物和青苗的补偿费。征用耕地的土地补偿费，为该耕地被征用前3年平均产值的6~10倍；征用耕地的安置补助费，按照需要安置的农业人口数计算，需要安置的农业人口数，按照被征用的耕地数量除以征地前被征用单位平均每人占有耕地的数量计算。每一个需要安置的农业人口的安置补偿费标准，为该耕地被征前3年平均年产值的4~6倍。但是，每公顷被征用耕地的安置补助费，最高不得超过被征用前3年平均年产值的15倍。征用其他土地的土地补偿费和安置补助费标准，由各省、自治区、直辖市参照征用耕地的土地补偿费和安置补助费的标准规定。被征用土地上的附着物和青苗的补偿标准，由省、自治区、直辖市规定。征用城市郊区的菜地，用地单位应当按照国家有关规定缴纳新菜地开发建设基金。另外，按照以上规定支付土地补偿费和安置补助费，尚不能使需要安置的农民保持原有生活水平的，经省、自治区、直辖市人民政府批准，可以增加安置补助费。但是，土地补偿费和安置补助费标准的总和不得超过土地被征用前3年平均年产值的30倍。在特殊情况下，国务院根据社会经济发展水平，可以提高被征用耕地的土地补偿费和安置补助费标准。

第二，为取得已利用城市土地而向原土地使用者支付的拆迁费用，这是对原城市土地使用者在土地投资未收回部分的补偿，补偿标准各地均有具体规定。

（二）土地开发成本

一般来说，土地开发成本涉及到基础设施配套费、公共事业建设配套费和小区开发配套费。

第一，基础设施配套费。对于基础设施配套常常概括为"三通一平"和"七通一平"。"三通一平"是指通水、通路、通电和平整地面；"七通一平"是指通上水、通下水、通电、通信、通气、通热、通路和平整地面。

第二，公共事业建设配套费用。主要指邮电、图书馆、学校、公园、绿地等设施的费用。这与项目大小、用地规模有关，各地情况不一，视实际情况而定。

第三，小区开发配套费。同公共事业建设配套费类似，各地根据用地情况确定合理的项目标准。

（三）投资利息

投资利息就是资金的时间价值。在用成本法评估土地价格时，投资包括土地取得费和土地开发费两大部分。这两部分资金的投入时间和占用时间不同，因此要分别考虑其计息期。土地取得费在土地开发开工前即要全部付清，在开发完成销售后方能收回，因此，计息期应为整个开发期和销售期。而土地开发费在开发过程中逐步投入，销售后收回，若土地开发费是均匀投入，则计息期为开发期的一半。

（四）投资利润

投资的目的是为了获取相应的利润，作为投资的回报，对土地投资，当然也要获取相应的利润。该利润计算的关键是确定销售利润率或投资回报率。利润率计算的基数可以是土地取得费和土地开发费，也可以是开发后土地的地价。计算时，要注意所用利润率的内涵。

（五）税费

整个开发过程中涉及的税金和费用，可以按照国家税收政策和法规来确定。

（六）土地增值收益

土地增值收益主要是由于土地的用途改变或土地功能变化而引起的。由于农地转变为建设用地，新用途的土地收益将远高于原用途的土地收益，即带来土地增值收益。由于这种增值是土地所有者允许改变土地用途带来的，因此，应归土地所有者所有，对土地价格应该考虑土地增值收益。

根据计算公式，前四项（或五项）之和为成本价格，成本价格乘以土地增值收益率即为土地所有权收益。目前，土地增值收益率通常为10%～25%。

四、新建不动产评估中成本法操作步骤

新建不动产价格＝土地取得费用＋开发成本＋管理费用＋投资利息＋销售税费＋正常利润

（一）土地取得费用

土地取得的途径有征用、拆迁改造和购买等，根据取得土地的不同途径，分别测算取得土地的费用，包括有关土地取得的手续费及税金。

（二）开发成本

开发成本包括勘察设计和前期工程费、基础设施建设费、建筑安装工程费、公共配套设施费和其他税费及间接费用。

1. 勘察设计和前期工程费。包括临时用地、水、电、路、场地平整费；工程勘察测量及工程设计费；城市规划设计、咨询、可行性研究费、建设工程许可证执照费等。

2. 基础设施建设费。包括由开发商承担的红线内外的自来水、雨水、污水、煤气、热力、供电、电信、道路、绿化、环境卫生、照明等建设费用。

3. 建筑安装工程费。可设想为开发商取得土地后将建筑工程全部委托给建筑商施工，开发商应当付给建筑商的全部费用。包括建筑安装工程费、招投标费、预算审查费、质量监督费、竣工图费、三材差价、定额调整系数、建材发展基金等。

4. 公共配套设施费和其他税费。包括由开发商支付的非经营性用房，如居委会、派出所、托儿所、自行车棚、信报箱、公厕等；附属工程，如锅炉房、热力点、变电室、开闭所、煤气调压站的费用和电贴费等；文教卫生，如中小学、文化站、门诊部、卫生所用房的建设费用。而商业网点，如粮店、副食店、菜店、小百货店等经营性用房的建设费用应由经营者负担，按规定不计入商品房价格。

5. 开发过程中的税费及其他间接费用。

（三）开发利润

以土地取得费用和开发成本之和作为利润计算的基数。利润率应根据开发类似不动产的平均利润率来确定。

（四）管理费用

管理费用主要是指开办费和开发过程中管理人员的工资等。

（五）投资利息

以土地取得费用和开发成本之和作为计算利息的基数。计息期的确定同土地评估中的计息期。

（六）销售税费

销售税费主要包括：销售费用、销售税金及附加和其他销售税费。

销售税费是销售开发完成后不动产所需的费用和应由开发商缴纳的税费，可根据税法和有关收费标准来测算。一般包括以下几种费用。

1. 销售费用

包括广告宣传费用、展销费、销售人员的工资、办公费用、委托销售代理费及其他在销售过程中发生的费用。

2. 销售税金及附加

包括应缴纳的营业税、城市维护建设税和教育费附加等。

3. 其他销售税费

包括应由开发商负担的印花税、土地增值税、交易手续费、空房看管费、保修期内的维修费等。

五、旧建筑物评估中成本法操作步骤

应用成本法评估旧建筑物，应该以旧建筑物的重新建造成本为基础，结合建筑物的贬值来确定。具体公式如下：

旧建筑物价格 = 重置成本 − 年贬值额 × 已使用年数

或　　　　　　旧建筑物价格 = 重置成本 × 成新率

（一）重置成本

建筑物的重置成本是假设旧建筑物所在的土地已取得，且为空地，除了旧建筑物不存在之外，其他状况均维持不变，然后在此空地上重新建造与旧建筑物完全相同或具有相同效用的新建筑物所需的一切合理必要的费用、税金和正常利润的和。

建筑物的重置成本一般可采用成本法估算，也可在估算出房地合一的价格后，再扣除其中包含的土地价格后求得，还可采用市场比较法来估算。

（二）年贬值额

贬值额是指建筑物的价值减损。这里所指的贬值与会计上的折旧的内涵是不一样的。建筑物的价值减损，一般由两方面因素引起：一方面是物理化学因素，即因建筑物使用而使建筑物磨损、建筑物自然老化、自然灾害引起的建筑物结构缺损和功能减弱，所有这些因素均导致建筑物价值减损，故这种减损又被称为有形损耗。另一方面是社会经济因素，即由于技术革新、建筑工艺改进或人们观念的变化，引起建筑设备陈旧落后、设计风格落后，由此引起建筑物陈旧、落后，致使其价值降低，这种减损称为无形损耗。所以，从建筑物重置成本中扣除建筑物损耗即为建筑物现值，因此确定建筑物贬值额就成为房产评估中的关键一环。

计算年贬值额的方法很多，常用的方法是直线法，又称定额法，即假设建筑物的价值损耗是均匀的，在耐用年限内每年的贬值额相等。则建筑物每年的贬值额为：

$$D = (C - S) \div N = C \times (1 - R) \div N$$

D——年贬值额；

C——建筑物的重新建造成本；

S——建筑物的净残值，即建筑物在达到耐用年限后的剩余价值扣除旧建筑物拆除、清理等处理费用后所剩余的价值；

N——建筑物的耐用年限；

R——建筑物的残值率，即建筑物的净残值与重新建造成本的比率。

根据《房地产估价规范》，各种结构的房屋的经济耐用年限的参考值一般如下：

钢结构：生产用房 70 年，非生产用房 80 年；

钢筋混凝土结构：生产用房 50 年，非生产用房 60 年；

砖混结构一等：生产用房 40 年，非生产用房 50 年；

砖混结构二等：生产用房 40 年，非生产用房 50 年；

砖木结构一等：生产用房 30 年，非生产用房 40 年；

砖木结构二等：生产用房 30 年，非生产用房 40 年；

砖木结构三等：生产用房 30 年，非生产用房 40 年；

简易结构：10 年。

为了使耐用年限的计算更为准确，可利用公式：

$$耐用年限 = 建筑物已使用年限 + 建筑物尚可使用年限$$

（三）成新率

建筑物的成新率测算主要采用使用年限法和打分法两种方法。

1. 使用年限法

$$建筑物成新率 = 建筑物尚可使用年限 \div （建筑物实际已使用年限 + 建筑物尚可使用年限）\times 100\%$$

2. 打分法

打分法是指评估人员借助于建筑物成新率的评分标准，包括建筑物整体成新率评分标准，以及按不同构成部分的评分标准进行对照打分，得出或汇总得出建筑物的成新率。具体操作时可按评分标准对建筑物的结构、装修、设备三个部分分别打分，然后再对三个部分的得分进行修正，最后得出建筑物的成新率。可参照公式：

$$成新率 = （G \times 结构部分合计得分 + S \times 装修部分合计得分 + B \times 设备部分合计得分）\div 100 \times 100\%$$

式中：C——结构部分的评分修正系数；

S——装修部分的评分修正系数；

B——设备部分的评分修正系数。

不同结构类型房屋成新率评分修正系数表，详见表 6-5。

表 6-5 不同结构类型房屋成新率评分修正系数表

类型	钢筋混凝土结构			砖混结构			砖木结构			其他结构		
各部分评分修正系数	结构部分评分修正系数	装修部分评分修正系数	设备部分评分修正系数	结构部分评分修正系数	装修部分评分修正系数	设备部分评分修正系数	结构部分评分修正系数	装修部分评分修正系数	设备部分评分修正系数	结构部分评分修正系数	装修部分评分修正系数	设备部分评分修正系数
单层	0.85	0.05	0.1	0.7	0.2	0.1	0.8	0.15	0.05	0.87	0.1	0.03
2~3 层	0.8	0.1	0.1	0.6	0.2	0.2	0.7	0.2	0.1			
4~6 层	0.75	0.12	0.13	0.55	0.15	0.3						
7 层以上	0.8	0.1	0.1									

六、应用举例

例 6-5 某市经济技术开发区内有一块面积为 15 000 平方米的土地，该地块的土地征地费用（含安置、拆迁、青苗补偿费和耕地占用税）为每亩 10 万元，土地开发费为每平方公里 2 亿元，土地开发周期为两年，第一年投入资金占总开发费用的 35%，开发商要求的投资回报率为 10%，当地土地出让增值收益率为 15%，银行贷款年利率为 6%，试评估该土地的价值。

该土地的各项投入成本均已知，可用成本法评估。

解：（1）计算土地取得费。

土地取得费 = 10 万元/亩 = 150 元/平方米

（2）计算土地开发费。

土地开发费 = 2 亿元/平方公里 = 200 元/平方米

（3）计算投资利息。

土地取得费的计息期为两年，土地开发费为分段均匀投入，则：

土地取得费利息 = $150 \times [(1+6\%)^2 - 1] = 18.54$（元/平方米）

土地开发费利息 = $200 \times 35\% \times [(1+6\%)^{1.5} - 1] + 200 \times 65\% \times [(1+6\%)^{0.5} - 1]$

$= 6.39 + 3.84 = 10.23$（元/平方米）

（4）计算开发利润，即由（1）和（2）可知：

开发利润 =（土地取得费 + 土地开发费）$\times 10\% = 35$（元/平方米）

（5）计算土地增值收益，即由以上（1）、（2）、（3）、（4）可得：

土地增值收益 =（土地取得费 + 土地开发费 + 投资利息 + 开发利润）$\times 15\%$

$= 62.07$（元/平方米）

（6）综上可计算土地的价值。

土地单价 = 土地取得费 + 土地开发费 + 投资利息 + 开发利润 + 土地增值收益

$= 150 + 200 + 18.54 + 10.23 + 35 + 62.07 = 475.84$（元/平方米）

土地总计 $= 475.84 \times 15\ 000 = 7\ 137\ 600$（元）

该宗地单价为 475.84 元/平方米，总价为 7 137 600 元。

第六节　剩余法在不动产评估中的应用

一、基本思路

剩余法又称假设开发法、倒算法，是将待估不动产预期开发价值，扣除正常投入费用、税金和利润后的剩余值来推算确定待评估不动产价格的评估方法。

二、适用范围

剩余法比较适用于成片待开发土地转让价格的确定。具体来说，主要适用于下列不动产的评估：

1. 待开发的土地的估价；

2. 将生地开发成熟地的土地估价；

3. 待拆迁改造的再开发地产的估价。注意这里的建筑费还应包括拆迁费用。

三、计算公式

剩余法的计算公式较多，各个国家或地区的具体形式不同，但基本的思路都可以用以下公式表示。

即：

$$V = A - (B + C + D + E)$$

式中，V——土地购置价格；

　　　A——开发完成后不动产价值；

　　　B——开发成本；

　　　C——投资利息；

　　　D——合理利润；

　　　E——正常税费。

目前，在具体的评估实务中，我国常用的计算公式为：

　　地价 = 预期楼价 - 建筑费 - 专业费用 - 销售费用 - 利息 - 税费 - 利润

四、操作步骤

（一）调查待估对象的基本情况

1. 调查土地的限制条件，如土地政策的限制，城市规划、土地利用规划的制约等。

2. 调查土地位置，掌握土地所在城市的性质及其在城市中的具体坐落位置，以及周围土地条件和利用现状。

3. 调查土地面积大小和土地形状、地质状况、地形地貌、基础设施状况和生活设施状况以及公用设施状况等。

4. 调查不动产利用要求，掌握城市规划对此宗地的规划用途、容积率、覆盖率、建筑物高度限制等。

5. 调查此地块的权利状况，包括权利性质、使用年限、能否续期、是否已设定抵押权等。这些权利状况与确定开发完成后的不动产价值、售价及租金水平有着非常密切的关系。

（二）确定最佳开发利用方式

根据调查的土地状况和不动产市场条件等，在城市规划及法律法规等所允许的范围内确定地块的最佳利用方式，包括确定用途、建筑容积率、土地覆盖率、建筑高度、建筑装修档次等。

（三）预测楼价

对于出售的不动产，如居住用商品房、工业厂房等，可采用市场比较法确定开发完成后的不动产总价。对于出租的不动产，如写字楼和商业楼房等，其开发完成后不动产总价的确定，首先采用市场法确定所开发不动产出租的净收益，然后再采用收益还原法将出租净收益转化为不动产总价。

（四）估算各项成本费用

各项成本费用包括估算开发建筑成本费用、估算专业费用、确定开发建设工期及估算预付资本利息、估算税金、估算开发完成后的不动产租售费用。

1. 开发建筑成本费用。包括直接工程费、间接工程费、建筑承包商利润及由承包商负担的建筑附带费用等，可采用比较法来测算，即通过当地同类建筑物当前平均的或一般建造费用来测算，也可通过建筑工程概预算的方法来估算。

2. 专业费用。专业费用包括建筑设计费、工程概预算费等，一般采用建造费用的一定比率估算。

3. 确定开发建设工期，估算预付资本利息。开发建设工期是指从取得土地所有权一直到不动产全部销售或出租完毕的这一段时间。根据等量资本要获取等量利润的原理，利息应为开发全部预付资本的融资成本，不仅是建造工程费用的利息，还应包括土地资本的利息。不动产开发的预付资本包括地价款、开发建造费、专业费和不可预见费等，即使这些费用是自有资金，也要计算利息。这些费用在不动产开发建设过程中投入的时间是不同的。在确定利息额时，必须根据地价款、开发费用、专业费用等的投入额、各自在开发过程中所占用的时间长短和当时的贷款利率高低进行计算。例如：预付地价款的利息额应以全部预付的价款按整个开发建设工期计算，开发费、专业费假设在建造期内均匀投入，则利息以全部开发费和转业费为基数，按建造期的一半计算。若有分年度投入数据，则可进一步细化。如建造期两年，第一年投入部分计息期为一年半，第二年投入部分计息期为半年等。开发费、专业费在建筑竣工后的空置及销售期内应按全额全期计息。

4. 税金。税金主要指建成后不动产销售的营业税、工商统一税、印花税、契税等，应根据当前政府的税收政策估算，一般以建成后不动产总价的一定比例计算。

5. 开发完成后的不动产租售费用。租售费用主要指用于建成后不动产销售或出租的中介代理费、市场营销广告费、买卖手续费等，一般以不动产总价或租金的一定比例计算。

（五）确定开发商的合理利润

开发商的合理利润一般以不动产总价或预付总资本的一定比例计算。投资回报利润率的计算基数一般为地价、开发费和专业费三项，销售利润率的计算基数一般为不动产售价。

（六）估算不动产价格

五、应用举例

例6-6 有一宗"七通一平"的待开发建筑用地，土地面积为2 000平方米，建筑容积率为2.5，拟开发建设写字楼，建设期为两年，建筑费为3 000元/平方米，专业费为建筑费的10%，建筑费和专业费在建设期内均匀收入。该写字楼建成后即出售，预计售价为9 000元/平方米，销售费用为楼价的2.5%，销售税费为楼价的6.5%，当地银行年贷款利率为6%，开发商要求的投资利润率为10%。试估算该宗土地目前的单位地价。

解：1. 确定评估方法

现已知楼价的预测值和各项开发成本及费用，可用假设开发法评估。计算公式为：

$$地价 = 楼价 - 建筑费 - 专业费 - 利息 - 销售税费 - 利润$$

2. 计算楼价

楼价 $= 2\,000 \times 2.5 \times 9\,000 = 45\,000\,000$（元）

3. 计算建筑费和专业费

建筑费 $= 3\,000 \times 2\,000 \times 2.5 = 15\,000\,000$（元）

专业费 $=$ 建筑费 $\times 10\% = 15\,000\,000 \times 10\% = 1\,500\,000$（元）

4. 计算销售费用和税费

销售费用 $= 45\,000\,000 \times 2.5\% = 1\,125\,000$（元）

销售税费 $= 45\,000\,000 \times 6.5\% = 2\,925\,000$（元）

5. 计算利润

利润 $=$（地价 $+$ 建筑费 $+$ 专业费）$\times 10\%$

$\qquad =$（地价 $+ 16\,500\,000$）$\times 10\%$

6. 计算利息

利息 $=$ 地价 $\times \left[(1+6\%)^2 - 1\right] + (15\,000\,000 + 1\,500\,000) \times \left[(1+6\%)^1 - 1\right]$

$\qquad = 0.1236 \times$ 地价 $+ 990\,000$

7. 求取地价

宗地价 $= 45\,000\,000 - 16\,500\,000 - 1\,125\,000 - 2\,925\,000 - 0.1 \times$ 地价 $- 1\,650\,000$

$\qquad - 0.123\,6 \times$ 地价 $- 990\,000$

$\qquad = 21\,810\,000/1.223\,6$

$\qquad = 17\,824\,452$（元）

单价地价 $= 17\,824\,452/2\,000 = 8\,912$（元/平方米）

以上方法是通过计算利息确定不动产价格的方法，此外，我们还可以通过折现的方法来确定不动产的价格，这种方法比较简单、适用。具体见下例。

例6-7　待估土地为一块已完成"七通一平"的待开发空地，土地使用权年限为50年，土地面积为2 000平方米，拟建设商业居住混合楼，容积率为10，建筑层数为20层，各层建筑面积为1 000平方米，地上1~2层为商业用房（建筑面积2 000平方米），3~20层为住宅（建筑面积18 000平方米），建设周期为3年，假设各年建筑费的投入集中在年中。总建筑费预计为2 000万元，专业费为建筑费的6%，成本利润率20%，贷款年利率6%，销售税费为楼价的4%。在未来3年的建设周期中，开发费投入情况如下：第1年投入50%的建筑费和专业费，第2年投入30%，第3年投入余下的20%。该楼完成后，全部商业用房和30%的住宅部分可售出，住宅部分的50%在半年后售出，其余20%在年后售出，预计商业用房平均售价为5 000元/平方米，住宅的平均售价为3 500元/平方米，试计算该土地目前的单位价格（折现率为10%）。

解：1. 确定评估方法

现已知楼价的预测值和各项开发成本及费用，可用假设开发法评估。计算公式为：

地价 = 楼价 - 建筑费 - 专业费 - 利息 - 销售税费 - 利润

2. 计算楼价

$$楼价 = \frac{5\,000 \times 2\,000}{(1+10\%)^3} + \frac{3\,500 \times 18\,000 \times 30\%}{(1+10\%)^3} + \frac{3\,500 \times 18\,000 \times 50\%}{(1+10\%)^{3.5}}$$

$$+ \frac{3\,500 \times 18\,000 \times 20\%}{(1+10\%)^4}$$

$$= 5\,285.79 \text{（万元）}$$

3. 计算建筑费和专业费

$$建筑费 = \frac{2\,000 \times 50\%}{(1+10\%)^{0.5}} + \frac{2\,000 \times 30\%}{(1+10\%)^{1.5}} + \frac{2\,000 \times 20\%}{(1+10\%)^{2.5}} = 1\,783.99 \text{（万元）}$$

$$专业费 = 1\,783.99 \times 6\% = 107.04 \text{（万元）}$$

4. 计算销售税费

$$销售税费 = 5\,285.79 \times 4\% = 211.43 \text{（万元）}$$

5. 计算利润

$$利润 = （地价 + 建筑费 + 专业费）\times 20\% = 地价 \times 20\% + 378.21$$

6. 求取地价

$$宗地价 = 5\,285.79 - 1\,783.99 - 107.04 - 211.43 - （地价 \times 20\%）- 378.21$$

$$= \frac{5\,285.79 - 1\,783.99 - 107.04 - 211.43 - 378.21}{1 + 20\%} = 2\,337.6 \text{（万元）}$$

$$单位地价 = 2\,337.6 \div 2\,000 = 1.169 \text{（万元/平方米）}$$

该方法在估算总建筑费用、专业费用以及宗地价时均考虑了货币的时间价值，且都表现为现值，这其中已经包含了投资利息的因素，因此投资利息不再重复计算。

第七节　基准地价修正法在不动产评估中的应用

一、基准地价的含义

基准地价是按照城市土地级别或均质地域分别评估的商业、住宅、工业等各类用地和综合土地级别的土地使用权的平均价格。基准地价评估以城市为单位进行，由政府统一公布。

基准地价评估有两个环节：一是基准地价评估区域的确定；二是基准地价的确定。

二、基准地价测算思路

基准地价测算主要采用如下方法：根据土地使用权出让、转让、出租、房屋出租、买卖、以地换房、征地拆迁、联营入股等资料，分别采用多种方法试算样点地价，对样点地价经过年期、容积率、交易情况、土地条件等修正，得到标准宗地地价，然后根据评估区域内的标准宗地求取基准地价。

基准地价确定后，还要评估标定地价。标定地价是市、县政府根据需要评估的正常地产市场中，在正常经营管理条件下，具体宗地在一定使用年期内的价格。

三、基准地价的特点与作用

（一）基准地价的特点

1. 基准地价是区域性价格。这个区域可以是级别区域，也可以是区段，因而基准地价的表现形式通常为区片价和路段价，或两者结合起来共同反映某种用途的土地使用权价格。

2. 基准地价是土地使用权价格。

3. 因为基准地价是区域性价格，因而必定是平均价格。

4. 基准地价一般都要覆盖整个城市建成区。

5. 基准地价是单位土地面积的地价。

6. 基准地价具有现实性，是评估出的一定时期内的价格。

（二）基准地价的作用

1. 具有政府公告作用。

2. 宏观调控地价水平的依据。

3. 是进一步评估宗地地价的基础。

4. 是政府参与土地有偿使用收益分配的依据。

四、基准地价修正法

（一）基本思路

基准地价修正法，是利用城镇基准地价和基准地价修正系数表等评估成果，按照替代原则，将被估宗地的区域条件和个别条件等与其所处区域的平均条件相比较，并对照修正系数表选取相应的修正系数对基准地价进行修正，从而求取被估宗地在评估基准日的价格的方法。基准地价修正法的基本原理是替代原理，即在正常的市场条件下具有相似土地条件和使用功能的土地，在正常的不动产市场中，应当有相似的价格。基准地价修正法的本质是市场法。

（二）适用范围

在我国许多城市，尤其是地产市场不太发达的城市，基准地价修正法也是常用的方法。其主要适用于完成基准地价评估的城镇的土地评估，即该城市具备基准地价成果图和相应修正体系成果。

基准地价修正法可在短时间内大批量进行宗地地价评估，可快速方便地进行大面积、数量众多的土地价格评估；但其精度取决于基准地价及其修正系数的精确度，因此该方法一般在宗地地价评估中不作为主要的评估方法，而作为一种辅助方法。

（三）估价程序

1. 收集、整理估价成果资料

定级估价资料是采用基准地价修正法评估宗地地价必不可少的基础性资料。因此在评估前必须收集当地定级评估的成果资料，主要包括土地级别图、基准地价图、样点地价分布图、基准地价表、基准地价修正系数表和相应的因素条件说明表等，并归纳、整理和分析，作为宗地评估的基础资料。

2. 确定修正系数表

根据被估宗地的位置、用途、所处的土地级别、所对应的基准地价，确定相应的因素条件说明表和因素修正系数表，以确定地价修正的基础和需要调查的影响因素项目。

3. 调查影响宗地价格因素

按照与被估宗地所处级别和用途的对应的基准地价修正系数表和因素条件说明表中所要求的因素条件，确定宗地条件的调查项目，调查项目应与修订系数表中的因素一致。

宗地因素指标的调查，应充分利用已收集的资料和土地登记资料及有关图表文件，不能满足需要的，应进行实地调查采样，在调查基础上整理归纳宗地地价因素指标数据。

4. 制定待估宗地因素修正系数

根据每个因素的指标值，查对相应用途土地的基准地价影响因素指标说明表，确定因素指标对应的优劣状况；按优劣状况再查对基准地价修正系数表，得到该因素的修正系数。对所有影响宗地地价的因素都同样处理，即得到宗地的全部因素修正系数。

5. 确定待估宗地使用年限修正系数

基准地价对应的使用年期，是各用途土地使用权的最高出让年期，而具体宗地的使用年期可能各不相同，因此必须进行年期修正。土地使用的年期修正系数按下式计算：

$$K = (P/A, r, m)/(P/A, r, n) = \left[1 - (1 + r)^{-m}\right]/\left[1 - (1 + r)^{-n}\right]$$

式中：K——年期修正系数；

   r——还原利率；

   m——待估宗地的可使用年期；

   n——该类土地最高出让年期。

6. 确定待估宗地日期修正系数

基准地价对应的是基准地价评估基准日的地价水平，随时间前移，土地市场的地价水平会有所变化，因此必须进行期日修正，把基准地价对应的地价水平修正到宗地地价评估基准日时的地价水平，一般可根据地价指数的变动幅度进行调整。

7. 确定待估宗地容积率修正系数

这是一个非常重要的修正系数。基准地价对应的是该用途土地在该级别或均质地域内的平均容积率，各宗地的容积率可能各不相同，同时容积率对地价的影响也非常大，并且在同一个级别区域，各宗地的容积率的差异甚至很大，因此一定要重视容积率的修正。也就是说，必须将区域平均容积率下的地价水平修正到宗地实际容积率水平下的地价。

8. 评估宗地地价

依据前面的分析和所计算得到的修正系数，按下式计算待估宗地的地价水平。

被估宗地地价＝待估宗地所处地段的基准地价×年期修正系数×期日修正系数×容积率修正系数×其他因素修正系数

第八节　路线价法在不动产评估中的应用

一、路线价法的含义和理论依据

（一）含义

路线价法是根据土地价值高低随距街道距离的增加而递减的原理，在特定街道上设定单价，依此单价配合深度百分率表及其他修正率表来估算临近同一街道的其他宗地地价的估价方法。

所谓路线价，是指面临特定街道而接近距离相等的市街土地，设定标准深度，求取该标准深度若干宗地的平均单价。

（二）理论依据

路线价法认为土地价值与其临街深度大小的关系很大，土地价值随临街深度而递减，一宗地越接近街道价值越高，离街道愈远价值愈低。路线价法的本质也是一种市场法，理论基础也是替代原理。

二、计算公式

路线价法的计算公式有不同的表现形式，常用的公式是：

宗地总价＝路线价×深度百分率×临街宽度

如果宗地条件特殊，如不规则地，还要在上述公式的基础上进行其他因素的修正。即：

宗地总价＝路线价×深度百分率×临街宽度×修正率

三、适用范围

前边所讲收益现值法、现行市价法一般只适用于单宗地的估价，路线价法则主要适用于同时对大片土地的评估，特别是土地课税、土地重划、征地拆迁等场合。当然这种方法仅适用于城市土地特别是商业用地的估价。

四、基本程序

（一）路线价区段划分

地价相等、地段相连的地段一般划分为同一路线价区段，路线价区段为带状地段。街道两侧接近性基本相等的地段长度称为路线段长度。路线价区段一般以路线价显著增减的地点为界。原则上街道不同的路段，路线价也不相同，如果街道一侧的繁华状况与对侧有显著差异，同一路段也可划分为两种不同的路线价。繁华街道有时需要附设不同的路线价，住宅区用地区位差异较小，所以住宅区的路线段较长，甚至几个街道路线段都相同。

（二）确定标准宗地

路线价是标准宗地的单位价格，路线价的设定必须先确定标准宗地面积。标准宗地是指从城市一定区域中沿主要街道的宗地中选定的深度、宽度和形状标准的宗地。标准深度是指标准宗地的临街深度。临街深度是指宗地离开街道的垂直距离。目前标准宗地的形状为矩形，而标准宗地的深度、宽度各国不尽相同，以美国为例，是把临街宽度为 1 英尺（0.31 米），深度为 100 英尺（130.48 米）的细长地块作为标准宗地，其路线价的含义就是该标准宗地的价格。在实际评估中的标准深度，通常是以路线价区段内临街各宗土地深度的众数为准。

（三）确定路线价

路线价的确定，主要采取两种方法，第一种是由熟练的评估人员依买卖实例用市场法等基本评估方法确定。第二种是采用评分方式，将形成土地价格的各种因素分成几种项目加以评分，然后合计，换算成附设于路线价上的点数。

（四）制作深度百分率表

深度百分率又称深度指数；深度百分率表，又称深度指数表。深度百分率，是地价随临街深度长短变化的比率。美国归纳出了许多地价与临街深度变化的规律（法则），著名的有四三二一法则、苏慕斯法则、霍夫曼法则等。

（五）计算宗地价格

依据路线价和深度百分率及其他条件修正率表，运用路线价法计算公式，则可以计算得到宗地价值。

五、几个路线价法则介绍

（一）四三二一法则

四三二一法则（4-3-2-1Rule）是将标准深度 100 英尺（30.48 米）的普通临街地，与街道平行区分为四等分，即由临街面算起，第一个 25 英尺（7.62 米）的价值占路线价的 40%，第二个 25 英尺（7.62 米）的价值占路线价的 30%，第三个 25 英尺（7.62 米）的价值占 20%，第四个 25 英尺（7.62 米）的价值为 10%。如果超过 100 英尺（30.48 米），则需九八七六法则来补充。即超过 100 英尺（30.48 米）的第一个 25 英尺（7.62 米）价值为路线价的 9%，第二个 25 英尺（7.62 米）为 8%，第三个 25 英尺（7.62 米）为 7%，第四个 25 英尺（7.62 米）为 6%。应用四三二一法则评估，简明易记，但因深度划分过分粗略，可能出现评估不够精细的问题。相应更深的宗地还有九八七六法则，即第五个 25 英尺（7.62 米）的价值占路线价的 9%，第六个 25 英尺（7.62 米）的价值占路线价的 8%，第七个 25 英尺（7.62 米）的价值占 7%，第八个 25 英尺（7.62 米）的价值为 6%。

（二）苏慕斯法则

苏慕斯法则（Somers Rule）是由苏慕斯（Willam A. Somers）根据其多年实践经验并经对众多的买卖实例价格调查比较后创立的。苏慕斯经过调查证明，100 英尺（30.48 米）深的土地价值，前半临街 50 英尺（15.24 米）部分占全宗地总价的 72.5%，后半 50 英尺（15.24 米）部分占 27.5%，若再深 50 英尺（15.24 米），该则宗地所增的价值仅为 15%，其深度百分率即在这种价值分配原则下拟定。由于苏慕斯法则在美国俄亥俄州克利夫兰市应用最著名，因此一般将其称为克利夫兰法则（Cleveland Rule）。

（三）霍夫曼法则

霍夫曼法则（Hoffman Rule）是 1866 年纽约市法官霍夫曼所创造的，是最先被承认对于各种深度的宗地评估的法则。霍夫曼法则认为：深度 100 英尺（30.48 米）的宗地，在最初 50 英尺（15.24 米）的价值应占全宗地价值的 2/3。在此基础上，则深度 100 英尺（30.48 米）的宗地，最初的 25 英尺（7.62 米）等于 37.5%，最初的一半，即 50 英尺（15.24 米）等于 67%，75 英尺（22.86 米）等于 87.7%，全体的 100 英尺（30.48 米）等于 100%。

（四）哈柏法则

哈柏法则（Harper Rule）创设于英国，该法则认为一宗土地的价值与其深度的平方根成正比。即深度百分率为其深度的平方根的 10 倍。即深度百分率 $= 10 \times \sqrt{深度} \times 100\%$，例如一宗 50 英尺（15.24 米）深土地价值，即相当于 100 英尺（30.48 米）深土地价值的 70%。因为深度百分率 $= 10 \times \sqrt{50} \times 100\%$，约等于 70%。但标准深度不一定为 100 英尺（30.48 米）所以经修订的哈柏法则认为：

$$深度百分率 = \sqrt{所给深度} / \sqrt{标准深度} \times 100\%$$

六、应用举例

例 6-8　现有临街宗地 A、B、C、D、E、F，如图 6-1 所示，深度分别为 25 英尺、50 英尺、75 英尺、100 英尺、125 英尺和 150 英尺，宽度分别为 10 英尺、10 英尺、20 英尺、20 英尺、30 英尺和 30 英尺。路线价为 2 000 元/英尺，设标准深度为 100 英尺，试运用"四三二一"法则计算各宗土地的价值。

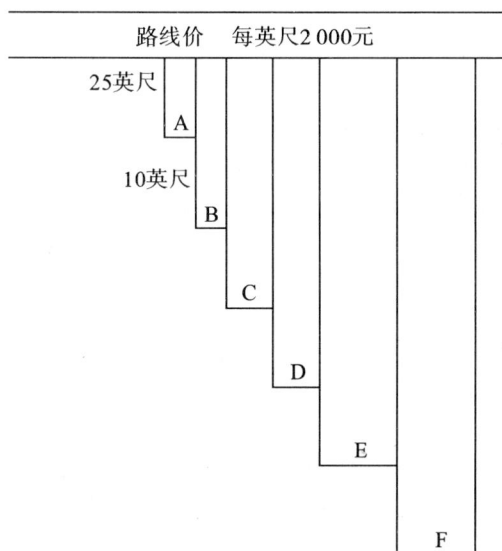

图 6-1　路线价法

解：A = 2 000 × 0.4 × 10 = 8 000（元）

      B = 2 000 × 0.7 × 10 = 14 000（元）

      C = 2 000 × 0.9 × 20 = 36 000（元）

      D = 2 000 × 1.0 × 20 = 40 000（元）

      E = 2 000 ×（1.0 + 0.09）× 30 = 65 400（元）

      F = 2 000 ×（1.0 + 0.09 + 0.08）× 30 = 70 200（元）

即临街宗地 A、B、C、D、E、F 的价值分别为 8 000 元、14 000 元、36 000 元、40 000 元、65 400 元、70 200 元。

第九节　在建工程评估

一、在建工程的含义和特点

（一）含义

在建工程指在评估时未完工或虽然已经完工，但尚未竣工验收、交付使用的建设项目，以及为建设项目备用的材料、设备等资产。

（二）特点

1. 在建工程情况复杂

在建工程的范围很广，情况复杂。以建筑工程为例，它包括建设中的各种房屋建筑物，而且建筑工程又包含各种设备安装，范围涉及各个行业，情况比较复杂，具有较强的专业技术和专业特点。

2. 在建工程之间可比性差

在建工程的工程进度差异很大，有的是刚刚投资兴建，有的已经完工但尚未交付使用。这些工程进度上的差异就会造成在建工程资产功能上的差异。因此在建工程之间的可比性较差，评估时直接可比案例较少。

3. 在建工程的投资不能完全体现在建工程的形象进度

由于在建工程的投资方式和会计核算要求，其账面价值往往包括预付材料款和预付设备款，同时也记录在建工程中的应付材料款及应付设备款等，如出包工程的付款方式是由合同规定的，可能有时预付很多而工程进度未跟上，有时预付较少而进度超出。因此，在建工程的投资并不能完全体现在建工程的形象进度。

4. 建设工期长短差别大

有些在建工程如厂区内的道路、设备基础等，一般工期较短；而有些在建工程如高速公路、港口码头等的建设工期就很长。

5. 在建工程的价格受后续工程影响较大

对于建设工期较长的在建工程，建造期间材料、工费价格、设计等都可能发生变化，使在建工程的成本以及建成后的发挥的效益都具有很多不确定性，因此在建工程的价格与后续工程的进度和质量有着非常密切的关系。

二、资料的收集与分析

通过收集与在建工程评估有关的资料，确定被估在建工程的合法性，分析在建工程有关技术和经济指标。

1. 收集与被估在建工程有关的政府批准文件和工程其他详细资料。政府批准文件如土地使用权出让合同、建设用地许可证、施工许可证、开工许可证、预售许可证等，其他资料如工程图纸、工程预算书、施工合同、有关账簿及原始记录等。从上述资料中明确项目名称、建筑面积、工程结构、工程预算、实际用款和完工程度，以及需要安装的设备名称、规格、型号、数量、合同金额、实际预付额、到货和工程安装情况等。

2. 评估人员到工程现场查勘工程进度和工程形象进度，明确工程竣工、达到交付使用的日期以及评估基准日工程形象进度是否与总工程进度计划相符。

3. 了解开发商有关情况，检查工程质量。要了解开发商的资质、财务状况、工程监管等情况。同时检查在建工程质量和建筑材料质量，明确建筑工程各组成部分是否存在缺陷及待修理的因素，在建工程整体布局是否合理。

4. 收集有关法定参数。如有关部门规定或制定的当地建筑工程预算定额、建筑工程间接费用标准、地方建筑材料价差指数、建筑工程预备费用及其他费用标准（如在建工程贷款利率）等。

三、评估方法

（一）形象进度法

形象进度法是选择足够的可比销售资料，根据在建工程建造完成后的不动产市场价格，结合工程形象进度评估在建工程价值的方法。计算公式为：

在建工程价格＝建成后不动产单价×工程形象进度百分比×（1－折扣率）

其中，在建工程建造完成后的不动产市场价值，一般可采用市场法或收益法评估。

工程形象进度百分比＝（实际完成建筑工程量＋实际完成安装工程量）／总工程量×100%

折扣率的确定应考虑营销支出、广告费和风险收益等因素。

（二）成本法

成本法评估在建工程是按在建工程客观投入的成本评估，即以开发或建造被估在建工程已经耗费的各项必要费用之和，再加上正常的利润和应纳税金来确定被估在建工程的价值的方法。公式为：

在建工程价格＝土地取得费＋专业费用＋建筑物建造费用＋正常利税

其中，土地取得费是指为获得土地而发生的费用，包括相关手续费和税金。专业费用包括咨询、规划、设计等费用。建造建筑物费用是指在评估基准日在建工程已经耗费的各项必要建造费用之和。正常利税包括建造商的正常利润和营业税等。

（三）假设开发法

用假设开发法评估在建工程，是在求取被估在建工程的价值时，将被估在建工程预期开发完成后的价值，扣除后续的正常的开发费用、销售费用、销售税金及开发利润，以确定被估在建工程价值的一种评估方法。应用假设开发法评估在建工程的公式如下：

在建工程价格 = 预期楼价 − （后续工程成本 + 后续工程费用 + 正常利税）

四、方法的选择

根据在建工程的上述特点，在建工程评估一般根据工程形象进度，选用适当的方法进行评估。

1. 整个建设工程已经完成或接近完成，只是尚未交付使用的在建工程，可采用工程形象进度法进行评估，按在建工程建成后的不动产的市场价值结合工程形象进度作适当扣减作为其评估值。

2. 对于实际完成工程量较少的在建工程，可采用成本法或假设开发法进行评估。

3. 属于停建的在建工程，要查明停建的原因，确实由于工程的产、供、销及工程技术等原因而停建的，要考虑在建工程的功能性及经济性贬值，并进行风险系数调整。

练习题

一、单项选择题

1. 待估建筑物为砖混结构单层住宅，宅基地 300 平方米，建筑面积 200 平方米，月租金 3 000 元，土地还原利率为 7%，建筑物还原利率为 8%，评估时，建筑物的剩余使用年限为 25 年，取得租金收入的总成本为 7 600 元，评估人员另用市场法求得土地使用权价格每平方米 1 000 元，运用建筑物残余估价法所得到建筑物的价值最有可能是（　）元。

A. 61 667　B. 925 000　C. 789 950　D. 58 041

2. 残余估价法属于（　）中的一种具体方法。

A. 收益法　B. 成本法　C. 市场法　D. 功能价值法

3. 若反映宗地地价水平，（　）指标更具说服力。

A. 建筑总价格/土地总面积　B. 土地总价格/土地总面积

C. 房地总价格/土地总面积　D. 土地总价格/建筑总面积

4. 某评估机构采用市场法对一房地产进行评估，评估中共选择了三个参照物，并分别得到 127 万元、142 万元、151 万元三个评估结果，它们的权重依次为 25%、40%、35%，则被评估不动产的价值最接近（　）万元。

A. 140　B. 157　C. 141　D. 148

5. 某一宗土地用于住宅开发时的价值为 300 万元，用于商业大楼开发时的价值为 500 万元，用于工业厂房开发时的价值为 280 万元。城市规划确认该土地可用于住宅或工业。该宗土地的价值应评估为 300 万元，这体现了不动产评估的（　）。

A. 供求原则　B. 替代原则　C. 最佳使用原则　D. 贡献原则

二、多项选择题

1. 影响地价的一般因素有（　）。

A. 行政因素　B. 区域因素　C. 社会因素　D. 经济因素　E. 人口因素

2. 影响商业用地土地价格的区域因素有（　　）。

A. 商业繁华程度　B. 环境优劣度　C. 规划限制　D. 公用设备完善度

E. 交通便捷度

3. 我国不动产评估的标的物一般包括（　　）。

A. 土地使用权　B. 土地所有权　C. 建筑物及其权益　D. 建筑物中的水暖设施

E. 建筑物中的办公设施

4. 不动产评估遵循的原则有（　　）。

A. 最有效使用原则　B. 合法原则　C. 替代原则　D. 供求原则　E. 贡献原则

三、计算题

1. 某房地产开发企业于 2002 年 1 月以出让方式取得一块土地的 50 年使用权，土地面积为 1 000 平方米，并于 2003 年 1 月在此块土地上建成建筑面积为 4 000 平方米的钢筋混凝土框架结构写字楼一座，其经济耐用年限为 60 年，残值率为 0。评估基准日，该类建筑物重置价格成本为每平方米 2 800 元。现该写字楼用于出租，每年实收租金 250 万元，另据调查，当地同类写字楼出租租金为每平方米每天 2 元，空置率为 10%，每年需支付的管理费为年租金的 3%，维修费为重置价格的 1.5%，房产税为租金收入的 12%，营业税及附加为租金收入的 5.5%，保险费为重置价格的 0.2%，土地资本化率 6%，建筑物资本化率 8%。试根据以上资料评估该宗地在 2004 年 1 月的价格。

2. 有一宗"七通一平"待开发建设用地，面积为 2 000 平方米，使用期限为 50 年，容积率为 4，拟开发建设写字楼，建设期为 2 年，建筑费用为每平方米 4 500 元，专业费用为建筑费用的 8%，建筑费用和专业费用在整个建设期内均匀投入，写字楼建成后拟对外出租，租金预计为每天每平方米 2.5 元，出租率为 90%，管理费用为年租金的 3%，维修费用为建筑费用的 1.5%，保险费用为建筑费用的 0.2%，税金为年租金的 17.5%，银行一年期贷款利率为 5%，不动产资本化率为 7%，开发商要求的利润率为地价和开发成本（建筑费用＋专业费用）之和的 20%，试评估该宗地的价格。

3. 有一待估宗地，剩余使用年限为 30 年，土地资本化率为 7%，现收集到 A、B、C、D 四个宗地交易实例，具体情况见下表。

宗地	成交价格	交易时间	交易情况	容积率	区域因素	个别因素	剩余时间
评估对象		2004.1	0	3	0	0	30
A	2 860	2003.1	−1%	2.8	0	−1%	28
B	3 120	2003.1	0	3.2	+3%	0	30
C	2 990	2003.1	0	3	+1%	0	29
D	2 730	2003.1	−2%	2.8	0	−1%	28

上表中交易情况、区域因素和个别因素均是交易实例与评估对象相比较，以评估对象为

基准确定的数值，该城市此类用地容积率与地价的关系为：当容积率在 2.5~3.5 之间时，容积率每增加 0.1，宗地地价比容积率为 2.5 时增加 2%。该城市从 2001 年到 2004 年，此类用地每年价格上涨 2%。试根据上述条件评估该宗地 2004 年 1 月的价格。

4. 某宾馆，土地使用权限为 40 年，自 2000 年 6 月开始，该宾馆共有床位 300 张，平均每张租金是 45 元/天，年空置率为 20%，与当地同档次宾馆的租金水平相似。营业费用平均每月 14 万元，正常营业费用平均为营业收入的 30%。该类不动产综合还原利率为 8%。估算该宾馆 2005 年 6 月的收益价格。

5. 某砖混结构住宅，占地面积 200 平方米，建筑面积 120 平方米，月租金 2 400 元，空房损失按半月租金计，房产税按年租金的 12% 计，土地使用税按每年 2 元/平方米计，管理费按年租金的 3% 计，维修费按年租金的 4% 计，保险费 288 元，另知，用市场法和成本法求得的土地使用权价格 500/平方米，土地还原率 8%，建筑物还原利率 10%，建筑物剩余使用年限 25 年，用收益法评估建筑物的价格。

6. 某块地面积 60 000 平方米，是通过城镇土地出让而取得的，出让金为 150 元/平方米，拆迁费 100 元/平方米，开发费 300 元/平方米，其他费用 45 元/平方米，土地开发周期为两年，第一年投入资金占总开发费的 60%，目前，市场上地产开发的投资报酬率为 10%，银行贷款利率为 6%，土地的出让增值收益率为 15%，评估该土地的价格。

7. 待估宗地为待开发建设的"七通一平"空地，面积 2 000 平方米，允许用途为住宅建设，允许容积率为 6，覆盖率小于或等于 50%，土地使用权年限为 70 年，要求按假设开发法估测该宗地的公平市场价值。有关数据如下：预计建设期为两年，第一年投入 60% 的总建设费，第二年投入 40% 的总建设费，总建设费预计为 1 000 万元。专业费用为总建设费用的 6%，利息率为 10%，利润率为 20%，售楼费用及税金等综合费率为售楼价的 5%，假设住宅楼建成后即可全部售出，楼价预计为 3 000 元/平方米，折现率 10%。

8. 有一待估宗地，现收集到 4 个可比较参照交易案例，具体情况详见下表。

宗地	成交价格（元/平方米）	交易时间	交易情况	容积率	剩余使用年限	区域因素	个别因素
待估地		2009/01	0	1.2	45	0	0
1	800	2007/01	2%	1.3	50	1%	0
2	850	2008/01	1%	1.4	50	0	1%
3	760	2007/01	0	1.1	40	0	-2%
4	780	2007/01	0	1.0	45	-1%	1%

表中的交易情况、区域因素及个别因素值，都是参照物宗地与待估宗地的比较，负号表示参照物宗地条件比待估宗地条件差，正号表示参照物宗地条件比待估宗地条件优，数值大小代表对宗地地价的修正幅度。容积率与低价的关系为：容积率在 1~1.5 之间时，容积率每增加 0.1，宗地单位地价比容积率为 1 时增加 3%。该城市地价指数详见下表。

年份	2004	2005	2006	2007	2008	2009
指数	100	105	108	110	111	115

试根据以上条件评估待估宗地2009年1月20日的价格。

9. 有一宗已"七通一平"的待开发建设的空地，土地面积为3 200平方米，建筑容积率为2.5，拟开发建设为公寓。土地使用权年期为50年。据市场调查和项目可行性分析，该项目建设开发周期为3年，取得土地使用权后即可动工，建成后即可对外出租，出租率估计为90%，每平方米的年租金预计为300元，年出租费用为年租金的25%。建筑费预计每平方米1 000元，专业费为建筑费的10%，建筑费和专业费在建设期内均匀投入。假设当地银行贷款利率为7%，不动产综合还原利率为8%，开发商要求的总利润为所开发不动产总价的15%。试评估该宗土地的地价。

10. 待估土地为一块已完成"七通一平"的待开发空地，土地面积为5 000平方米，允许容积率为4，土地形状规则，土地使用权年限为50年，规划用途为商业和居住混合，总建筑面积为20 000平方米，建筑层数为8层，每层建筑面积均为2 500平方米，地上一至二层为商业用房，建筑面积5 000平方米，三至八层为住宅，建筑面积15 000平方米。该项目的建设周期为两年。在未来两年的建设周期中，开发费用的投入情况预计如下：第一年需投入60%的建筑费及相应的专业费用，第二年需投入40%的建筑费及相应的专业费用。预计总建筑费为4 000万元，专业费为建筑费的6%，成本利润率为20%，贷款的年利息率为6%，销售费用和税费合计为售楼价的4%。经分析预测，该开发项目完成后，其中全部商业用房和30%的住宅部分即可售出，住宅部分的50%在半年后售出，其余20%在1年后售出。预计商业用房的平均售价为每平方米8 500元，住宅的平均售价为每平方米6 500元，折现率10%。试估算该宗地目前的价格。

第七章 资源资产评估

学习目的与要求

通过本章的学习，使学生了解：资源资产的含义及分类；资源资产评估的概念与特点；森林资源资产的概念及其主要评估方法与适用范围；矿产资源资产的概念及其主要评估方法。重点要掌握森林资源资产和矿产资源资产的具体评估方法。

第一节 资源资产概述

一、自然资源的含义及其分类

（一）含义

自然资源是指自然界中人类可以直接获取的用于生产和生活的物质要素。未被发现或发现了但不知其用途的物质不是资源，因而也没有价值。它是一个动态的概念，信息、技术和相对稀缺性的变化都能把过去没有价值的物质变成宝贵的资源。按照研究的角度和目的，根据自然资源的自然属性、经济属性和生态属性，可以对自然资源进行多种分类。

（二）分类

1. 按自然资源是否再生分为非耗竭性资源和耗竭性资源

非耗竭性资源基本上是由环境要素构成的，在合理开发利用的限度内，人类可以永续利用。非耗竭性资源可分为以下三种。

（1）恒定的非耗竭性资源。不受或基本不受人为因素的影响，具有恒定的特性，例如气候资源和海洋动力资源。

（2）可再生的非耗竭性资源。在人为因素的干预下发生增减变化，虽然数量减少，但可以恢复，如生物资源和森林资源。

（3）不可再生的非耗竭性资源。例如土地资源，如果开发不合理，那么土地资源就不可以永续使用，会造成土地沙化、盐渍化、沙漠化。

耗竭性资源是指经过漫长的地质过程形成的，随着人类的开发利用，其绝对数量有明显的减少现象，是不可再生资源，如矿产资源。

2. 按资源的性质可划分为环境资源、生物资源（含森林）、土地资源、矿产资源、景观资源等

（1）环境资源，包括太阳光、地热、空气和天然水等。这类资源比较稳定，一般不会因为人类的开发利用而明显减少，为非耗竭性资源。

（2）生物资源，包括森林资源、牧草资源、动物资源和海洋生物资源等。生物资源吸收了流动的太阳能和水资源，消耗土壤的养分。在太阳能量一定，生物繁殖能力一定，以及人类合理利用和保护的条件下，生物资源是可以再生的。

（3）土地资源，是由地形、土壤、植被、岩石、水文等因素组成的一个独立的自然综合体。土地一般是指陆地的表面部分，包括滩涂和内陆水域。土地可以划分为农用地、建设用地和未利用地。农用地主要包括耕地、林地、草地、农田水利用地、养殖水面等。

（4）矿产资源是指经过一定的地质过程形成的，赋存于地壳或地壳上的固态、液态或气态物质，包括各种能源和各种矿物等。矿产资源包括陆地矿产资源和海洋矿产资源，陆地矿产资源包括金属矿产资源、能源矿产资源和非金属矿产资源。海洋矿产资源包括滨海砂矿、陆架油气、深海沉积矿床等。

（5）景观资源主要是指自然景物、风景名胜等，能为人们提供游览、观光、知识、乐趣、度假、探险、考察研究等用途，一般以附着在其他资源之上的形式而存在。

二、资源资产的特性

资源资产是一部分自然资源资产化的表现形式。与自然资源相比，物质内涵是一致的，但是除了具有自然资源的基本特性外，根据资产的含义，资源资产还具有经济属性和法律属性。

（一）自然属性

1. 天然性

自然资源是天然形成的，由自然物质组成，最初完全是由自然因素形成的，处于自然状态。随着人类对自然干预能力的加强，部分资源资产表现为人工投入与天然生长的共生性。

2. 有限性和稀缺性

资源资产的有限性和稀缺性主要表现在三个方面：一是资源资产的数量是有限的；二是自然资源和自然条件的贫化、退化和质变；三是自然资源的生态结构、生态平衡被破坏。如矿产资源随着被开发利用，逐渐被消耗完。

3. 生态性

各种自然资源不是孤立存在的，不同的资源间互相依存，具有一定的生态平衡规律，如果毫无顾忌地开采和获取资源，使消耗超过再生的速度，就会导致这些资源的毁灭。为了人类的可持续发展，必须对资源进行资产化管理和资产评估。

4. 区域性

资源资产在地域上分布不均衡，存在显著的数量或质量上的地域差异。例如在我国，金属矿产资源基本上分布在从西部高原到东部山地丘陵的过渡地带。

（二）经济属性

1. 资源资产具有使用价值，是经济发展的基础

自然资源是人类生活资料和生产资料的基础，要获得经济增长和经济发展必然要耗费一定的资源，其相对丰富程度影响着经济发展速度。

2. 资源资产能够以货币计量

这是资源资产可以进行评估的基础。资源资产除了能够用实物单位计量以外，还可以用价值量表示。对于无法用货币计量的自然资源，如空气、阳光等，不能成为资产。

3. 资源资产具有获益性

只有具有经济价值的自然资源才能成为资产。没有经济价值或在当今知识与技术条件下尚不能确定其有经济利用价值的资源，不能成为资产。

（三）法律属性

1. 资源资产能够为特定的产权主体所拥有和控制

资源资产产权在法律上具有独立性。如空气、阳光等，一般不能被排他性地占有，所以不能成为资产。

2. 资源资产的使用权可以依法交易

这是市场经济条件下对资源资产进行评估的基本条件。我国实行资源资产的所有权和使用权相分离的制度，绝大多数资源归国家或集体所有。因此，法律不允许资源资产的所有权转让，但是使用权可以依法交易。

三、资源资产评估及其特点

资源资产评估是对资源资产价值的估算。资源资产评估，不仅为国民经济资源价值核算服务，还可以在资源资产有关经济活动中，为有关权益各方包括国家和企业等提供专业服务。具体来说，资源资产评估的目的主要有两个：一是国家出让资源资产的使用权；二是拥有使用权的单位或个人转让使用权或以使用权为资本投资入股、抵押、出租等。即大致有一级出让市场和二级转让市场，而且主要是二级转让市场，要通过资产评估防止二级市场的盲目炒作等不规范的行为。资源资产评估的基本方法主要有三种，即收益法、成本法、市场法，但在具体运用以及参数确定上，不同类型的资源资产具有派生的适合各类资源资产评估的特定方法。资源资产由于具有独特的自然、经济和法律属性，因而与其他资产相比，资源资产的评估具有一定的特点。

（一）资源资产价格是使用权价格

由于我国自然资源大部分属于国家所有，只有部分属于集体所有，法律不允许资源资产的所有权转让，因此资源资产评估的对象主要是资源资产的使用权，是对资源资产权益的价值评估。

（二）资源资产价格受区位影响较大

由于资源资产的有限性、稀缺性和区域性，资源资产价格受自然资源所在区位影响很大。

（三）资源资产评估需遵循自然资源形成和变化的客观规律

资源资产类别多种多样，不同资产其资源条件、经营方式、市场供求等也各不相同。如矿产资源是经过一定的地质过程形成的；森林资源是一种生物资源等都有自身的客观规律。因此，在资产评估中要充分了解资源资产实体和资产使用权的专业特点，以合理评估资源资产的价值。

第二节　森林资源资产评估

一、森林资源资产的概念

森林资源资产是可再生的资源资产，包括森林、林木、林地以及依托森林、林木、林地生存的野生动物、植物和微生物。现阶段，受到收益计量方法的限制，森林资源资产评估主要是林木资产、林地资产和森林景观资产的评估。

林木资产，是指林地内所有的林木所形成的资产。按林木的用途可分为用材林、经济林、薪炭林、防护林等。

林地资产，是指依法确认的林业用地，它是森林生长的承载体。林地包括乔木林地、疏林地、未成林造林地、灌木林地等。

森林景观资产，包括风景林、部分名胜古迹和纪念林等。

二、森林资源资产价格的主要构成要素

森林资源作为一种可再生的自然资源，包括天然林和人工林。天然林与人工林相比，除了更新方式不同外，国家每年都要投入大量资金进行森林的管理和维护。森林资源资产的价格受市场供求关系、所投入的必要的劳动量等因素影响，其主要由以下要素构成。

（一）营林生产成本

营林生产成本是确定森林价格的基础。营林生产成本应以能够提供商品材的劣等宜林地的营林成本为依据。

（二）资金的时间价值

由于培育森林资源的长期性，森林资源的生产周期长，从栽植到采伐往往需要相当长的时间。在营林生产过程中，还需不断投入资金，森林资源资产价格的评估应充分考虑资金的实践价值对林木价值的影响，充分考虑资金占有的利息，营林的生产成本应以复利计算。同时，林木在不同的时间有不同的价值，同一树种在不同年龄时的林木价值不同，形成森林的时序成本和时序价格。

（三）利润

森林资源资产的价格中应该包括营林利润。在森林资源资产评估中，营林利润率的确定，可以以社会平均资本利润率为基础，同时考虑营林生产周期长、风险大，所以还应加上风险收益。

（四）税金

森林资源资产经营过程中应缴纳各种税费。

（五）林木生产中的损失

在漫长的森林培育过程中，树木可能会遭受各种各样的自然灾害，如火、风、病虫害等；也有可能会受到各种非自然因素的影响，如社会的动荡、战争等，造成一定的经济损

失。因此，在评估中必须以森林保险形式，考虑林木生产中的意外损失。

（六）地租

在我国，林地所有权和使用权相分离，森林资源资产的价格还应包括绝对地租和级差地租，地租量应根据不同林地、不同树种、不同经营水平等因素确定，如气候条件、地理位置、土地肥沃程度等因素。

（七）差价

差价是森林资源资产价格的重要特征，这是因为林木是在一定的自然地理条件下，经过人类劳动而生产出来的，因此林木的成本与价格受自然条件的制约和林木本身生态特性的影响，形成了林木的地区差价和树种差价两种。

三、森林资源资产评估资料收集和资产核查

（一）森林资源资产评估资料收集

森林资源资产评估必须收集掌握当地有关技术经济指标资料，主要有：

1. 营林生产技术标准、定额及有关费用资料；
2. 木材生产、销售等定额及有关成本费用资料；
3. 评估基准日各种规格的木材、林副产品市场价格，及其销售过程中税、费征收标准；
4. 当地及附近地区的林地使用权出让、转让和出租的价格资料；
5. 当地及附近地区的林业生产投资收益率；
6. 各种树种的生产过程表、生长模型、收获预测等资料；
7. 使用的立木材积表、原木材积表、材种出材率表、立地指数表等资料；
8. 其他与评估有关的资料。

（二）森林资源资产核查

森林资源资产的实物量是价值量评估的基础，评估机构在对森林资源资产价值量评定估算前，应由林业专业技术人员对被评估的森林资源资产进行实地核查。根据评估目的、评估对象特点和委托方要求，可选择抽样控制法、小班抽查法和全面核查法进行核查。

森林资源资产核查项目，主要包括林地和林木的权属、数量、质量及空间位置等内容。

四、森林资源资产评估的主要方法

森林资源资产评估的对象主要是林木资产、林地资产和森林景观资产。森林资产评估的基本方法主要是市场法、收益法和成本法。由于森林资源资产的特殊性，根据具体的评估对象和资料情况，又有相对应的评估方法。其中林地资产评估主要是林地使用权评估，其评估方法与土地使用权评估的原理相同，本章不再赘述，下面重点讲述林木资产评估的主要方法。

目前在进行林木资产评估时，主要采用的评估方法有市场法、剩余法、收益法和成本法等。

（一）市场法

市场法是林木资产评估最常用的方法。该方法是以相同或类似林木资产的现行市价作为比较的基础，评估待估林木资产价值的方法。计算公式为：

$$P = K \times K_b \times G \times Q$$

式中：P——林木资产评估值；

Q——被估林木资产的蓄积量；

K——林分质量调整系数；

K_b——物价指数调整系数；

G——参照物单位蓄积量的交易价格。

所谓林分是指内部特征大体一致而与邻近地段又有明显区别的一片林子。一个林区的森林，可以根据树种组成、森林起源、林相、林龄等其他因素的不同，划分成不同的林分。林分质量调整系数是针对同一林分不同地段林木的差别而设置的系数。

这种方法主要适用于各种有交易的森林资源资产的评估，但防护林不适用。

（二）剩余法

剩余法又称市场价倒算法，是用被评估林木采伐后所得的木材的市场销售总收入，扣除木材经营所消耗的成本（含有关税费）及合理利润后，将剩余部分作为林木资产的评估价值。计算公式为：

$$P = W - C - F + S$$

式中：P——林木资产评估值；

W——销售总收入；

C——木材经营成本（包括采运成本、销售费用、管理费用、财务费用及有关税费）；

F——木材经营合理利润；

S——林木资源的再生价值。

林木资源的再生价值是指林木被砍伐后重新生长所产生的价值。

这种方法主要适用于成熟林的评估，因为这时的财务资料的取得较容易且很可靠。

（三）收益法

收益法又称收益净现值法，是将被评估林木资产在未来经营期内各年的净收益按一定的资本化率折现为现值，然后累计求和得出林木资产评估价值的方法。计算公式为：

$$P = \sum_{t=1}^{N} \frac{(A_t - C_t)}{(1 + r)^t}$$

式中：P——林木资产评估值；

A_t——第 t 年的年收入；

C_t——第 t 年的营林生产成本；

N——经营期；

r——资本化率。

这种方法主要适用于有经常性收益的林木资产的评估，如经济林、竹林、实验林等。

（四）成本法

成本法是按现时工价及生产水平，重新营造一片与被评估林木资产相类似的林分所需的成本费用，作为被评估林木资产的评估值的方法。计算公式为：

$$P = K \times \sum_{t=1}^{N} C_t \times (1 + r)^t$$

式中：P——林木资产评估值；

K——林分质量调整系数；

C_t——过去第 t 年以现时工价及生产水平为标准计算的生产成本，主要包括各年投入的工资、物质消耗、地租等；

i——折现率；

n——林分年龄。

这种方法主要适用于以资产重置和补偿为目的的林木资产的评估，如对幼龄林的评估。

第三节　矿产资源资产评估

一、矿产资源资产概述

（一）含义

矿产资源资产是指已发现的具有开采价值的矿藏。根据人类对矿产储量的了解程度或者勘探投入量的不同，矿产资源资产可以分为两类：一类是凝结较少量的人类劳动的矿产资源资产；另一类是已经勘探开发、经营者投入大量劳动而证实了的（包括储量、开采地质条件等）矿产储量资源资产。

（二）评估对象

矿产资源资产评估对象分为两类：一是国家向勘探开发经营者转让矿权时，对矿权转让费的评估；二是对拥有矿权的勘探开发经营者的矿产储量资源资产的评估。在评估工作中大多数是评估矿业权资产，具体分为探矿权和采矿权。

二、影响矿产资源资产价格的因素

影响矿产资源资产价格的因素主要包括：矿产资源本身的稀缺程度和可替代程度、矿产品供求状况、矿床自然丰度和地理位置、科技进步、资本化率和社会平均利润率等。

（一）矿产资源稀缺程度和可替代程度

不同的矿产品，稀缺程度差别很大。一般而言，资源的稀缺程度越高，其可替代程度往往越低，凡是可替代程度低的矿产资源，其资产价值也较高。

（二）矿产资源产品的供求状况

矿产资源产品的供求状况决定矿产品价值的实现程度，决定何种等级的矿产资源将被投入生产过程，从而决定矿产资源资产价格水平。当矿产品供不应求时，价格就高；当供过于求时，价格就低。

（三）矿产资源的自然丰度和地理位置

矿产资源的自然丰度通过矿体规模、品位、埋深、厚薄等一系列指标反应。在一定的技术经济条件下，自然丰度越高，开采所需投入的成本越低，企业超额利润就会越高，矿产资源的资产价值会相应增加。矿产资源的地理位置也影响矿产资源资产的价格，有时甚至超过矿产资源的自然丰度。因为，矿产资源距离加工消费地的远近和运输条件的优劣会影响生产成本，进而影响资产价值。

（四）科技进步

科技进步主要表现在：第一，科技进步会使一些未利用的或被认为无法利用的伴生元素或矿物得到开发和利用，从而增加市场供给；第二，科技进步可以发现已被使用的矿产资源新的或更有效的利用价值；第三，科技进步可以发现和创造更加有效或更先进的寻矿、采矿方法。

（五）社会的平均利润率和矿业的资本利润率

社会的平均利润率和矿业的资本利润率的对比可以影响资金流向和矿山企业的经营利润，进而影响矿产资源资产的价值和矿业权价值。

三、矿产资源资产的评估方法

如前所述，矿产资源资产的评估对象主要不是矿产资源实物资产的价值，而是矿业权价值。矿业权价值的评估，根据不同的评估对象和评估目的，有多种评估方法。

（一）采矿权评估

采矿权评估主要采用贴现现金流量法和可比销售法。

1. 贴现现金流量法

根据矿山企业现有的或设计的矿山设备、生产条件和方案等，预测矿山企业在预测收益期内各年开发利用矿产资源所取得的现金流量，采取适当的折现率折算成现值，即为采矿权的价值。计算公式为：

$$P = \sum_{t=1}^{n} \left[(CI - CO)_t \cdot \frac{1}{(1+r)^t} \right]$$

式中：P——采矿权价值；

　　　　CI——现金流入量；

　　　　CO——现金流出量；

　　　　r——折现率。

2. 可比销售法

可比销售法是利用已知采矿权转让中的市场价，通过差异因素调整来估算待估的采矿权价格的方法。计算公式如下：

$$P = P_x \times \mu \times \xi \times \varphi \times \theta$$

式中：P——采矿权价值；

P_x——参照采矿权成交价；

μ——规模调整系数；

ξ——品位调整系数；

ψ——价格调整系数；

θ——差异调整系数。

其中，采矿权差异要素包括交通条件、自然条件、经济环境和地质采选条件等。

可比销售法要求参照的采矿权有可比性，即矿种相同、自然成因类型相同、工业类型大致相似，同时要取得足够的地质参数。该方法在矿业权市场发达的国家应用较为广泛，但由于我国矿业权交易尚不普遍，该方法的应用受到一定限制。

（二）探矿权评估

探矿权可在不同精度勘查阶段转让，评估师应针对不同精度勘探阶段合理选择评估方法。探矿权评估分为高精度勘查和低精度勘查两个阶段。

1. 高精度勘查阶段

高精度勘查阶段，是指勘查阶段达到了详查和勘探阶段，在该阶段，探明或控制了一定的矿产储量，做过一定数量的实验室选矿实验。高精度勘查阶段的探矿权评估方法主要包括约当投资——贴现现金流量法、重置成本法和地勘加和法。

（1）约当投资——贴现现金流量法

约当投资——贴现现金流量法评估探矿权价值，是通过对新探矿权人未来开采投入的全部资产的未来预期收益现值进行估算，按原探矿权人和新探矿权人投资的比例对预期收益现值进行分割后，以原探矿权人分割所得的预期收益现值来确定探矿权的评估价值。该方法的应用需具有一定勘查程度，并具有较详细的地堪投资财务资料。具体步骤如下：

第一步：计算新探矿权人资产收益现值；

$$W = \sum_{t=1}^{n} \left[W_t \cdot \frac{1}{(1+r)^t} \right]$$

式中：W——资产收益现值；

W_t——第 t 年的收益额；

r——折现率。

其中，W_t = 年销售收入 - 年经营成本 - 资源税 - 年资源补偿费 - 其他税金

第二步：计算原探矿权人、新探矿权人投资现值；

原探矿权人投资现值可以采用重置成本法（略），新探矿权人投资现值可以采用折现法。新探矿权人投资现值计算公式为：

$$T_x = \sum_{t=1}^{n} \left[T_t \cdot \frac{1}{(1+r)^t} \right]$$

式中：T_x——新探矿权人投资现值；

T_t——第 t 年的投资额；

n——投资年限。

第三步：计算探矿权评估价值。

$$P = [T_y/(T_y + T_x)] \times w$$

式中：P——探矿权评估价值；

T_x——新探矿权人投资现值；

T_y——原探矿权人投资现值。

（2）重置成本法

探矿权评估的重置成本法，是在现行技术条件下，采用新的价格费用标准获得与被评估的探矿权具有相同勘探效果的探矿权重置价值，扣除技术性贬值来评估探矿权净值的方法。计算公式为：

$$P = P_b(1 + f) \times (1 - \varepsilon)$$

式中：P——探矿权评估价值；

P_b——探矿权资产重置成本；

f——地勘风险系数；

ε——技术性贬值系数。

其中，探矿权资产重置成本 $= \sum$（各类地勘实物工作量 × 各类地勘实物工作量现行市价）× （1 + 四项费用分摊系数）

四项费用分摊系数，是根据行业（部门）多年的资料初步统计出来的。在地堪工作中，这四项费用一般难以算出单个项目的具体数额，所以通常采用分摊处理的办法。

地堪风险系数是经过测算得出的。

技术性贬值，是指由于地质勘查技术的原因，导致探矿权所依托的地堪成果质量出现问题，或者由于其他技术原因引起的已探明矿产储量的损失，从而影响探矿权持续使用，降低其获利能力。因此评估时需要做技术性贬值处理。

（3）地勘加和法

地勘加和法利用地堪投入的重置成本加上以地堪投入所分配的超额利润来确定探矿权价值，是重置成本法和贴现现金流量法相结合的一种评估方法，其既考虑了探矿权投入的成本，又考虑了探矿权未来的获利能力。计算公式为：

$$P = P_x + L_n$$
$$L_n = M \times T/(T + G)$$

式中：P——探矿权评估价值；

P_x——不含勘查风险的探矿权净价；

L_n——超额利润分配额；

M——超额利润总额；

T——地勘总投资；

G——矿山建设总投资；

$T + G$——矿山总投资。

2. 低精度勘查阶段

低精度勘查阶段指处于普查及普查以前的地质勘查阶段。低精度勘查阶段的探矿权评估方法主要包括地质要素评序法、联合风险勘查协议法和粗估法。

（1）地质要素评序法

地质要素评序法是以基础购置成本为基数，通过对地堪成果综合评价，将定性的地质要素转化为定量的价值调整系数，对基础购置成本进行调整来确定探矿权价值的方法。计算公式为：

$$探矿权评估值＝基础购置成本×地质要素调整系数$$

其中，基础购置成本主要包括探矿权使用费、地质基本支出和已形成的原始勘查费；地质要素主要包括成矿显示、异常显示、品位显示、成因显示、蕴藏规模显示和前景显示。

（2）联合风险勘查协议法

联合风险勘查协议法，是根据该勘查区已经签订的联合风险经营协议的条款，或类似的勘查区所签订的协议条款，按照合作公司所承诺的勘查投资及其所获得的相应股权评估探矿权价值的方法。

（3）粗估法

粗估法是在低堪查精度阶段所采用的一种近似方法。它主要是根据上市公司公开的地质信息报告或定期披露的地质材料以及矿业股票市场和资本市场走势的长期分析资料，如价格与收益比、价格与现金流量比等指标来估算探矿权价值的方法。国外常用资源品级价值粗估法和以单位国土面积资源价值为基础的粗估法。

练习题

一、单项选择题

1. 下列资源中属于非耗竭性资源的是（　　）。

A. 金属矿产资源　　B. 非金属矿产资源　　C. 能源矿产资源　　D. 土地资源

2. 下列资源中属于可再生资源的是（　　）。

A. 森林资源　　B. 土地资源　　C. 非金属矿产资源　　D. 金属矿产资源

3. 剩余法特别适用于（　　）的评估。

A. 成熟龄林木资产　　B. 中龄林木资产　　C. 竹林资产　　D. 实验林资产

二、多项选择题

1. 自然资源评估的特点包括（　　）。

A. 自然资源价格是使用权价格　　B. 受区位影响较大

C. 应遵循经济规律　　　　　　　D. 应遵循自然规律

2. 森林资源价格主要构成因素是（　　）。

A. 生产成本　　B. 评估费用　　C. 资金时间价格　　D. 地租

3. 收益法评估森林资源主要适用于（　　）。

A. 经济林资产　　B. 竹林资产　　C. 防护林资产　　D. 实验林资产

4. 采矿权差异要素主要包括（　　）。

A. 交通条件　　B. 自然条件　　C. 经济环境　　D. 矿产品位

第八章　无形资产评估

学习目的与要求

通过本章的学习，使学生了解：无形资产的概念、特点及分类；无形资产评估的目的和前提；无形资产价值影响因素；无形资产评估的收益法、成本法和市场法；商标及商标权评估；专利权和非专利技术及其价值评估；著作权和特许权及其价值评估；商誉及其评估。重点要掌握无形资产评估的收益法和商标权评估、专利权价值评估、商誉评估，本章是实务重点章。

第一节　无形资产评估概述

一、无形资产的含义

2009 年 7 月 1 日起施行的《资产评估准则——无形资产》定义，无形资产是指特定主体所拥有或者控制的，不具有实物形态，能持续发挥作用且能带来经济利益的资源。正确理解无形资产的含义，应注意以下几个方面。

1. 无形资产没有实物形态，又往往依托于一定的载体。无形资产与厂房、机器、设备等有形资产相比，其最显著的区别就是没有实物形态。但是，无形资产又具有另一方面的特征，即它往往依托于一定的载体而存在，直接载体如专利证书、许可证、图纸、磁盘和商标标识等；间接载体如土地使用权依托于土地，商誉内含于企业的整体资产，生产新产品的专利、专有技术要通过工艺、配方、生产线等来实现。因此，无形资产的评估，必须考虑其所依托的载体来进行。

2. 无形资产往往由特定主体排他地占有。凡不能排他或者不需要任何代价即能获得的，都不是无形资产。无形资产的这种排他性有的是通过企业自身保护取得，有的则是以适当公开其内容作为代价来取得广泛而普遍的法律保护，有的则是借助法律保护并以长期生产经营服务中的信誉获得社会的公认。

3. 无形资产必须能为企业的生产经营持续地产生效益。这就把无形资产同一些偶然对生产经营发挥作用，但不具有持续性的经济资源，以及虽能持续发挥作用，却没有效益的经济资源相区别，如普通技术、政府发布的经济信息就不是无形资产。

二、无形资产的范围和分类

（一）无形资产的范围

关于无形资产的范围，目前还没有统一界定，各国之间存在一定的差异。我国 2009 年 7

月1日实施的《资产评估准则——无形资产》采用列举的方式指出，我国无形资产的范围包括可辨认无形资产和不可辨认无形资产。可辨认无形资产包括专利权、商标权、著作权、专有技术、销售网络、客户关系、特许经营权、合同权益等；不可辨认无形资产是指商誉。涉及土地使用权、矿业权、水域使用权等的评估另行规范。

1. 专利权是指依法批准的发明人或其权利受让人对其发明成果在一定年限内享有的独占权或专用权。专利权是一种专有权，一旦超过法律规定的保护期限，就不再受法律保护。而其他任何人如需要利用该项专利进行生产经营活动或出售使用该项专利制造的产品，需事先征得专利权所有者的许可，并支付一定的报酬。

2. 专有技术又称非专利技术是指未经公开也未申请专利，在生产经营活动中已采用，不享有法律保护，但被发明人所垄断，具有实用价值的各种技术和经验，如设计图纸、资料、数据、技术规范、工艺流程、材料配方、管理制度和方法等。

3. 商标权是商品生产者或经营者依照法定程序向国家有关部门申请注册并取得对该商标的占有、使用、收益和处分的权利，注册商标受法律保护。

4. 著作权也称作版权，是指公民、法人或者非法人单位按照法律规定对于自己的科学或文学、艺术等作品所享有的专有权利。

5. 特许权又称经营特许权，是指政府所授予的允许在一定地区经营或销售某种特定商品的权利，以及根据有关协议获得的使用其他特定主体所拥有的某些权利的特权。

6. 商誉是指企业在一定条件下，能获取高于正常投资报酬率的回报所形成的价值，这是由于企业所处地理位置的优势，或由于经营效率高、管理基础好、历史悠久、信誉高、人员素质高等多种原因形成的，与同行业企业相比较，该企业的获利能力超过一般企业的获利能力，即可以获得超额收益。

（二）无形资产的分类

1. 根据取得方式的不同可以分为自创无形资产和外购无形资产。自创无形资产是企业自行研制开发的或者由于客观原因形成的，如自创专利、专有技术、商标权和商誉等。外购无形资产是企业付出一定代价从外界购入的，如外购专利权、商标权等。

2. 根据有无专门法律保护可以分为有专门法律保护的无形资产和无法律保护的无形资产。专利权和商标权属于有专门法律保护的无形资产，分别受《专利法》和《商标法》的保护，而非专利技术就属于没有法律保护的无形资产。

3. 根据能否独立存在可以分为可确指无形资产和不可确指无形资产。可确指无形资产指可以单独取得、转让或出售的，有专门名称，可个别取得或作为组成资产的一部分取得的无形资产；不可确指无形资产指那些不可辨认，不能单独取得，离开企业就不复存在的无形资产。除商誉外，其余的都是可确指的无形资产。

4. 根据性质和内容构成不同可以分为知识型无形资产、权利型无形资产、关系型无形资产和组合型无形资产。知识型无形资产是指主要依靠投入的知识、智力、技术创造的知识密集型无形资产，如专利权、专有技术、著作权等。权利型无形资产是通过法律行为创设的非知识型无形资产，如特许经营权、商标权等。关系型无形资产是指可以获得盈利条件的特殊关系，如客户关系、销售网络等。组合型无形资产是指由多种因素综合形成的无形资产，如商誉。

5. 根据技术含量不同可以分为技术型无形资产和非技术型无形资产。技术型无形资产是指依赖于一定的技术载体，直接反映科技成果的无形资产。如专利技术、专有技术等是技术型的无形资产。非技术型无形资产是指依靠特许或取得特定盈利条件而形成的，非直接反映科技成果的无形资产，如商标权、商誉、特许经营权等是非技术型的无形资产。

此外，在国际评估准则委员会颁布的《无形资产评估指南》中，将无形资产分为权利型无形资产（如租赁权）、关系型无形资产（如顾客关系、客户名单等）、组合型无形资产（如商誉）和知识产权（包括专利权、专有技术、商标权和版权）。

三、无形资产的功能特性

无形资产发挥作用的方式明显区别于有形资产，因而在评估时需牢牢把握其固有的特性。

（一）附着性

附着性是指无形资产往往附着于有形资产而发挥其固有功能。有形资产是无形资产的载体，无形资产渗透面越大，对有形资产的附着性也越强。例如，专利和专有技术正是通过特定的机器、生产线和工艺技术、厂房等有形资产得以体现，并使这些有形资产的营运更有效益。这些专利、专有技术一旦离开实体性设施，便只是抽象地存在，不能成为无形资产而发挥实际作用。因此，评估中确定无形资产的收益时，一方面要考虑与无形资产共同发挥作用的有形资产的范围，另一方面还要辨识、区别有形资产和无形资产带来的收益。

（二）共益性

无形资产区别于有形资产的一个重要特点是，它可以作为共同财富，由不同的主体同时共享。通过合法的程序，一项无形资产可以被不同的权利主体共同享用，也可以在其所有者继续使用的前提下多次转让其使用权。例如，一项先进技术可以使一系列企业提高产品质量、降低产品成本；一项技术专利在一个企业使用的同时，并不影响转让给其他企业使用。但是，无形资产的共益性也要受到市场有限性和竞争性的制约，例如由于追求自身利益的需要，各主体对无形资产的使用还必须受相关合约的限制。因而，评估无形资产时必须考虑无形资产的保密程度和作用环境。即使在转让方继续使用该项无形资产的情形下，也要考虑由于无形资产的转让有可能产生竞争对手，从而增加竞争压力的机会成本。因此，考虑无形资产的共益性，就是要求在资产评估时考虑机会成本的补偿问题。

（三）积累性

无形资产的积累性体现在两个方面，一是无形资产的形成基于其他无形资产的发展；二是无形资产自身的发展也是一个不断积累和演进的过程。因此，一方面无形资产总是在生产经营的一定范围内发挥特定的作用；另一方面，无形资产的成熟程度、影响范围和获利能力也处在变化之中。

（四）替代性

在承认无形资产具有积累性的同时，还要考虑到它的替代性。例如一种技术取代另一种技术，一种工艺替代另一种工艺等，其特性不是共存或积累，而是替代和更新。一种无形资产总会由更新的无形资产所取代，因而必须在无形资产评估中考虑它的作用期间，尤其是尚可使用年限。这要取决于该领域内技术进步的速度，取决于无形资产带来的竞争。

四、影响无形资产评估值的因素

从上述无形资产的功能特性可以看出，与有形资产相比，无形资产评估的难度更大。要想准确地评估无形资产的价值，首先要明确影响无形资产评估价值的因素。一般来说，影响无形资产评估价值的因素主要有以下几个方面。

（一）取得成本

无形资产与有形资产一样，其取得也有成本。只是相对有形资产而言，其成本的确定不是十分明晰和易于计量。对企业无形资产来说，外购无形资产较易确定成本，自创无形资产的成本计量较为困难。同时，无形资产的创造与其投入、失败等密切相关，但这部分成本确定是很困难的。一般来说，这些成本项目包括创造发明成本、法律保护成本、发行推广成本等。

（二）机会成本

无形资产的机会成本是指因将无形资产用于某一确定用途后所导致的将无形资产用于其他用途所获收益的最大损失。如果某项无形资产是转让方正在使用的资产，转让该无形资产就意味着转让方将失去部分市场并为自己制造了竞争对手，从而减少转让方的利润。

（三）效益因素

成本是从对无形资产补偿角度考虑的，但无形资产更重要的特征是其创造收益的能力。一项无形资产，在环境、制度允许的条件下，获利能力越强，其评估值越高；获利能力越弱，评估值越低。有的无形资产，尽管其创造成本很高，但不为市场所需求，或收益低微，其评估值就很低。

（四）使用期限

每一项无形资产，一般都有一定的使用期限。无形资产的使用期限，除了应考虑法律保护期限外，更主要是考虑其具有实际超额收益的期限。比如某项发明专利保护期 20 年，但由于无形损耗较大，拥有该项专利实际能获超额收益期限为 10 年，则这 10 年即为评估该项专利时所应考虑的期限。

（五）技术成熟程度

一般科技成果都有一个发展→成熟→衰退的过程，这是竞争规律作用的结果。科技成果的成熟程度如何，直接影响到评估值高低。其开发程度越高，技术越成熟，运用该技术成果的风险性越小，评估值就会越高。如果某项技术处于发展阶段，评估时就需要充分估计其在运用过程中的风险，相应对评估值做一些调整。

（六）转让内容

从转让内容看，无形资产转让有完全产权转让和部分产权转让。在转让过程中有关条款的规定，会直接关系到转让方和受让方的权利和利益，从而影响无形资产的评估值。一般来说，受让方获得的权益越大，无形资产的评估值就越高。在技术贸易中，同是使用权转让，由于许可程度和范围不同，评估值也应不同。

（七）国内外该种无形资产的发展趋势、更新换代情况和速度

无形资产的更新换代越快，无形损耗越大，其评估值越低。无形资产价值的损耗和贬值，不取决于自身的使用损耗，而取决于本身以外同类或替代无形资产变化的情况。

（八）市场供需状况

无形资产的市场供需状况，一般反映在两个方面：一是无形资产市场需求情况；二是无形资产的适用程度。对于可出售、转让的无形资产，其评估值随市场需求的变动而变动。市场需求大，评估值就高。市场需求小，且有同类无形资产替代，则其评估值就低。同样，无形资产的适用范围越广，适用程度越高，市场需求量越大，评估值就越高；反之，其适用程度越低，市场需求量就越小，评估值就越低。

（九）同行业同类无形资产的价格水平

某些无形资产是依照其产品的信誉等级、企业知名度、销售范围、经营历史等，与国内外同行业进行比较分析，确定其价值的。因此需要充分了解同行业同类无形资产的计价标准和依据。

（十）价格支付方式

无形资产转让时如果价格的支付方式是一次性支付，则使用过程中的风险一般由买方完全承担，此种情况下，价格就应定得低一些；如果价格的支付方式采用多次支付，并且风险是由买卖双方共同承担，则价格就应相应提高一些。

总之，在评估无形资产时，应综合考虑以上这些因素。

五、无形资产评估的目的和前提

（一）无形资产评估的目的

无形资产的评估目的是指与无形资产有关的资产业务。通常表现为两种情况：一是无形资产的拥有者或控制者将无形资产的所有权或使用权转让或对外投资，表现为单项资产评估；二是在企业整体或部分产权变动时，如企业股份制改造、合资、兼并等，对企业资产中所包含的无形资产进行评估。

（二）无形资产评估的前提

无形资产之所以可以成为转让、投资的主体，是因为它可以为其控制主体带来额外收益，因此以无形资产产权变动为目的的评估前提应该是无形资产能够带来追加收益。

只有当某些无形资产能够给买方带来追加的收益时，才会对购买方具有吸引力，才能确定无形资产的价格。在这里，不采用"超额利润"而是采用"追加收益"是因为在现实经济中，被评估的无形资产能够带来超额利润只是一种理论抽象，即假设无形资产的控制主体保持社会平均经营水平。一旦假设条件不存在，如亏损或微利企业若拥有某项无形资产，该项无形资产只能使其控制主体不亏损或达到行业平均利润水平，即表现为特定条件下的追加利润，而难以表现为高于社会平均水平的收益，故应根据无形资产对利润增长的影响来评估

无形资产的价格。

另外，倘若企业拥有的无形资产可以帮助其在市场中形成垄断，并通过垄断价格获得垄断利润，这时，就可以通过利润的测算来评估无形资产的价值。

六、无形资产评估的程序

无形资产评估程序是评估无形资产的操作规程。评估程序既是评估工作规律的体现，也是提高评估工作效率、确保评估结果科学有效的保证，无形资产评估一般按下列程序进行。

（一）明确评估目的

无形资产因其评估目的不同，评估的价值类型和选择的方法也不一样，评估结果也会不同。根据《资产评估准则——无形资产》第二十条，无形资产评估目的一般包括转让、许可使用、出资、拍卖、质押、诉讼、损失赔偿、财务报告、纳税等。另外，在明确目的的同时，还需了解被评无形资产的转让内容及转让过程中的有关条款，这样评估人员才能正确确定无形资产的评估范围、基础数据及参数的选取。

（二）鉴定无形资产

鉴定无形资产是进行无形资产评估的基础工作，直接影响到评估范围和评估价值的科学性。通过无形资产的鉴定可以解决以下三个问题。

1. 确认无形资产存在

（1）查询被估无形资产的内容、国家有关规定、专业人员评价情况、法律文书，核实有关材料的真实性、可靠性和权威性。

（2）分析无形资产使用所要求的与之相适应的特定技术条件和经济条件，鉴定其应用能力。

（3）分析其归属是否属于委托者拥有，要考虑其存在的条件和要求，对于剽窃、仿造的无形资产要加以鉴别，对于部分特殊的无形资产要分析其历史渊源，看其是否符合国家的有关规定。

2. 鉴别无形资产种类

主要是确定无形资产的种类、具体名称、存在形式。有些无形资产是由若干项无形资产综合构成，应加以确认和分离，避免重复评估和漏评估。

3. 确定无形资产的有效期

无形资产的有效期限是鉴定无形资产存在的前提。某项专利权，如超过法律保护期限，就不能作为专利权评估。有效期限对无形资产评估值具有很大影响，比如有的商标，历史越悠久，价值越高；有的商标历史并不悠久，也可能具有较高的价值。

（三）搜集相关资料

搜集相关资料就是要搜集影响无形资产评估值因素的资料。与有形资产相比，影响无形资产评估值的因素更为复杂，在交易过程中信息不对称的问题也更严重。因此，要想更为准确地评估无形资产的价值，就需要尽可能地搜集到完整、真实的信息资料。

根据《资产评估准则——无形资产》第二十一条，注册资产评估师执行无形资产评估业务，一般应当关注以下事项：

1. 无形资产权利的法律文件、权属有效性文件或者其他证明资料；

2. 无形资产是否能带来显著、持续的可辨识经济利益；

3. 无形资产的性质和特点，目前状况和历史发展状况；

4. 无形资产的剩余经济寿命和法定寿命，无形资产的保护措施；

5. 无形资产实施的地域范围、领域范围、获利能力与获利方式；

6. 无形资产以往的评估及交易情况；

7. 无形资产实施过程中所受到国家法律、法规或者其他资产的限制；

8. 无形资产转让、出资、质押等的可行性；

9. 类似无形资产的市场价格信息；

10. 宏观经济环境；

11. 行业状况及发展前景；

12. 企业状况及发展前景；

13. 其他相关信息。

注册资产评估师执行无形资产评估业务，应当关注宏观经济政策、行业政策、经营条件、生产能力、市场状况、产品生命周期等各项因素对无形资产效能发挥的制约，关注其对无形资产价值产生的影响。

（四）确定评估方法

注册资产评估师执行无形资产评估业务，应当根据评估目的、评估对象、价值类型、资料收集情况等相关条件，分析收益法、市场法和成本法三种资产评估基本方法的适用性，恰当选择一种或者多种资产评估方法。根据《资产评估准则——无形资产》，有如下规定。

1. 注册资产评估师使用收益法时

（1）在获取的无形资产相关信息基础上，根据被评估无形资产或者类似无形资产的历史实施情况及未来应用前景，结合无形资产实施或者拟实施企业经营状况，重点分析无形资产经济收益的可预测性，恰当考虑收益法的适用性；

（2）合理估算无形资产带来的预期收益，合理区分无形资产与其他资产所获得的收益，分析与之有关的预期变动、收益期限，与收益有关的成本费用、配套资产、现金流量、风险因素；

（3）保持预期收益口径与折现率口径一致；

（4）根据无形资产实施过程中的风险因素及货币时间价值等因素合理估算折现率，无形资产折现率应当区别于企业或者其他资产折现率；

（5）综合分析无形资产的剩余经济寿命、法定寿命及其他相关因素，合理确定收益期限。

2. 注册资产评估师使用市场法时

（1）考虑被评估无形资产或者类似无形资产是否存在活跃的市场，恰当考虑市场法的适用性；

（2）收集类似无形资产交易案例的市场交易价格、交易时间及交易条件等交易信息；

（3）选择具有合理比较基础的可比无形资产交易案例，考虑历史交易情况，并重点分析被评估无形资产与已交易案例在资产特性、获利能力、竞争能力、技术水平、成熟程度、风险状况等方面是否具有可比性；

（4）收集评估对象以往的交易信息；

（5）根据宏观经济发展、交易条件、交易时间、行业和市场因素、无形资产实施情况的变化，对可比交易案例和被评估无形资产以往交易信息进行必要调整。

3. 注册资产评估师使用成本法时

（1）根据被评估无形资产形成的全部投入，充分考虑无形资产价值与成本的相关程度，恰当考虑成本法的适用性；

（2）合理确定无形资产的重置成本，无形资产的重置成本包括合理的成本、利润和相关税费；

（3）合理确定无形资产贬值。

基于无形资产的特征，评估无形资产价值的首选方法应该是收益法，其次是成本法，在条件允许的情况下也可以采用市场法。

（五）撰写报告，得出评估结论

注册资产评估师执行无形资产评估业务，应当在履行必要的评估程序后，根据《资产评估准则——评估报告》编制评估报告，并恰当披露必要信息，使评估报告使用者能够合理理解评估结论。

根据《资产评估准则——无形资产》第三十一条，注册资产评估师应当在评估报告中明确说明下列内容：

1. 无形资产的性质、权利状况及限制条件；

2. 无形资产实施的地域限制、领域限制及法律法规限制条件；

3. 宏观经济和行业的前景；

4. 无形资产的历史、现实状况与发展前景；

5. 无形资产的获利期限；

6. 评估依据的信息来源；

7. 其他必要信息。

根据《资产评估准则——无形资产》第三十三条，注册资产评估师应当在评估报告中明确说明有关评估方法的下列内容：

1. 评估方法的选择及其理由；

2. 各重要参数的来源、分析、比较与测算过程；

3. 对初步评估结论进行分析，形成最终评估结论的过程；

4. 评估结论成立的假设前提和限制条件。

第二节 收益法在无形资产评估中的应用

一、收益法的应用模式

无形资产收益的具体分析方法有超额收益分析法和利润或销售收入分成法两种。超额收益分析法是将使用和不使用无形资产两种情况下的预期收入、预期成本进行比较分析，将前者相对于后者的收入增加额或成本节约额归功于无形资产所创造的经济价值。分成法是从销售利润、销售收入或超额收益中分割一定的比例，作为对无形资产所创造的经济价值衡量。超额收益分析法在收益额确定中介绍，这里主要介绍分成法。

根据无形资产转让计价方式不同，收益法在应用时可以用下列两种形式来表示。

1. 收益模式

$$无形资产评估值 = \sum_{t=1}^{n} \frac{K \cdot R_t (1 - T)}{(1 + r)^t} \qquad （公式一）$$

2. 成本－收益模式

$$无形资产评估值 = Y + \sum_{t=1}^{n} \frac{K \cdot R_t (1 - T)}{(1 + r)^t} \qquad （公式二）$$

式中：K——无形资产分成率；

R_t——第 t 年的分成基数（销售收入、销售利润或超额收益）；

t——收益期；

r——折现率；

Y——最低收费额；

T——所得税率（这里假定转让方所得部分的所得税由受让方代交，转让方不再交所得税）。

上述两个公式不同处在于公式二比公式一多一项最低收费额，然而在后项计算无形资产的分成率时，是按扣除最低收费额后测算的，本质上与公式一是一致的。最低收费额，是指在无形资产转让中，视购买方实际生产和销售情况收取转让费的场合所确定的"旱涝保收"收入，并在确定比例收费时预先扣除，有时称之为"入门费"。在某些无形资产转让中，转让方按固定额收费时把最低收费规定为转让最低价，也可作为无形资产竞卖的底价。

二、最低收费额的确定

由于无形资产具有垄断性，当该项无形资产是购买方必不可少的生产经营条件，或者购买方运用无形资产所增加的效益具有足够的支付能力时，无形资产转让的最低收费额由以下因素决定。

1. 重置成本净值

购买方使用无形资产，就应由购买方补偿成本费用。当购买方与转让方共同使用该项无形资产时，则由双方按运用规模、受益范围等来分摊。无形资产重置成本净值的确定见无形资产评估的成本法。

2. 机会成本

由于无形资产的转让可能会因停业而使由该无形资产支撑的营业收益减少,也可能会因为自己产生了竞争对手而使利润减少或开发支出增加。这些构成无形资产转让的机会成本,应由无形资产购买方来补偿。

综合考虑以上两大因素,无形资产最低收费额的计算公式为:

$$\text{无形资产最低收费额} = \text{重置成本净值} \times \text{转让成本分摊率} + \text{无形资产转让的机会成本}$$

式中:

$$\text{转让成本分摊率} = \frac{\text{购买方运用无形资产的设计能力}}{\text{运用无形资产的总设计能力}} \times 100\%$$

$$\text{无形资产转让的机会成本} = \text{无形资产转让的净减收益} + \text{无形资产再开发净增费用}$$

公式中"购买方运用无形资产的设计能力"可根据设计产量或按设计产量计算的销售收入确定,"运用无形资产的总设计能力"指运用无形资产的各方汇总的设计能力,由于是分摊无形资产的重置成本净值,因而不是按照实际运用无形资产的规模,而是按照设计规模来确定权重。当购买方独家使用该无形资产时,转让成本分摊率为1。式中"无形资产转出的净减收益"和"再开发净增费用"是运用边际分析的方法测算的。"无形资产转出的净减收益"一般指在无形资产尚能发挥作用期间减少的净现金流量。"再开发净增费用"包括保护和维持该无形资产追加的科研费用和其他费用、员工再培训费用等。这些项目经过认真细致的分析测算是可以确定的。

例8-1 某企业转让浮法玻璃生产全套技术,经搜集和初步测算已知如下资料:

(1)该企业与购买企业共同享用浮法玻璃生产技术,双方设计能力分别为600万和400万标箱;

(2)浮法玻璃生产全套技术是国外引进的,账面价格200万元,已使用两年,尚可使用8年,两年通货膨胀率累计为10%;

(3)该项技术转出对该企业生产经营有较大影响。由于市场竞争加剧,产品价格下降,在以后8年减少销售收入按折现值计算为80万元,增加开发费用以提高质量、保住市场的追加成本按现值计算为20万元。试评估该项无形资产转让的最低收费额。

解:(1)两年来通货膨胀率为10%,对外购无形资产的重置成本可按物价指数法调整,并根据成新率确定净值,可得浮法玻璃生产全套技术的重置成本净值为:

$$200 \times (1 + 10\%) \times \frac{8}{2+8} = 176 \text{(万元)}$$

(2)因转让双方共同使用该无形资产,设计能力分别为600万和400万标箱,评估重置成本净值分摊率:

$$\frac{400}{600+400} \times 100\% = 40\%$$

(3)由于无形资产转让后加剧了市场竞争,在该无形资产的寿命期间,销售收入减少和费用增加的折现值是转让无形资产的机会成本,即该资产的机会成本为:

$80 + 20 = 100$（万元）

故该无形资产转让的最低收费额为：

$176 \times 40\% + 100 = 170.4$（万元）

三、收益法中各项技术指标的确定

（一）收益额的确定

收益额的测算是采用收益法评估无形资产的关键步骤。无形资产是附着于有形资产发挥作用并产生共同收益的，因此，收益法关键问题是如何从这些收益中分离出无形资产带来的收益额。常见的方法有以下四种。

1. 直接估算法

直接估算法是直接对比分析未使用无形资产与使用无形资产的前后收益情况，确定无形资产带来的收益额。从无形资产带来的经济利益看，可将无形资产分为收入增长型和费用节约型。

（1）收入增长型无形资产形成的超额收益

①销售收入增大的原因

一是生产的产品能够以高出同类产品的价格销售；二是生产的产品采用与同类产品相同价格的情况下，销售数量大幅度增加，市场占有率扩大，从而获得超额收益。

②计算公式

第一种原因形成的超额收益可以用下面的公式计算：

$$R = (P_2 - P_1)Q(1 - T)$$

式中：R——超额收益；

$\quad\quad P_2$——使用后单位产品价格；

$\quad\quad P_1$——使用前单位产品价格；

$\quad\quad Q$——产品销售数量（假定不变）；

$\quad\quad T$——所得税税率。

第二种原因形成的超额收益可以用下面的公式计算：

$$R = (Q_2 - Q_1)(P - C)(1 - T)$$

式中：R——超额收益；

$\quad\quad Q_2$——使用后产品销售数量；

$\quad\quad Q_1$——使用前产品销售数量；

$\quad\quad P$——单位产品价格（假定不变）；

$\quad\quad C$——产品单位成本；

$\quad\quad T$——所得税税率。

（2）费用节约型无形资产形成的超额收益

费用节约型无形资产是指无形资产的应用，使得生产产品中的成本费用降低，从而形成超额收益。可以用下面的公式计算：

$$R = (C_1 - C_2)Q(1 - T)$$

式中：R——超额收益；

C_2——使用后产品单位成本；

C_1——使用前产品单位成本；

Q——产品销售数量（假定不变）；

T——所得税税率。

收入增长型无形资产和费用节约型无形资产的划分是人为地假定其他资产因素不变。而现实中，无形资产应用后其他资产因素也会发生变化。也就是说，无形资产的超额收益是各个因素共同作用的结果，评估时应根据情况具体地测算。

2. 差额法

差额法是在当无法将使用无形资产和没有使用无形资产的收益情况进行对比时，从采用无形资产和其他类型资产在经济活动中的综合收益与行业平均水平比较时得到的无形资产的获利能力。采用这种方法时需要具备如下四个步骤。

第一，收集有关使用无形资产的产品生产经营活动的财务资料进行盈利分析，得到经营利润和销售利润率等基本数据。

第二，对上述生产经营活动中的资金占用情况（固定资产、流动资产和已有账面价值的其他无形资产）进行统计。

第三，收集行业平均资金利润率等指标。

第四，计算无形资产带来的超额收益。

$$超额收益 = 净利润 - 净资产总额 \times 行业平均收益率$$

或　超额收益 = 销售收入 × 销售收入利润率 − 销售收入 × 每元销售收入平均占用资金 × 行业平均资金利润率

在使用这种方法时，应注意计算出来的超额收益，有时并不完全是由被评估无形资产带来的（除非能够认定只有这一种无形资产存在），往往是一种组合无形资产超额收益，还需进行分解处理。

3. 分成率法

分成率是指无形资产收益是通过分成率来获得的，它是目前国际和国内技术交易中最为常用也是最为实用的一种方法。计算公式如下：

$$\begin{matrix} 无形资产 \\ 收益额 \end{matrix} = \begin{matrix} 销售收入 \\ （利润） \end{matrix} \times \begin{matrix} 销售收入 \\ （利润）分成率 \end{matrix} \times （1 - 所得税税率）$$

两个分成率可以相互推算，因而，确定利润分成率就可确定收入分成率。因为，

收益额 = 销售收入 × 销售收入分成率 × （1 − 所得税税率）

　　　 = 销售利润 × 销售利润分成率 × （1 − 所得税税率）

所以，销售收入分成率 = 销售利润分成率 × 销售利润率

　　　　销售利润分成率 = 销售收入分成率 ÷ 销售利润率

分成的基础一般分为三种：销售额、利润和产品数量。在无形资产转让实务中，一般是确定一定的销售收入分成率，俗称"抽头"。因为销售额的客观性较强，也易于转让方查询、掌握。例如，在国际市场上一般技术转让费不超过销售收入的3% ~ 5%。以新增利润为基础

分成，从理论上讲比较合理，但在实际实施中比较困难。因为利润是一种计算结果，具有一定的主观性，并且企业很少公开其有关利润方面的财务数据，从而转让方很难准确掌握受让方的利润额，故实践中一般较少用利润作为分成基础。以产品数量为基础的分成，在国内外技术转让中也具有普遍性。尽管三种分成基础不同，但是三者之间根据上述计算公式是可以转换的。如果按社会平均销售利润率10%推算，则技术转让费为销售收入的3%的利润分成率为30%。下面主要介绍利润分成率的确定。

利润分成率是以无形资产带来的追加利润在利润总额中的比重为基础的。但是，在某些情况下无形资产带来的追加利润无法直接计算，就需采用间接方法获得。因此，确定无形资产转让的利润分成率的主要方法有如下几种。

（1）边际分析法

边际分析法是选择两种不同的生产经营方式比较：一种是运用普通生产技术或企业原有技术进行经营；一种是运用转让的无形资产进行经营。后者的利润大于前者利润的差额，即投资于无形资产所带来的追加利润；然后测算各年度追加利润占总利润的比重，并按各年度利润现值的权重求出无形资产经济寿命期间追加利润占总利润的比重，即评估的利润分成率。这种方法的关键是科学分析追加无形资产投入可以带来的净追加利润，这也是购买无形资产所必须进行决策分析的内容。边际分析法有如下三个步骤。

第一，对无形资产边际贡献因素进行分析：①新市场的开辟，垄断加价的因素；②消耗量的降低，成本费用降低；③产品结构优化，质量改进，功能费用降低，成本销售收入率提高。

第二，测算无形资产寿命期间的利润总额及追加利润总额，并进行折现处理。

第三，按利润总额现值和追加利润总额现值计算利润分成率。

计算公式为：

$$\text{利润分成率} = \sum \text{追加利润现值} \div \sum \text{利润总额现值}$$

例8-2　企业转让彩电显像管新技术，购买方用于改造年产10万只彩电显像管的生产线。通过对无形资产边际贡献因素的分析，测算在其寿命期间各年度分别可带来追加利润100万元、120万元、90万元和70万元，分别占当年利润总额的40%、30%、20%和15%，试评估无形资产的利润分成率（折现率为10%）。

解：各年度利润总额现值之和为：

$$\frac{100 \div 40\%}{1+10\%} + \frac{120 \div 30\%}{(1+10\%)^2} + \frac{90 \div 20\%}{(1+10\%)^3} + \frac{70 \div 15\%}{(1+10\%)^4}$$

$$= 250 \times 0.909\ 1 + 400 \times 0.826\ 4 + 450 \times 0.751\ 3 + 467 \times 0.683\ 0$$

$$= 227.275 + 330.56 + 338.085 + 318.961$$

$$= 1\ 214.881 \text{（万元）}$$

追加利润现值之和为：

$$\frac{100}{1+10\%} + \frac{120}{(1+10\%)^2} + \frac{90}{(1+10\%)^3} + \frac{70}{(1+10\%)^4}$$

$$= 100 \times 0.909\ 1 + 120 \times 0.826\ 4 + 90 \times 0.751\ 3 + 70 \times 0.683\ 0$$

$$= 90.91 + 99.168 + 67.617 + 47.81$$
$$= 305.505（万元）$$

则无形资产利润分成率 $= \dfrac{305.505}{1\,214.881} \times 100\% = 25\%$

（2）约当投资分成法

边际分析法是根据各种生产要素对提高生产率的贡献来计算，过程明了，易于被人接受。但是由于无形资产与有形资产的作用往往互为条件，在许多场合下较难确定购置的无形资产贡献率。因而，还需寻求其他途径。由于利润往往是无形资产与其他资产共同作用的结果，而无形资产通常具有较高的成本利润率，可以考虑采取在成本的基础上附加相应的成本利润率，折合成约当投资的办法，按无形资产的折合约当投资与购买方投入的资产约当投资的比例确定利润分成率。其计算公式为：

$$\dfrac{\text{无形资产}}{\text{利润分成率}} = \dfrac{\dfrac{\text{无形资产}}{\text{约当投资量}}}{\dfrac{\text{购买方约}}{\text{当投资量}} + \dfrac{\text{无形资产}}{\text{约当投资量}}} \times 100\%$$

其中，$\dfrac{\text{无形资产}}{\text{约当投资量}} = \dfrac{\text{无形资产}}{\text{重置成本}} \times（1 + \text{适用成本利润率}）$

$\dfrac{\text{购买方约}}{\text{当投资量}} = \dfrac{\text{购买方投入的总}}{\text{资产的重置成本}} \times（1 + \text{适用成本利润率}）$

确定无形资产约当投资量时，适用成本利润率按转让方无形资产带来的利润与其成本之比计算。没有企业的实际数时，按社会平均水平确定。确定购买方约当投资量时，适用的成本利润率按购买方的现有水平测算。

例8-3 甲企业以制造四轮驱动汽车的技术向乙企业投资，该技术的重置成本为100万元，乙企业拟投入合营的资产重置成本8 000万元，甲企业无形资产成本利润率为500%，乙企业拟合作的资产原利润率为12.5%。试评估无形资产投资的利润分成率。

解：①无形资产的约当投资量为：$100 \times（1 + 500\%）= 600$（万元）

②企业约当投资量为：$8\,000 \times（1 + 12.5\%）= 9\,000$（万元）

③甲企业投资无形资产的利润的分成率为：$600 /（9\,000 + 600）= 6.25\%$

另外，如果评估的不是全新的无形资产，还需要考虑无形资产重置成本的净值。

例8-4 甲企业将一项专利使用权让给乙企业，拟采用对利润分成的方法。该专利是3年前从外部购入的，账面成本为80万元，3年间物价累计上涨了25%。该专利的法律保护期为10年，已过4年，尚可保护6年。经专业人员测算，该专利成本利润率为400%。乙企业资产的重置成本为4 000万元，成本利润率为12.5%。试评估无形资产投资的利润分成率。

解：①无形资产的约当投资量为：$80（1 + 25\%）\times 6/10 \times（1 + 400\%）= 300$（万元）

②企业约当投资量为：$4\,000 \times（1 + 12.5\%）= 5\,000$（万元）

③甲企业投资无形资产的利润的分成率为：$300 /（5\,000 + 300）= 5.66\%$

值得注意的是，分成率不是一个固定的值，它会随着受让与使用无形资产生产的产品产量的增加而递减。评估人员在利用分成率法确定无形资产收益额时要根据实际情况具体分析，合理确定分成收益。详见表8-1所示。

表8-1　我国某项技术转让规定的提成递减率

年产量（万套）	占规定提成率（%）
1～10	100
10～20	75
20～50	25

4. 要素贡献法

我国理论界采取"三分法"，即考虑生产经营活动的三要素：资金、技术、管理，但三要素在不同行业的贡献是不一样的。一般来说，资金密集型行业三要素的比例分别是：50%、30%、20%；技术密集型行业三要素的比例分别是：40%、40%、20%；一般行业三要素的比例分别是：30%、40%、30%；高科技行业三要素的比例分别是：30%、50%、20%。当然，确定无形资产收益额时这些数据仅供参考。

（二）折现率的确定

与有形资产相同，无形资产的风险报酬率也是由无风险报酬率与风险报酬率两部分组成的。一般地讲，与有形资产相比，投资无形资产的收益较高，风险率也较强。因此，适用于无形资产的风险报酬率往往高于有形资产。评估的时候需要根据影响无形资产获利能力的各种因素分析判断被估无形资产获得某种程度收入的概率，科学地测算其风险报酬率，进而确定恰当的折现率。此外，需要注意折现率的口径应与收益额的口径一致。

（三）收益期限的确定

无形资产收益期限或称有效期限，是指无形资产发挥作用，并具有超额获利能力的时间。无形资产在发挥作用的过程中，其损耗是客观存在的。无形资产价值降低是由于无形损耗形成的，即由于科学技术进步而引起价值减少。具体来说，主要有下列三种情况。

1. 新的、更为先进、更经济的无形资产出现，这种新的无形资产可以替代旧的无形资产，使采用原无形资产无利可图时，原有无形资产价值就丧失了。

2. 因为无形资产传播范围扩大，其他企业普遍掌握这种无形资产，获得这项无形资产已不需要任何成本，使拥有这种无形资产的企业不再具有获取超收益的能力时，它的价值也就大幅度贬低或丧失。

3. 企业拥有的某项无形资产所决定的产品销售量骤减，需求大幅度下降时，这种无形资产价值就会减少，甚至完全丧失。

以上说明的是确定无形资产的有效期限的理论依据。评估实践中，确定收益期限的方法主要有以下三种。

1. 法定年限法

法律、合同分别规定有效期限和受益年限的，按孰短原则确定；法律未规定有效期限，企业合同规定受益年限的，按受益年限确定。

2. 更新周期法

根据无形资产的更新周期评估其剩余经济年限，对部分专利权、版权和专有技术来说，是比较适用的方法。无形资产的更新周期有两大参照系：一是产品更新周期；二是技术更新周期。采用更新周期法，通常是根据同类无形资产的历史经验数据，运用统计模型来分析，而不是对无形资产逐一进行更新周期的分析。

3. 剩余寿命预测法

剩余寿命预测法是直接评估无形资产的尚可使用经济年限的方法。这种方法是根据产品的市场竞争状况、可替代技术进步及更新的趋势作出的综合性预测。

第三节　成本法和市场法在无形资产评估中的应用

一、成本法

（一）成本特性

采用成本法评估无形资产价值，首先要了解无形资产在成本上所具有的特殊属性。由于我国现行有关制度的规定以及无形资产的形成特点，造成无形资产成本具有不同于有形资产成本的特性。

1. 不完整性

无形资产的成本包括无形资产研制或取得、持有期间的全部物化劳动和活劳动的费用支出。与购创无形资产相对应的各项费用是否计入无形资产的成本，是以费用支出资本化为条件的。在企业生产经营过程中，科研费用一般都是比较均衡地产生的，并且比较稳定地为生产经营服务，因而我国财务制度一般把科研费用从当期生产经营费用中列支，而不是先对科研成果进行费用资本化处理，再按无形资产折旧或摊销的办法从生产经营费用中得到补偿。这种办法简便易行，大体上符合实际，并不影响无形资产的再生产。但这样一来，企业账簿上反映的无形资产成本就是不完整的，大量账外无形资产的存在是不可忽视的客观事实。同时，即使是按国家规定进行费用支出资本化的无形资产的成本核算一般也是不完整的。因为无形资产的创立具有特殊性，有大量的前期费用，如培训、基础开发或相关试验等往往不计入该无形资产的成本，而是通过其他途径进行补偿。虽然说无论是列作期间费用处理，还是进行资产化处理，都不影响无形资产的再生产，但是这种无形资产账面成本与实际发生成本不符的现象是客观存在的、不容忽视的。

2. 弱对应性

无形资产的创建经历基础研究、应用研究和工艺生产开发等漫长过程，成果的出现带有较大的随机性和偶然性，其价值并不与其开发费用和时间产生某种既定的关系。如果在一系列的研究失败之后偶尔出现一些成果，由这些成果承担所有的研究费用显然不够合理。而在大量的先行研究（无论是成功还是失败）成果的积累之上，往往可能产生一系列的无形资产，然而，继起的这些研究成果是否应该以及如何承担先行研究的费用也很难确定。

3. 虚拟性

既然无形资产的成本具有不完整性、弱对应性的特点，因而无形资产的成本往往是相对的。特别是一些无形资产的内涵已经远远超出了它的外在形式的涵义，这种无形资产的成本只具有象征意义。例如商标，其成本核算的是商标设计费、登记注册费、广告费等，而商标的内涵是标示商品内在质量信誉。这种无形资产实际上包括了该商品使用的特种技术、配方和多年的经验积累，而商标形式本身的成本只具有象征性（或称虚拟性）。

（二）成本法的应用

采用成本法评估无形资产，其基本公式为：

$$无形资产评估值 = 无形资产重置成本 \times 成新率$$

无形资产重置成本是指现时市场条件下重新创造或购置一项全新无形资产所耗费的全部货币总额。根据企业取得无形资产的来源情况，无形资产可以划分为自创无形资产和外购无形资产。自创无形资产和外购无形资产的重置成本构成和评估方式不同，需要分别进行估算。

1. 自创无形资产重置成本的估算

自创无形资产的成本是由创制该资产所消耗的物化劳动和活劳动费用构成的。如果自创无形资产已有账面价格，由于它在全部资产中的比重一般不大，可以按照定基物价指数作相应调整，即可得到重置成本。但在实务上，自创无形资产往往无账面价格，需要进行评估。其方法主要有以下两种。

（1）核算法

$$无形资产的重置成本 = 直接成本 + 间接成本 + 资金成本 + 合理利润$$

其中，直接成本 $= \sum （物质资料实耗量 \times 现价）+ \sum （实耗工时 \times 现价）$

这里，评估无形资产直接成本不是按现行消耗量而是按实际消耗量来计算。这主要是由于：一是无形资产作为一种创造性的成果，一般不能复制，从而不能模拟在现有生产条件下再生产的消耗量；二是无形资产的生产过程是创造性智力劳动过程，技术进步速度较快，如果按模拟现有条件下的复制消耗量来评估重置成本，将影响到无形资产的价值形态补偿，从而影响到知识财产的创制。

自创无形资产重置成本计算中一般需要考虑合理利润，合理利润来源于自创无形资产的直接成本、间接成本和资金成本之和与外购同样的无形资产的平均市场价格之间的差额。基于一些特定的评估目的之上的无形资产重置成本计算，如不是评估无形资产的公允市价，可以不考虑合理利润。

（2）倍加系数法

对于投入智力较多的技术型无形资产，考虑到科研劳动的复杂性和风险性，可以采用下面的公式计算自创无形资产的重置成本。

$$无形资产重置成本 = \frac{C + \beta_1 V}{1 - \beta_2} \times （1 + L）$$

式中：C——无形资产研制开发中的物化劳动消耗；

V——无形资产研制开发中活劳动消耗；

β_1——科研人员创造性劳动倍加系数；

β_2——科研的平均风险系数；

L——无形资产的产投资报酬率。

2. 外购无形资产重置成本的估算

外购无形资产一般有购置成本记录，或者有可供参考的市场价格，评估起来相对较为容易。外购无形资产重置成本一般包括购买价和购置费用，计算方法有以下两种。

（1）市价类比法

市价类比法是在无形资产交易市场中选择参照物，再根据其功能、技术先进性和适用性进行调整以确定其现在购买价，购置费用根据现行标准或实际情况确定。

（2）物价指数法

物价指数法是以无形资产的账面历史成本为依据，再根据物价指数进行调整，进而估算其重置成本的方法。其计算公式如下：

无形资产的重置成本 = 无形资产账面成本 × 评估时物价指数/购置时物价指数

从无形资产价值构成来看，主要有两类费用，一类是物质消耗费用，一类是人工消耗费用，前者与生产资料物价指数相关度较高，后者与生活资料物价指数相关度较高。不同的无形资产两类费用的比重可能有较大差别，可按两类费用的大致比例按结构分别适用生产资料物价指数与生活资料物价指数估算；当两种价格指数比较接近，且两类费用的比重有较大倾斜时，可按比重较大费用类适用的物价指数来估算。

3. 成新率的估算

无形资产不存在有形损耗，只存在功能性损耗与经济性损耗。其成新率的确定可以采用类似于有形资产的方法来确定。一般采用专家鉴定法和剩余经济寿命预测法确定。

（1）专家鉴定法。它是指从邀请的有关技术领域的专家对被评估无形资产先进性和适用性做出的判断中确定其成新率的方法。

（2）剩余经济寿命预测法。它是由评估人员通过对无形资产剩余经济寿命的预测和判断，从而确定其成新率的方法。计算公式如下：

成新率 = 剩余使用年限/（已使用年限 + 剩余使用年限）×100%

成新率是运用成本法评估有形资产中的一个重要概念，无形资产不存在有形损耗，成本法评估无形资产时只是为了操作上的方便借用这一概念，因此它的运用也受到较大程度的限制，在评估实践中，一般选择综合考虑了被评无形资产的各种无形损耗（功能和经济方面的）后的折算比率。

此外，在确定适用的成新率时，应注意无形资产使用效用与时间的关系，这种关系通常是非线性的，也不一定是递减的。有的无形资产其效用是非线性递减的（如技术型无形资产），而有的无形资产其效用在一定时间内是非线性递增的（如商标、商誉等）。评估人员应对这种变化趋势进行分析并予以说明。

二、市场法

虽然无形资产具有的非标准性和唯一性特征限制了市场法在无形资产评估中的使用，但这并不排除在评估实践中仍有应用市场法的必要性和可能性。国外学者认为，市场法强调的是具有合理竞争能力的财产的可比性特征。如果有充分的源于市场的交易案例，可以从中取得作为比较分析的参照物，并能对评估对象与可比参照物之间的差异做出合理的调整，就可应用市场法。

如果需要使用市场法评估无形资产，评估人员应注意以下事项。

（一）具有合理比较基础的类似无形资产

所谓具有合理比较基础的类似无形资产是指至少与形式相似、功能相似、载体相似以及交易条件相似。

1. 形式相似。参照物与被评估资产按照无形资产分类原则可以归并为同类；

2. 功能相似。参照物与被评估资产的功能和效用相似；

3. 载体相似。无形资产所依附的产品或服务同质，所依附的企业规模相同；

4. 交易条件相似。参照物的成交条件与被评估资产模拟的成交条件在宏观、中观、微观层面接近。

（二）收集类似无形资产交易的市场信息进行横比，收集被评估无形资产以往的交易信息进行纵比

关于横向比较，评估人员在参照物与被评估无形资产在形式、功能和载体方面满足可比性的基础上，应尽量收集致使交易达成的市场信息，即要涉及供求关系、产业政策、市场结构、企业行为和市场绩效的内容。其中对市场结构的分析尤为重要，即需要分析卖方之间、买方之间、买卖双方、市场内已有的买方和卖方与正在进入或可能进入市场的买方和卖方之间的关系。评估人员应熟悉经济学市场结构中的完全竞争、完全垄断、垄断竞争和寡头垄断的分类。对于纵向比较，评估人员既要看到无形资产具有依法实施多元和多次授权经营的特征，使得过去交易的案例成为未来交易的参照依据；同时也应看到，时间、地点、交易主体和条件的变化也会影响被评估无形资产的未来交易价格。

（三）收集到的价格信息应相关、合理、可靠、有效

1. 相关指收集到的价格信息与需要做出判断的被评估无形资产的价值关联性较大；

2. 合理指收集到的价格信息能反映被评估无形资产载体结构和市场结构特征，不能简单套用；

3. 可靠指收集到的价格信息具有较高置信度；

4. 有效指收集到的价格信息能有效地反映评估基准日的被评估资产在模拟条件下可能的价格。

（四）对无形资产和参照物的差异进行合理调整

无论是横向比较，还是纵向比较，参照物与被评估无形资产之间会因为时间的推移、空间、条件和环境的变化而产生差异，评估人员应对此做出合理的调整。

第四节　知识型无形资产的评估

知识型无形资产是指主要依靠投入的知识、智力、技术创造的知识密集型无形资产。知识型无形资产的范围较宽，本节主要介绍专利权、非专利权技术和著作权的评估。专利权、

非专利权技术和著作权虽然各有特点，但同是知识产权型无形资产的重要组成部分，因此在评估目的、评估方法方面具有相同性。

一、专利权的评估

（一）专利权的含义、特点

1. 专利权的含义

专利权是国家专利机关依法批准的发明人或其权利受让人对其发明成果，在一定期间内享有的独占权或专有权，任何人如果要利用该项专利进行生产经营活动或出售使用该项专利制造的产品，需事先征得专利权所有者的许可，并支付一定的报酬。根据 2009 年 7 月 1 日实施的《专利资产评估指导意见》，专利资产是指权利人所拥有的，能持续发挥作用且能带来经济利益的专利权益。专利权一般可分为发明专利、实用新型专利和外观设计专利。

2. 专利权的特点

（1）独占性又称排他性。专利所有者在专利权有效期内拥有排他性的运用专利的特权。其他任何单位和个人未经专利所有者允许即未与专利所有者签订书面合同、支付专利使用费，都不得实施其专利。

（2）地域性。任何一项专利只在其授权国和所参加的国际专利联盟的成员国范围内才具有法律效力，在其他地域范围内不具有法律效力。

（3）时间性。专利权在法定期限内有效，受法律保护。期满后，专利权人的权利自行终止。我国发明专利权保护期限为 20 年，实用新型专利和外观设计专利保护期限为 10 年。

（4）可转让性。专利权可以转让，由当事人订立合同，并经原专利登记机关或相应机构登记和公告后生效，专利权一经转让，原发明者不再拥有专利权，购入者继承专利权。

（二）专利权的转让方式

专利权转让一般有两种情形：一种是刚刚研究开发的新专利技术，专利权人尚未投入使用就直接转让给接受方；另一种情形是转让的专利已经过长期的或一段时间的生产，是行之有效的成熟技术，而且转让方仍在继续使用。专利资产评估业务的评估对象是指专利资产权益，包括专利所有权和专利使用权。专利使用权的具体形式包括专利权独占许可、独家许可、普通许可和其他许可形式。使用权转让往往通过技术许可贸易形式进行，这种使用权的权限、时间期限、地域范围和处理纠纷的仲裁程序都是在许可合同中加以确认的。

1. 使用权限

按技术使用权限的大小，使用权限可分为以下几种形式。

（1）独家使用权（独占许可）。独家使用权是指在许可合同所规定的时间和地域范围内卖方只把技术转让给某一特定买主，买方不得卖给第二家买主。同时卖主自己也不得在合同规定范围内使用该技术和销售该技术生产的产品。

（2）排他使用权（独家许可）。排他使用权是指卖方在合同规定的时间和地域范围内只把技术授予买方使用，同时卖方自己保留使用权和产品销售权，不再将该技术转让给第三者。

（3）普通使用权（普通许可）。普通使用权是指卖方在合同规定的时间和地域范围内可以向多家买主转让技术，同时卖方自己也保留技术使用权和产品销售权。

（4）回馈转让权（其他许可）。回馈转让权是指卖方要求买方在使用过程中对转让技术的改进和发展反馈给卖方的权利。

2. 地域范围

专利许可大多数都规定明确的地域范围，如某个国家或地区，买方的使用权不得超过这个地域范围。

3. 时间期限

专利许可合同一般都规定有效期限，时间的长短，因技术而异。一项专利技术的许可期限一般要和该专利的法律保护期限相适应。

4. 法律和仲裁

专利许可合同是法律文件，是依照参与双方所在国的法律来制定的，因此受法律保护。当一方违约时另一方可按法律程序追回损失的权益。

（三）专利权的评估程序

资产评估机构接受委托者委托以后，一般按下列程序进行评估。

1. 鉴定专利权的存在

评估专利权首先需要搜集资料以证明其存在，根据《专利资产评估指导意见》第十三条，注册资产评估师执行专利资产评估业务，应当要求委托方明确专利资产的基本状况。专利资产的基本状况通常包括：

（1）专利名称；

（2）专利类别；

（3）专利申请的国别或者地区；

（4）专利申请号或者专利号；

（5）专利的法律状态；

（6）专利申请日；

（7）专利授权日；

（8）专利权利要求书所记载的权利要求；

（9）专利使用权利。

2. 关注专利的法律状态

注册资产评估师执行专利资产评估业务，应当关注专利的法律状态，通常包括专利申请人或者专利权人及其变更情况，专利所处的专利审批阶段、年费缴纳情况、专利权的终止、专利权的恢复、专利权的质押，以及是否涉及法律诉讼或者处于复审、宣告无效状态。一般来说，还应由有关专家确认该项专利的有效性、保护范围和专利权人。

（1）有效性。专利资产凭借法定的垄断权，为特定权利主体带来经济利益。对专利资产有效性的分析，是对专利权的核实，也就是判断该技术是否享有法定的垄断权。对专利技术有效性的判断包括两个层次：一是核实该专利是否为有效专利，著录项目是否属实。对专利权的核实，不能仅凭专利证书确认该专利的有效性。专利证书虽是依法授予专利权的凭证，但在授权以后，专利权随时可能因各种原因而失败，如未交年费或是经过无效程序都可能导致丧失专利权。根据我国的专利管理制度，失效后的专利证书，国家并未收回，而是在《专利公报》上予以公告作废，但是作废的专利证书仍保留在原专利权人手中。因此，不能仅以专利证书证明专利权的有效性，还必须要求委托方提供专利局或省、直辖市、自治区、国务院有关部委专利管理机关出具的确权证明，或通过检索，确认该专利权的法律状态是否有效；二是核实该专利是否具有专利性。由于我国对实用新型专利实行"初步审查"制度，很多已授权的实用新型专利是不符合专利法的实质性要求的。因此，即使是有效的实用新型专利，仍有可能因不具备"三性"，经过无效程序，丧失专利权。在无效程序中，关键是对技术专利性的判断。实用新型专利的稳定性是不足的。评估人员在评估之前，必须对委估对象的权利稳定性进行分析。由于专利技术的专业性较强，在必要的情况下，应咨询有关该技术领域的专家，对专利技术进行分析。只有在确定专利权有效的前提下，才能够开展对技术的评估。对于丧失专利权的技术，实质上也就丧失了作为资产的条件，不再具有评估意义上的价值。对于评估人员而言，在对专利资产进行评估的过程中，应首先判断委估对象权利的有效性。

（2）保护范围。根据我国《专利法》的规定，专利权垄断的法定边界是专利权利要求书记载的范围，即专利资产的范围是由权利要求书确定的。由于有形资产具有确定的形态，他的资产范围是直观的，一般不需要通过额外的法律文件进行确认。对于专利资产而言，其资产范围是依法获得的保护范围，因此需要通过对专利文件——权利要求书进行分析，确定其资产范围。如果没有对权利要求书进行全面的分析，将导致评估对象与实际情况相差甚远。造成这种差异的原因，主要包括以下三种情况：第一，由于专利文件的撰写质量问题，导致专利权人希望获得的权利范围与实际获得的保护，存在明显的差异；第二，根据《专利法》的规定，《专利法》保护的技术方案对一些不属于技术方案的描述，《专利法》是不提供保护的；第三，委估对象的权利要求中，存在侵害了他人在先权利的要求，不被《专利法》保护。由于目前普遍存在对专利的认识不足，仅从专利证书即权利人的介绍，确定专利的保护范围，而没有认真分析真正专利的权利要求书，这种做法，严重破坏了专利资产评估的科学性及准确性。评估人员在进行价值评估时，只能按照委估技术实际获得的保护范围进行。

（3）专利权人。专利证书中的专利权人是最初获得该专利权的权利人，而该专利权在日后是否已转让给他人，在专利证书中并没有记载，往往需要通过查询登记簿来获得该专利权最新的专利权人情况。还应注意该专利权是否已转让，但未在国家知识产权局进行备案的情况。

3. 搜集资料

注册资产评估师执行专利资产评估业务，应当对专利及其实施情况进行调查，包括必要的现场调查、市场调查，并收集相关信息、资料，通常包括：

（1）专利资产的权利人及实施企业的基本情况；

（2）专利证书、最近一期的专利缴费凭证；

（3）专利权利要求书、专利说明书及其附图；

（4）专利技术的研发过程、技术实验报告，专利资产所属技术领域的发展状况、技术水平、技术成熟度、同类技术竞争状况、技术更新速度等有关信息、资料；如果技术效果需检测，还应当收集相关产品检测报告；

（5）与分析专利产品的适用范围、市场需求、市场前景及市场寿命、相关行业政策发展状况、宏观经济、同类产品的竞争状况、专利产品的获利能力等相关的信息、资料；

（6）以往的评估和交易情况，包括专利权转让合同、实施许可合同及其他交易情况。

4. 获取相关数据

注册资产评估师执行专利资产评估业务，应当尽可能获取与专利资产相关的财务数据及专利实施企业经审计的财务报表，对专利资产的相关财务数据进行必要的分析。应当分析下列事项及其对专利资产价值的影响：

（1）专利权利要求书、专利说明书及其附图的内容；

（2）专利权利要求书所记载的专利技术产品与其实施企业所生产产品的对应性。

5. 确定评估方法

注册资产评估师执行专利资产评估业务，应当根据评估对象、价值类型、资料收集情况等相关条件，分析收益法、市场法和成本法三种资产评估基本方法的适用性，恰当选择一种或者多种资产评估方法。

（1）注册资产评估师运用收益法进行专利资产评估时，应当收集专利产品的相关收入、成本、费用数据；应当对委托方或者相关当事方提供的专利的未来实施情况和收益状况的预测进行必要的分析、判断和调整，确信相关预测的合理性；应当根据专利资产的具体情况选择恰当的收益口径；应当根据专利资产的技术寿命、技术成熟度、专利法定寿命、专利技术产品寿命及与专利资产相关的合同约定期限，合理确定专利资产收益期限；应当综合考虑评估基准日的利率、投资回报率、资本成本，以及专利实施过程中的技术、经营、市场、资金等因素，合理确定折现率，且折现率应当与预期收益的口径保持一致。

（2）注册资产评估师运用市场法进行专利资产评估时，应当收集足够的可比交易案例；应当考虑交易资产的特点、交易时间、限制条件、交易双方的关系、购买方现有条件，专利资产的获利能力、竞争能力、技术水平、成熟程度、剩余法定保护年限及剩余经济寿命、风险程度、转让或者使用情况，实施专利资产是否涉及其他专利资产等因素。

（3）注册资产评估师运用成本法进行专利资产评估时，应当合理确定专利资产的重置成本，重置成本包括合理的成本、利润和相关税费等；应当合理确定形成专利资产所需的研发人员、管理人员、设备及房屋建筑物等成本以及其他相关成本费用。

（4）注册资产评估师对同一专利资产采用多种评估方法评估时，应当对取得的各种初步价值结论进行比较分析，形成合理的评估结论。

6. 撰写评估报告并加以详尽说明

评估报告是专利权评估结果的最终反映，但这种结果是建立在各种分析、假设基础之上的，为了说明评估结果的有效性和适用性，注册资产评估师应当在专利资产评估报告中反映专利资产的特点，通常包括以下内容：

（1）说明评估对象的详细情况，通常包括专利资产的权利属性、使用权具体形式、法律状态、专利申请号及专利权利要求等；

（2）描述专利资产的技术状况和实施状况；

（3）说明对影响专利资产价值的法律因素、技术因素、经济因素的分析过程；

（4）说明专利的实施经营条件；

（5）说明使用的评估假设及限定条件；

（6）说明专利权许可、转让、诉讼、无效请求及质押情况；

（7）说明有关评估方法的主要内容，包括评估方法的选取及其理由，评估方法中的运算和逻辑推理方式，各重要参数的来源、分析、比较与测算过程，对初步价值结论进行分析并形成最终评估结论的过程。

（四）专利权的评估方法

专利权评估主要采用收益法，特殊情况下也可以采用成本法。

1. 收益法

采用收益法评估专利权关键需要确定专利权的收益额、折现率和获利期限。专利权的收益额是指直接由专利权带来的预期收益，对于收益额的测算，通常可以通过直接测算超额收益和通过利润分成率测算获得。由于专利权收益的来源不同，我们可以将专利权划分为收入增长型专利和费用节约型专利来测算，也可以用分成率方法测算。

采用利润分成率测算专利技术收益额，即以专利技术投资产生的收益为基础，按一定比例（利润分成率）分成确定专利技术的收益。利润分成率反映专利技术对整个利润额的贡献程度，我国理论工作者和评估人员通常认为利润分成率在 25% ~33% 比较合适。这些基本分析在实际评估业务过程中具有参考价值，但更重要的是对被评估专利技术进行切合实际的分析，确定合理准确的利润分成率。

至于折现率和收益期限的确定，在本章中已有说明，不再详述。下面通过案例说明专利权评估过程。

例 8-5　北京某科技发展公司五年前自行研发出一项大功率电热转换体及其处理技术，并获得发明专利证书，专利保护期为 20 年。现在，该公司准备将该专利技术出售给郊区某乡镇企业，现需要对该项专利技术进行评估。

评估分析和计算过程如下：

（1）评估对象和评估目的。由于北京某科技发展公司出售专利，因此，转让的是专利技术的所有权。

（2）专利技术鉴定。该项技术已申请专利，该技术所具备的基本功能可以从专利说明书以及有关专家鉴定书中得到。此外，该项技术已在北京某科技发展公司使用了 5 年，产品已进入市场，并深受消费者欢迎，市场潜力较大。因此，该项专利技术的有效功能较好。

（3）评估方法选择。该项专利技术具有较强的获利能力，而且，同类型技术在市场上被授权使用情况较多，分成率容易获得，从而为测算收益额提供了保证。因此，决定采用收益法进行评估。

（4）判断确定评估参数。根据对该类专利技术的更新周期以及市场上产品更新周期的分析，确定该专利技术的剩余使用期限为 4 年。根据对该类技术的交易实例的分析，以及该技术对产品生产的贡献性分析，采用的销售收入分成率为3%。

根据过去经营绩效及对未来市场需求的分析，评估人员对未来4年的销售收入进行预测，结果详见表8-2。

表8-2　预期销售收入测算结果

年份	销售收入（万元）
2001	600
2002	750
2003	900
2004	900

根据当期的市场投资收益率，确定该专利技术评估中采用的折现率为15%。

（5）计算评估值。结果详见表8-3。

表8-3　评估值计算表

单位：万元

年份	销售收入	分成额（销售收入×3%）	税后净额［分成额×（1－25%）］	收益总额（r＝15%）
2001	600	18	13.5	11.74
2002	750	22.5	16.875	12.76
2003	900	27	20.25	13.32
2004	900	27	20.25	11.58
合计	3 150	94.5	70.875	49.4

因此，该专利技术的评估值为49.4万元

2. 成本法

采用成本法评估专利权关键需要确定专利权的重置成本和折现率。专利分为自制和外购两种，外购的重置成本易确定，自创专利技术的成本一般由下列因素组成。

（1）研制成本

研制成本包括直接成本和间接成本两大类。直接成本是指研制过程中直接投入发生的费用，间接成本是指与研制开发有关的费用。

①直接成本。直接成本一般包括：材料费用，即为完成技术研制所耗费的各种材料费用；工资费用，即参与研制技术的科研人员和相关人员的费用；专用设备费，即为研制开发技术所购置或专用设备的摊销；资料费，即研制开发技术所需的图书、资料、文献、印刷等费用；咨询鉴定费，即为完成该项目发生的技术咨询、技术鉴定费用；协作费，即项目研制开发过程中某些零部件的外加工费以及使用外单位资源的费用；培训费，即为完成本项目，委派有关人员接受技术培训的各种费用；差旅费，即为完成本项目发生的差旅费用；其他费用。

②间接成本。间接成本主要包括：管理费，即为管理、组织本项目开发所负担的管理费

用；非专用设备折旧费，即采用通用设备、其他设备所负担的折旧费；应分摊的公共费用及能源费用。

（2）交易成本

发生在交易过程中的费用支出，主要包括：技术服务费，即卖方为买方提供专家指导、技术培训、设备仪器安装调试及市场开拓费；交易过程中的差旅费及管理费，即谈判人员和管理人员参加技术洽谈会及在交易过程中发生的食宿及交通费等；手续费，即指有关的公证费、审查注册费、法律咨询费等；税金，即无形资产交易、转让过程中应缴纳的营业税。

当然，由于评估目的的不同，其成本构成的内涵也不一样，在评估时应视不同情形考虑以上成本的全部或一部分。

例8-6 利发实业股份有限公司由于经营管理不善，企业经济效益不佳，亏损严重，将要被同行业的利达股份有限公司兼并，需要对利发实业股份有限公司全部资产进行评估。该公司有一项实用新型专利技术，是两年前自行研制开发的，并获得专利证书。现需要对该专利技术进行评估。

评估分析和计算过程如下：

（1）确定评估对象。该项专利技术是利发实业股份有限公司自行研制开发并申请的专利权，该公司对其拥有所有权。被兼并企业资产中包括该项专利技术，因此，确定的评估对象是专利技术的完全产权。

（2）技术功能鉴定。该专利技术的专利权证书、技术检验报告书均齐全。根据专家鉴定和现场勘察，表明该项专利技术应用中对于提高产品质量，降低产品成本均有很大作用，效果良好，与同行业同类技术相比较，处于领先水平。经分析，企业经济效益不佳，产品滞销是由于企业管理人员素质较低，管理混乱所致。

（3）评估方法选择。由于该公司经济效益欠佳，很难确切地预计该项专利技术的超额收益；同类技术在市场上尚未发现有交易案例，因此决定选用成本法。

（4）各项评估参数的估算。首先，分析测算其重置完全成本。该项专利技术是自创形成的，其开发形成过程中的成本资料可从企业中获得。具体如下：

材料费用	45 000 元
工资费用	10 000 元
专用设备费	6 000 元
资料费	1 000 元
咨询鉴定费	5 000 元
专利申请费	3 600 元
培训费	2 500 元
差旅费	3 100 元
管理费分摊	2 000 元
非专用设备折旧费分摊	9 600 元
合计	87 800 元

因为专利技术难以复制，各类消耗仍按过去实际发生定额计算，对其价格可按现行价格

计算。根据考察、分析和测算，近两年生产资料价格上涨指数分别为5%和8%。因生活资料物价指数资料难以获得，该专利技术开发中工资费用所占份额很小，因此，可以将全部成本按生产资料价格指数调整，即可估算出重置完全成本。

重置完全成本 = 87 800 × （1 + 5%）× （1 + 8%）= 99 565（元）

其次，确定该项专利技术的成新率。该项实用新型的专利技术，法律保护期限为10年，尽管还有8年保护期限，但根据专家鉴定分析和预测，该项专利技术的剩余使用期限仅为6年，由此可以计算成新率为：

成新率 = 6/ （2 + 6）×100% = 75%

（5）评估值 = 99 565 × 75% = 74 673.75（元）

所以，该项专利技术的评估值为74 673.75元。

二、非专利技术的评估

（一）非专利技术的含义和特点

非专利技术又称专有技术，是指未公开或未申请专利但能为拥有者带来超额经济利益或竞争优势的知识和技术，包括设计资料、工艺流程、材料配方、经营诀窍、特殊的产品保存方法、质量控制管理经验、工程图纸和数据等技术资料。非专利技术与专利权不同，从法律角度讲，它不是一种法定的权利，而仅仅是一种自然的权利，是一项收益性无形资产。从这一角度进行非专利技术的评估，首先应该鉴定非专利技术，分析、判断其存在的客观性。显然，这一判断要比专利权的判断略显复杂些。非专利技术有如下特点。

1. 实用性

非专利技术的价值取决于其是否能够在生产实践过程中操作，不能应用的技术不能称为非专利技术。

2. 新颖性

非专利技术所要求的新颖性与专利技术的新颖性不同，非专利技术并非要具备独一无二的特性，但它也绝不能是任何人都可以随意得到的东西。

3. 获利性

非专利技术必须有价值，表现在它能为企业带来超额利润。价值是非专利技术能够转让的基础。

4. 保密性

非专利技术最主要的特性就是保密性。非专利技术不是一种法定的权利，其自我保护是通过保密性进行的。

（二）非专利技术与专利技术的区别

1. 非专利技术具有保密性，而专利技术则是在《专利法》规定范围内公开的。一项技术一经公开，获取它所耗费的时间与投资即远远小于研制它所耗费的时间和投资，必须要有法律手段保护发明者的所有权。而没有专利权又不公开的技术，所有者只有通过保密手段进行自我保护。

2. 非专利技术的内容范围很广，包括设计资料、技术规范、工艺流程、材料配方、经营诀窍和图纸等，而专利技术通常包括三种，即发明、外观设计和实用新型。

3. 专利技术有明确的法律保护期限，非专利技术没有法律保护期限。

4. 对专利技术的保护通常按《专利法》条文进行，对非专利技术保护的法律主要有《中华人民共和国合同法》、《中华人民共和国反不正当竞争法》等相关法律。

（三）影响非专利技术评估值的因素

在非专利技术评估中，应注意研究影响非专利技术评估值的各项因素，这些因素主要包括以下几个方面。

1. 非专利技术的使用期限

非专利技术依靠保密手段进行自我保护，没有法定保护期限。但是，非专利技术作为一种知识和技巧，会因技术进步、市场变化等原因被先进技术所替代。作为非专利技术本身，一旦成为一项公认的使用技术，它就不存在价值了。因此，非专利技术的使用期限应由评估者根据本领域的技术发展情况、市场需求情况及技术保密情况进行估算，也可以根据双方合同的规定期限、协议情况进行估算。

2. 非专利技术的预期获利能力

非专利技术具有使用价值和价值，使用价值是非专利技术本身应具有的，而非专利技术的价值则在于非专利技术的使用所能产生的超额获利能力。因此，评估时应充分研究分析非专利技术的直接和间接获利能力，这是确定非专利技术评估值的关键，也是评估过程中的困难所在。

3. 非专利技术的市场情况

技术商品的价格也取决于市场供求情况。市场需求越大，其价格越高，反之则越低。从非专利技术本身来说，一项非专利技术的价值高低取决于其技术水平在同类技术中的领先程度。在科学技术高速发展的情况下，技术的更新换代的速度加快，无形损耗加大，一项非专利技术很难持久处于领先水平；另外，非专利技术的成熟程度和可靠程度对其价值量也有很大的影响。技术越成熟越可靠，其获利能力越强，风险越小，价值越高。

4. 非专利技术的开发成本

非专利技术取得的成本，也是影响非专利技术价值的因素。评估中应根据不同技术特点，研究开发成本和其获利能力的关系。

（四）非专利技术的评估方法

非专利技术的评估方法与专利权评估方法基本相同，这里不再赘述。下面分别介绍非专利技术评估中成本法和收益法的应用。

1. 成本法

例8-7 某企业现有不同类型的设计工艺图纸8万张，需进行评估，以确定该设计工艺图纸的价值。估算过程如下：

第一步，分析鉴定图纸的使用状况。评估人员根据这些图纸的尺寸和所给产品的种类、产品的周期进行分析整理。根据分析，将这些图纸分成以下四种类型（这也是一般用于确定图纸类型的标准）：

（1）活跃/当前型：6.2万张。是指现正在生产，可随时订货的产品零件、部件、组合件的工程图纸及其他工艺文件。

（2）半活跃/当前型：0.9万张。是指目前已不再成批生产但仍可订货的产品零部件、组合件的工程图纸及其他工艺文件。

（3）活跃/陈旧型：0.7万张。是指计划停止生产但目前仍可供销售的产品的零部件、组合件的工程图纸及其他工艺文件。

（4）停止生产而且不再销售的产品的零部件、组合件的工程图纸及其他工艺文件，计0.2万张。

根据分析确定，继续有效使用的图纸计7.1万张。

第二步，估算图纸的重置完全成本。根据图纸设计、制作耗费及其现行价格分析确定，这批图纸每张的重置成本为120元。由此可以计算出这批图纸的重置完全成本。

图纸的重置完全成本 = 71 000 × 120 = 8 520 000（元）

第三步，估算图纸的贬值。对重置完全成本总额还需按其产品的剩余使用年限与总使用年限的百分比（也称条件百分比）进行调整。即，条件百分比 =（剩余使用年限/总使用年限）× 100%。

假如由活跃/当前型图纸控制产品的剩余使用年限为5年，总使用年限为10年，则其条件百分比为：

条件百分比 = 5/10 × 100% = 50%

依这种做法，可以分别计算每种类型图纸的条件百分比。为了简化估算，假定估算出综合条件百分比为40%。

第四步，估算这些图纸的价值。

即 8 520 000 × 40% = 3 408 000（元）

2. 收益法

例8-8 某评估公司对中佳股份有限公司准备投入中外合资企业的一项非专利技术进行评估。根据双方协议，确定该非专利技术收益期限5年，试根据有关资料确定该非专利技术评估值。

解：（1）预测、计算未来5年的收益，（假定评估基准日为 ××年12月31日）。预测结果详见表8-4。

表8-4　未来5年非专利技术收益预测表

项目	第一年	第二年	第三年	第四年	第五年
销售量（件）	35	45	45	45	45
销售单价（万元）	2.2	2.2	2.2	2.2	2.2
销售收入（万元）	77	99	99	99	99
减：成本、费用（万元）	21.84	27.935	27.935	27.935	27.935

（续表）

项目	第一年	第二年	第三年	第四年	第五年
利润总额（万元）	55.16	71.065	71.065	71.065	71.065
减：所得税（万元）	13.79	17.77	17.77	17.77	17.77
税后利润（万元）	41.37	53.30	53.30	53.30	53.30
非专利技术分成率（%）	40	40	40	40	40
非专利技术收益（万元）	16.55	21.3	21.3	21.3	21.3

（2）确定折现率。根据银行利率确定安全利率为 6%，根据技术所属行业及市场情况确定风险率为 14%，由此确定折现率为 20%。

（3）计算确定评估值。

$$非专利技术评估值 = \sum_{t=1}^{5} 各年非专利技术收益 / (1+r)^t$$
$$= 16.55 \times 0.8333 + 21.3 \times 0.6944 + 21.3 \times 0.5787 + 21.3 \times 0.482 +$$
$$21.3 \times 0.4019$$
$$= 59.7（万元）$$

三、著作权的评估

（一）著作权的含义和特点

著作权，也称版权，是指作者及其他著作权所有人对文学、艺术和科学作品所享有的各项专有权利。我国《著作权法》具体规定了受版权保护的作品，主要包括：文字作品；口述作品；音乐、戏剧、曲艺、舞蹈、杂技艺术作品；美术、建筑作品；摄影作品；电影作品及类似作品；工程设计图、产品设计图、地图、示意图等图形作品和模型作品；计算机软件；法律、行政法规规定的其他作品。著作权作为知识产权的一部分，具有知识产权的一般特性，即具有专有性、地域性、时间性。

1. 专有性

专有性是指法律赋予著作权所有人对其作品享有排他性权利。《著作权法》规定了 12 项经济权利，主要包括复制权、发行权、出租权、展览权、表演权、放映权、播放权、信息网络传播权、摄制权、改编权、翻译权和汇编权。

2. 地域性

地域性是指著作权只在授权国境内享受该国著作权法的保护。除非存在有关协议和公约，著作权不能在未授权国获得保护。《著作权法》虽然属于国内法，但我国参加了《尼泊尔公约》和《世界版权公约》，并成为世贸组织的成员，这样版权受到保护的区域就超过了一个国家的范围。这一点与专利、商标等需要申请的权利不同，因为版权采用"自动获得"原则。

3. 时间性

时间性是指著作权的保护具有一定期限。版权中的作者署名权、修改权、保护作品完整权的保护期不受限制，永远归作者所有。

公民作品的发表权、使用权和获得报酬权的保护期为作者终生至死亡后 50 年，若为合作作品至最后死亡后的作者死亡后 50 年。单位作品的发表权、使用权和获得报酬权的保护期为首次发表后 50 年。电影、电视、录像和摄影作品的发表权、使用权和获得报酬权的保护期为首次发表后的 50 年。

计算机软件的保护期限，在新修改的《计算机软件保护条例》中做了修改。根据新的《保护条例》，软件版权自软件开发完成之日起产生。自然人的软件版权，保护期为自然人终生及其死亡后 50 年，截止自然人死亡后第 50 年的 12 月 31 日；软件是合作开发的，截止于最后死亡的自然人死亡第 50 年的 12 月 31 日。法人或者是其他组织的软件版权，保护期为 50 年，截止于软件首次发表后第 50 年的 12 月 31 日，但软件自开发完之日起 50 年内未发表的，本条例不再保护。

（二）著作权与专利权和商标权的区别

首先，著作权的专有性只针对作品本身的复制商品，这种专有性与专利权的专有性相比只是相对的。同样内容的作品，只要是各自独立创作而不是相互抄袭，其所有人都可以获得著作权保护，即相同内容的作品，其著作权可同时为多人所有。而相同内容的发明创造，其专利权只能授予一个。其次，著作权并不限制他人应用作品的内容于实践领域，而他人要使用专利的内容必须取得专利权人的许可。

另外，著作权与商标权也有不同之处，商标权离不开使用该商标的特定商品，只要与在先注册的同类商品上的商标相同或近似就不能取得商标权；而相同作品依上所述，则可以同时取得著作权。

（三）著作权的评估

著作权的评估，指的是对其转让价值进行评定估算，一般可以用收益现值法来进行评估。著作权作为知识产权的一种，它的评估与对专利权、商标权的评估一样，在评估对象的确定及评估参数选取方面具有与有形资产评估不同的特征，评估人员在评估时，必须给予充分的重视。然而，著作权与专利权及商标权在权利的获得方面不同，著作权的获得不需要向特定的行政部门提出申请，采用"自动保护原则"。这也使著作权的权属确定及权力范围的划定更加复杂。

例 8-9　某著名文学家准备出售其刚刚完成的一部长篇小说的版权，据专家预测，该部长篇小说在未来 5 年内的收益为每年 100 万元，无风险利率为 15%，行业风险报酬率为 10%，收益分成率为 100%。求转让该部小说版权的评估价值。

解：评估值 = 收益现值 × 收益分成率

$$= 年收益额 × 折现系数 × 收益分成率$$

$$= 100 × (P/A, 25\%, 5) × 100\%$$

$$= 268.93 （万元）$$

即转让该部小说版权的评估值为 268.93 万元。

第五节　权利型无形资产的评估

权利型无形资产是通过法律行为创设的非知识型无形资产，本节主要介绍商标权和特许权的评估。

一、商标权的评估

（一）商标的含义和分类

商标是商品的标记，是商品生产者或经营者为了把自己的商品区别于他人的同类商品，在商品上使用的一种特殊标记。这种标记一般是由文字、图案、颜色或几种要素组合而成的。商标的种类很多，依照不同的标准可以有不同的分类。

1. 按是否有法律保护可以分为注册商标和非注册商标。《商标法》规定："经商标局核准注册的商标为注册商标，包括商品商标、服务商标、集体商标和证明商标；注册人享有商标专有权，受法律保护。"我们所说的商标权的评估，是指注册商标专有权的评估。

2. 按商标的构成可以分为文字商标、图案商标、符号商标、色彩商标和文字图案组合商标等。

3. 按商标的作用可以分为商品商标、服务商标、集体商标、证明商标等。在这里，集体商标是指以团体、协会或者其他组织名义注册，供该组织成员在商事活动中使用，以表明使用者在该组织中的成员资格的标志。证明商标，是指由对某种商品或者服务具有监督能力的组织所控制，而由该组织以外的单位或个人使用于其商品或者服务，用以证明该商品或服务的原产地、原料、制造方法、质量和其他特定品质的标志。

（二）商标权的含义和特点

商标权是商标注册后，商标所有者依法享有的权益，它受到法律保护，未注册商标不受法律保护。商标权一般包括排他专用权（又称独占权）、转让权、许可使用权和继承权等。

排他专用权是指注册商标的所有者享有禁止他人未经其许可而在同一种商品劳务或类似商品劳务上使用其商标的权利。转让权是商标所有者作为商标权人，享有将其拥有的商标转让给他人的权利。我国《商标法》规定："转让注册商标的，转让人和受让人应当签订转让协议，并共同向商标局提出申请。受让人应当保证使用该注册商标的商品质量。转让注册商标经核准后，应予以公告。"许可使用权是指商标权人依法通过商标使用许可合同允许他人使用其注册商标。商标权人通过使用许可合同，转让的是注册商标的使用权。继承权是指商标权人将自己的注册商标交给指定的继承人继承的权利，但这种继承必须依法办理有关手续。

商标权和专利权一样，都需要经过申请、审批、核准、公告等法定程序才能获得。但商标权与专利权相比，有如下特点。

1. 《专利法》规定取得专利权的技术要求是新颖性、创造性和实用性；而商标权取得的条件是具有显著性、不重复性和不违反禁用条款。

2. 专利权有法定的有效保护期限，一般不准续展；而商标权尽管在注册时需要规定有效期，例如我国商标法规定 10 年，其他国家规定最长为 20 年，最短的为 5 年。但是到期时需要继续使用的还可以按照每一期 10 年续展，得到商标局批准续展注册，商标权依然存在。

（三）影响商标权价值的因素

商标权作为一种无形资产，其经济价值并非简单地由设计、制作、申请、保护等方面所耗费用而形成，广告宣传有利于扩大商标的知名度，并需要花费高额费用，但这些费用对商标资产价值有影响，而不是起决定作用。商标资产的经济价值体现为它能获得超额收益，若不能带来超额收益，商标权也就不具有经济价值。商标带来超额收益是由于它所代表的企业的商品质量、性能、服务等效应因素的综合性、重复性的显示，甚至是一定的效用价格比的标志。它实际上是对企业生产经营的素质，尤其是技术状况、管理状况、营销技能的综合反映。另外，商标资产的评估价值还与评估基准日的社会、经济状况以及评估目的等密切相关。因此，商标资产价值的评估应重点考虑如下几个方面。

1. 商标的法律状态

（1）商标注册情况。我国实行的是"不注册使用与注册使用并存，仅注册才能产生专用权"的商标专用权制度。按照这种制度，只有获得了注册的商标使用人才享有专有权，才有权排斥他人在同类商品上使用相同或相似的商标，也才有权对侵权活动进行起诉。因而只有注册了的商标才具有经济价值。未注册的商标即便能带来经济效益，其经济价值也得不到确认。

（2）商标权的失效。在我国，注册商标的有效期是 10 年，10 年届满如果没有申请续展，则商标的注册将被注销，商标权失效。另外，还有几种情况可能导致商标权的失效。比如，自行改变注册商标的；自行改变注册商标的注册人名义、地址或者其他注册事项的；自行转让注册商标的；连续 3 年停止使用的，商标权一旦失效，原商标所有人不再享有商标专用权，同时也就失去了评估对象，并不再具有经济价值。

（3）商标权的续展。商标注册人按其提出续展申请，经商标局核准，商标权可以无限续展。在合法续展的情况下，商标权可成为永久性收益的无形资产，驰名老牌商标权的价值一般与其寿命成正比，寿命越长，价值越高。如果没有商标续展的规定，一个驰名商标在临近保护期前一年进行评估，其评估值可能不如一个刚刚注册、有效期还有 10 年的非驰名商标。但实际上，由于有续展期的规定没有人愿意出高价购买非驰名商标，原因是驰名商标通过续展可以长期为购买者带来比较高的超额收益。

（4）商标权的地域范围。商标权的地域范围对商标权的价值有很大影响。商标权具有严格的地域性，商标权只有在法律认可的一定地域范围内受到保护。由于不同国家存在着不同的商标保护原则，商标权并不是在任何地方都受到保护。商标所有者所享有的商标权，只能在授予该项权利的国家范围内受到保护，在其他国家则不发生法律效力。如果需要得到其他国家的法律保护，必须按照该国的法律规定，在该国申请注册，或向世界知识产权组织国际局申请商标国际注册。比如，"可口可乐"商标权价值为 434.27 亿美元，这个评估值就没有说明该商标权是在美国转让还是在世界各国转让，而这二者之间可能相差 100 倍。因此，商标注册的地域范围也是影响商标权价值的因素。

（5）商标权在特定的商品范围内有效。商标注册的商品种类及范围影响商标资产的价值。商标注册申请采取"一类商品、一个商标、一份申请"的原则。评估商标资产价值时，要注意商标注册的商品种类及范围，要考虑商品使用范围是否与注册范围相符合，商标权只有在核定的商品上使用时才受法律保护，对超出注册范围部分所带来的收益不应计入商标资产的预期收益中。

2. 商标的知名度

商标的知名度，即商标的驰名度。商标的知名度越大，其价值就越高。很多国家对驰名商标的保护力度远大于非驰名商标，对驰名商标的认定一般也有着苛刻的条件和复杂的手续。因而一般情况下，同一行业，驰名商标价值高于非驰名商标价值，取得驰名商标认定的商标，其价值高于普通商标的价值。

不同的商标可为商标权人带来不同的收益，同样的商品给企业带来的收益会相差甚远。驰名商标依照《保护工业产权巴黎公约》、世界贸易组织的《知识产权协议》及多数国家的商标法，都享有受特殊保护的权利。驰名商标的法律地位也会增加它的价值。

3. 商标所依托的商品

商标权是商标所有者享有禁止他人未经许可在同一种商品劳务或类似商品劳务上使用其商标的权利。商标权本身不能直接产生收益，其价值大都是依托有形资产来实现的。商标资产的经济价值是由商标所带来的效益决定的，带来的效益越大，商标资产价值越高。商标所带来的效益是依托相应的商品来体现的，主要与以下因素有关。

（1）商品所处的行业及前景。一种商品离不开其所在的行业，行业的状况直接影响到商品的生产规模、价格、利润率等经济指标，进而影响到商标的价值。商标所依托的商品所在的行业发展情况，对商标资产的价值能产生重大影响。商标资产的价值在于其获得超额利润的能力，在销量相同的情况下，新兴行业往往是产品附加值最高的行业，其商标资产价值也高。

（2）商品的生命周期。商标资产的价值与所依托的商品所处的生命周期有关。商品的生命周期一般有四个阶段，即研制阶段、发展阶段、成熟阶段、衰落阶段。若商品处于发展或成熟阶段，获得超额利润能力强，其相应的商标资产价值较高；若处于衰退阶段，获得超额利润的能力弱，其商标资产价值相对较低。若处于研制阶段，要考虑商品是否有市场、单位产品可获得的利润等因素综合确定商标资产的价值。

（3）商品的市场占有率、竞争状况。商品的市场占有率标志着商标资产的价值范围，商标资产的价值体现在获得超额利润的能力。同样单价，其市场占有率越高，商品销量越大，利润及超额利润也越大，商标资产价值也越大。竞争状况同样影响商标资产价值，竞争越激烈，其他知名商标越多，商标资产价值越小。

（4）商品的利润情况。商标资产的价值最终体现在能给拥有者带来的超额收益上。商品所带来的利润越大，才越有可能获得更高的超额利润，商标资产才可能有价值。因此，商品的利润率大小是影响商标资产价值的重要因素。

（5）商品经营企业的素质。一个商标在有些企业中，可能是价值连城的无形资产，而在另一些企业也可能变得一文不值。良好的企业经营素质可为企业带来优秀的管理、良好的商品质量和优良的企业信誉等。企业的经营素质同样影响到商标资产的价值。

（6）经营业绩。使用商标的商品，历史上经营业绩的好坏可能影响到未来收益的预测情况。好的经营业绩，预测的未来收益大，超额利润才可能更大，商标资产价值也会更高；反之，商标资产价值低。历史上的经营业绩是采用收益法评估商标资产价值的基础依据。

4. 宏观经济状况

商标资产的价值与宏观经济形式密切相关，在评估基准日宏观经济高涨时，评估值相对较高，低迷时评估值相对较低。另外，宏观经济政策对商标价值评估也有一定影响，财政政策、货币政策是紧是松，尤其是所评估商标的行业相关的政策走向，也是商标评估必须考虑的因素。

5. 评估目的

商标资产评估目的即商标资产发生的经济行为，评估目的会直接影响到评估方法的选择。同样的资产，评估目的不同，其评估方法的选择可能也会不同，同一评估方法中各项评估参数的选取也会不同，因而评估值也往往不同。一般来说，商标所有权转让的评估值高于商标权许可使用的评估值。

6. 类似商标的交易情况

市场上类似商标的交易情况也影响商标资产的价值。当使用市场法进行商标价值评估时，可比实例及其交易情况对商标价值评估起决定的作用。这些因素包括可比实例的交易价格、交易情况、本身情况、交易日期等。

7. 商标设计、广告宣传

商标的优劣关系到企业的胜败兴衰。一个好商标的设计要求美观、内涵丰富并能展示企业风格，而商标设计的基础在于商标名称的创意和设计。

商标的广告宣传是扩大商标知名度和影响力的重要因素。通过广告使大众熟悉该种产品或服务，刺激和维持消费需求，从而扩大产品销量，为企业带来更多利润。另外，商标的广告宣传费用，也是商标成本的重要组成部分。因而商标的广告宣传对其价值产生重大影响。

8. 其他因素

除上述影响商标价值评估的因素外，还有其他一些情况对商标价值造成的影响。例如，商标的注册、使用、购买成本，商标注册时间、有无许可使用等都是影响商标资产价值的重要因素。

（四）商标权评估的程序

1. 明确评估目的

商标权评估目的即商标权发生的经济行为。从商标权转让方式来说，可以分为商标权转让和商标权许可使用。商标权转让是指转让方放弃商标权，转归受让方所有，实际上是商标所有权出售。商标权许可使用则是拥有商标权的商标权人在不放弃商标所有权的前提下，特许他人按照许可合同规定的条款使用商标。商标权转让方式不同，评估价值也不一样。一般来说，商标所有权转让的评估值高于商标权许可使用的评估值。从股份制企业商标权评估情况来说，一般包括以商标权投资入股、商标权许可使用、商标权转让等。在股份制改造或股份公司上市时，出于股本结构、出资要求等原因，往往将商标权许可使用，这样既可以保证股份制企业正常生产经营，又不影响其股权结构和出资规定。在这种情况下，不仅要对商标权进行评估，还应评估出年许可使用费标准，作为签订许可使用合同的依据。

2. 搜集相关资料

需要收集的资料一般包括：

（1）委托方概况和经营情况；

（2）与商标有关的信息，如注册文件与情况、知名度等；

（3）产品概况，如市场行业情况、产品占有率和信誉等；

（4）商标广告宣传情况；

（5）委托方未来经营规划、未来财务数据预测和宏观经济政策的影响。

3. 市场调研和分析

市场调研和分析的内容主要包括：

（1）商标现状、前景；

（2）商标产品市场需求、客户信誉、竞争情况、市场占有率；

（3）获利能力等财务状况分析、市场风险分析、相关信息分析。

4. 确定评估方法

商标权评估较多采用收益法。收益法评估商标权主要是分析确定收益额、折现率和收益期限三项指标，这里不再赘述。其中，收益期限的确定是商标权评估时十分重要的问题。确定商标权未来获利期限不能直接依据注册年限，而应该根据其获得超额收益的时间，注册年限仅供分析参考。原因是商标权的价值通过它能够为企业带来超额收益，如果注册商标所代表的产品并不能带来超额收益，该商标同样不值钱。

5. 计算分析，得出评估结论，撰写评估报告。

（五）商标权评估的方法——收益法

1. 商标权转让价值的评估

例 8-10　某企业将一种已经使用 50 年的注册商标转让。根据历史资料，该企业近 5 年使用这一商标的产品比同类产品的价格，每件高 0.7 元，该企业每年生产 100 万件。该商标目前在市场上有良好趋势，产品基本上供不应求。根据预测估计，如果在生产能力足够的情况下，这种商标产品每年生产 150 万件，每件可获超额利润 0.5 元，预计该商标能够继续获取超额利润的时间是 10 年。前 5 年保持目前超额利润水平，后 5 年每年可获取的超额利润为 32 万元，评估这项商标权的价值（折现率 10%）。

解：（1）计算其预测期内前 5 年中每年的超额利润：$150 \times 0.5 = 75$（万元）

（2）确定该项商标权价值：

$$75 \times (P/A, 10\%, 5) + 32 \times (P/A, 10\%, 5) \times 1/(1+10\%)^5$$

$$= 75 \times 3.7908 + 32 \times 3.7908 \times 0.6209$$

$$= 284.3 + 75.3167$$

$$= 359.6167（万元）$$

由此确定商标权转让评估值为 359.6167 万元。

2. 商标许可价值的评估

例 8-11　甲自行车厂将红鸟牌自行车的注册商标使用权通过许可使用合同给乙厂使用，使用时间为 5 年。双方约定由乙厂每年按使用该商标新增利润的 27% 支付给甲厂，作为商标使用费，试评估该商标使用权价值。

评估过程如下：

首先，预测使用期限内新增利润总额取决于每辆车的新增利润和预计产量。对于产量的预测，应根据许可合同的有关规定及市场情况进行。如果许可合同中规定有地域界限，在预测时必须予以考虑，否则就可能导致预测量过多，导致评估值失实。根据评估人员预测，每辆车可新增净利润 5 元，第一年至第五年生产的自行车分别是 40 万辆、45 万辆、55 万辆、60 万辆、65 万辆。

由此确定每年新增净利润为：

第一年：$40 \times 5 = 200$（万元）；

第二年：$45 \times 5 = 225$（万元）；

第三年：$55 \times 5 = 275$（万元）；

第四年：$60 \times 5 = 300$（万元）；

第五年：$65 \times 5 = 325$（万元）。

其次，确定分成率。以许可合同中确定的 27% 作为分成率。

再次，确定折现率。假设折现率为 14%。

由此，可以计算出每年新增净利润的折现值，详见表 8-5。

表 8-5　每年新增净利润的折现值

年份	新增净利润额（万元）	折现系数	折现值（万元）
1	200	0.877 2	175.44
2	225	0.769 5	173.14
3	275	0.675 0	185.63
4	300	0.592 1	177.63
5	325	0.519 4	168.81
合计	1 325	3.433 2	880.65

最后，按 27% 的分成率计算确定商标使用权的评估值为：

$880.65 \times 27\% \times (1 - 25\%) \approx 178.33$（万元）

二、特许权的评估

（一）特许权的含义和种类

特许权又称特许经营权或专营权，是指获准在一定区域、一定时间内经营或销售某种特定商品的专有权利。特许权一般分为两种：一种是政府特许的专营权，根据特许经营的内容，一般可分为特种行业经营权、垄断经营权、实施许可证制度行业的经营权、资源性资产开采特许权等；另一种是某企业特许另一企业使用其商标或在特定地区经营销售某产品，如"肯德基"等现代商业连锁店等。

由于特许权的获得往往以一定的对权利提供方的收益补偿为代价，同时，获得者或使用者也能从这些权利的直接应用中得到收益。因此，判定其价值时，应根据其获得者或使用者付出的代价或从应用特许权时获得的收益予以确认。

（二）特许权的评估

特许权的评估依据是被许可方在使用特许权后在生产经营中取得的超额收益。特许权的评估方法既可以以卖方市场为中心，以买方可能出的最高价，即拍卖价格作为其评估值，也可以用一般的资产评估方法来确定。具体说就是，对于以转让、招商、入股或联营为目的的特许权评估，一般采用收益现值法；对于将特许权作价及入股或作为开办费入账的情况，通常采用重置成本法。另外，如果能在近期的特许权交易中找到合适的参照物，特许权的评估也可以采用市场比较法，对参照物特许权的交易价格进行合适的调整后得到被评估特许权的价格。

例 8-12 某烟草公司开业 5 年来，产量与利润持续递增。为争取更好的效益，2001 年底拟组建合资公司，要求对其烟草专卖许可证的价值进行评估。根据该公司提供的资料，评估人员预计该公司 2002 至 2006 年的利润分别为 2 175 万元、2 738 万元、3 006 万元、3 456 万元和 3 880 万元。烟草行业的基准收益率为 12%，设折现率为 14%，特许权提成率为 48%，并将 2006 年的收益设为永续年金收益，本金化利率为 17.5%。求烟草专卖权的价值。

解：评估价值 = 近期收益现值 + 永续年收益/本金化利率

$$= (2\ 175 \times 0.877\ 2 + 2\ 738 \times 0.769\ 5 + 3\ 006 \times 0.675\ 0 + 3\ 456 \times 0.592\ 1 +$$
$$3\ 880 \times 0.519\ 4) \times 48\% + 3\ 880 \times 48\% \times 0.519\ 4/17.5\%$$
$$= 6\ 915.21\ （万元）$$

即烟草专卖权的价值为 6 915.21 万元。

例 8-13 甲厂为了生产、销售方便，允许另一地区的乙厂利用其专营商标生产其专营的特种公安器材，时间为 5 年。双方约定由乙厂每年按其销售利润的 20% 向甲厂缴纳特许使用费。经预测，在使用专营权期间，乙厂在第一年可获取销售利润 200 万元，第二年至第五年平均每年获取销售利润 300 万元，设折现率为 12%，求该专营权的价值。

解：该专营权的价值 = $(200 \times 0.892\ 9 + 300 \times 3.307\ 3 \times 0.892\ 9) \times 20\%$
$$= 212.90\ （万元）$$

即该专营权的价值为 212.9 万元。

第六节　商誉的评估

一、商誉的含义和特点

(一) 商誉的含义

商誉通常是指企业在一定条件下，能获取高于正常投资报酬率的收益所形成的价值。这是企业由于所处地理位置的优势，或由于经营效率高、管理基础好、生产历史悠久、人员素质高等多种原因，与同行业企业相比较，可获得超额利润。

(二) 商誉的特点

1. 商誉不能离开企业而单独存在；
2. 商誉是多项因素作用形成的结果，但形成商誉的个别因素不能单独计价；
3. 商誉本身不是一项单独的、能产生收益的无形资产，其价值是企业整体价值减去各单项资产之和；
4. 商誉是企业长期积累的价值。

二、商誉评估的目的

由于商誉依附于企业整体资产，不能单独转让，只能和企业同时转让。因此，人们一直认为商誉评估所服务的特定目的是企业产权转让，以及与企业产权转让有关的其他经济活动。但是，随着无形资产，尤其是不可确指的无形资产，如企业文化、管理模式、客户关系、销售渠道等正日益成为企业价值构成的主体，以管理咨询为目的商誉评估需求逐渐增多。在企业价值管理中，企业的股东、债权人也希望了解这一资产信息，以便作为投资决策和评价管理者业绩的基础。企业内部经营管理者也只有清楚了解企业的商誉价值，才能对其进行有效的资本化运作，实现规模扩张。此外，当企业利益受到损害时，商誉也是要求赔偿的内容之一。同时，商誉价值的评估也是分析企业偿债能力的重要因素。

三、商誉评估的方法

商誉评估值高低与其投入的费用并不直接相关，且不会因为企业为形成商誉投资越多，其评估值就越高。因而，商誉评估不能采用费用累加的方法。另外，商誉是由众多因素共同作用的结果，但形成商誉的个别因素具有不能够单独计量的特征，致使各项因素的定量差异调整难以运作，所以，商誉评估也不能采用市场类比的方法进行。实务中，商誉评估最常用的通常有两种方法，即割差法和超额收益法。

(一) 割差法

割差法的思路就是将企业总体收益的评估价值与构成企业各单项资产的评估值之和进行比较，其差额就是商誉的价值。计算公式为：

$$\frac{商誉的}{评估值} = \frac{企业整体}{资产评估值} - \frac{企业的各单项资产评估值}{之和（含可确指无形资产）}$$

企业整体资产评估值可以通过预测企业未来预期收益并进行折现或资本化获取；对于上市公司，也可以按股票市价总额确定。采取上述评估方法的理论依据是，企业价值与企业可确指的各单项产价值之和是两个不同的概念。如果有两个企业，企业可确指的各单项资产价值之和大体相当，但由于经营业绩悬殊、预期收益悬殊，其企业价值自然相差甚远。企业中的各项资产，包括有形资产和可确指的无形资产，由于其可以独立存在和转让，评估价值在不同企业中趋同。但它们由于不同的组合，不同的使用情况和管理，使其运行效果也不同，导致其组合的企业价值不同，使各类资产组合后产生的超过各项单项资产价值之和的价值，即为商誉。

例 8-14　某企业进行股份制改组，根据企业过去经营情况和未来市场形势，预测其未来 5 年的净利润分别是 13 万元、14 万元、11 万元、12 万元和 15 万元，并假定从第 6 年开始，以后各年净利润均为 15 万元。根据银行利率及企业经营风险情况确定的折现率和本金化率均为 10%，并且采用单项资产评估方法评估确定该企业各单项资产评估之和（包括有形资产和可确指的无形资产）为 90 万元，试确定该企业商誉评估值。

解：首先，采用收益法确定该企业整体评估值。

$$\begin{aligned}\frac{企业整体}{评估值} &= 13 \times 0.909\ 1 + 14 \times 0.826\ 4 + 11 \times 0.751\ 3 + 12 \times 0.683\ 0 + 15 \times 0.620\ 9 + 15 \div \\ &\quad 10\% \times 0.620\ 9 \\ &= 49.161\ 7 + 93.135 \\ &= 142.296\ 7\ （万元）\end{aligned}$$

因为该企业各单项资产评估值之和为 90 万元，由此可以确定商誉评估值，即：

商誉的价值 = 142.296 7 - 90 = 52.296 7（万元）

（二）超额收益法

商誉评估值指的是企业超额收益的本金化价格。把企业超额收益作为评估对象进行商誉评估的方法称为超额收益法。超额收益法根据被评估企业的不同又可分为超额收益本金化价格法和超额收益折现法两种具体方法。

1. 超额收益本金化价格法

超额收益本金化价格法是把被评估企业的超额收益进行本金化还原来确定该企业商誉价值的一种方法。超额收益本金化价格法主要适用于经营状况一直较好、超额收益比较稳定的企业。计算公式为：

商誉价值 =（企业预期年收益额 - 行业平均收益率 × 该企业的单项资产评估值之和）
　　　　　÷ 适用本金化率

或　　商誉价值 = 被评估企业单项资产评估值之和 ×（被评估企业预期收益率
　　　　　　　　- 行业平均收益率）÷ 适用本金化率

式中：被评估企业预期收益率 = 企业预期年收益额 ÷ 企业单项资产评估价值之和
　　　　　　　　× 100%

例 8-15　某企业的预期年收益额为 20 万元，该企业的各单项资产的评估价值之和为 80 万元，企业所在行业的平均收益率为 20%，并以此作为适用资产收益率。试确定该企业的商誉价值。

解：商誉价值＝（20－80×20%）÷20%

$$=4÷20\%$$
$$=20（万元）$$

或　商誉价值＝80×（20/80－20%）÷20%

$$=80×（25\%－20\%）÷20\%$$
$$=20（万元）$$

即该企业的商誉价值为 20 万元。

2. 超额收益折现法

超额收益折现法是把企业可预测的若干年预期超额收益进行折现，把其折现值确定为企业商誉价值的一种方法。超额收益折现法适用于评估超额收益只能维持有限期的企业。计算公式为：

$$商誉的价值 = \sum_{t=1}^{n} R_t (1 + r)^{-t}$$

式中：R_t——第 t 年企业预期超额收益；

　　　　r——折现率；

　　　　n——收益年限。

例 8-16　某企业预计将在今后 5 年内保持其具有超额收益的经营态势。估计预期年超额收益额保持在 22 500 元的水平上，该企业所在行业的平均收益率为 12%，试确定该企业的商誉价值。

解：商誉价值＝22 500×0.892 9＋22 500×0.797 2＋22 500×0.711 8＋22 500×0.635 5

$$+ 22\ 500×0.567\ 4$$
$$=81\ 108（元）$$

或　商誉价值＝22 500×3.604 8＝81 108（元）

即该企业的商誉价值为 81 108 元。

商誉的评估值可能是正值，也可能是负值。当商誉为负值时，有两种可能：一种是亏损企业；另一种是收益水平低于行业或社会平均收益水平的企业。商誉是负值时，商誉的评估无意义。所以，通常评估的商誉是正商誉。

四、商誉评估应注意的问题

目前，商誉评估的理论和操作方法争议很大，还没有定论，但以下问题是已经明确的，需要在评估时引起注意。

1. 对商誉进行评估主要发生在产权或经营主体发生变动时，持续经营时一般不需要评估。

2. 不是所有企业都有商誉，商誉（指正商誉值）只存在于长期具有超额收益的少数企业。一个企业在同类型企业中超额收益越高，商誉评估值越大。因此，商誉评估过程中，如果不能对被评估企业所属行业收益水平有全面的了解和掌握，也就无法评估出该企业商誉的价值。

3. 商誉评估需坚持预期原则，即企业是否拥有超额收益是判断企业有无商誉和商誉大小的标志。这里所说的超额收益指的是企业未来的预期超额收益，并不是企业过去或现在的超额收益。

4. 商誉与企业负债与否、负债规模大小没有直接关系。有人认为，企业负债累累就一定没有商誉，这显然是不妥的。市场经济条件下，负债经营是企业融资策略之一。从财务学原理分析，企业负债不影响资产收益率，而影响投资者收益率，即资本金收益率。资本金收益率与资产收益率的关系可以表述为：

$$资本金收益率 = \frac{资产收益率}{1 - 资产负债率} \times 100\%$$

在资产收益率一定且超过负债资金成本的条件下，增大负债比率，可以增加资本金收益率，并不直接影响资产收益率。资产收益率高低受制于投资方向、规模以及投资过程中的组织管理措施。商誉评估值取决于预期资产收益率，而非资本金收益率。当然，资产负债率应保持一定的限度，负债比例增大会增大企业风险，最终会对资产收益率产生影响。这在商誉评估时应有所考虑，但不能因此得出负债企业就没有商誉的结论。

五、商誉与商标的区别

商誉与商标是有区别的，反映两个不同的价值内涵。企业中拥有某项评估值很高的知名商标，但并不意味着该企业一定就有商誉，为了科学地确定商誉的评估值，明确商誉与商标的区别是必要的。

1. 商标是产品的标志，而商誉则是企业整体声誉的体现。商标与其产品相结合，它所代表的产品质量越好，市场需求越大，商标的信誉越高，据此带来的超额收益越大，其评估值也就越大。而商誉则是与企业密切相关的，企业经营机制完善并且运转效率高，企业的经济效益就高，信誉就好，其商誉评估值也就越大。可见，商标价值来自于产品所具有的超额获利能力，商誉价值则来自于企业所具有的超额获利能力。

2. 商标作为企业可辨认（确指）的无形资产，有自己特定的内容和名称，它可以单独取得和单独存在，可以在原组织继续存在的同时，转让给另一个组织；而商誉没有专门的内容，也无法单独存在，也无自己的名称，是不可辨认（确指）的无形资产，它与企业及其超额获利能力结合在一起，不能够脱离企业而单独存在。

3. 商标可转让所有权，也可转让使用权；商誉没有这种区分，商誉只有随企业行为的发生实现其转移或转让。

尽管商誉与商标有许多区别，但商誉与商标在许多方面是密切关联的，二者之间有时存在相互包含的因素。两者同时为企业的超额收益的形成发挥作用，商誉是商标等因素作用的结果，良好的商誉也有助于商标价值的提高。

练习题

一、单项选择题

1. 某企业的预期年收益额为 320 万元，该企业的各单项资产评估价值之和为 1 200 万元，其中专利价值为 400 万元，该企业所属行业的平均收益率为 10%，适用本金化率为 10%，其商誉的评估值为（　　）万元。

A. 800　　B. 400　　C. 2 000　　D. 2 400

2. 下列公式能够成立的是（　　）。

A. 销售收入分成率＝销售利润分成率/销售利润率

B. 销售利润分成率＝销售收入分成率/销售利润率

C. 销售利润分成率＝销售收入分成率×销售利润率

D. 销售收入分成率＝1－销售利润分成率

3. 某企业 5 年前获得一项专利，法定寿命为 10 年，现对其进行价值评估，经过专家估算，截至到评估基准日，其重置成本为 120 万元，尚可使用 3 年，则该项专利的评估价值为（　　）万元。

A. 45　　B. 50　　C. 60　　D. 72

4. 对于同一专利权来讲，其价值最高许可使用形式为（　　）。

A. 普通使用许可　　B. 排他使用许可　　C. 交互使用许可　　D. 独占使用许可

二、多项选择题

1. 无形资产的最低收费额包括（　　）。

A. 卖方研究开发成本应由买方摊还的部分　　B. 卖方的机会成本

C. 卖方的转让成本　　D. 卖方分配到的经济租金　　E. 买方分配到的经济租金

2. 《评估准则——无形资产》中，无形资产包括（　　）。

A. 商誉　　B. 土地使用权　　C. 专利技术　　D. 著作权　　E. 商标权

三、计算题

1. 甲企业将一项专利使用权转让给乙企业，拟采用利润分成支付的方法。该专利技术是三年前自行研制的，账面成本为 80 万元，三年间物价累计上涨了 25%，该专利保护期为 10 年，剩余保护期为 6 年，专业人员测算认为该专利技术的成本利润率为 400%，乙企业资产的重置成本为 4 000 万元，成本利润率为 13%。专业人员通过对该专利技术的同类技术发展趋势分析，认为该专利的剩余经济使用年限为 4 年。通过对市场供求状况及生产状况分析得知，乙企业的年实际生产能力为 20 万件，成本费为每件 400 元，未来 4 年期间的产量与成本费用变动不大，使用该专利技术后产品的性能提高，预计每件产品的售价在未来第一年、第二年为 500 元，第三年、第四年为 450 元。折现率为 10%，所得税税率为 25%。试确定该专利的评估价值。

2. 某企业为了整体资产转让需要进行评估。经过预测该企业未来 5 年净利润分别为 100 万元、110 万元、120 万元、150 万元、160 万元，预计从第 6 年起每年收益处于稳定状态，即每年平均为 160 万元。该企业一直没有负债，其有形资产只有货币资金和固定资产，且其评估值分别为 100 万元和 500 万元。该企业有一尚可使用 5 年的非专利技术，该技术产品每件可获得超额利润 10 元，目前该企业每年生产产品 8 万件，经过综合生产能力和市场分析预测，在未来 5 年每年可生产 10 万件，折现率为 6%。试评估该企业的商誉价值。

3. 甲企业将一项专利使用权转让给乙公司使用 5 年，拟采用利润分成的方式收取转让费。该专利的开发研制成本为 100 万元，专利成本利润率为 500%，乙公司的资产重置成本为 3 000 万元，成本利润率为 15%。乙公司的实际年生产能力为 20 万件，每件生产成本为 50 元，预计未来 5 年的市场出售价格分别为 90 元、90 元、85 元、75 元、75 元。折现率为 10%，所得税率为 25%。试确定该专利的使用权转让费。

4. 甲企业将一项专利使用权让给乙企业，拟采用对利润分成的方法。该专利 3 年前从外部购入，账面成本为 80 万元，3 年间物价累计上涨了 25%。该专利的法律保护期为 10 年，已过 4 年，尚可保护 6 年。经专业人员测算，该专利成本利润率为 400%。乙企业资产的重置成本为 4 000 万元，成本利润率为 12.5%。通过对该专利的技术论证和发展趋势分析，技术人员认为该专利的剩余使用寿命为 5 年。另外，通过对市场供求状况及有关会计资料的分析得知，乙企业的实际生产能力为年产某型号产品 20 万台，成本费用每台约为 400 元，未来 5 年间产量与成本费用变动不大。该产品由于采用了专利技术，性能有较大幅度的提高，未来第一、第二年每台售价可达 500 元；在竞争的作用下，为了维护市场占有率，第三、第四年售价将降为每台 450 元，第五年降为每台 430 元，折现率确定为 10%。要求根据上述资料，确定该专利的评估值（不考虑税的因素）。

5. 某企业为了整体资产转让，需进行评估。经预测该企业未来 5 年净利润分别为 100 万元、110 万元、120 万元、150 万元、160 万元，从第 6 年起，每年收益处于稳定状态，即每年均为 160 万元。该企业一直没有负债，其有形资产只有货币资金和固定资产，且其评估值分别为 100 万元和 500 万元，该企业有一项可确指无形资产即一个尚有 5 年剩余经济的非专利技术，该技术产品每件可获超额净利润 10 元，目前该企业每年生产产品 8 万件，经综合能力和市场分析预测，在未来 5 年，每年可生产 10 万件，经预测折现率和资本化率均为 6%。试评估该企业的商誉价值并说明评估技术思路。

6. 某企业转让轴承生产新技术。经搜集资料和初步测算已知如下信息：

（1）该企业与受让方共同使用该技术，双方设计生产能力分别为 40 万只和 60 万只；

（2）该技术三年前研发完成，研发成本为 500 万元，三年间物价上涨了 12%，经测算该技术已用三年，尚可使用 4 年；

（3）转让后未来 4 年企业减少的收入分别为 10 万元，15 万元，18 万元和 12 万元。折现率为 10%；

（4）追加技术开发投入折现值为 50 万元。

试确定转让技术的最低收费额。

第九章　流动资产评估

学习目的与要求

通过本章的学习，使学生了解：流动资产的内容及特点；流动资产评估的特点；流动资产评估范围及程序；库存材料、低值易耗品、在产品、产成品及库存商品等实物类流动资产评估；应收账款、应收票据及预付账款等债权类流动资产评估；现金、银行存款、短期投资等货币类流动资产评估和其他流动资产评估。重点要掌握实物类流动资产评估和债权类流动资产评估。

第一节　流动资产评估概述

一、流动资产的内容及特点

（一）流动资产的内容

流动资产是指企业在生产经营活动中，在一年或超过一年的一个经营周期内变现或者耗用的资产，包括库存现金、各种银行存款及其他货币资金、短期投资、应收及预付款、存货及其他流动资产等。

1. 库存现金是指企业内部各部门用于周转使用的备用金。

2. 各种银行存款是指企业的各种不同类型的银行存款。

3. 其他货币资金是指除库存现金和银行存款以外的其他货币资金，包括外埠存款、银行本票存款、银行汇票存款、存出投资款、信用卡存款、信用证保证金存款等。

4. 应收及预付款项，包括应收账款、应收票据、其他应收款和预付账款。应收账款是指企业因销售商品、提供劳务等应向购货单位或受益单位收取的款项，是购货单位所欠的短期债务。预付账款是指企业按照购货合同规定预付给供货单位的购货定金或部分货款。

5. 短期投资是指各种能够随时变现、持有时间不超过一年的有价证券及不超过一年的其他投资，包括股票、债券和基金等。

6. 存货是指企业在生产经营过程中为销售或耗用而储备的具有实物形态的资产，包括企业的库存材料、燃料、包装物、低值易耗品、在产品、半成品、产成品和库存商品等。

7. 其他流动资产是指除以上资产之外的流动资产。

在实际评估工作中，我们一般将上述流动资产归为四类：

（1）实物类流动资产，即上述存货的内容，是流动资产中的重要内容；

（2）货币类流动资产，包括库存现金、银行存款、其他货币资金和短期内准备变现的短

期投资;

（3）债权类流动资产，包括各种应收及预付款项和待摊费用等;

（4）其他流动资产，指除以上资产之外的流动资产。

（二）流动资产的特点

与固定资产相比，流动资产的特点主要表现在以下几个方面。

1. 周转速度快

流动资产在使用中要经过一个生产周期，即经过购买、生产、销售三个阶段，改变其实物形态，并将其全部价值转移到所形成的商品中，构成产品成本的重要组成部分，然后从营业收入中得到补偿。周转速度快是流动资产最主要的特征。所以，判断一项资产是否是流动资产，不仅仅是看资产的表面形态，还应视其周转状况而定。

2. 变现能力强

流动资产的周转速度快在一定程度上决定了其变现能力强，变现能力强是企业的流动资产区别于其他资产的重要标志。但是，各种形态的流动资产，其变现速度又有所区别。按其变现能力的强弱排序，首先是货币资金，其次是短期投资，再次是较易变现的债权类流动资产和可在短期内出售的存货，最后是在产品和准备耗用的其他物资。变现能力反映一个企业的对外支付能力和偿还债务的能力。因此，一个企业拥有的流动资产越多，企业对外支付和偿还债务的能力越强，企业的风险就相对较小。

3. 形态多样化

流动资产在周转过程中不断改变其形态，依次由货币形态开始，经过供应、生产、销售等环节，最后又变为货币形态，各种形态的流动资产在企业中同时并存，分布于企业的各个环节。尤其是实物类流动资产，不仅不同行业的流动资产的实物形态千差万别，即使是相同的行业，不同类型的企业的流动资产的实物形态也相差很大。

二、流动资产评估的特点

（一）合理确定流动资产的评估基准日

流动资产的显著特点就是周转速度快，这就使资产的构成、价值和数量都处于一种变化的状态中，而资产评估是确定资产在某一时点的价值。因此，应该充分利用会计资料，评估基准日应尽可能与会计保持一致，选择在会计期末。同时，评估人员还必须在规定的时点进行资产清查、登记和确定流动资产数量，避免重复登记和遗漏登记现象的发生。

（二）流动资产的评估对象是单项资产

流动资产的评估主要是以单项资产为对象进行价值评估的。因此，流动资产的评估只要根据其本身的特点进行，而不需要以其综合获利能力进行综合性评估。

（三）流动资产评估中的资产清查要分清主次、掌握重点

流动资产具有数量较大、种类较多的特点，因此，清查工作量很大，在评估时要考虑时间要求和评估成本。一般来说，流动资产评估往往需要根据不同企业的生产经营特点和流动资产分布的特点，分清主次、掌握重点，选择不同的方法进行清查和评估。清查采用的方法

可以是抽查、重点清查和全面盘点。当抽查核实中发现原始资料或清查盘点工作可靠性较差时，要扩大抽查范围，直至核查全部流动资产。

（四）流动资产评估对会计资料的依赖性较大

基于上述流动资产的数量较大、种类较多、周转速度快的特点，许多价格资料很难通过市场一一获取，而只能依赖会计核算资料。那么，为了保证评估结果的质量，要求评估人员认真地判断会计资料的真实性、准确性和完整性。

（五）流动资产的账面价值基本可以反映其现值

由于流动资产周转速度快，变现能力强，在价格变化不大的情况下，流动资产的账面价值基本上可以反映其现值。因此，在特定的情况下，可以采用历史成本作为评估值。同时，评估流动资产时一般可以不考虑资产的功能性贬值，其实体性贬值的计算只适用于在用低值易耗品和呆滞、积压存货类流动资产的评估。

三、流动资产评估的程序

（一）确定评估对象和评估范围

在进行流动资产评估前，首先要确定被评估资产的对象和范围，这是保证评估质量的重要条件之一。被评估对象和评估范围应视经济活动所涉及的资产范围而定。同时，在实施评估前应做好下列工作。

1. 界定流动资产的范围。进行流动资产的评估，必须界定被评估流动资产的范围，注意划清流动资产与非流动资产的界限，防止将不属于流动资产的机器设备等作为流动资产，也不得把属于流动资产的低值易耗品等作为非流动资产，以避免重复评估和漏评估。

2. 核实待评估流动资产的产权。企业在进行资产评估前，应首先核实流动资产的产权，存放在企业的外单位委托加工材料、代为保管的材料物资等，尽管存在于该企业中，但由于其产权不属于被评估单位，故不得将其列入流动资产的评估范围。

3. 对被评估流动资产进行抽查核实。比如要核实各类存货的实际数量与企业申报的数字是否一致；各类应收及预付款项有无重复记录和漏记问题；库存现金是否与会计账目上的数字相符等。一份准确的评估资产清单是正确评估资产价值的基础材料，被评估资产的清单应以实存数量为依据，而不能仅仅以账面记录为准。

（二）对实物形态的流动资产进行质量检测和技术鉴定

对企业需要评估的材料、半成品、产成品等流动资产进行质量和技术状况调查了解，目的是为了解这部分资产的质量状况，以便确定其是否还具有使用价值，并核对其技术情况和等级与被评估资产清单的记录是否一致。对被评估资产进行技术检测是正确评估资产价值的重要基础，特别是对那些时效性较强的存货，如有保鲜期要求的食品、有有效期要求的药品、化学试剂等。存货在存放期内质量发生变化，会直接影响其变现能力和市场价格，因此评估时必须考虑各类存货的内在质量因素。对各类存货进行质量检测和技术鉴定，可由被评估企业的有关技术人员、管理人员与评估人员合作完成，也可以参考独立第三方的专业报告，再由评估人员进行专业判断。

（三）对企业的债权情况进行分析

根据对被评估企业与债务人经济往来活动中的资信情况的调查了解，以及对每项债权资产的经济内容、发生时间的长短及未清理的原因等因素进行核查，综合分析确定各项债权回收的可能性、回收的时间、回收时将要发生的费用等。

（四）选择适当的评估方法进行评估

评估方法应该根据评估的目的和不同种类流动资产的特点进行适当的选择。流动资产的种类很多，不同类型的流动资产的评估方法不同。具体来讲，对于实物类流动资产，可以采用市场法或成本法。对存货类流动资产的评估，如果其价格变动较大，则以市场价格为基础，对购入价格较低的存货，按现行市价进行调整；而对购入价格较高的存货，除考虑现行市场价格外，还要分析最终产品价格是否能够相应提高，或存货本身是否具有按现行市价出售的可能性。对于货币类流动资产，其清查核实后的账面价值本身就是现值，不需采用特殊方法进行评估，只是对外币存款应按评估基准日的汇率进行折算。对于债权类流动资产评估，宜采用可变现净值进行评估。对于其他流动资产，应分不同情况进行，其中有低值易耗品等流动资产，则应视其具体情形，采用与机器设备等相同或相似的方法进行评估。

（五）评定估算，得出评估结论

流动资产评估是企业整体资产评估的一部分，因此可以不做单独的评估报告，但可以得出相应的评估结论，撰写流动资产评估情况说明或流动资产评估分析报告。

第二节　实物类流动资产评估

实物类流动资产包括各种材料、包装物、低值易耗品、在产品、产成品及库存商品等。实物类流动资产评估是流动资产评估的重要内容。

一、材料的评估

（一）材料评估的内容

企业中的材料按其存放地点，可以分为库存材料和在用材料。在用材料在生产过程中已经形成产品或半成品，不再作为单独的材料存在，因此这里所说的材料评估主要是对库存材料的评估。库存材料包括各种主要材料、辅助材料、燃料、修理用备件、包装物、低值易耗品等。包装物和低值易耗品虽然与材料相似，都保持着购进时的实物形态，但由于其使用的时间较长，因此评估方法也有些区别，这里先介绍前面几种材料的评估。

库存材料具有品种多、数量大、金额大，而且计量单位、购进时间和自然损耗等各不相同的特点，在评估时要注意以下几点。

1. 保证被评估库存材料的账实相符。在对被评估库存材料进行评估之前，首先要对其进行盘点，清查核实其数量。一般认为，抽查的比例不应该低于库存材料总额的20%。同时，还应该检查被评估库存材料的质量，查明其中有无腐烂、变质、毁损或呆滞材料等。

2. 选择适合的评估方法。对库存材料进行评估使用更多的方法是市场法和成本法，评估人员要根据不同的评估目的和待估资产的特点选择合适的评估方法，保证评估结果的准确性。

3. 运用企业库存管理的 ABC 分类法。由于企业的库存材料品种、规格繁多，数量大，在评估时把全部材料作为重点进行评估不太现实，可以将材料按一定的目的和要求，按照 ABC 分类法进行分类，分清重点、次重点和一般对象，着重对重点材料进行评估。

（二）材料评估的方法

1. 近期购进库存材料的评估

近期购进的材料库存时间短，在市场价格变化不大的情况下，其账面值与现行市价基本接近。评估时，可以采用历史成本法，也可采用现行市价法。

例 9-1　企业的某材料是两个月以前从外地购进的，数量为 4 000 千克，单价 400 元，当时支付的运杂费为 600 元。根据原始记录和清查盘点结果，评估时库存尚有 1 200 千克材料。根据上述资料，确定该材料的评估值。

解：材料评估值 = 1 200 ×（400 + 600/5 000）= 480 144（元）

即该材料的评估值为 480 144 元

值得注意的是，对于购进时发生的运杂费的处理，如果发生额较大，评估时应将其计入被评估材料的评估值；如果发生额较小，则评估时可以不考虑运杂费。

2. 购进批次间隔时间长、价格变化大的库存材料的评估

对于这类材料的评估，可以采用最接近市场价格的材料价格或直接以市场价格作为其评估值。

例 9-2　对被评估企业的库存材料进行评估，评估基准日为 2006 年 12 月 31 日。该材料分两批购进，第一批购进时间为 2005 年 1 月，购进 1 500 吨，单价为 450 元/吨，第二批购进时间为 2006 年 11 月，购进 2 000 吨，单价为 300 元/吨。截至评估基准日，2005 年购入的还剩 100 吨，2006 年购入的还剩 1 800 吨。因此，尚需评估的材料数量为 1 900 吨。可以直接按照现行的市场价格 300 元/吨计算，则该企业的库存材料评估值为多少。

解：材料评估值 = 1 900 × 300 = 570 000（元）

即该企业的库存材料评估值为 570 000 元。

值得注意的是，各企业对材料的购进时间和购进批次等的核算在会计上采用不同的方法，如先进先出法、加权平均法等，这就使得材料的账面余额不同。但核算方法的差异对评估结果并无影响，因为评估时的关键是准确核查库存材料的实际数量，并在此基础上确定库存材料的评估价值。

3. 购进时间早，市场已经脱销，没有准确现价的库存材料的评估

这类材料的评估可以通过寻找替代品的价格变动资料修正材料价格；也可以在市场供需分析的基础上，确定该项材料的供需关系，并以此修正材料价格；还可以通过市场同类商品的平均物价指数进行评估。

4. 呆滞材料价值的评估

呆滞材料是指从企业库存材料中清理出来，需要进行处理的那部分材料。对于这类资产的评估，首先应对其数量和质量进行核实和鉴定，然后区别不同情况进行评估。评估时，对

其中失效、变质、残损、报废、无用的，应通过分析计算，扣除相应的贬值额后确定评估值。

另外，在材料评估中，可能还有盘盈、盘亏的材料，评估时应以有无实物存在为原则进行评估，并选用相适应的评估方法。

（三）低值易耗品的评估

低值易耗品是指不构成固定资产的劳动工具。不同行业对固定资产和低值易耗品的划分标准是不完全相同的。因此，在评估过程中判断劳动资料是否为低值易耗品，原则上视其在企业中的作用而定，一般可依据企业原来的划分标准。同时，低值易耗品又是特殊流动资产，与典型流动资产相比，它具有周转时间长、不构成产品实体等特点。掌握低值易耗品的特点，是做好低值易耗品评估的前提。

为了保证低值易耗品的评估价值的准确性，可以对其进行必要的分类。按低值易耗品用途分类，可分为一般工具、专用工具、替换设备、管理用具、劳动保护用品、其他低值易耗品等类别；按低值易耗品使用情况分类，可分为在库低值易耗品和在用低值易耗品两类。在库低值易耗品的评估，可以根据具体情况，采用与库存材料评估相同的方法；在用低值易耗品的评估，可以采用成本法进行评估。计算公式为：

在用低值易耗品评估值 = 全新低值易耗品成本价值 × 成新率

全新低值易耗品成本价值，如果价格变动不大，可以直接采用其账面价值；也可以在账面价值基础上乘以其物价变动指数或直接采用现行市场价格。

在对低值易耗品评估时，由于其使用期短于固定资产，一般不考虑其功能性损耗和经济性损耗，其成新率计算公式为：

成新率 = （1 − 低值易耗品实际已使用月数/低值易耗品可使用月数） × 100%

另外，评估人员在确定低值易耗品成新率时，应根据其实际损耗程度确定，而不能完全按照其摊销方法确定。

例9-3　某企业某项低值易耗品，原价750元，预计使用1年，现已使用8个月，该低值易耗品现行市价为1200元，由此，确定其评估值。

解：在用低值易耗品评估值 = 1 200 × （1 − 8/12） × 100% = 300 （元）

即该企业在用价值易耗品评估值为300元。

二、在产品的评估

在产品包括生产过程中尚未加工完毕的在制品、已加工完毕但不能单独对外销售的半成品（可直接对外销售的半成品视同产成品评估）。在对这部分资产进行评估时，一般可采用成本法或现行市价法进行。

（一）成本法

这种方法是根据技术鉴定和质量检测的结果，按评估时的相关市场价格、费用水平重置同等级在产品及半成品所需投入合理的料工费计算评估值。这种评估方法只适用于生产周期较长的在产品的评估。对生产周期较短的在产品，主要以其实际发生的成本作为价值评估依据，在没有变现风险的情况下，可根据其账面值进行调整。具体方法如下：

1. 根据价格变动系数调整原成本

此种方法主要适用于生产经营正常、会计核算水平较高的企业的在产品的评估。可参照实际发生的原始成本，根据评估基准日的市场价格变动情况，调整为重置成本。评估方法和步骤如下：

第一，对被评估在产品进行技术鉴定，将其中不合格的在产品的成本从总成本中剔除；

第二，分析原成本构成，将其不合理的费用从总成本中剔除；

第三，分析原成本构成中材料成本从其生产准备开始到评估基准日止市场价格变动情况，并测算出价格变动系数；

第四，分析原成本中的工资、燃料、动力费用以及制造费用从开始生产到评估基准日有无大的变动，是否需要进行调整，如需要调整，测算出调整系数；

第五，根据技术鉴定、原始成本构成的分析及价值变动系数的测算，调整成本，确定评估值，必要时从变现的角度修正评估值。

计算公式为：

在产品评估价值 = 原合理材料成本 × （1 + 价格变动系数） + 原合理工资及费用
× （1 + 合理工资及费用变动系数）

需要说明的是，在产品成本包括直接材料、直接人工和制造费用三部分。制造费用属间接费用，直接人工尽管是直接费用，但也同间接费用一样较难测算。因此评估时可将直接人工和制造费用合并为一项费用进行测算。

2. 按社会平均消耗定额和现行市价计算评估值

采用此法即按重置同类资产的社会平均成本确定被评估资产的价值。用此方法对在产品进行评估需要掌握以下信息：

第一，被评估在产品的完工程度；

第二，被评估在产品有关工序的工艺定额；

第三，被评估在产品耗用物料的近期市场价格；

第四，被评估在产品的合理工时及单位工时的取费标准，而且合理的工时及其取费标准应按正常生产经营情况进行测算。

计算公式（只考虑一道工序）为：

在产品评估价值 = 在产品实有数量 × （该工序单件材料工艺定额 × 单位材料现行市价
+ 该工序单件工时定额 × 正常工资及费用）

值得注意的是，对于工艺定额的选取，首先考虑行业统一标准；没有行业统一标准的，应选取企业的现行标准。

3. 按在产品完工程度计算评估值

因为在产品的最高形式为产成品，因此，计算确定在产品评估值，可以在计算产成品重置成本基础上，按在产品完工程度计算在产品评估值。计算公式为：

在产品评估价值 = 产成品重置成本 × 在产品约当量
在产品约当量 = 在产品数量 × 在产品完工率

例9-4　在评估时，某企业有在产品20件，材料随生产过程陆续投入。已知这批在产品的材料投入量为75%，完工程度为60%，该产品的单位定额成本为：材料定额为3 800元，工资定额为400元，费用定额为620元。试确定该批在产品的评估价值。

解：在产品材料约当产量 $=20 \times 75\% =15$（件）

在产品工资、费用约当产量 $=20 \times 60\% =12$（件）

在产品评估值 $=15 \times 3\ 800 +12 \times$（$400 +620$）$=69\ 240$（元）

即该批在产品的评估价值为69 240元。

（二）现行市价法

采用这种方法是按同类在产品和半成品的市价，扣除销售过程中预计发生的费用后计算评估值。这种方法适用于因产品下线，在产品不能进一步加工，只能对外销售情况下的评估。一般来说，如果在产品的通用性强，能用于产品配件更换或用于维修等情况下，其评估价值较高；若在产品属于很难通过市场出售或调剂出去的专用配件等，则只能按废料回收价格进行评估。所以，具体的评估公式有两个：

公式一：在产品评估价值 = 在产品实有数量 × 市场可接受的不含税单价 − 预计销售过程中发生的费用

公式二：某报废在产品评估值 = 可回收废料的重量 × 单位重量现行的回收价格

三、产成品及库存商品的评估

产成品及库存商品是指已完工入库和已完工并经过质量检验但尚未办理入库手续的产成品以及商品流通企业的库存商品等。对此类存货应依据其变现能力和市场可接受的价格进行评估，适用的方法有成本法和现行市价法。

（一）成本法

采用成本法对生产及加工工业的产成品评估，主要根据生产、制造该项产成品全过程中发生的成本费用确定评估值。具体有以下两种方法。

1. 评估基准日与产成品完工时间接近

当评估基准日与产成品完工时间较接近，产成品成本变化不大时，可以直接按产成品的账面成本确定其评估值。计算公式为：

产成品评估价值 = 产成品数量 × 产成品单位成本

2. 评估基准日与产成品完工时间间隔较长

当评估基准日与产成品完工时间相距较远时，产成品的成本费用变化较大，产成品评估值有下列两种计算方法：

产成品评估价值 = 产成品实有数量 ×（合理材料工艺定额 × 单位材料现行市价 + 合理工时定额 × 单位时间的合理工资及费用）

或　产成品评估值 = 产成品实际成本 ×（材料成本比率 × 材料综合调整系数 + 工资费用成本比率 × 工资费用综合调整系数）

例9-5　某企业产成品实有数为60台，每台实际成本为58元。根据会计核算资料，生产该产品的材料费用与工资及其他费用的比例为6∶4，根据目前价格变动情况和其他相关资料，确定材料综合调整系数为1.15，工资及费用综合调整系数为1.02。由此试计算该产成品的评估值。

解：产成品评估值 $=60 \times 58 \times (60\% \times 1.15 + 40\% \times 1.02) = 3\,821.04$（元）

即：该产品的评估值为3 821.04元。

（二）现行市价法

这种方法是指按不含税的可接受市场价格，扣除相关费用后计算被评估库存商品评估值的方法。在用现行市价法时应注意以下几点。

1. 产成品的使用价值。评估人员要对产品本身的技术水平和内在质量进行鉴定，明确产品的使用价值及技术等级，进而确定合理的市场价格。

2. 分析产品的市场供求关系和被评估产品的前景。这样也有利于产品的市场价格的合理确定。

3. 市场价格的选择应以公开市场上形成的产品近期交易价格为准，非正常交易情况下的交易价格不能作为评估的依据。

4. 对于产成品的实体性损耗，如表面的残缺等可以据其损坏程度，确定适当的调整系数来进行调整。

另外，采用现行市价法评估时，市场价格中包含了成本、税金、利润的因素，对这部分利润和税金的处理应视产成品评估的不同目的和评估性质而定。如果产成品的评估是为了销售，应直接以现行的市场价格作为评估值，不需要考虑是否扣除销售费用和税金的问题；如果产成品的评估是为了投资等，由于产成品在新的企业中以市价销售后，流转税金和所得税等都要流出企业，追加的销售费用也应得到补偿。因此，在这种情况下，应从市价中扣除各种税金作为产成品的评估价值。

第三节　货币类、债权类及其他流动资产评估

一、货币类流动资产评估

（一）现金、银行存款的评估

资产评估主要是对非货币性资产而言，货币性资产不会因时间的变化而发生变化，因此严格地讲不存在货币性资产的评估。所谓对货币性资产的评估，尤其是对现金、银行存款的评估，主要是对货币金额的清查确认。具体来说，要对现金进行盘点，并与现金日记账和现金总账核对，实现账实相符，并注意是否有"白条顶库"现象；对银行存款要进行函证，核实其实有数额，并注意企业编制的"银行存款调节表"是否准确。总之，评估时要以核实后的实有值作为评估值，如有外汇存款，应按评估基准日的国家外汇牌价折算成人民币计算。

（二）短期投资的评估

短期投资主要是企业为了利用正常营运中暂时多余的资金，购入一些可随时变现的有价

证券，这样做可以一定程度上提高资金的使用效益。对于在证券市场上公开交易的有价证券，可按评估基准日的收盘价计算确定评估值；对于不能公开交易的有价证券，可按其本金加持有期利息计算评估值。

二、应收账款及预付账款的评估

应收账款和预付账款是指企业在经营过程中由于赊销等原因形成的尚未收回的款项及根据合同规定预付给供货单位的货款等。由于应收账款存在一定的回收风险，因此评估时需要在清查核实应收账款数额的基础上判断估计可能的坏账损失，然后再确定应收账款的评估值。基本计算公式为：

应收账款评估值＝应收账款账面价值－已确定的坏账损失－预计可能发生的坏账损失

（一）确定应收账款账面价值

评估时可根据债权资产内容进行分类，即将外部债权、机构内部独立核算单位之间往来票据及其他债权分成三类，并根据其特点及内容采取不同的方法进行核实。

（二）确认已确定的坏账损失

已确定的坏账损失是指评估时债务人已经死亡或破产倒闭而确实无法收回的应收账款。对于已确定坏账损失，应严格按有关规定进行处理，从应收账款评估值中扣除。符合下列条件之一的，应确认坏账损失：

1. 债务人死亡，以其遗产清偿后仍无法收回的应收账款；

2. 债务人破产，以其破产财产清偿后仍无法收回的应收账款；

3. 债务人在较长时间内未履行其偿债义务，并有足够证据表明无法收回或收回的可能性极小。

（三）预计可能发生的坏账损失

预计可能发生的坏账损失应该根据应收账款回收的可能性进行判断。预计坏账损失的方法有以下两种。

1. 定性分析方法

（1）业务往来较多，对方结算信用好。这类应收账款一般能够如期全部收回。

（2）业务往来少，结算信用一般。这类应收账款收回的可能性很大，但回收时间不确定。

（3）一次性业务往来，信用情况不太清楚。这类应收账款可能只可收回一部分。

（4）长期拖欠或对方单位被撤销。这类应收账款可能无法收回。

2. 定量分析方法

（1）坏账比例法

坏账比例法是按坏账的比例，判断不可回收的坏账损失的数额。坏账比例的确定，可以根据被评估企业前若干年（一般为三至五年）的实际坏账损失额与其应收账款发生额的比例确定。计算公式为：

坏账比例＝评估前若干年发生的坏账数额/评估前若干年应收账款余额×100%

坏账损失 = 核实后的应收账款数额 × 坏账比例

（2）账龄分析法

账龄分析法是按应收账款拖欠时间的长短，分析判断可收回的金额和产生坏账的可能性。一般来说，应收账款账龄越长，坏账损失的可能性越大。因此，可将应收账款按账龄长短分成几组，按组估计坏账损失的可能性，并进而计算坏账损失的金额。

例9-6　某企业以2006年12月31日为评估基准日，经核实其应收账款的实有数额为35 000元，具体情况见表9-1。试求该企业的应收账款评估值。

表9-1　账龄分析表
单位：元

拖欠时间	应收金额	估计坏账损失率	坏账损失额	备注
未到期	18 000	1%	180	
过期三个月	10 000	3%	300	
过期半年	4 350	10%	435	
过期一年	1 000	20%	200	
过期二年	1 650	50%	825	
合计	35 000	–	1 940	

解：根据表9-1，应收账款评估值为：

应收账款评估值 = 35 000 – 1 940 = 33 060（元）

即该企业的应收账款评估值为33 060元。

值得注意的是，应收账款评估以后，"坏账准备"科目应按零值计算，因为"坏账准备"科目是应收账款的备抵账户，是企业根据坏账损失发生的可能性采用一定的方法计提的。对应收账款评估是按照实际可收回的可能性进行的。因此，应收账款评估值就不必再考虑坏账准备数额了。

三、应收票据的评估

应收票据是由付款人或收款人签发、由付款人承兑、到期无条件付款的一种书面凭证。应收票据按承兑人不同分为商业承兑汇票和银行承兑汇票，按其是否带息分为带息商业汇票和不带息商业汇票。商业汇票可依法背书转让，也可以向银行申请贴现。

（一）不带息票据的评估

对于不带息票据，其评估值即为票面金额。

（二）带息票据的评估

对于带息票据，其评估值除票据面值外，还包括票据利息。具体评估方法有以下两种。

1. 按本金加利息确定

应收票据的评估价值为票据的面值加上应计的利息。计算公式为：

应收票据评估值 = 本金 ×（1 + 利息率 × 时间）

例9-7　某企业拥有一张期限为六个月的票据，本金75万元，月息为10‰，截止评估基准日离付款期尚有一个半月，由此试确定评估值。

解：应收票据评估值 = 75 × （1 + 10‰ × 4.5） = 78.375（万元）

即该企业的应收票据评估值为 78.375 万元。

2. 按应收票据的贴现值计算

这种方法是指对企业拥有的尚未到期的票据，按评估基准日到银行可获得的贴现值计算确定评估值。计算公式为：

$$应收票据评估值 = 票据到期价值 - 贴现息$$

其中：贴现息 = 票据到期价值 × 贴现率 × 贴现期

例 9-8 某企业向甲企业出售一批材料，价款为 500 万元，商定 6 个月收款，采取商业承兑汇票结算；该企业于 4 月 10 日开出汇票，并由甲企业承兑。汇票到期日为 10 月 10 日。现对该企业进行评估，评估基准日为 6 月 10 日。由此确定贴现日期为 120 天，贴现率按月息 6‰ 计算。试确定该企业的应收票据评估值。

解：贴现息 = 500 × 120 × （6‰/30） = 12（万元）

应收票据评估值 = 500 - 12 = 488（万元）

即该企业的应收票据评估值为 488 万元。

与应收账款类似，如果被评估的应收票据是在规定的时间尚未收回的票据，由于会计处理上将不能如期收回的应收票据转入应收账款账户，此时，按应收账款的评估方法进行价值评估。

四、待摊费用和预付费用的评估

（一）待摊费用的评估

待摊费用是指企业已经支付或发生，但应由本月和以后月份负担的费用。待摊费用本身不是资产，它是已耗用资产的反映。因此，对于待摊费用的评估，原则上应按其形成的具体资产价值来确定。

（二）预付费用的评估

预付费用的评估主要依据其未来可产生效益的时间。如果预付费用的效益已在评估基准日前全部体现，只因发生的数额过大而采用分期摊销的办法，这种预付费用不应在评估中作价，只有那些在评估基准日之后仍将发挥作用的预付费用才是评估的对象。

例 9-9 某企业评估基准日为 2006 年 6 月 30 日，经核实发现评估基准日待摊和预付费用情况如下：预付一年的保险金为 60 万元；尚待摊销的低值易耗品余额为 15 万元；预付的房租为 45 万元，租期为 5 年，尚有 3 年的使用权。试确定该企业在评估基准日的待摊和预付费用的评估值。

解：（1）预付保险金的评估

根据保险金全年支付金额计算每月的分摊数额为：

分摊数额 = 60/12 = 5（万元）

保险金评估值 = 5 × 6 = 30（万元）

（2）低值易耗品的评估

低值易耗品根据实有数量和现行市场价格，确定其评估值为14万元。

（3）房屋租金的评估

按总租金数额和合约规定的租期，每年的租金为9万元，房屋的租期还有三年。

房租评估值 $= 9 \times 3 = 27$ （万元）

该企业在评估基准日的待摊和预付费用的评估值 $= 30 + 14 + 27 = 71$ （万元）

练习题

一、单项选择题

1. 短期投资属于流动资产中的（   ）。

A. 货币类流动资产   B. 实物类流动资产   C. 债权类流动资产   D. 其他流动资产

2. 流动资产评估中对功能性贬值（   ）。

A. 不考虑   B. 必须考虑   C. 考虑一部分   D. 必要时考虑

3. 对外币存款应按（   ）折算。

A. 入账汇率   B. 当月平均汇率   C. 评估基准日汇率   D. 当年平均汇率

4. 企业一张期限六个月的商业汇票，本金100万元，月息6‰，截止评估基准日离付款期还有4个月。按本利和计算其评估值最有可能为（   ）。

A. 102.4万元   B. 101.2万元   C. 106万元   D. 100.6万元

5. 某项低值易耗品原值1 000元，预计使用一年，已使用8个月，现行市价为1 200元。其评估值最有可能为（   ）。

A. 400元   B. 330元   C. 960元   D. 750元

6. 评估流动资产时有时会考虑其（   ）。

A. 经济性贬值   B. 功能性贬值   C. 实体性贬值   D. 各种贬值

7. 确定应收账款评估值的基本公式是：应收账款评估值等于（   ）。

A. 应收账款账面值 − 已去顶坏账损失 − 预计坏账损失

B. 应收账款账面值 − 坏账准备 − 预计坏账损失

C. 应收账款账面值 − 已确定坏账损失 − 坏账损失

D. 应收账款账面值 − 坏账准备 − 坏账损失

8. 一般来说，应收账款评估后，账面上的"坏账准备"科目应为（   ）。

A. 零   B. 应收账款的3‰~5‰   C. 按账龄分析确定   D. 评估确定的坏账数字

9. 某企业三月初预付6个月的房屋租金90万元，当年5月1日对该企业评估时，该预付费用评估值为（   ）万元。

A. 35   B. 60   C. 45   D. 30

10. 某企业有一期限为10个月的应收票据，本金为500 000元，月利率为1%，截至到评估基准日，离付款期尚差3个半月的时间，则该应收票据额评估值为（   ）元。

A. 532 500   B. 500 000   C. 517 500   D. 523 500

二、多项选择题

1. 流动资产的特点是（　　）。

A. 周转速度快　　B. 变现能力强　　C. 存在形态多样化　　D. 收益稳定

2. 确定可能发生的坏账的方法主要有（　　）。

A. ABC 分析法　　B. 坏账准备金法　　C. 账龄分析法　　D. 坏账比例法

3. 流动资产评估中实体贬值因素有可能出现在（　　）。

A. 低值易耗品　　B. 应收账款　　C. 呆滞积压物资　　D. 产成品

4. 在产品的评估一般可以采用（　　）。

A. 成本法　　B. 市场法　　C. 收益法　　D. 清算价格法

5. 在预付费用的评估中，正确的说法是（　　）。

A. 预付费用在评估基准日前已支付，但在评估基准日后才产生效益的价值，才能成为预付费用的评估值

B. 预付费用在评估基准日前已支付，其产生的效益在评估基准日前已全部体现的，预付费用评估值为零

C. 预付费用的评估应按核实后实际支付值为其评估值

D. 对评估基准日前已经支付额预付费用的评估，应区别其在评估基准日之前和之后发生效益的情况，分别按零值和预留值（评估值）进行评定

第十章 长期投资及其他资产评估

学习目的与要求

通过本章的学习，使学生了解：长期投资的概念及分类；长期投资评估的特点与程序；股权投资的形式及评估方法；长期债权投资和股票投资的特点及评估方法。重点要掌握长期债权投资和股票投资的评估方法。

第一节 长期投资评估概述

一、长期投资的概念及分类

投资是指企业为通过分配来增加财富，或为谋求其他利益，而将资产让渡给其他单位所获得另一项资产的行为。

投资按其投资目的和持有时间分为短期投资和长期投资。长期投资是指企业不准备随时变现，持有时间超过一年以上的投资。短期投资是指能够随时变现并且持有时间不超过一年的投资。

按投资的性质不同，可分为权益性投资、债权性投资和混合性投资三类。权益性投资是指为了获取其他企业的权益或净资产而进行的投资，如对其他企业的股票投资、联营投资等。债权性投资是指为了取得债权企业进行的投资，如购买国库券、公司债券等。混合性投资通常兼有权益性投资和债权性投资的性质，表现为混合性证券投资，如企业购买的优先股股票、可转换公司债券等。

二、长期投资评估的特点

（一）长期投资评估是对资本的评估

长期股权投资是投资者在被投资企业所享有的权益，虽然投资者的出资形式有货币资金、实物资产和无形资产等，但是投放到被投资企业后，就会与被投资企业的其他资产融为一体，成为该企业资产的一部分；而对于投资者而言，它们只能被作为投资资本看待，发挥着资本的功能。因此对长期投资评估实质上是对资本的评估。

（二）长期投资评估是对被投资企业获利能力的评估

长期股权投资是投资者不准备随时变现，持有时间超过一年的对外投资。其根本目的是为了获取投资收益和实现投资增值。因此，被投资企业的获利能力就成为长期投资价值的决定性因素。

（三）长期投资评估是对被投资企业偿债能力的评估

一项长期投资价格的高低主要取决于该项投资所能带来的权益，显然，这不取决于投资方，而是取决于被投资方的经营状况、财务状况。对债券形成的长期投资评估，主要考虑债务人是否有足够的偿债能力，是否按期支付利息和到期归还本金。对股权形式的长期投资评估，主要考虑被投资企业是否有较强的获利能力，能否使投资者获得较高的股息收入与资本利得。因此，被投资企业偿债能力就成为长期债券投资价值的决定性因素。

总之，长期投资评估已经超出了被评估企业，需要对被投资企业进行审计和评估。这样，长期投资评估就会受到某些限制，有一定的难度，需要充分利用资产评估的"替代原则"，寻求其他的途径或方法。

三、长期投资评估的程序

（一）明确长期投资的有关详细内容

在进行长期投资的评估时，应明确长期投资的种类、原始投资额、评估基准日余额、投资收益计算方法、历史收益额、长期股权投资占被投资企业实收资本的比例以及相关会计核算方法等。

（二）进行必要的职业判断

在进行长期投资评估时，应审核鉴定长期投资的合法性和合规性，以及判断长期投资预计可回收金额计算的正确性和合理性，判断长期投资余额在资产负债表上列示的准确性。

（三）根据长期投资的特点和具体种类选择合适的评估方法

对于可上市交易的股票和债券来说，一般采用现行市价法进行评估，即按照评估基准日的收盘价确定评估值；非上市交易及不能采用现行市价法评估的股票和债券一般采用收益法，评估人员应根据综合因素选择适宜的折现率确定评估值。

（四）评定估算，得出评估结论

根据影响长期投资的各种因素选择相应的评估方法，测算长期投资的价值，并得出相应的评估结论。

第二节　长期债权投资的评估

一、长期债权投资及其特点

长期债权投资包括债券投资和其他债权投资，其中，债券投资是最典型的一种，本节主要以债券为例进行讨论。

债券是指政府、企业、银行等债务人为了筹集资金，按照法定程序发行的并向债权人承诺于指定日期还本付息的有价证券。债券基本要素包括债券面值、票面利率和到期日。根据发行主体的不同，债券可以分为政府债券、公司债券和金融债券；根据期限长短分为短期债券、中期债券和长期债券；根据是否上市流通分为上市债券和非上市债券。

从投资的角度来看，债券投资和股权投资相比，具有以下几个特点。

（一）投资风险小

和股权投资相比，债券投资的风险比较小，安全性较高。因为无论是政府、企业、银行等发行债券国家都对其进行了严格的规定，如政府发行的债券由国家财政担保；银行发行债券要以其信誉及实力作保证；企业发行债券国家有严格的限制条件，要求一般企业实力及发展前景都较好。而且即使债券发行者出现财务困难，或者出现企业破产，在破产清算时债券持有者也拥有优先受偿权，比股权投资的安全性高。

（二）收益稳定

债券的收益主要是由债券的面值和债券的票面利率决定的，二者在发行时就决定了不随市场的变化而变化。一般情况下为了吸引投资，债券的票面利率比同期的银行存款利率高。所以，只要债券发行主体不发生较大的变故，银行储蓄利率没有大幅度的上升，债券的收益是比较稳定的。

二、债券评估

（一）上市交易债券的评估

上市交易的债券是指经政府管理部门批准，可以在证券交易所内买卖的证券，它可以在市场上自由交易、买卖。对此类债券一般采用市场法进行评估，根据评估基准日的收盘价确定它的评估值。如果在某些特殊情况下市场价格被严重扭曲，已不能反映债券的内在价值，就不能再用市场法进行评估，而应参照非上市交易债券的评估方法。同时，不论按什么方法评估，上市交易债券的评估值一般不应高于证券交易所公布的同种债券的卖出价。

采用市场法进行评估，应在评估报告书中说明所用评估方法和结论与评估基准日的关系，并说明该评估结果应随市场价格变化而予以调整。

债券评估值等于债券数量乘以评估基准日收盘价，即

债券评估值 = 债券数量 × 评估基准日债券的收盘价

例 10-1　某评估公司受托对某企业的长期债券进行评估，账面价值为 15 万元（债券共 1 500 张，面值 1 000 元），年利率为 12%，期限为 5 年，已上市交易。据市场调查，评估基准日收盘价 1 800 元/张。试该企业的长期债券的评估值。

解：评估值 = 1 500 × 1 800 = 2 700 000（元）

即该企业的长期债券的评估值为 2 700 000 元。

（二）非上市交易债券的评估

非上市交易债券是指不能进入市场自由买卖的债券。因无法通过市场取得债券的现行市价，非上市交易债券不能采用市场法进行评估，一般采用收益法。

根据还本付息方式不同，债券可分为定期支付利息到期还本和到期一次还本付息两种。不同种类的债券应该采取不同的评估方法。

1. 到期一次还本付息债券的评估

$$P = F/(1 + r)^n$$

式中：P——债券的评估值；

$\quad\quad F$——债券到期时的本利和；

$\quad\quad r$——折现率；

$\quad\quad n$——评估基准日到债券到期日的间隔（以年或月为单位）。

其中，本利和 F 的计算还要区分单利和复利两种计算方式。

（1）采用单利计算。

$$F = A(1 + m \times i)$$

（2）采用复利计算。

$$F = A(1 + i)^m$$

式中：A——债券面值；

$\quad\quad m$——计息期次数；

$\quad\quad i$——债券利息率。

2. 每年支付利息，到期还本债券的评估

$$p = \sum_{t=1}^{n} \frac{Rt}{(1 + r)^t} + \frac{A}{(1 + r)^n}$$

式中：Rt——债券在第 t 年的利息收益，其他符号含义同上。

例10-2 某评估公司受托对 B 企业的长期债权投资进行评估，被评估企业的"长期债权投资——债券投资"的账面价值为 10 万元，是 A 企业发行的 3 年期一次还本付息债券，年利率为 4%。经评估人员调查分析，发行企业经营业绩良好，财务状况稳健。两年后具有还本付息的能力，投资风险较低，取 2% 的风险报酬率，以国库利率作为无风险报酬率，故折现率取 6%。试确定该债券的评估值。

解：$F = A(1 + m \times i) = 10 \times (1 + 3 \times 5\%) = 11.5（万元）$

$\quad\quad P = F/(1 + r)^n = 11.5/(1 + 6\%)^2 = 11.5 \times 0.89 = 10.235（万元）$

即 B 企业债券的评估值为 10.235 万元。

例10-3 承上例的基本资料，假定该债券的面值为 5 万元，每年付一次息，债券到期一次还本。其他资料不变，试确定其评估值。

解：$p = \sum_{t=1}^{n} \frac{Rt}{(1 + r)^t} + \frac{A}{(1 + r)^n}$

$\quad = 50\,000 \times 5\% \times (1 + 6\%)^{-1} + 50\,000 \times 5\% \times (1 + 6\%)^{-2} + 50\,000 \times (1 + 6\%)^{-2}$

$\quad = 2\,500 \times 0.943\,4 + 2\,500 \times 0.890\,0 + 50\,000 \times 0.890\,0$

$\quad = 49\,083.5（元）$

即其评估值为 49 083.5 元。

第三节 长期股权投资的评估

长期股权投资的投资方式有两种，一种是直接投资，即投资主体以现金、实物资产以及无形资产等直接投资到被投资企业，并取得被投资企业的出资证明书，确认股权；一种是间接投资，即投资主体在证券市场上购买股票发行企业的股票以实现股权投资的目的。

一、股票投资的评估

（一）股票投资概述

股票投资是指企业通过购买等方式取得被投资企业的股票而实现的投资行为。股票是由股份公司发行的，用以证明投资者股东身份及权益，并据以获得股息和红利的有价证券。股票是用以证明股东与公司的约定关系，它其实是一种特殊的信用工具，所以股票投资虽然收益较高，但风险也很大。股票的种类很多，按股票有无票面金额，分为有面值股票和无面值股票；按票面是否记名，分为记名股票和非记名股票；按股票所得权益的不同，分为普通股和优先股；按股票是否上市，分为上市股票和非上市股票。股票的价格也有很多种表现形式，包括票面价格、发行价格和账面价格，还包括清算价格、内在价格和市场价格。股票的评估与票面价格、发行价格和账面价格没有很大的关系，但与清算价格、内在价格和市场价格有着密切的关系。

1. 清算价格

清算价格是指公司清算时，每股股票所代表的真实价格，它是公司净资产与公司股票总数之比值。

2. 内在价格

内在价格是一种理论价格或模拟市场价格。它是根据评估人员对股票未来收益的预测经过折现后得到的股票价格。股票的内在价格主要取决于公司的经营状况和发展前景等因素。

3. 市场价格

市场价格是股票在证券市场上买卖股票的价格。在市场比较完善的情况下，股票的市场价格基本上能反映其内在价格，但在市场发育不健全的情况下，股票的市场价格与其内在价格就会脱节。

由于股票有上市和非上市之分，股票评估也分为上市交易股票的评估和非上市交易股票的评估。

（二）上市交易股票的评估

上市交易股票是指企业公开发行的，可以在股票市场上自由交易的股票。在证券市场发育完善的条件下，股票的市场价格基本上可以作为股票评估的依据，即可采用市场法进行评估；但对于发育不完善的证券市场，股票的市场价格就不能作为股票评估的依据，而应采取与非上市交易股票相同的评估方法。

股票评估值等于股票数量乘以评估基准日收盘价，即：

上市交易股票评估值＝上市交易股票股数×评估基准日该股票市场收盘价

例10-4 某人持有某企业上市股票12 000股，评估基准日该股票的收盘价为每股18元。试确定该企业上市交易股票的评估值。

解：评估值＝12 000×18＝216 000（元）

即该企业上市交易股票的评估值为216 000元。

采用市场法进行评估，应在评估报告书中说明所用评估方法和结论与评估基准日的关系，并说明该评估结果应随市场价格变化而予以调整。

（三）非上市交易股票的评估

非上市交易股票一般采用收益法，即通过综合分析股票发行企业的经营状况和风险、历史利润和分红情况、行业收益等因素合理预测股票投资的未来收益，并选择合理的折现率确定评估值。

非上市交易股票可分为普通股和优先股，不同股票计算评估值的方法各不同。

1. 普通股评估

普通股的股息和红利是企业剩余权益的分配，普通股未来收益的预测即为股票发行企业剩余权益的预测。这里，我们假定已经预测完成，只研究评估方法，而且根据普通股收益的趋势分为三种模型。

（1）固定红利模型，它是针对经营比较稳定、红利分配相当稳定的普通股的评估设计的。其计算公式为：

① 无限期持股

$$P = A/r$$

式中：P——股票评估值；

A——固定红利；

r——折现率或资本化率。

② 有限期持股

$$p = \sum_{t=1}^{n} \frac{A}{(1+r)^t} + \frac{P_{n+1}}{(1+r)^{n+1}}$$

式中：p_{n+1}——第 $n+1$ 年出售股票时的市场价格；

n——持股期限。其他符号含义同上。

例 10-5　假设被评估企业拥有 C 公司的非上市普通股 10 万股，每股面值 1 元。在持有期间，每年的收益率一直保持在 20% 左右。经评估人员了解分析，股票发行企业经营比较稳定，管理人员素质高、管理能力强。在预测该公司以后的收益能力时，按其经营状况的稳健性来估计，今后几年，其最低的收益率为 16% 左右。评估人员根据该企业的行业特点及当时宏观经济运行情况，确定无风险报酬率为 4%（国库券利率），风险报酬率为 4%，则折现率为 8%。根据上述资料，试确定该企业的股票评估值。

解：$P = A/r = 10 \times 16\% / 8\% = 20$ 万元

即该企业的股票评估值为 20 万元。

（2）红利增长模型，它适合于成长型企业股票评估。此类企业发展前景好、潜力大，追加投资能带来高收益。其计算公式表示为：

$$p = \frac{D_1}{r - g} \qquad (r > g)$$

式中：P——股票评估值；

D_1——未来第一年（下一年）股票的股利额；

r——折现率；

g——股利增长率。

股利增长率是红利增长模型中的重要指标，对股票的评估值影响很大，估测时要十分谨慎。关于股利增长率的估算，有两种方法：一是历史数据分析法，即根据企业历年红利分配的数据，利用算术平均或几何平均等方法，计算出历年红利的平均增长速度，作为股利增长率的数值；二是发展趋势分析法，即用企业剩余收益中用于再投资的比例乘以企业的净资产利润率，作为股利增长率的数值。

例 10-6　某评估公司受托对 D 企业进行资产评估，D 企业拥有某非上市公司的普通股股票 200 万股，每股面值 1 元，在持有股票期间，每年股票收益率在 12% 左右。股票发行企业每年以净利润的 60% 用于发放股利，其余 40% 用于追加投资。根据评估人员对企业经营状况的调查分析，认为该行业具有发展前途，该企业具有较大的发展潜力。经过分析后认为，股票发行至少可保持 3% 的发展速度，净资产利润率将保持在 16% 的水平，无风险报酬率为 4%（国库券利率），风险报酬率为 4%，则贴现率为 8%。试确定股票评估值。

解：$p = \dfrac{D_1}{r-g}$ = 2 000 000 × 12%[（4% + 4%）− 40% × 16%]

$\qquad$ = 240 000/（8% − 6.4%）= 15 000 000（元）

即 D 企业的股票评估值为 15 000 000 元。

（3）分段式模型　固定红利模型中股利是固定的，红利增长模型中股利是以固定的增长率增长的，这两种模型都过于模式化、理想化，很难适用于所有的股票评估。为此，针对实际情况，采用比较灵活、客观的分段式模型。分段式模型分段的依据是：第一段为能够客观预测股票收益的期间或股票发行企业的某一经营周期；第二段是以不易预测收益的时间为起点，且企业持续经营到永续。将两段收益现值相加，即得出评估值。在实际计算时，第一段以预测收益直接折现；第二段可以采用固定红利模型或红利增长模型，收益额采用趋势分析法或客观假定。

例 10-7　某资产评估公司受托对 E 公司的资产进行评估，E 公司拥有某一公司非上市交易的普通股股票 20 万股，每股面值 1 元。在持有期间，每年股利收益率均在 15% 左右。评估人员对发行股票公司进行调查后认为，前 3 年可保持 15% 的收益率；从第 4 年起，一套大型先进生产线交付使用后，可使收益率提高 5 个百分点，并将持续下去。评估时国库券利率为 4%，假定该股份公司是公用事业企业，其风险报酬率确定为 2%，折现率 6%，试确定该股票评估值。

解：股票的评估价值 = 前三年收益的折现值 + 第四年后收益的折现值

$\qquad$ = 200 000 × 15% ×（P/A,6%,3）+（200 000 × 20%/6%）

$\qquad\quad$ ×（1 + 6%）$^{-3}$

$\qquad$ = 30 000 × 2.673 + 40 000/6% × 0.839 6

$\qquad$ = 639 923（元）

即 E 公司所拥有的股票的评估价值为 639 923 元。

2. 优先股评估

优先股评估主要考虑优先股的风险和预期收益。按照所包含的权利不同，优先股可以分为累积优先股、参与优先股和可转换优先股。

（1）累积优先股即本年未支付的股息可以累积到下一年或有盈利的年份支付，且优先股股息未付清之前，普通股无权分发股利。

① 不打算转让，计算公式为：

$$p = A/r$$

式中：P——优先股的评估值；

r——折现率；

A——优先股的年等额股息收益。

② 持有若干年后转让，计算公式为：

$$p = \sum_{t=1}^{n} \frac{Rt}{(1+r)^t} + \frac{p_n}{(1+r)^n}$$

式中：Rt——优先股在第 t 年的收益；

n——优先股的持有年限；

p_n——预期优先股的价格。

（2）参与优先股即不仅能按照规定分得既定股息，而且还有权参与公司剩余利润的分配。所以，参与优先股的收益包括：额定股息、额外红利和预期售价。计算公式为：

$$p = \sum_{t=1}^{n} \frac{Rt}{(1+r)^t} + \sum_{t=1}^{n} \frac{R't}{(1+r')^t} + \frac{p_n}{(1+r)^n}$$

式中：Rt——优先股在第 t 年的额定股息；

$R't$——优先股在第 t 年的额外红利；

r——额定股息适用的本金化率；

r'——额外红利适用的本金化率；

n——优先股的持有年限；

p_n——预期优先股的价格。

（3）可转换优先股评估

可转换优先股即股票持有人可以在规定的条件下把持有的股票转换为普通股股票。计算公式为：

$$p = \sum_{t=1}^{n} \frac{Rt}{(1+r)^t} + \frac{p_n}{(1+r)^n}$$

式中：p_n——转换时的时价。其他符号含义同上。

例 10-8　新华纺织厂拥有长兴染料厂 1 000 股积累股和非参加分配优先股，每股面值 100 元，股息率为年息 17%。评估时，长兴染料厂的资本构成不尽合理，负债率较高，可能会对优先股股息的分配产生消极影响。因此，评估人员对新华纺织厂拥有的长兴染料厂的优先股票的风险报酬率定为 5%，加上无风险报酬率 4%，该优先股的折现率为 9%。试确定长兴染料厂的优先股票的评估值。

解：根据上述数据，该优先股评估值：

$$P = A/r = 1\ 000 \times 100 \times 17\% / (4\% + 5\%) = 17\ 000/9\% = 188\ 889(元)$$

即长江染料厂的优先股票的评估值为 188 889 元。

二、直接投资的评估

直接投资形式的股权投资，一般都是通过投资协议或合同规定投资双方的权利、责任和义务、投资期限、投资收益的分配形式以及投资期满对投入资本金的处理方式等。常见的投资形式有联营、合资、合作和独资等。

对直接投资的评估，必须首先根据投资双方的投资合同，具体了解投资的期限、投资的形式、收益获取方式、投资额占被投资企业资本的比重以及收回方式，然后再根据不同情况进行评估。比较常见的收益分配形式有：按投资比例参与被投资企业的净收益的分配；按被投资企业销售收入或利润的一定比例提成；按投资方出资额的一定比例支付资金使用报酬等。

（一）非控股型直接投资的评估

非控股型直接投资是指投资方的直接投资份额在被投资企业的资本总额中比例较小，不形成实质上的控制权，投资目的主要是为了获取投资收益。对非控股型股权投资的评估，通常采用收益法，即根据历史收益情况和被投资企业的未来经营情况及风险，预测未来收益和投入资产的回收方式及风险，估算收益额，再选用适当的折现率将其折算为现值，从而得出评估值。

具体来说，对于合同、协议明确约定了投资报酬的，可将按规定获得的收益折为现值，作为评估值；对于到期回收资产的实物投资情况，可按约定或预测出的收益折为现值，再加上到期收回资产的价值，计算评估值；对于不是直接获取资金收入，而是取得某种权利或其他间接经济利益的，可尝试测算相应的经济收益，折现计算评估值；对于明显没有经济利益，也不能形成任何经济权利的，按零计算；对于未来收益难以确定的，可以采用重置价值法进行评估。

总之，不论采用什么方法评估非控股型直接投资，都应该考虑少数股权因素对评估值的影响，一般情况下，少数股权可能有价值贴水，而控股股权可能有价值溢价。

例 10-9　某资产评估公司受托对甲企业拥有的乙公司的股权投资进行评估。甲企业两年前与乙公司签订联营协议，协议双方联营 10 年，按各自投资比例分配乙公司的利润。甲企业投入资本 3 000 000 元，其中现金资产 1 000 000 元、厂房作价 2 000 000 元，占联营企业总资本的 30%。联营协议约定，联营期满，以厂房折余价值返还投资。该厂房年折旧率为 5%，净残值率为 5%。评估前两年的利润分配方案是：第一年实现净利润 1 500 000 元，甲企业分得 450 000 元；第二年实现净利润 2 000 000 元，甲企业分得 600 000 元。经对乙公司的经营情况、市场前景和获利能力的分析，目前，联营企业生产已经稳定，市场前景看好，今后每年 18% 的收益率是能保证的，期满后厂房折余价值为 1 050 000 元。经调查分析，折现率定为 15%。试确定乙公司股票的评估值。

解：$P = 3\ 000\ 000 \times 18\% \times (P/A, 15\%, 8) + 1\ 050\ 000 \times (1 + 15\%)^{-8}$

$$= 540\ 000 \times 4.487\ 3 + 1\ 050\ 000 \times 0.326\ 9$$

$$= 2\ 766\ 387(\text{元})$$

即乙公司拥有的股票的评估值为 2 766 387 元。

（二）控股型直接投资的评估

对于控股型直接投资的评估，应在对被投资企业进行整体评估的基础上测算直接股权投资的价值。对被投资企业整体评估一般采用收益法，并且被投资企业整体的评估基准日应与投资方的评估基准日相同。

评估控股型直接投资和非控股型直接投资，都要单独计算评估值，并记录于长期投资项目下，不能将被投资企业的资产和负债与投资方合并处理。

第四节　其他资产的评估

一、其他资产的概念及其确认

（一）概念及构成

其他资产是指除流动资产、长期投资、固定资产、无形资产以外的资产，包括长期待摊费用和其他长期资产。长期待摊费用是指企业已经支出，但摊销期限在一年以上（不含一年）的各项费用，包括开办费、固定资产大修理支出、租入固定资产的改良支出等。其他长期资产包括特准储备物资、银行冻结存款、冻结物资。

（二）作为评估对象的其他资产的界定

其他资产属预付费用性质，收益期满后，其本身没有交换价值，不可转让，一经发生就已消耗，但能为企业创造未来效益，并从未来收益的会计期间抵补各项支出。因此，只有当其赖以依存的企业发生产权变动时，才有可能涉及企业其他资产的评估。

就资产评估的角度，特别是从潜在的投资者的角度，来看待这些在评估基准日以前业已发生的预付性质的费用，它的价值并不取决于它在评估基准日前业已支付了多少费用，而是取决于它在评估基准日之后能够为企业新的产权主体带来多大的利益。所以，只有它能为新的产权主体形成某些新的资产和带来经济利益的权利的时候，才能成为资产评估的对象。

在评估其他资产时，必须了解其合法性、合理性、真实性和准确性，了解费用支出和摊余情况，了解形成新资产和权利的尚存情况。其他资产的评估要根据评估目的实现后资产的占有情况和尚存情况进行，而且还要注意与其他评估对象有没有重复计算的现象存在。按此原则，其他资产的不同构成内容应采取不同的评估和处理方法。

二、其他资产的评估

1. 开办费

开办费是企业在筹建期间发生的、不能计入固定资产或无形资产价值的费用，主要包括筹建期间人员的工资、员工培训费、差旅费、办公费、注册登记费以及不能计入固定资产或无形资产购建成本的汇兑损益、利息支出等。由于企业筹建期间发生的费用，在开始生产经营起一次计入开始生产经营当期的损益，所以非企业筹建期间，不存在开办费评估的问题。如果在企业筹建期间，可以按照开办费的账面价值作为评估值。

2. 固定资产大修理支出

固定资产大修理费是指已经发生的固定资产大修理，其修理费用应由超过一个会计期间负担的费用。这种费用如果已经在固定资产评估中计算了，就不用再计算评估值了，否则会造成重复评估。

3. 其他长期待摊费用

其他长期待摊费用，如股票发行费用、租入固定资产改良支出等，其影响可能延续到以后若干年，对这类项目的评估，应根据企业的收益状况、收益时间及货币的时间价值等因素确定评估值。但从实践上看，由于这些费用对未来产生收益的能力和状况并不能准确界定，如果物价总水平波动不大，可以将其账面价值作为其评估价值，或者按其发生额的平均数计算。

例 10-10 某被评估企业因产权变动，涉及其他资产评估，截止到评估基准日，企业其他资产科目账面借方余额为 136 万元，其中营业室装饰性费用 82 万元；预付房租 36 万元，租赁期尚余 2 年，已摊销 20 万元，账面余额 16 万元；长期借款利息 38 万元。评估人员经过调查分析，以评估基准日能否产生经济效益为标准，对其他资产进行评估。

解：（1）营业室装饰性费用，已在固定资产价值评估中体现，故其评估值为零。

（2）预付房租，租期 3 年，使用权尚剩余两年，则

$$评估值 = 36/3 \times 2 = 24 （万元）$$

（3）借款利息属期间费用，其效益在评估基准日以前业已体现，应按零值处理。

所以，企业其他资产的评估值为 24 万元。

练习题

一、单项选择题

1. 长期股权投资是对（　　）的评估。

A. 被投资单位资本的评估　　　　　B. 被投资单位偿债能力的评估

C. 被评估企业资本的评估　　　　　D. 被评估企业获利能力的评估

2. 可上市交易的股票和债券一般可采用（　　）评估。

A. 成本法　B. 收益法　C. 市场法　D. 三种均可

3. 下列价格中与股票价值评估有较为密切联系的是（　　）。

A. 票面价格　B. 账面价格　C. 发行价格　D. 市场价格

4. 其他资产能否作为评估对象取决于在评估基准日后（　　）。

A. 是否摊销　B. 是否变现　C. 是否带来经济利益　D. 是否在账面上体现

5. 被评估债券为 4 年一次性还本付息债券 100 000 元，年利率为 18%，不计复利，评估时债券的购入时间已满两年，当年的国库券利率为 10%，该企业的风险报酬率为 2%，被评

估债券的价值为 （　　）元。

A. 137 117　　B. 172 000　　C. 118 000　　D. 153 380

二、多项选择题

1. 长期投资按投资性质可分为（　　）。

A. 权益性投资　　B. 债券性投资　　C. 合作性投资　　D. 混合性投资

2. 债权投资与股权投资相比，具有（　　）特点。

A. 风险较小　　B. 收益相对稳定　　C. 具有较强流动性　　D. 参与被投资企业决策

3. 长期待摊费用主要包括（　　）。

A. 固定资产大修理　　B. 租入固定资产改良支出　　C. 开办费　　D. 预付利息

4. 股票评估与股票的（　　）有关。

A. 内在价值　　B. 账面价值　　C. 市场价值　　D. 清算价格　　E. 票面价格

5. 非上市债券的评估类型可以分为（　　）。

A. 固定红利模型　　B. 红利增长模型　　C. 每年支付利息，到期还本型

D. 分段模型　　E. 到期后一次还本型

6. 其他长期资产主要包括（　　）。

A. 租入长期资产　　B. 特种物资储备　　C. 银行冻结存款　　D. 评估财产

第十一章 企业价值评估

学习目的与要求

通过本章的学习，使学生了解：企业及企业价值评估的含义及特点；企业价值评估的范围；转型经济与企业价值评估；企业价值评估与整体资产评估和单项资产评估的区别；企业价值评估的市场法、成本法、收益法和加和法。重点要掌握企业价值评估收益法三个参数的具体确定方法，本章是实务重点章。

第一节 企业价值评估概述

一、企业的含义及其特点

（一）企业的含义

企业是以营利为目的，按照法律程序建立的经济实体，形式上体现为由各种要素资产组成并具有持续经营能力的自负盈亏的法人实体。即企业是由各个要素资产围绕着一个系统目标，发挥各自特定功能，共同构成一个有机的生产经营能力和获利能力的载体。从这个定义中，可以看出，企业不仅是一个获利能力的载体和经济实体，而且还是按照法律程序建立起来的并接受法律法规规范约束的经济组织。

（二）企业的特点

1. 盈利性。企业作为一种特殊的资产，其经营的目的就是盈利。为了达到盈利的目的，企业需要在既定的生产经营范围内，以其生产工艺为主线，将若干要素资产有机组合并形成相应的生产经营结构和功能。

2. 持续经营性。企业要获取盈利，必须进行经营，而且要在经营过程中努力降低成本和费用，创造收入。为此，就要求企业对各种生产经营要素进行有效组合并保持最佳利用状态，以适应不断变化的外部环境及市场结构。影响生产经营要素最佳利用的因素很多，持续经营是保证正常盈利的一个重要方面。

3. 整体性。构成企业的各个要素资产虽然各具不同性能，但它们是在服从特定系统目标前提下构成企业整体。企业的各个要素资产功能不会都很健全，但它们可以被整合为具有良好整体功能的资产综合体。当然，即使构成企业的各个要素资产的个体功能良好，但如果它们之间的功能不匹配，由此组合而成的企业整体功能也未必很好。因此，整体性是企业区别于其他资产的一个重要特征。

二、企业价值评估的含义及其特点

（一）企业价值评估的含义

企业价值是企业在特定时期、地点和一定条件约束下所具有的持续获利能力。因此，企业价值评估就是由专业机构人员，按照特定的目的，遵循客观经济规律和公正的原则，依照国家规定的法定标准与程序，运用科学的方法，对企业法人单位和其他具有独立获利能力的经济实体的持续获利能力的评定估算。

在国际评估准则和美国企业价值评估准则中，企业价值评估通常是指注册资产评估师对企业整体价值（总资产价值）、所有者权益价值（净资产价值）或部分股权价值进行分析、估算并发表专业意见的行为和过程。根据《企业价值评估指导意见》中的定义，企业价值评估是指注册资产评估师对评估基准日特定目的下的企业整体价值、股东全部权益价值或部分权益价值进行分析、估算并发表专业意见的行为和过程。所以，企业价值评估包括对企业总资产价值、企业净资产价值和企业的部分股权价值的评估三个方面。

（二）企业价值评估的特点

1. 评估对象是由多个或多种单项资产组成的资产综合体。

2. 决定企业价值高低的因素，是企业的整体获利能力。

3. 企业价值评估是一种整体性评估，它与构成企业的各个单项资产的评估值简单加和是有区别的。这些区别主要表现在以下几个方面。

（1）评估对象不同。企业价值评估的对象是按特定生产工艺或经营目标有机结合的资产综合体的获利能力，而各个单项资产的评估值的加和，是将各个可确指的单项资产作为独立的评估对象进行评估，然后再加总。

（2）影响因素不同。企业价值评估是以企业的获利能力为核心，综合考虑影响企业获利能力的各种因素以及企业面临的各种风险进行评估。而将企业单项资产的评估值加总，是在评估时针对影响各个单项资产价值的各种因素展开的。根据经济学理论和企业管理理论分析，一个企业的获利能力通常取决于投入产出效率、资源配置效率与 x 效率三个方面的效率。投入产出效率对企业获利能力的影响是指企业资产的投入量对产出能力的影响，也可以说企业拥有的各要素资产价值的高低，如厂房、设备、技术等的先进程度，对企业的盈利能力有直接作用。资源配置效率是指企业将既定的资源用来生产什么，生产多少，如何生产等不同的选择将产生不同的效率，也就是说，企业如何配置所拥有的资源也会直接影响其获利能力。x 效率是指企业内部组织管理方式、激励机制、员工精神面貌（敬业精神）、企业文化氛围等，在现代企业中，这部分因素对企业获利能力的影响很大。总之，有着同样资产规模的企业，其获利能力可能存在很大差异。同时也说明，可确指资产价值高的企业的获利能力并不一定强。因为可确指资产的状况只是影响企业获利能力的一个因素。

（3）评估结果不同。由于企业价值评估与构成企业的单项资产的评估值加和在评估对象、影响因素等方面存在差异，两种评估的结果也会有所不同。单项资产评估值加和并不等于企业价值评估的结果，其原因是企业内部总存在着某些不可确指的无形资产，而不可确指的无形资产是单项资产评估所无法触及的，其中最主要的部分是商誉的价值。

三、企业价值辨析

在资产评估中，对企业价值的界定主要从两个方面进行考虑。第一，资产评估揭示的是评估对象的公允价值，企业作为资产评估中的一类评估对象，在评估中其价值也应该是公允价值；第二，企业是一类特殊的评估对象，其价值取决于要素资产组合的整体盈利能力，不具备现实或潜在盈利能力的企业不存在企业价值。

1. 企业的价值是企业的公允价值

这不仅是由企业作为资产评估的对象所决定的，而且是由对企业进行价值评估的目的所决定的。企业价值评估的主要目的是为企业产权交易提供服务，使交易双方对拟交易企业的价值有一个较为清晰的认识。企业价值评估应建立在公允市场假设之上，其揭示的是企业的公允价值。

2. 企业价值基于企业的盈利能力

人们创立企业或收购企业的目的不在于获得企业本身具有的物质资产或企业生产的具体产品，而在于获得企业生产利润（现金流）的能力并从中受益。因此，企业之所以能够存在价值并且能够进行交易是由于它们具有产生利润（现金流）的能力。

3. 资产评估中的企业价值有别于账面价值和公司市值

企业的账面价值是一个以历史成本为基础进行计量的会计概念，可以通过企业的资产负债表获得。由于没有考虑通货膨胀、资产的功能性贬值和经济性贬值等重要因素的影响，所以企业的账面价值明显区别于资产评估中的企业价值。公司市值是指上市公司全部流通股股票的市场价格（市场价值之和）。在发达的资本市场上，由于信息相对充分，市场机制相对完善，公司市值与企业价值具有一致性。中国尚处在经济转型中，证券市场既不规范，也不成熟，上市公司存在大量非流通股，因而不宜将公司流通股市值直接作为企业价值评估的依据。

四、企业价值评估的范围

（一）企业价值评估的一般范围

企业价值评估的一般范围即企业的资产范围。从产权的角度界定，企业价值评估的范围应该是企业的全部资产，包括企业产权主体自身占用及经营的部分，企业产权主体所能控制的部分，如全资子公司、控股子公司，以及非控股公司中的投资部分。具体界定企业价值评估资产范围的依据，一是企业有关产权转让或产权变动的协议、合同、章程中规定的企业资产变动的范围；二是需要报批的，以上级主管部门批复文件所规定的评估范围为准；三是企业价值评估委托协议书中划定的范围。

（二）企业价值评估的具体范围

在对企业价值评估的一般范围进行界定之后，并不能将所界定的企业的资产范围直接作为企业价值评估中进行评估的具体资产范围。具体范围是指评估人员具体实施评估的资产范围，是在评估的一般范围基础上，经合理、必要的资产重组后的评估范围。因为企业价值基于企业整体盈利能力，所以判断企业价值，要正确分析和判断企业的盈利能力。企业是由各类单项资产组合而成的资产综合体，这些单项资产对企业盈利能力的形成作出了不同的贡献。其中，对企业盈利能力的形成做出贡献、发挥作用的资产就是企业的有效资产，而对企业盈利能力的形成没有做出贡献，甚至削弱了企业的盈利能力的资产就是企业的无效资产。企业的盈利能力是企业有效资产共同作用的结果，要正确揭示企业价值，就要将企业资产范围内的有效资产和无效资产进行正确的界定与区分，将企业的有效资产作为评估企业价值的具体资产范围。这种区分是进行企业价值评估的重要前提。

在界定企业价值评估的具体范围时，应注意以下几点。

第一，对于在评估时有产权证（或产权证明）的，以产权证为准；产权证明无法证明资产的，要依据国家产权界定的有关法规进行产权界定。对于那些在评估时点产权不清的资产，应划为"待定产权资产"，暂不列入企业价值评估的资产范围。

第二，在产权清晰的基础上，对企业的有效资产和无效资产进行区分。在进行区分时应注意把握以下几点：

（1）对企业有效资产的判断，应以该资产对企业盈利能力形成作出的贡献为基础，不能背离这一原则；

（2）在有效资产的贡献下形成的企业盈利能力，应是企业的正常盈利能力，由于偶然因素而形成的短期盈利及相关资产，不能作为判断企业盈利能力和划分有效资产的依据；

（3）评估人员应对企业价值进行客观揭示，如企业的出售方拟进行企业资产重组，则应以不影响企业盈利能力为前提。

第三，在企业价值评估中，对无效资产有两种处理方式：一是进行"资产剥离"，将企业的无效资产在进行企业价值评估前剥离出去，不列入企业价值评估的范围；二是在无效资产不影响企业盈利能力的前提下，用适当的方法对其进行单独评估，并将评估值加总到企业价值评估的最终结果之中。

第四，企业出售方拟通过"填平补齐"的方法对影响企业盈利能力的薄弱环节进行改进时，评估人员应着重判断该改进对正确揭示企业盈利能力的影响。就目前我国的具体情况而言，该改进应主要针对由体制因素所导致的影响企业盈利能力的薄弱环节。

这里需要注意的是，不论是"资产剥离"还是"填平补齐"，都应以企业正常的设计生产经营能力为限，不可以人为地缩小或扩大企业的生产经营能力和获利能力。

五、企业价值评估的基本程序

企业价值评估是一项复杂的工程，制定和执行科学的评估程序，有利于提高评估效率，也有利于提高评估结果的可靠性。

企业价值评估大致要经过明确评估基本事项、选择评估方法、根据选择的方法搜集信息资料、对企业价值进行初步评估并对评估值进行审核和调整、编制企业价值评估报告五个步骤。

1. 明确评估基本事项

注册资产评估师执行企业价值评估业务，应当明确下列事项：

（1）委托方的基本情况；

（2）委托方以外的其他评估报告使用者；

（3）被评估企业的基本情况；

（4）评估目的；

（5）评估对象及其相关权益状况；

（6）价值类型及其定义；

（7）评估基准日；

（8）评估假设及限定条件；

（9）注册资产评估师认为需要明确的其他事项。

2. 选择评估方法

注册资产评估师执行企业价值评估业务，应当根据评估对象、价值类型、资料收集情况等相关条件，分析收益法、市场法和成本法三种资产评估基本方法的适用性，恰当选择一种或多种资产评估基本方法。

企业价值评估中的收益法，是指通过将被评估企业预期收益资本化或折现以确定评估对象价值的评估思路。收益法中常用的两种具体方法是收益资本化法和未来收益折现法。注册资产评估师应当根据被评估企业成立时间的长短、历史经营情况，尤其是经营和收益稳定状况、未来收益的可预测性，恰当考虑收益法的适用性。收益法中的预期收益可以现金流量、各种形式的利润或现金红利等口径表示，注册资产评估师应当根据评估项目的具体情况选择恰当的收益口径。注册资产评估师运用收益法进行企业价值评估，应当从委托方或相关当事方获取被评估企业未来经营状况和收益状况的预测，并进行必要的分析、判断和调整，确保相关预测的合理性；对被评估企业收益预测进行分析、判断和调整时，应当充分考虑并分析被评估企业资本结构、经营状况、历史业绩、发展前景和被评估企业所在行业相关经济要素及发展前景，收集被评估企业所涉及交易、收入、支出、投资等业务合法性和未来预测可靠性的证据，充分考虑未来各种可能性发生的概率及其影响，不得采用不合理的假设。当预测趋势与被评估企业现实情况存在较大差异时，注册资产评估师应当予以披露，并对产生差异的原因及其合理性进行分析。注册资产评估师应当根据被评估企业经营状况和发展前景以及被评估企业所在行业现状及发展前景，合理确定收益预测期间，并恰当考虑预测期后的收益情况及相关终值的计算。注册资产评估师应当综合考虑评估基准日的利率水平、市场投资回报率、加权平均资金成本等资本市场相关信息和被评估企业所在行业的特定风险等因素，合理确定资本化率或折现率。

企业价值评估中的市场法，是指将评估对象与参考企业、在市场上已有交易案例的企业、股东权益、证券等权益性资产进行比较以确定评估对象价值的评估思路。市场法中常用的两种方法是参考企业比较法和并购案例比较法。参考企业比较法是指通过对资本市场上与被评估企业处于同一或类似行业的上市公司的经营和财务数据进行分析，计算适当的价值比率或经济指标，在与被评估企业比较分析的基础上得出评估对象价值的方法。并购案例比较法是指通过分析与被评估企业处于同一或类似行业的公司的买卖、收购及合并案例，获取并分析这些交易案例的数据资料，计算适当的价值比率或经济指标，在与被评估企业比较分析的基础上得出评估对象价值的方法。注册资产评估师应当确信所选择的参考企业与被评估企业具有可比性。注册资产评估师在选择、计算、使用价值比率时，应当考虑：

（1）选择的价值比率应当有利于合理确定评估对象的价值；

（2）用于计算价值比率的参考企业或交易案例数据应当适当和可靠；

（3）用于价值比率计算的相关数据口径和计算方式应当一致；

（4）被评估企业和参考企业或交易案例相关数据的计算方式应当一致；

（5）合理将参考企业或交易案例的价值比率应用于被评估企业；

（6）根据被评估企业的特点，对不同价值比率得出的数值予以分析，形成合理的评估结论。

企业价值评估中的成本法也称资产基础法，是指在合理评估企业各项资产价值和负债的基础上确定评估对象价值的评估思路。以持续经营为前提对企业进行评估时，成本法一般不应当作为唯一的评估方法。注册资产评估师运用成本法进行企业价值评估，应当考虑被评估企业所拥有的所有有形资产、无形资产以及应当承担的负债；各项资产的价值应当根据其具体情况选用适当的具体评估方法得出；应当对长期股权投资项目进行分析，根据相关项目的具体资产、盈利状况及其对评估对象价值的影响程度等因素，合理确定是否对其单独评估。

3. 搜集相关信息资料

根据所选择的方法，应当收集并分析被评估企业的信息资料及与被评估企业相关的其他信息资料，通常包括：

（1）被评估企业类型、评估对象相关权益状况及有关法律文件；

（2）被评估企业的历史沿革、现状和前景；

（3）被评估企业内部管理制度、核心技术、研发状况、销售网络、特许经营权、管理层构成等经营管理状况；

（4）被评估企业历史财务资料和财务预测信息资料；

（5）被评估企业资产、负债、权益、盈利、利润分配、现金流量等财务状况；

（6）评估对象以往的评估及交易情况；

（7）可能影响被评估企业生产经营状况的宏观、区域经济因素；

（8）被评估企业所在行业的发展状况及前景；

（9）参考企业的财务信息、股票价格或股权交易价格等市场信息，以及以往的评估情况等；

（10）资本市场、产权交易市场的有关信息；

（11）注册资产评估师认为需要收集分析的其他相关信息资料。

4. 对企业价值进行初步评估并对评估值进行审核和调整

根据选择的评估方法进行评定估算计算出初步的评估值，然后根据评估目的和评估目的对被评估企业在评估时点经营状况和面临的市场条件的影响，以及对企业价值评估结果的价值类型的影响，结合获取的资料，讨论修改有关方法和参数，或者选用其他可能的资产评估方法，从不同角度对评估的结果进行审核和调整，以综合判定企业价值，确定该项资产评估的最终评估值。根据评估项目的具体情况，注册资产评估师可以在适当的情况下考虑以下分析调整事项：

（1）调整被评估企业和参考企业财务报表的编制基础；

（2）调整不具有代表性的收入和支出，如非正常和偶然的收入和支出；

（3）调整非经营性资产、负债和溢余资产及其相关的收入和支出；

（4）注册资产评估师认为需要调整的其他事项。

5. 编制企业价值评估报告

注册资产评估师应当在评估报告中披露必要信息，使评估报告使用者能够合理理解评估结论。企业价值评估报告应当包括以下基本内容：

（1）委托方和其他评估报告使用者；

（2）被评估企业基本情况及财务状况；

（3）评估对象；

（4）评估目的；

（5）价值类型和定义；

（6）评估基准日；

（7）评估假设和限制条件；

（8）评估依据；

（9）评估方法；

（10）评估程序实施过程和情况；

（11）评估结论；

（12）特别事项说明；

（13）评估报告日；

（14）评估机构和注册资产评估师签章。

注册资产评估师应当根据评估项目的具体情况和委托方的要求提供必要的附件。

六、转型经济与企业价值评估

（一）转型经济中的资产评估

1. 中国的资产评估业

中国的资产评估业是按经济体制转型时期的要求，在借鉴国外经验的基础上逐渐发展起来的。由于转型经济的特殊性，它具有不同于成熟市场经济条件的自身特点，这些特点必然对服务于转型经济要求的中国资产评估业产生巨大影响。为了对经济转型国家的资产评估业加以指导，国际评估准则委员会专门制定了针对包括转型国家在内的新兴市场国家资产评估指南，该指南对新兴市场国家资产评估的特征进行了归纳。

2. 资产评估指南

资产评估指南把新兴市场定义为正处于规模扩张和渐近发育的阶段，并开始向更发达的市场经济转型且以一国经济为基础的市场。新兴市场或许也是一个运行历史短和资本化程度低的金融市场。新兴市场的共同特征包括：国民经济的重大结构变化，政治、法律和制度体系的迅速完善，由计划或命令经济向市场经济的转变。新兴市场发展的结果之一就是经济全球化趋势的强化。

资产评估指南根据特殊的经济、法律和制度状况，将新兴市场国家资产评估面临的问题归纳为以下几点：

（1）法制体系的落后与不完善制约了资产市场的有效运行；

（2）专业信息匮乏，相关的评估参数、市场信息等难以获取；

（3）资产市场的较大波动；

（4）缺乏训练有素的职业评估师；

（5）过时的国家评估准则；

（6）外部压力；

（7）政府干预不当和支持不力并存；

（8）无形资产作用的不断强化。

上述新兴市场条件下的特点在中国的转型经济条件下也有所体现，给我国的资产评估执业带来巨大的风险。评估师在执业过程中，必须对这些转型经济约束因素加以重视；从而正确认识资产所处的市场条件，作出合乎逻辑与现实的价值判断，并降低执业过程中的风险。

（二）转型经济中企业价值评估应注意的问题

1. 产权模糊对企业价值评估的影响

在成熟市场经济条件下，企业产权明晰，各投资主体的权责是清晰的，从而为企业价值评估提供了既定前提。而在转型经济条件下，由于企业产权模糊并客观存在，其对企业价值评估将产生下述影响：首先，产权模糊容易引致政府对企业行为的不当干预，影响了市场机制对企业价值的作用，使评估人员对企业行为的预期变得困难；其次，企业产权模糊导致在企业价值评估实践中难以正确界定企业的资产范围。因此，评估人员还必须对企业的历史和现状进行分析，明确所评估的企业资产范围，才能对企业价值作出正确的判断。

2. 企业价值多元贡献与投资者独占的矛盾

企业价值是资本资源、人力资源和管理资源有机结合，共同作用的结果，然而在企业价值评估中通常考虑的是企业股东权益价值或债权权益价值，而忽略了其他相关利益主体的权益。企业价值评估不仅需要正确揭示企业价值，而且需要揭示企业价值形成的过程，正确评估各种要素对企业价值贡献的大小，从而为解决企业价值多元贡献与投资者独占的矛盾提供技术支持，维护企业相关利益主体的权益。

3. 企业价值中自然资源资本化贡献的客观存在与其市场配置理论和评估方法研究相对落后的矛盾

在转型经济条件下，企业价值的增加往往得益于企业无偿或廉价取得的自然资源使用权和开采权的资本化，但由于理论研究和管理体制改革的滞后，又出现了下列问题：一是自然资源储量、品位和价格的不确定性成为评估的技术障碍；二是自然资源占用和开采中事实上的价格双轨制，除了导致自然资源的低效使用和掠夺性开采之外，还产生了企业间不平等竞争的问题；三是伴随自然资源资本化过程出现愈演愈烈的资源收益分配的企业倾向和地区倾向。评估人员在进行企业价值评估时，必须对上述问题产生的历史背景进行分析，才能在评估中正确处理这些问题。在我国，自然资源所有权归国家。计划经济条件下，这些自然资源由国家分配给各个企业无偿使用，但同时企业也为政府承担了大量的社会责任，并背上了沉重的包袱。在经济转型过程中，自然资源的市场化成为必然，国家根据这种趋势规定自然资源必须有偿开发和使用，所以要求企业改制剥离并评估自然资源，这有助于保护自然资源，提高使用效率，理顺企业产权关系，推进企业体制改革。

4. 体制惯性对企业价值评估的影响

所谓体制惯性是指企业虽然已完成改制，由过去政府的相互依附转变为独立的法人实体，但旧体制下形成的企业包袱仍未解决，旧体制下的行为方式也具有一定的惯性，政府行政干预企业经营、企业承担政府分派任务的行为事实上仍然存在。受体制惯性的影响，过去实行的低工资、高就业体制使企业人员过剩、效率低下的状况很难经过改制便立即改变。企业事实上仍受各政府部门的摊派或行政性补贴，使企业账面盈利水平与企业实际的盈利能力不相符。这些体制惯性的影响掩盖了企业的真实盈利能力，同时企业的历史信息与当前状况缺乏必然联系，导致评估人无法在对企业历史数据分析基础上揭示企业真实的盈利能力，正确评估企业价值。

5. 转型经济条件下，企业价值评估的风险估计问题

运用收益法评估企业价值，关键因素之一就是需要用同风险相符的折现率来折现企业未来的现金流。在成熟的市场经济条件下，企业面临的宏观经济环境较为稳定，市场行为较为规范，企业面临的未来风险相对更易预期和估计。但在转型经济条件下企业交易双方所面临的风险和障碍远大于成熟市场，企业价值评估也变得格外困难。在我国转型经济中，企业面临的风险包括通胀率波动、经济不稳定、资本控制权变动、国家有关政策的变化、合同法和投资者权益定义模糊、法律保护不力、会计制度松弛等。对这些风险的评估不同，得到的企业评估值就会大相径庭。传统的评估方法大多数将风险反映在折现率中，缺乏深入分析，也无法帮助人们对风险有更好的理解。评估人员可假设多种情境考虑风险，例如，可以根据宏观经济各项指标及行业和公司未来可能面临的风险建立不同的假设情境，并对各种假设情境的概率进行估计。然后，分析各种假设情境下现金流的各组成部分是如何变化的，并对现金流量进行调整。

第二节　收益法在企业价值评估中的应用

一、收益法评估企业价值的核心问题

首先，要对企业的收益予以界定。企业的收益能以多种形式出现，包括净利润、净现金流、息前净利润和息前净现金流。选择以何种形式的收益作为收益法中的企业收益，直接影响对企业价值的最终判断。

其次，要对企业的收益进行合理地预测。要求评估人员对企业的将来收益进行精确预测是不现实的。但是，由于企业收益的预测直接影响对企业盈利能力的判断，是决定企业最终评估值的关键因素，所以，在评估中应全面考虑影响企业盈利能力的因素，客观、公正地对企业的收益作出合理的预测。

最后，在对企业的收益作出合理的预测后，要选择合适的折现率。合适的折现率的选择直接关系到对企业未来收益风险的判断。由于不确定性的客观存在，对企业未来收益的风险进行判断至关重要。能否对企业未来收益的风险作出恰当地判断，从而选择合适的折现率，对企业的最终评估值具有较大影响。

二、收益法的计算公式及其说明

（一）企业持续经营假设前提下的收益法

1. 年金法

$$P = A/r$$

式中：P——企业评估价值；

A——企业每年的年金收益；

r——本金化率。

用于企业价值评估的年金法，是将已处于均衡状态，其未来收益具有充分的稳定性和可预测性的企业收益进行年金化处理，然后再把已年金化的企业预期收益进行收益还原，估测企业价值。因此，上式可以写成：

$$P = \sum_{t=1}^{n} \left[R_t \times (1+r)^{-t} \right] \div \sum_{t=1}^{n} \left[(1+r)^{-t} \right] \div r$$

式中：$\sum_{t=1}^{n} \left[R_t \times (1+r)^{-t} \right]$——企业前 n 年预期收益折现值之和；

$\sum_{t=1}^{n} \left[(1+r)^{-t} \right]$——收益年金化率；

r——本金化率。

例 11-1　待估企业预计未来 5 年的预期收益额为 100 万元、120 万元、110 万元、130 万元、120 万元，假定本金化率为 10%，试用年金法估测待估企业价值。

解：$P = \sum_{t=1}^{n} \left[R_t \times (1+r)^{-t} \right] \div \sum_{t=1}^{n} \left[(1+r)^{-t} \right] \div r$

$= (100 \times 0.909\ 1 + 120 \times 0.826\ 4 + 110 \times 0.751\ 3 + 130 \times 0.683\ 0 + 120$

$\times 0.620\ 9) \div (0.909\ 1 + 0.826\ 4 + 90.751\ 3 + 0.683\ 0 + 0.620\ 9) \div 10\%$

$= (91 + 99 + 83 + 89 + 75) \div 3.790\ 7 \div 10\% = 437 \div 3.790\ 7 \div 10\%$

$= 1\ 153(万元)$

即评估企业的价值为 1 153 万元。

2. 分段法

分段法是将持续经营的企业的收益预测分为前后两段。将企业的收益预测分为前后两段的理由在于：在企业发展的前一个期间，企业处于不稳定状态，因此企业的收益是不稳定的；而在该期间之后，企业处于均衡状态，其收益是稳定的或按某种规律进行变化。对于前段企业的预期收益采取逐年预测并折现累加的方法。而对于后段的企业收益，则针对企业具体情况，并按企业的收益变化规律进行折现和还原处理。将企业前后两段收益现值加在一起便构成企业的收益现值。

假设以前段最后一年的收益作为后段各年的年金收益，分段法的公式可写成：

$$p = \sum_{t=1}^{n} [R_t \times (1+r)^{-t}] + R_n/r \times (1+r)^{-n}$$

假设从（$n+1$）年起的后段，企业预期年收益按一固定比率（g）增长，则分段法的公式写成：

$$p = \sum_{t=1}^{n} [R_t \times (1+r)^{-t}] + [R_n(1+g)]/(r-g) \times (1+r)^{-n}$$

例 11-2　待估企业预计未来 5 年的预期收益额为 100 万元、120 万元、150 万元、160 万元、200 万元，并根据企业的实际情况推断，从第六年开始，企业的年收益额将维持在 200 万元水平上，假定本金化率为 10%，使用分段法估测企业的价值。

解：$p = \sum_{t=1}^{n} [R_t \times (1+r)^{-t}] + R_n/r \times (1+r)^{-n}$

$= (100 \times 0.909\,1 + 120 \times 0.826\,4 + 150 \times 0.751\,3 + 160 \times 0.683$
$+ 200 \times 0.620\,9) + 200/10\% \times 0.620\,9$

$= 536 + 2\,000 \times 0.620\,9 = 1\,778（万元）$

即该企业的价值为 1 778 万元。

例 11-3　在例 112- 中，假如评估人员根据企业的实际情况推断，企业从第六年起，收益额将在第五年的水平上以 2% 的增长率保持增长，其他条件不变，试估测待估企业的价值。

解：$p = \sum_{t=1}^{n} [R_t \times (1+r)^{-t}] + [R_n(1+g)]/(r-g) \times (1+r)^{-n}$

$= (100 \times 0.909\,1 + 120 \times 0.826\,4 + 150 \times 0.751\,3 + 160 \times 0.683 + 200 \times 0.620\,9) + 200(1+2\%)/(10\% - 2\%) \times 0.620\,9 = 536 + 204/8\% \times 0.620\,9$

$= 536 + 2\,550 \times 0.620\,9 = 536 + 1\,583 = 2\,119（万元）$

即待估企业的价值为 2 119 万元。

（二）企业有限持续经营假设前提下的收益法

1. 关于企业有限持续经营假设的适用。对企业而言，它的价值在于其所具有的持续的盈利能力。一般而言，对企业价值的评估应该在持续经营前提下进行。只有在特殊的情况下，才能在有限持续经营假设前提下对企业价值进行评估。如企业章程已对企业经营期限作出规定，而企业的所有者无意逾期继续经营企业，则可在该假设前提下对企业进行价值评估。评估人员在运用该假设对企业价值进行评估时，应对企业能否适用该假设作出合理判断。

2. 企业有限持续经营假设是从最有利于回收企业投资的角度，争取在不追加资本性投资的前提下，充分利用企业现有的资源，最大限度地获取投资收益，直至企业无法持续经营为止。

3. 对于有限持续经营假设前提下企业价值评估的收益法，其评估思路与分段法类似。首先，将企业在可预期的经营期限内的收益加以估测并折现；其次，将企业在经营期限后的残余资产的价值加以估测及折现；最后，将两者相加。其数学表达式为：

$$P = \sum_{t=1}^{n} \left[R_t \times (1+r)^{-t} \right] + P_n (1+r)^{-n}$$

式中：P_n——第 n 年企业资产的变现值；

其他符号含义同前。

当然，在企业有限持续经营期间的收益额也可能是另外的情况，比如，收益额全部相等的情况；再比如，前一段的收益额不相等，后一段的收益额相等的情况。在具体评估时，应该视企业收益的具体情况而定。

三、企业的收益及其预测

企业的收益额是运用收益法对企业价值进行评估的关键参数。在企业的价值评估中，企业业的收益是指在正常条件下，企业所获得的归企业所有的所得额。

（一）企业收益的界定及选择

1. 企业收益的界定

在对企业收益进行具体界定时，应首先注意以下两个方面：第一，企业创造的不归企业权益主体所有的收入，不能作为企业价值评估中的企业收益。如税收，不论是流转税还是所得税都不能视为企业收益；第二，凡是归企业权益主体所有的企业收支净额，都可视为企业的收益。无论是营业收支、资产收支还是投资收支，只要形成净现金流入量，就可视为企业收益。

2. 企业收益的形式

企业的收益有两种表现形式：企业净利润和企业净现金流量。一般而言，应选择企业的净现金流作为用收益法进行企业价值评估的收益基础，其原因有两点：一是就两者与企业价值的关系而言。实证研究表明：企业的利润虽然与企业价值紧密相关，但企业价值最终由其现金流决定而不是由其利润决定；二是就可靠性而言，企业的净现金流量是企业实际收支的差额，不容易被更改，而企业的利润则要通过一系列复杂的会计程序进行确定，而且可能由于企业管理当局的利益而被更改。

3. 企业收益的口径

在对企业的收益形式界定之后，根据评估目的的不同，对不同口径的收益作出选择。因为不同口径的收益额，其折现值的价值内涵是完全不同的。如：净现金流量（净利润）折现为所有者权益；净现金流量（净利润）＋长期负债利息（1－所得税税率）折现为所有者权益＋长期负债；净现金流量（净利润）＋利息（1－所得税税率）折现为所有者权益＋长期负债＋流动负债。企业价值评估中资产的构成、评估值内涵和收益形式之间的对应关系详见表 11-1。

表 11-1　资产构成、评估值内涵和收益形式之间的对应关系

资产构成	评估值内涵	收益形式
全部资产——负债	所有者权益价值	净利润（净现金流量）

（续表）

资产构成	评估值内涵	收益形式
全部资产——短期负债	含长期负债的企业投资价值	净利润（净现金流量）＋长期负债利息（1－所得税率）
全部资产	全部资产价值	净利润（净现金流量）＋负债利息（1－所得税率）

（二）企业收益预测

企业的收益预测大致分为三个阶段。首先，对企业收益的历史及现状的分析与判断；其次，对企业未来可预测的若干年的预期收益的预测；最后，对企业未来持续经营条件下的长期预期收益趋势的判断。

1. 企业收益预测的目的

通过对企业收益的历史及现状的分析来判断企业的正常盈利能力，首先要根据企业的具体情况确定分析的重点。对于已有较长经营历史且收益稳定的企业，应着重对其历史收益进行分析，并在该企业历史收益平均趋势的基础上判断企业的盈利能力。而对于发展历史不长的企业，就要着重对其现状进行分析并主要在分析该企业未来发展机会的基础上判断企业的盈利能力。此外，还要对财务数据并结合企业的实际生产经营情况加以综合分析。可以作为分析判断企业盈利能力参考依据的财务指标有：企业资金利润率、投资资本利润率、净资产利润率、成本利润率、销售收入利润率、企业资金收益率、投资资本收益率、净资产收益率、成本收益率、销售收益率等。

为了较客观地判断企业的正常盈利能力，还必须结合影响企业盈利能力的内部及外部因素进行分析。首先，要对影响企业盈利能力的关键因素进行分析与判断。其次，要对企业所处的产业及市场地位有个客观的认识。再次，对影响企业发展的可以预见的宏观因素，评估人员也应该加以分析和考虑。总之，只有结合企业内部与外部的因素进行分析，才能对企业的正常盈利能力作出正确的判断。

2. 企业收益预测的基本步骤

第一步，评估基准日审计后企业收益的调整。调整的内容包括：其一是对审计后的财务报表进行非正常因素调整，主要是损益表和现金流量表的调整。将一次性、偶发性，或以后不再发生的收入或费用进行剔除，把企业评估基准日的利润和现金流量调整到正常状态下的数量，为企业预期收益的趋势分析打好基础。其二是研究审计后报表的附注和相关揭示，对在相关报表中揭示的影响企业预期收益的非财务因素进行分析，并在该分析的基础上对企业的收益进行调整，使之能反映企业的正常盈利能力。表11-2概括了收益额调整的主要因素。

表 11-2　收益额调整的主要因素

收入和支出项目	调整事项
营业收入	产品售价的非正常波动 产品换型期压价促销的收入损失 一次性销售收入（例如几年一度的一次性处理积压产品） 其他非正常的重大影响因素
商品成本	按重置成本基础调整成本水平 应提未提的费用 应摊未摊的费用 原材料、在产品、自制半成品、产成品的亏空和盘盈 非正常收入项目的成本开支 偶发性、一次性的非正常成本项目 其他非正常的重大影响因素
营业外收入	偶发性、一次性发生的大额收支 几年一度的大修理停工损失 其他非正常的重大影响因素
资产收支和投资收支	重大技术改造投资 中长期投资到期一次性收入 有利于大量出手的时机，有价证券获巨额价差 大量退役设备的变现收入 一次性处理闲置设备收入 投入生产经营成本的更新改造投资 其他影响资产、投资流量的非正常的重大影响因素
税收和补贴	非正常的一次性税收减免 非常规的一次性财政补贴
其他影响现金流净流量的重大非正常因素	

第二步，企业预期收益趋势的总体分析和判断。企业预期收益趋势的总体分析和判断是在对企业评估基准日审计后实际收益调整的基础上，结合企业提供的预期收益预测和评估机构调查搜集到的有关信息的资料进行分析，一般是通过对财务报表分析完成的。这里需要强调以下几点：

（1）对企业评估基准日审计后的调整财务报表，尤其是客观收益的调整仅作为评估人员进行企业预期收益预测的参考依据，不能用于其他非预测参考目的。

（2）企业提供的关于预期收益的预测是评估人员预测企业未来预期收益的重要参考资料。但是，评估人员不可以仅凭企业提供的收益预测作为对企业未来预期收益预测的唯一根据，评估人员应在自身专业知识和所搜集的其他资料的基础上作出客观、独立的判断。

（3）尽管对企业在评估基准日的财务报表进行了必要的调整，并掌握了企业提供的收益预测，评估人员还必须深入到企业现场进行实地考察和现场调研，与企业的核心管理层进行充分的交流，了解企业的生产工艺过程、设备状况、生产能力和经营管理水平，再辅之以其他数据资料对企业未来收益趋势作出合乎逻辑的总体判断。

第三步，企业预期收益的预测。企业预期收益的预测是在前两个步骤完成的前提下，运用具体的技术方法和手段进行测算。在一般情况下，企业的收益预测也分两个时间段。对于已步入稳定期的企业而言，收益预测的分段较为简单：一是对企业未来 3 ~ 5 年的收益预测；二是对企业未来 3 ~ 5 年后的各年收益预测。而对于仍处于发展期，其收益尚不稳定的企业而言，对其收益预测的分段应是首先判断出企业在何时步入稳定期、何时收益呈现稳定性，而后将其步入稳定期的前一年作为收益预测分段的时点。对企业何时步入稳定期的判断，应在与企业管理人员的充分沟通和占有大量资料并加以理性分析的基础上进行，其确定较为复杂。以下主要介绍处于稳定期的企业预期收益的预测。

（1）企业未来 3 ~ 5 年的收益预测。企业未来 3 ~ 5 年的收益预测是在评估基准日调整的企业收益或企业历史收益的平均收益趋势的基础上，结合影响企业收益实现的主要因素在未来预期变化的情况，采用适当的方法进行的。目前较为常用的方法有综合调整法、产品周期法、实践趋势法等。不论采用何种预测方法，首先都应进行预测前提条件的设定，因为企业未来可能面临的各种不确定性因素是无法一项不漏地纳入评估工作中的。科学合理地设定预测企业预期收益的前提条件是必需的，这些前提条件包括：国家的政治、经济等政策变化对企业预期收益的影响，除已经出台尚未实施的以外，只能假定其将不会对企业预期收益构成重大影响；不可抗拒的自然灾害或其他无法预期的突发事件不作为预期企业收益的相关因素考虑。企业经营管理者的某些个人行为也未在预测企业收益时加以考虑等。当然，根据评估对象、评估目的和评估的条件，还可以对评估的前提作出必要的限定。但是，评估人员对企业预期收益预测的前提条件设定必须合情合理，否则这些前提条件不能构成合理预测企业预期收益的前提和基础。

在明确了企业收益预测前提条件的基础上，就可以着手对企业来来 3 ~ 5 年的预期收益进行预测。预测的主要内容有：对影响被评估企业及所属行业的特定经济及竞争因素的估计；未来 3 ~ 5 年市场的产品或服务的需求量或被评估企业市场占有份额的估计；未来 3 ~ 5 年销售收入的估计；未来 3 ~ 5 年成本费用及税金的估计；完成上述生产经营目标需追加投资及技术、设备更新改造因素的估计；未来 3 ~ 5 年预期收益的估计等。关于企业的收益预测，评估人员必须进行分析并直接引用企业或其他机构提供的方法和数据，应把企业或其他机构提供的有关资料作为参考，根据可搜集到的数据资料，在经过充分分析论证的基础上作出独立的预测判断。

在具体运用预测技术的方法测算企业收益时，大多采用财务报表的形式来具体说明，如利用损益表或采用现金流量表的形式。运用损益表或现金流量表的形式表现预期企业收益的结果通俗易懂、便于理解和掌握。需要说明的是，用企业损益表或现金流量表来反映企业预期收益的结果，并不等于说企业预期收益预测就相当于企业损益表或现金流量表的编制。企业收益预测的过程是一个比较具体、需要大量数据并运用科学方法的运作过程，用损益表或现金流量表反映的仅仅是该过程的结果。所以，企业的收益预测不能简单地等同于企业损益表或现金流量表的编制，而是利用损益表或现金流量表的已有栏目或项目，通过对影响企业收益的各种因素变动情况的分析，在评估基准日企业收益水平的基础上，对应表内各项目（栏目）进行合理的测算、汇总分析得到所测年份的各年企业收益。

企业收益预测表（见表11-3）是一张可供借鉴的收益预测表。如测算的收益层次和口径与本表有差异，可在本表的基础上进行适当的调整。如采用其他方式测算企业收益，评估人员可自行设计企业收益预测表。

表 11-3　企业 20____ –20____ 年收益预测表

单位：万元

一、产品销售收入	20____年	20____年	20____年	20____年
减：产品销售税金				
产品销售成本				
其中：折旧				
产品销售成本				
二、产品销售利润				
加：其他业务利润				
减：管理费用				
财务费用				
三、营业利润				
加：投资收益				
营业外收入				
减：营业外支出				
四、利润总额				
减：所得税				
五、净利润				
加：折旧和无形资产				
减：追加资本性支出				
六、净现金流量				

不论采用何种方法测算企业收益，都需注意以下几个基本问题：第一，一定收益水平是一定资产运作的结果。在企业收益预测时应保持企业预测收益与其资产及其盈利能力之间的对应关系；第二，企业的销售收入或营业收入与产品销售量（服务量）及销售价格的关系，会受到价格需求弹性的制约，不能不考虑价格需求弹性而想当然地价量并长；第三，在考虑企业销售收入的增长时，应对企业所处产业及细分市场的需求、竞争情况进行分析，不能在不考虑产业及市场的具体竞争的情况下对企业的销售增长作出预测；第四，企业销售收入或服务收入的增长与其成本费用的变化存在规律性，评估人员应根据具体的企业情况科学合理

地预测企业的销售收入及各项成本费用的变化；第五，企业的预期收益与企业所采用的会计政策、税收政策关系极为密切，评估人员不可以违背会计政策及税收政策，以不合理的假设作为预测的基础，企业收益预测应与企业未来实行的会计政策和税收政策保持一致。

（2）企业未来3~5年后的各年收益预测。企业未来3~5年的预期收益测算可以通过一些具体的方法进行。而对于企业未来年份的预测收益，则难以具体地进行测算。可行的方法是：在企业未来3~5年预算收益测算的基础上，从中找出企业收益变化的取向和趋势，并借助某些手段，诸如采用假设的方式来把握企业未来长期收益的变化区间和趋势。比较常用的假设是保持假设，即假定企业未来若干年以后各年的收益水平维持在一个相对稳定的水平上。当然也可以根据企业的具体情况，假定企业收益在未来若干年以后将在某个收益水平上，每年保持一个递增比率等。但是，不论采用何种假设，都必须建立在合乎逻辑、符合客观实际的基础上，以保证企业预期收益预测的相对合理性和准确性。

（3）企业收益预测的检验。由于对企业预期收益的预测存在较多难以准确把握的因素，容易受评估人员主观因素的影响，而该预测又直接影响企业价值的最终评估值，因此，评估人员在对企业的预期收益预测基本完成之后，应该对所作预测进行严格检验，以判断所作预测的合理性。可以从以下几个方面进行检验。

第一，将预测与企业历史收益的平均趋势进行比较，如预测的结果与企业历史收益的平均趋势明显不符，或出现较大变化，又无充分理由加以支持，则该预测的合理性值得质疑。

第二，对影响企业价值评估的敏感性因素加以严格的检验。在这里，敏感性因素具有两方面的特征，一是该类因素未来存在多种变化，二是其变化能对企业的评估值产生较大影响。如对销售收入的预测，评估人员可能基于对企业所处市场前景的不同假设而会对企业的销售收入作出不同的预测，并分析不同预测结果可能对企业评估价值产生的影响。在此情况下，评估人员就应对销售收入的预测进行严格的检验，对决定销售收入预测的各种假设反复推敲。

第三，对所预测的企业收入与成本费用的变化的一致性进行检验。企业收入的变化与其成本费用的变化存在较大的一致性，如预测企业收入变化而成本费用没有发生相应变化，则该预测值得质疑。

第四，在对敏感性因素检验的基础上，与其他方法评估的结果进行比较，检验在哪一种评估假设下能得出更为合理的评估结果。

四、折现率和资本化率及其估测

折现率又称为资本化率、本金化率、还原利率等，它是将未来收益还原或转换为现值的比率。投资报酬率通常由两部分组成：一是正常投资报酬率（即无风险报酬率）；二是风险投资报酬率。

（一）折现率确定的基本原则

在运用收益法评估企业价值时，折现率起着至关重要作用，以至于微小变化都会对评估结果产生较大的影响。在确定折现率时，需要遵循以下几个基本原则：

1. 不低于无风险报酬率的原则

在正常资本市场和产权市场的条件下，政府债券利率和银行存款利率是投资者进行其他投资，在考虑和权衡投资报酬率时必须考虑的基本因素。如果折现率小于无风险报酬率，就会导致投资者将资金转存银行或购买无风险的国债，而不愿冒险投资。

2. 以行业平均报酬率为参考的原则

一般来说，投资者由于各自偏好的不同，投资的领域也不同。因此，在评价各种投资方案优劣的时候，需要以社会平均报酬率作为统一的尺度来进行衡量。但是，社会平均报酬率一般很难求得，而行业平均报酬率则可以根据国家公布的有关统计数据计算得出，因此，行业平均报酬率可以取代社会平均报酬率作为确定折现率的参考。行业平均报酬率是该行业各企业净利润之和与各企业全部资产平均额之和的比值。

3. 与收益额相匹配的原则

折现率或资本化率的确定和选取要与企业的预期收益相匹配。通常情况下，如果预期收益中考虑了通货膨胀因素和其他因素的影响，那么在折现率中也应有所体现。反之，如果预期收益中没有考虑通货膨胀因素和其他因素的影响，那么在折现率中也不应单向反映。

4. 贴现率不能直接作为折现率的原则

贴现率是商业银行对未到期票据提前兑现所扣金额（贴现息）与期票票面金额的比率。贴现率虽然也是将未来值换算成现值的比率，但贴现率通常是银行根据市场利率和贴现票据的信誉程度来确定的，且票据贴现大多数是短期的，并无固定周期。从本质上讲，贴现率接近于市场利率，而折现率是针对具体评估对象的风险而生成的期望投资报酬率。从内容上讲，折现率与贴现率并不一致，不能简单地把银行贴现率直接作为企业评估的折现率。

（二）折现率的确定方法

1. 累加法

这种方法适用于企业所有者权益价值的评估，计算公式为：

$$折现率 = 无风险报酬率 + 风险报酬率$$

式中无风险报酬率的选择相对容易一些，通常是以政府债券利率和银行储蓄利率为参考依据。而风险报酬率的测算相对比较困难，它因评估对象、评估时点而异。在测算风险报酬率的时候，评估人员应注意以下因素：国民经济增长率及被评估企业所在行业在国民经济中的地位；被评估企业所在行业的发展状况及被评估企业在行业中的地位；被评估企业所在行业的投资风险；企业在未来的经营中可能承担的风险等。

在充分考虑和分析了以上各因素以后，风险报酬率可通过以下两种方法估测：

（1）风险累加法，计算分式为：

$$风险报酬率 = 行业风险报酬率 + 经营风险报酬率 + 财务风险报酬率 + 其他风险报酬率$$

行业风险主要指企业所在行业的市场特点、投资开发特点，以及国家产业政策调整等因素造成的行业发展不确定性给企业预期收益带来的影响。

经营风险是指企业在经营过程中，由于市场需求变化、生产要素供给条件变化以及同类企业间的竞争给企业的未来预期收益带来的不确定性影响。

财务风险是指企业在经营过程中的资金融通、资金调度、资金周转可能出现的不确定性因素影响企业的预期收益。

其他风险包括了国民经济景气状况、通货膨胀等因素的变化可能对企业预期收益的影响。

量化上述各种风险所要求的回报率，主要是采取经验判断。当然，在条件许可的情况下，评估人员应尽量采取统计和数理分析方法对风险回报率进行量化，使之更科学、更合理、更客观。

（2）β系数法，β系数法的基本思路是行业风险报酬率是社会平均风险报酬率与被评估企业所在行业平均风险和社会平均风险的比率系数（β系数）的乘积。其计算公式为：

$$R_r = (R_m - R_g) \times \beta$$

式中：R_r——被评估企业所在行业的风险报酬率；

R_m——社会平均收益率；

R_g——无风险报酬率；

β——被评估企业所在行业的β系数。

在评估某一具体的企业价值时，应再考虑企业的规模、经营状况及财务状况确定企业在其所在的行业中的地位系数（α），然后与企业所在行业的风险报酬率相乘，得到该企业的风险报酬率。其计算公式为：

$$R_r = (R_m - R_g) \times \beta \times \alpha$$

2. 加权平均资本成本法

这种方法适用于企业全部资产价值的评估和企业投资资本价值的评估。加权平均资金成本是指企业综合资金成本，是以各种资金占全部资本的比重为权数，对各种资金的成本进行加权平均计算得出的。运用加权平均资本成本法估算折现率或资本化率，是为了解和掌握企业的资本构成，以及各种资本投资所要求的投资报酬或资本成本为前提的。由于受多种因素的制约，企业不可能只使用某种单一的筹资方式，往往还需要通过多种方式筹集所需资金。如果评估人员能准确地掌握企业各种资金来源在资本总额中的构成比例，就可以按加权平均资本成本法来计算折现率。计算公式为：

折现率＝负债所占比重×负债成本＋所有者权益所占比重×净资产要求的回报率

式中：所有者权益（净资产）要求的回报率＝无风险报酬率＋风险报酬率

负债成本是税后成本，对于借贷资金而言，在不考虑筹资费用时，负债成本＝利率×（1－所得税税率）。

五、收益期限的确定

收益期限的确定通常要考虑企业固定资产使用年限、主要产品所处的生命周期、经营者的素质、外部环境等因素，通常有三种确定方法。

（一）永续法

在没有特殊情况下，企业经营比较正常，且没有对足以影响企业持续经营的某项资产的使用年限进行限定，或者这种限定是可以解除的，并可以通过延续方式永续使用，则在预测企业收益时，收益期的确定可采用永续法，即收益期限为无限期。

（二）合同年限法

企业的经营期限可能会受到法律、合同等规定的限制。这种限制可能是对企业整体而言的，也可能是对企业经营所必需的某种单项资产而言的。当企业整体资产发生产权变动后，合同约定企业经营期限时，应该以合同约定的经营期限作为企业的收益期限。例如，联营企业在确定其收益期时，应以投资各方共同签订的合同中规定的期限作为企业整体资产的收益期。

（三）经济寿命法

企业整体资产发生变动后没有规定经营期限的，可按其正常的经济寿命确定收益期限。所谓经济寿命，是指从获益的角度来讲，继续持有对收益主体不再有利的这样一种时限。对企业收益主体来说，拥有企业的目的是企业能够给其带来收益。而一旦企业不能够给其带来收益时，企业收益主体就会考虑是否要转让其获得收益的权利，或者将企业整体资产分割变卖，以获取更大的收益。

第三节　市场法和成本法在企业价值评估中的应用

一、企业价值评估的市场法

（一）基本思路

企业价值评估的市场法就是在市场上找出一个或几个与被评估企业相同或相似的参照系企业，分析、比较被评估企业和参照系企业的重要指标，在此基础上，修正、调整参照企业的市场价值，最后确定被评估企业的价值。企业价值评估市场法的理论依据是替代原理，其思路可用公式表示如下：

$$\frac{V_1}{X_1} = \frac{V_2}{V_2} \quad 即：V_1 = X_1 \times \frac{V_2}{X_2}$$

式中：V_1——被评估企业价值；

V_2——可比企业价值；

X_1——被评估企业与企业价值相关的可比指标；

X_2——可比企业与企业价值相关的可比指标。

式中 X 参数通常选用三个财务变量：息税、折旧前利润，即 EBIDT；无负债的净现金流量；销售收入。

（二）可比指标的选择

1. 可比企业的选择

可比企业是指具有与待评估企业相似的现金流量、增长潜力及风险特征的企业。在识别可比企业时，评估师可以通过参考证券分析师对待评估企业的分析报告、投资咨询公司的有关研究报告、寻求行业专家的协助等多种方式进行选择。由于可比企业的选择带有一定的主观性，如果被错误地高估或低估，会导致错误的评估结果。因此，可比企业的选择应该按照以下标准进行选择。

首先是行业标准。处于同一行业的企业存在着某种可比性，但在同一行业内选择可比企业时应注意，目前的行业分类过于宽泛，处于同一行业的企业可能所生产的产品和所面临的市场完全不同，在选择时应加以注意。即使是处于同一市场，生产同一产品的企业，由于其在该行业中的竞争地位不同，规模不同，相互之间的可比性也不同。因此，在选择时应尽量选择与被评估企业的地位相类似的企业。

其次是财务标准。既然企业都可以视为是在生产同一种产品：现金流，那么存在相同的盈利能力的企业通常具有相类似的财务结构。因此，可以从财务指标和财务结构的分析对企业的可比性进行判断。

2. 可比指标的选择

对可比指标的选择只遵循一个原则：可比指标应与企业的价值直接相关。在企业价值的评估中，现金流量和利润是最主要的候选指标。目前运用市场法对企业价值进行评估，主要是在证券市场上寻找与被评估企业可比的上市公司作为可比企业。通常使用市盈率乘数（P/E）法对企业价值进行评估。

（三）市盈率乘数法

市盈率乘数法的基本思路是：首先，从证券市场上搜寻与被评估企业相似的可比企业，按企业的不同的收益口径，如息前净现金流、净利润等，计算出与之相应的市盈率。其次，确定被评估企业不同口径的收益额。再次，以可比企业相应口径的市盈率乘以被评估企业相应口径的收益额，初步评定被估企业的价值。最后，对于按不同样本计算的企业价值分别给出权重，加权平均计算企业价值。在运用该方法时，还需对评估结果进行适当调整，以充分考虑被评估企业与上市公司的差异。

另外，为了降低单一参数带来的误差，目前国际上通用的方法是采用多参数的方法。例如评估 W 公司的价值，我们从市场上找到了三个（一般为三个以上的样本）相似的公司 A、B、C，然后分别计算各公司的市场价值与销售额的比率、与账面价值的比率以及与净现金流量的比率，这里的比率即为可比价值倍数（V/X），得到结果详见表 11-4。

表 11-4　相似公司比率汇总表

比率	A 公司	B 公司	C 公司	平均
市价/销售额	1.2	1.0	0.8	1.0
市价/账面价值	1.3	1.2	2.0	1.5
市价/净现金流	20	15	25	20

把三个样本公司的各项可比价值倍数分别进行平均，就得到了应用于 W 公司评估的三个倍数。假设 W 公司的年销售额为 1 亿元，账面价值为 6 000 万元，净现金流量为 500 万元，然后我们使用从上表得到的三个倍数计算出 W 公司的指示价值，再将三个指示价值进行算术平均，详见表 11-5。

表 11-5　W 公司的评估价值

单位：万元

项　目	W 公司实际数据	可比公司平均比率	W 公司指示价值
销售额	10 000	1.0	10 000
账面价值	6 000	1.5	9 000
净现金流量	500	20	10 000
W 公司的平均价值			9 700

　　从上表中得到的三个可比价值倍数分别是 1.0、1.5 和 20，然后分别以 W 公司的三个指标 10 000 万元、6 000 万元、500 万元分别乘以三个可比价值倍数，得到 W 公司的三个指示价值 10 000 万元、9 000 万元、10 000 万元，将三个指示价值进行平均得到 W 公司的评估价值为 9 700 万元。

　　（四）运用市场法评估企业价值的障碍

　　目前，运用市场法评估企业价值有两个障碍：一是企业的个体差异。几乎难以找到能与被评估企业直接进行比较的类似企业，而除了企业规模和所处行业等可辨认的因素以外，还有很多无形因素影响企业价值。因此在寻找和选择参照企业时，应尽可能的保证它们与被评估企业在所处的行业及企业规模方面的可比性，同时考虑它们在竞争地位等方面的可比性，这是至关重要的；二是企业交易案例的差异。即使存在能与被评估企业进行直接比较的类似企业，要找到能与被评估企业的产权交易相比较的交易案例也相当困难。因此，运用市场法对企业价值进行评估时，不能基于直接比较的简单思路，而要通过间接比较分析影响企业价值的相关因素，对企业价值进行评估。

二、企业价值评估的成本法

　　成本法实际上是通过对企业账面价值的调整得到企业价值，所以其又称为账面价值调整法。其理论基础也是"替代原则"，即任何一个精明的潜在投资者，在购置一项资产时所愿意支付的价格不会超过建造一项与所购资产具有相同用途的替代品所需的成本。这种方法起源于对传统的实物资产的评估，如土地、建筑物、机器设备等的评估，而且着眼点是成本，很少考虑企业的收益和支出。在使用成本法评估时，主要通过调整企业财务报表的所有资产和负债来反映它们的现时市场价值。当然，在企业价值评估中运用成本法时要遵循的一个假设是企业的价值等于所有有形资产和无形资产的成本之和减去负债。

　　成本法以企业单项资产的成本为出发点，忽视了企业的获利能力，而且在评估中不考虑那些未在财务报表上出现的项目，如企业的管理效率、自创商誉、销售网络等。因此，成本法适用于不以盈利为目的的非盈利组织的评估。

第四节　加和法在企业价值评估中的应用

一、加和法的评估思路

加和法是成本法和收益法在企业重建思路下的一种融合，其基本思路是首先将被评估企业视为一个生产要素的组合体，在对各项资产清查核实的基础上，逐一对各项可确指资产进行评估并加总；然后通过企业价值评估中的收益法来确定企业是存在商誉还是经济性贬值，最后将各单项可确指资产评估值之和加上企业的商誉或减去企业的经济性损耗，就可以得到企业价值的评估值。其计算公式为：

$$企业整体资产价值 = \sum 单项可确指资产评估值 + 商誉$$

或　　　　$$企业整体资产价值 = \sum 单项可确指资产评估值 - 经济性贬值$$

二、加和法的评估步骤

（一）确定纳入企业价值评估范围的资产

由于加和法首先是对企业可确指资产逐项评估，因此确定评估范围尤为重要。在用加和法评估前，应对企业的盈利能力及相匹配的单项资产进行认定，以便在委托方委托的评估范围基础上，进一步界定纳入企业盈利能力范围内的资产和闲置资产的界限，明确评估对象的作用空间和评估前提。

（二）对界定后的各单项资产逐项评估并加总评估值

在评估过程中，对于对企业持续经营有贡献的资产应以继续使用为假设前提，评估其在用价值；对于需剥离或变现的资产，如果能作公开市场假设，则应评估其公允市价，否则只能评估其残值（即变现价值）。企业各种资产的具体评估方法在前边章节已有详细介绍，这里不再赘述。

（三）评估企业的负债并计算企业净资产价值

评估企业的负债，实际上就是对企业负债的审核，其内容包括两个方面：一是负债的确认；二是负债的计量。

1. 负债的确认。对于负债的确认主要应放在企业账面负债的可免除部分和应免除部分，以及企业将面临的或有负债和潜在负债。企业账面负债可免除部分，主要是指无主负债，即债权人不存在，例如无法偿还的无主贷款。企业账面负债应免除部分主要是按国家或有关部门规定，企业的部分负债，例如，应交税金、应付利息等，可以部分或全部豁免，这部分应予以扣除。虽然账面上没有，但对企业未来可能会发生的负债，即或有负债，则应给予充分的关注。如出售商品实行"三包"可能发生的未来费用；处于诉讼中的财产纠纷、税务纠纷等。对负债的确认，应本着宏观、稳健的原则进行，不能出现重大疏漏。

2. 负债的计量。对于负债的计量主要考虑货币的时间价值问题，由于负债基本上都是以货币金额反映，不存在变现困难，只是各类负债的偿还日期不同。对货币时间价值，短期负债由于其偿付期较短，通常不考虑其货币时间价值问题，即不予以折现处理。当然，这也要看短期债券是否考虑了货币时间价值因素，两者应该尽可能的对等一致。对于长期负债则要视具体偿付时间、偿付条件等来考虑是否应给予折现处理。

从总体上看，对企业负债部分的审核，基本上按审计准则和方法对账面金额进行审核，以正确揭示企业负债情况。负债审核的一般做法如下：

（1）对于业务往来形成的负债，应以业务是否发生为依据，查核各项负债额的真实性；

（2）对于以国家或职工个人为债权人的负债，应根据有关法律、法规和企业制定的制度进行审核，查实负债项目及金额；

（3）对于非实际承担的负债项目，或没有明确的债务人和债务特征的负债项目，应按零值计算；

（4）对于担保的债务，应注意审查核实担保资产产权是否归属企业，其价值是否真实，担保机构的条件是否具备，相关契约是否履行等。

（四）采用收益法评估企业价值，从而确定企业的商誉或经济性贬值

在正常情况下，运用加和法评估持续经营的企业应同时运用收益法进行验证，将加和法与收益法配合使用，可以起到互补的作用。由于加和法以企业重置各项生产要素为假设前提，因此，当被评估企业明显存在生产能力闲置和资源浪费时，应提醒企业重组资产，进行优化配置，缩小经济性贬值涉及的资产范围。如果遇到确实无法分割的资产或无法缩小范围，而闲置浪费甚为严重的情形时，评估人员要慎重地计算经济性贬值，并详细说明评估依据和计算过程。

（五）确定企业整体资产评估价值

将企业各单项资产评估值加总，再加上企业的商誉或减去经济性损耗，就可以得到用加和法评估的企业整体资产价值。

例11-4　某企业拟进行产权转让，评估人员根据企业盈利状况决定采用加和法评估企业价值。试确定具体评估值。

解：（1）逐项评估企业的可确指资产

评估结果为：机器设备2 400万元，厂房800万元，流动资产1 500万元，土地使用权400万元，商标权100万元，负债2 000万元。

单项资产净值加总 = 2 400 + 800 + 1 500 + 400 + 100 - 2 000 = 3 200（万元）

（2）采用收益法评估该企业价值

收益法评估结果为3 100万元。

（3）确定评估值

评估人员对上述两种方法所得出的评估结果进行了综合分析，认为该企业由于经营管理，尤其是在产品销售网络方面存在一定的问题，故获利能力略低于行业平均水平。单项资产评估加总的评估值中包含了100万元的经济性损耗因素，应从3 200万元评估值中减去100万元。因此认为评估结果应为3 100万元。

三、加和法评估应注意的问题

在运用加和法评估持续经营企业时，在对构成企业的各单项资产进行评估时，不能"只见树木不见森林"。在对企业某些单项资产评估时应注意以下几个问题。

1. 现金

除对现金进行点钞核数外，还要通过对现金及企业运营的分析，判断企业资金流动能力和短期偿债能力。

2. 应收账款及预付款

从企业财务的角度，应收账款及预付款都构成企业的资产。而从企业资金周转的角度，企业的应收账款必须保持一个合理比例。企业应收账款占销售收入的比例，以及账龄的长短大致可以反映一个企业的销售情况、企业产品的市场需求及企业的经营能力等，并为预期收益的预测提供参考。

3. 存货

存货本身的评估并不复杂，但通过对存货进行评估，可以了解企业的经营状况，至少可以了解企业产品在市场中的竞争地位。畅销产品、正常销售产品、滞销产品和积压产品的比重，将直接反映企业在市场上的竞争地位，并为企业预期收益预测提供基础。

4. 机器设备与建筑物

机器设备与建筑物是企业进行生产经营和保持盈利能力的基本物质基础。设备的新旧程度、技术含量、维修保养状况、利用率等，不仅决定机器设备本身的价值，同时还对企业未来的盈利能力产生重大影响。按照机器设备及建筑物对企业盈利能力的贡献评估其现时价值，这是持续经营假设前提下运用加和法评估企业单项资产的主要特点。

5. 无形资产

企业拥有无形资产的多寡以及研制开发无形资产的能力是决定企业市场竞争能力及盈利能力的决定性因素。在评估过程中，要搞清楚每一种无形资产的盈利能力，为企业收益预测打下基础。

总之，在持续经营假设前提下，一般不宜运用加和法对企业价值进行评估。因为运用加和法评估企业价值是通过分别估测构成企业的所有可确指资产后加和而成的，这种方法无法把握持续经营企业价值的整体性，及各个单项资产对企业的贡献。在特殊情况下，评估人员可以采用加和法对企业价值进行评估，但应予以充分的说明。

练习题

一、单项选择题

1. 在企业价值评估中，对企业资产划分为有效资产和无效资产的主要目的是（　　）。

A. 选择评估方法　　　　　　　　　B. 界定评估价值类型

C. 界定评估具体范围　　　　　　　D. 明确企业盈利能力

2. 运用市盈率作为乘法评估出的是企业的（　　）。

A. 资产价值　　B. 投资价值　　C. 股权价值　　D. 债权价值

二、多项选择题

1. 企业价值的表现形式有（　　）。

A. 企业资产价值　　B. 企业投资价值　　C. 企业股东权益价值

D. 企业债务价值　　E. 企业债权价值

2. 企业的投资价值是（　　）。

A. 企业所有的投资人所拥有的对于企业资产索取权价值的综合

B. 企业的资产价值减去无息流动负债价值

C. 代表了股东对企业资产的索取权，它等于企业的资产价值减去负债价值

D. 权益价值加上付息债务价值

三、计算题

1. 假定某企业长期负债占全部投入资本的20%，自有资金的比重为80%，长期负债的平均利息率为10%，社会无风险报酬率为11%，该企业风险报酬率为5%，则利用加权平均资本成本模型求资本化率。

2. 被评估企业基本情况如下：

（1）评估基准日为2000年12月31日；

（2）被评估企业未来5年预期利润总额分别为：110万元、120万元、110万元、120万元和130万元；

（3）被评估企业长期负债占投资资本的比重为50%，平均长期负债成本为6%，在未来5年中平均年长期负债利息额30万元，年流动负债利息额50万元；

（4）据查，评估时社会平均收益率为9%，无风险报酬率为4%，企业所在行业的平均风险与社会平均风险的比率（β）为0.8；

（5）被评估企业生产经营比较平稳，是正常纳税企业。

要求：运用年金法计算企业的投资资本价值。

3. 某企业2000年的销售额为6 000万元，预计2001－2004年以6%的比率增长，自2005年起增长率保持在3%的水平。该企业的税前营业利润率为20%，资本支出等于年折旧费，营运资本占销售额的20%。该企业未偿还的债务为3 000万元，利息率为10%，权益与全部资本的比率为80%，β系数为1.25，国债利率为3.25%，市场风险补偿为5%。企业所得税税率为25%。估算该企业2001年1月1日的企业价值和权益价值。

4. 评估人员对某一企业进行整体评估，通过对该企业历史经营状况的分析及国内外市场的调查了解，收集到下列数据资料：

（1）预计该企业第一年的收益额为200万元，以后每年的收益额比上年增长10%，自第6年企业将进入稳定发展时期，收益额将保持在300万元的水平上；

（2）社会平均收益率为12%，国库券利率为8%，被评估企业所在行业风险系数为1.5；

（3）该企业各单项资产经评估后的价值之和为1 600万元。

要求：（1）确定该企业整体资产评估值。

（2）企业整体资产评估结果与各单项资产评估值之和的差额如何处理？

5. 某企业的有关资料如下：

（1）根据该企业以前 5 年的经营情况，预计其未来 5 年的收益额分别为 30 万元、28 万元、30 万元、32 万元和 32 万元，假定从第 6 年起，每年收益额保持在 32 万元水平；

（2）根据资料确定无风险报酬率为 3%，企业所在行业的平均风险与社会平均风险的比率为 1.2，社会平均收益率为 8%，资本化率为 8%。

要求：运用分段法计算该企业整体评估价值。

第三篇
资产评估报告与案例分析

第十二章 资产评估报告

学习目的与要求

通过本章的学习，使学生了解：资产评估报告的概念、分类及作用；资产评估报告的基本制度和基本内容；资产评估报告的制作技能和资产评估报告的应用。重点要掌握资产评估报告的基本内容和资产评估报告的制作技能。

第一节 资产评估报告概述

一、资产评估报告的概念

根据自 2008 年 7 月 1 日起施行的《资产评估准则——评估报告》，评估报告是指注册资产评估师根据资产评估准则的要求，在履行必要评估程序后，对评估对象在评估基准日特定目的下的价值发表的、由其所在评估机构出具的书面专业意见。资产评估报告是按照一定格式和内容来反映评估目的、假设、程序、标准、依据、方法、结果及适用条件等基本情况的报告书。这是一种狭义的解释，资产评估报告指的就是资产评估结果的报告书。它既是资产评估机构与注册资产评估师完成对资产作价，就被评估资产在特定条件下的价值所发表的专家意见，又是评估机构履行评估合同情况的总结，还是评估机构与注册资产评估师为资产评估项目承担相应法律责任的证明文件。而广义的资产评估报告是一种工作制度，它规定评估机构在完成评估工作之后必须按照一定程序的要求，用书面形式向委托方及相关主管部门报告评估过程和结果。我国目前实行的就是资产评估报告制度，即广义的资产评估报告。

二、资产评估报告的分类

根据资产评估的评估范围、评估对象和评估性质的不同，可以对资产评估报告书作如下分类。

（一）按资产评估的范围可分为整体资产评估报告书和单项资产评估报告书

整体资产评估报告书是指对整体资产进行评估所出具的报告书；单项资产评估报告书是仅对某一部分、某一项资产进行评估所出具的报告书。由于整体资产评估与单项资产的评估在具体业务上存在一些差别，因而两种资产评估报告书的基本格式虽然是一样的，但二者在内容上会存在一些差别。一般情况下，整体资产评估报告书的报告内容不仅包括资产，还包括负债和所有者权益；而单项资产评估报告除在建工程外，一般不考虑负债和以整体资产为依托的无形资产等。

（二）按评估对象可分为资产评估报告书、房地产估价报告书、土地估价报告书

资产评估报告书是以资产为评估对象所出具的评估报告书。这里的资产可能包括负债和所有者权益，也可能包括房屋建筑物和土地。房地产估价报告书则只是以房地产为评估对象所出具的估价报告书。土地估价报告书是以土地为评估对象所出具的估价报告书。鉴于以上评估标的物之间存在差别，再加上资产评估、不动产估价和土地估价的管理尚未统一，这三种报告书不仅具体格式不同，而且在内容上也存在较大的差别。

（三）按资产评估的性质可分为一般评估报告和复核评估报告

一般评估报告是指评估人员接受客户的委托，为客户提供的关于资产价值的估价意见的书面报告。而复核评估报告是指复核评估人员对一般评估报告的充分性和合理性发表意见的书面报告，是复核评估人员对一般评估报告进行评估和审核的报告。

除了上述评估报告的分类外，还有很多其他的分类方式，在此不再阐述。目前，国际上对资产评估报告的分类也是各种各样，如美国专业评估执业统一准则将评估报告分为完整型评估报告、概述型评估报告和限制使用型评估报告。不同类型的评估报告适用于不同的预期使用目的，并要求评估报告的内容与预期用途一致。评估报告的类型应该朝着多类型方向发展，这样才能使评估人员更恰当地表达评估的过程和评估的结果。而我国目前还没有完全采用多类型的评估报告，所以我国应当加强对评估报告分类体系的研究，以适应我国资产评估准则特别是评估报告准则建立与完善的要求。

三、资产评估报告的作用

（一）为资产作价提供意见

资产评估报告是经具有资产评估资格的机构根据委托评估资产的特点和要求，组织评估师及相应的专业人员组成的评估队伍，并遵循评估原则和标准，按照法定的程序，运用科学的方法对被评估资产价值进行评定和估算后，通过报告书的形式提出作价的意见。该作价意见不代表任何当事人一方的利益，是一种独立的专家估价意见，具有较强的公正性与客观性，因而成为被委托评估资产作价的重要参考依据。

（二）明确资产评估责任

资产评估报告是反映和体现资产评估工作情况，明确委托方、受托方及有关方面责任的依据，同时，资产评估报告也反映和体现受托的资产评估机构与执业人员的权利与义务，并以此来明确委托方、受托方有关方面的法律责任。当然，资评估报告书也是评估机构履行评估协议和向委托方或有关方面收取评估费用的依据。

（三）加强资产评估监管

对资产评估报告进行审核是管理部门完善资产评估管理的重要手段。资产评估报告是反映评估机构和评估人员职业道德、执业能力以及评估质量高低和机构内部管理机制完善程度的重要依据。有关管理部门通过审核资产评估报告，可以有效地对评估机构的业务开展情况进行监督。

（四）完善资产评估档案

资产评估报告是建立评估档案、归集评估档案资料的重要信息来源。评估机构和评估人员在完成资产评估任务之后，都必须按照档案管理的有关规定，将评估过程收集的资料、工作记录以及资产评估过程的有关工作底稿进行归档，以便进行评估档案的管理和使用。资产评估报告书是对整个评估过程的工作总结，其内容包括了评估过程的各个具体环节及各有关资料的收集和记录。因此，不仅评估报告书的底稿是评估档案归集的主要内容，而且撰写资产评估报告过程采用到的各种数据、各个依据、工作底稿和资产评估报告制度中形成有关的文字记录等都是资产评估档案的重要信息来源。

四、资产评估报告的基本要求

根据《资产评估准则——评估报告》的规定，资产评估报告的基本要求主要有以下几个方面。

1. 注册资产评估师应当清晰、准确地陈述评估报告内容，不得使用误导性的表述。

2. 注册资产评估师应当在评估报告中提供必要的信息，使评估报告使用者能够合理理解评估结论。

3. 注册资产评估师执行资产评估业务，可以根据评估对象的复杂程度、委托方要求，合理确定评估报告的详略程度。

4. 注册资产评估师执行资产评估业务，评估程序受到限制且无法排除，经与委托方协商后仍需出具评估报告的，应当在评估报告中说明评估程序受限情况及其对评估结论的影响，并明确评估报告的使用限制。

5. 评估报告应当由两名以上注册资产评估师签字盖章，并由评估机构盖章。有限责任公司制评估机构的法定代表人或者合伙制评估机构负责该评估业务的合伙人应当在评估报告上签字。

6. 评估报告应当使用中文撰写。需要同时出具外文评估报告的，以中文评估报告为准。评估报告一般以人民币为计量币种，使用其他币种计量的，应当注明该币种与人民币的汇率。

7. 评估报告应当明确评估报告的使用有效期。通常，只有当评估基准日与经济行为实现日相距不超过一年时，才可以使用评估报告。

第二节　资产评估报告的基本内容

一、资产评估报告的正文

（一）封面

1. 评估项目名称：某公司某项目资产评估报告书。

2. 评估报告编号：某某评报字（20＿＿＿年）第＿＿＿号。

3. 评估机构全称：某资产评估有限公司或者某会计师事务所有限公司。

4. 评估报告提交日期：____年____月____日

5. 评估机构图形标志。

（二）声明和摘要

1. 声明

根据《资产评估准则——评估报告》的规定，资产评估报告的声明主要包括：

（1）注册资产评估师恪守独立、客观和公正的原则，遵循有关法律、法规和资产评估准则的规定，并承担相应的责任；

（2）提醒评估报告使用者关注评估报告特别事项说明和使用限制；

（3）其他需要声明的内容。

2. 摘要

摘要位于正文之前，目的是让各有关方面了解该评估报告的主要信息。该摘要与资产评估报告正文一样具有同等法律效力，由注册资产评估师、评估机构法定代表人及评估机构等签字盖章并署明提交日期。该摘要还必须与评估报告揭示的结果一致，不得有误导性内容，并应当采用醒目文字提醒使用者阅读全文。

（三）正文

根据《资产评估准则——评估报告》的规定，评估报告正文应当包括以下几个方面。

1. 委托方、产权持有者和委托方以外的其他评估报告使用者

评估报告使用者包括委托方、业务约定书中约定的其他评估报告使用者和国家法律、法规规定的评估报告使用者。报告正文的委托方与资产占有方简介应较为详细地分别介绍委托方、资产占有方的情况，当委托方和占有方相同时，可作为资产占有方介绍，同时要写明委托方和资产占有方之间的隶属关系或经济关系。无隶属关系或经济关系的，应写明进行评估的原因，当资产占有方为多家企业时，还需逐一介绍。

2. 评估目的

这部分应写明本次资产评估是为了满足委托方的何种需要，及其所对应的经济行为类型，并简要准确说明该经济行为是否经过批准，若已获批准，应将批准文件的名称、批准单位、批准日期及文号写出。评估报告载明的评估目的应当唯一，表述应当明确、清晰。

3. 评估对象和评估范围

评估报告中应当载明评估对象和评估范围，并具体描述评估对象的基本情况，通常包括法律权属状况、经济状况和物理状况。评估资产为多家占有的，应说明各自的份额及对应资产类型。

4. 价值类型及其定义

评估报告应当明确价值类型及其定义，并说明选择价值类型的理由。

5. 评估基准日

评估报告应当载明评估基准日，并与业务约定书中约定的评估基准日保持一致。评估报告应当说明选取评估基准日时重点考虑的因素。评估基准日可以是现在时点，也可以是过去或者将来的时点。

6. 评估依据

这部分应当说明评估遵循的法律依据、准则依据、权属依据及取价依据等，对评估中采用的特殊依据应作相应的披露。

7. 评估方法

这部分应简要说明评估人员在评估过程中所选择并使用的评估方法，同时说明选择评估方法的依据或原因。对于所选择的特殊评估方法，应适当介绍其原理与适用范围。

8. 评估程序实施过程和情况

这部分应反映评估机构自接受评估项目委托起至提交评估报告的全过程，包括接受委托过程中确定评估目的、对象及范围，基准日和拟定评估方案的全过程，资产清查中的指导资产占有方清查、收集准备资料、检查与验证过程；评估估算中的现场检测与鉴定、评估方法选择、市场调查与分析过程；评估汇总中的结果汇总、评估结论分析、撰写报告与说明、内部复核过程以及提交评估报告等过程。

9. 评估假设

评估报告应当披露评估假设及其对评估结论的影响。

10. 评估结论

这部分是报告正文的重要部分，应使用文字和数字形式清晰说明评估结论，对资产、负债、净资产的账面价值、调整后账面价值、评估价值及其增减幅度进行表述。通常评估结论应当是确定的数值，经与委托方沟通，评估结论可以使用区间值表达。

11. 特别事项说明

这部分应说明在评估过程中已发现可能影响评估结论，但非评估人员执业水平和能力所能评定估算的有关事项，也应提示评估报告使用者注意特别事项对评估结论的影响，还应揭示评估人员认为需要说明的其他事项。评估报告的特别事项说明通常包括下列内容：产权瑕疵；未决事项、法律纠纷等不确定因素；重大期后事项；在不违背资产评估准则基本要求的情况下，采用的不同于资产评估准则规定的程序和方法。注册资产评估师应当说明特别事项可能对评估结论产生的影响，并重点提示评估报告使用者予以关注。

12. 评估报告使用限制说明

评估报告的使用限制说明通常包括下列内容：评估报告只能用于评估报告载明的评估目的和用途；评估报告只能由评估报告载明的评估报告使用者使用；未征得出具评估报告的评估机构的同意，评估报告的内容不得被摘抄、引用或披露于公开媒体，法律、法规规定以及相关当事方另有约定的除外；评估报告的使用有效期；因评估程序受限造成的评估报告使用限制。

13. 评估报告日

评估报告应写明评估报告提交委托方的具体时间，评估报告原则上应在确定的评估基准日后的三个月内提交。评估报告载明的评估报告日通常为注册资产评估师形成最终专业意见的日期。

14. 注册资产评估师签字盖章、评估机构盖章和法定代表人或者合伙人签字。

二、资产评估报告的评估说明

撰写评估说明的目的，在于通过注册资产评估师和评估机构描述其评估程序、方法、依据、参数选取与计算过程，通过委托方、资产占有方充分揭示对资产评估行为和结构构成重大影响的事项等，说明评估操作符合相关法律、行政法规和行业规范的要求，在一定程度上证实评估结果的公允性，保护评估行为相关各方的合法利益。评估说明中所揭示的内容应同评估报告所阐述的内容一致。

资产评估说明应按以下顺序进行撰写和制作。

1. "评估说明封面及目录"的基本内容。评估说明封面应载明该评估项目名称，该评估报告书的编号、评估机构名称、评估报告提出日期，若需分册装订的评估说明，应在封面上注明共几册及该册的序号。

2. "关于评估说明使用范围的声明"的基本内容。这部分应声明评估报告仅供资产管理部门、企业主管部门、资产评估行业协会在审查资产评估报告书和检查评估机构工作之用，除法律、行政法规另有规定外，材料的全部或部分内容不得提供给其他任何单位和个人，不得见诸公开媒体。

3. "关于进行资产评估有关事项的说明"的基本内容。这部分是由委托方与资产占有方共同撰写并由负责人签字，加盖公章，签署日期。这部分的基本内容如下：

（1）委托方与资产占有方概况；

（2）关于评估目的的说明；

（3）关于评估范围的说明；

（4）关于评估基准日的说明；

（5）可能影响评估工作的重大事项说明；

（6）资产及负债清查情况的说明；

（7）列示资产委托方、资产占有方提供的资产评估资料清单。

4. "资产清查核实情况说明"的基本内容。这部分主要用来说明评估方对委托评估的企业所占有的资产和与评估相关的负债进行清查核实的有关情况及清查结论。这部分的基本内容如下：

（1）资产清查核实的内容；

（2）实物资产的分布情况及特点；

（3）影响资产清查的事项；

（4）资产清查核实的过程与方法；

（5）资产清查结论；

（6）资产清查调整说明。

5. "评估依据说明"的基本内容。评估依据说明主要用来说明进行评估工作时所遵循的具体行为依据、法律法规、产权依据和取价依据。评估依据说明包括以下内容：

（1）主要法律法规；

（2）经济行为文件；

（3）重大合同及产权证明文件；

（4）采用的取价标准；

（5）参考资料及其他。

6. "各项资产及负债的评估技术说明"基本内容。这部分主要用来说明对资产进行评定估算过程的解释，反映评估中选定的评估方法和采用的技术思路及实施的评估工作。这部分的基本内容如下：

（1）流动资产评估说明；

（2）长期投资评估说明；

（3）机器设备评估说明；

（4）房屋建筑物评估说明；

（5）在建工程评估说明；

（6）土地使用权评估说明；

（7）无形资产及其他资产评估说明；

（8）负债评估说明。

7. "整体资产评估收益现值法评估验证说明"基本内容。这部分主要说明运用收益法对企业整体资产进行评估来验证资产评估结果的有关情况。其基本内容如下：

（1）收益法的应用简介；

（2）企业的生产经营业绩；

（3）企业的经营优势；

（4）企业的经营计划；

（5）企业的各项财务指标；

（6）评估依据；

（7）企业营业收入、成本费用和长期投资收益预测；

（8）折现率的选取和评估值的计算过程；

（9）评估结论。

8. "评估结论及其分析"的基本内容。这部分主要总体概括说明评估结论，应包括以下内容：

（1）评估结论；

（2）评估结果与调整后的账面值变动情况及原因；

（3）评估结论成立的条件；

（4）评估结论的瑕疵事项；

（5）评估基准日的期后事项说明对评估结论的影响；

（6）评估结论的效力、使用范围与有效期。

三、资产评估报告的评估明细表

（一）资产评估明细表基本内容

资产评估明细表是反映被评估资产评估前后的资产负债明细情况的表格。它是资产评估报告书的组成部分，也是资产评估结果得到认可，评估目的得以实现并作为调整账目的主要依据之一。其根本内容应如下：

1. 资产及其负债的名称、发生日期、账面价值、评估价值等；

2. 反映资产及其负债特征的项目；

3. 反映评估增减值情况的栏目和备注栏目；

4. 反映被评估资产会计科目名称、资产占有单位、评估基准日、表号、金额单位、页码内容的资产评估明细表表头；

5. 写明清查人员、评估人员的表尾；

6. 评估明细表设立逐级汇总；

7. 资产评估明细表一般应按会计科目顺序排列装订。

（二）资产评估明细表样表内容

资产评估明细表样表包括资产评估结果汇总表、资产评估结果分类汇总表、各项资产清查评估汇总表及各项资产清查评估明细表。

四、资产评估报告的附件

资产评估报告书的附件至少要包括以下基本内容：

1. 有关经济行为文件；

2. 被评估企业前三年度包括资产负债表和损益表在内的会计报表（非企业或经济组织除外）；

3. 委托方与资产占有方营业执照复印件；

4. 委托方、资产占有方的承诺函；

5. 产权证明文件复印件；

6. 资产评估人员和评估机构的承诺函；

7. 资产评估机构资格证书复印件；

8. 评估机构营业执照复印件；

9. 参加本项评估项目的人员名单；

10. 资产评估业务约定合同；

11. 重要合同和其他文件。

这部分没有具体的格式要求，但必须按照统一的规格装订。

第三节　资产评估报告的制作技能

一、资产评估报告的制作步骤

资产评估报告书的制作是评估机构完成评估工作的最后一道工序，也是资产评估工作中的一个重要环节。制作资产评估报告书主要有以下几个步骤。

（一）整理工作底稿和归集有关资料

资产评估现场工作结束后，有关评估人员必须着手对现场工作底稿进行整理，按资产的性质进行分类，同时对有关询证函、被评估资产背景资料、技术鉴定资料、价格取证等有关资料进行归集和登记。

（二）评估数据和评估明细表的数字汇总

在完成现场工作底稿和有关资料的归集任务后，评估人员应着手评估明细表的数字汇总。明细表的数字汇总应根据明细表的不同级别先明细汇总，然后分类汇总，最后资产负债表式地汇总。不具备采用电脑软件汇总的评估机构，在数字汇总过程中应反复核对各有关表格的数字的关联性和各表格栏目之间数字勾稽关系，防止出错。

（三）评估初步数据的分析和讨论

在完成评估明细表的数字汇总，得出初步的评估数据后，应召集参与评估工作过程的有关人员，对评估报告的初步数据的结论进行分析和讨论，比较各有关评估数据，复核记录估算结果的工作底稿，对存在作价不合理的部分评估数据进行调整。

（四）编写评估报告

编写评估报告应该分步骤的进行：首先，由各组负责人分别草拟出负责部分资产的评估说明，同时提交给全面负责、熟悉本项目的人员草拟资产评估报告书；其次，各组分别草拟提交给总负责人全面草拟并与客户交换意见；最后考虑是否修改，若需修改，修正后进行撰写。

（五）资产评估报告的签发与送交

评估机构撰写出资产评估正式报告后，经审核无误，按以下程序进行签名盖章：先由负责该项目的注册评估师签章（两名或两名以上），再送复核人审核签章，最后送评估机构负责人审定签章并加盖机构公章。资产评估报告签名盖章后即可连同评估说明及评估明细表送交委托单位。

二、资产评估报告撰写的基本要求

（一）客观性

资产评估的基本原则是"独立、客观、公正"，这就要求每个参加评估的人员在写评估报告时，必须站在独立、客观、公正的立场上，既不能站在资产所有者一方，也不能站在资产业务中其他任何一方，要按照公允的程序和计价标准，对具体的资产评估对象做出符合专业标准并反映客观实际情况的资产评估结论。评估结论应经得起推敲，所依据的各种资料数据应能证明其科学性，所选取的方法、参数应能反映其应用性和科学性，评估报告所使用的措辞和文字描述应反映第三者的公正立场。

（二）完整性

资产评估报告是对资产评估工作的全面概括和总结，因此，资产评估报告正文应能完整、准确地描述资产评估的全过程，反映资产评估的目的、所依据的前提条件、评估计价标准、评估的基本程序及选取的方法和参数等，并充分揭示被评估资产的真实情况，做到完整无缺，无一遗漏。另外，附件资料起着完善、补充、说明和支持正文的作用，所以在考虑正文内容齐全的同时，还应考虑与资产评估结论有关的各种附件。资产评估所涉及的内容一般比较繁杂，因此要求评估报告的文字表达要做到逻辑严密、格式规范、概念清晰准确、内容全面真实、叙述简明扼要、突出重点，切忌模棱两可、含糊不清。

（三）及时性

资产评估工作具有很强的时效性。在一定条件下得出的资产评估结论往往是对某一时期或某一时点资产实际价值的计量。因此，这一评估结论往往在一定时期内为社会各方所认可，并具有法律效力。一旦时过境迁，由于货币具有时间价值，而且被评估资产本身也随时间、市场环境、政治、社会等因素的变化而发生很大变化，评估结论更难以反映其实际价值并失去应有的法律效力。所以，在编制资产评估报告时，必须要注明评估基准日，并且要求评估报告的编制应在委托评估合同约定时间内迅速、及时地完成。

三、资产评估报告制作的技术要点

（一）文字表达方面

资产评估报告既是一份对被评估资产价值有咨询性和公证性作用的文书，又是一份用来明确资产评估机构和评估人员工作责任的文字依据，所以它的文字表达技能要求既要清楚准确，又能提供充分的依据说明，还要全面地叙述整个评估的具体过程。在叙述过程中既要简明扼要，又要把有关问题说清楚，不得带有任何诱导、恭维和推荐性的陈述。当然，在文字表达上也不能带有大包大揽的语句，尤其是涉及承担责任的条款部分。

（二）格式和内容方面

对资产评估报告书格式和内容方面的技能要求，必须严格遵循 2008 年 7 月 1 日实施的《资产评估准则——评估报告》。

（三）复核与反馈方面

资产评估报告书的复核与反馈也是资产评估报告书编制的具体技能要求。通过对工作底稿、评估说明、评估明细表和报告书正文的文字、格式及内容的复核和反馈，可以将有关错误、遗漏等问题在出具正式报告书之前予以修正。

对评估人员来说，资产评估工作是一项必须由多个评估人员同时作业的中介业务，每个评估人员都有可能因能力、水平、经验、阅历及理论方法的限制而产生工作盲点和工作疏忽，所以，对资产评估报告书初稿进行复核是很有必要的。但是，对资产评估报告进行复核，必须建立起多级复核和交叉复核的制度，明确复核人的职责，防止流于形式的复核。

另外，就对评估资产情况的熟悉程度来说，大多数资产委托方和占有方对委托评估资产的分布、结构、成新率等具体情况会比评估机构和评估人员更熟悉，所以，在出具正式报告之前应该征求委托方的反馈意见。收集反馈意见主要是通过委托方或占有方熟悉资产具体情况的人员来进行。而且，对委托方或占有方的反馈意见，应谨慎对待，本着独立、客观、公正的态度去接受。

（四）具体的注意事项

资产评估报告书的编制技能除了需要掌握上述三个方面的技术要点外，还应注意以下几个事项。

1. 实事求是，切忌出具虚假报告。报告书必须建立在真实、客观的基础上，不能脱离实际情况，更不能无中生有。报告拟定人应是参与该项目并较全面了解该项目情况的主要评估人员。

2. 坚持一致性做法，切忌出现表里不一。报告书文字、内容前后要一致，摘要、正文、评估说明、评估明细表内容与格式口径、格式甚至数据要一致，不能出现表里不一的情况。

3. 提交报告书要及时、齐全和保密。在正式完成资产评估工作后，应按业务约定书的约定时间及时将报告书送交委托方。送交报告书时，报告书及有关文件要齐全。此外，要做好客户资料保密工作，尤其是对评估涉及的商业秘密和技术秘密，更要加强保密工作。

四、资产评估报告实例

资产评估报告书摘要

XY 资产评估有限公司接受 XYZ 公司的委托，根据国家关于国有资产评估的有关规定，本着独立、公正、科学、客观的原则，按照国际公允的资产评估方法，对 XYZ 公司整体改组上市之目的而委托评估的 XYZ 公司资产和负债进行了实地察看与核对，并做了必要的市场调查与征询，履行了公认的其他必要评估程序。据此，我们对 XYZ 公司的委估资产在评估基准日的公平市值分别采用成本法和收益法进行了分项及总体评估，为其整体改组上市提供价值参考依据。目前我们的资产评估工作业已结束，现仅将资产评估结果报告如下：

经评估，截止评估基准日 2006 年 12 月 31 日，在持续使用前提下，XYZ 公司的委估资产和负债表现出来的公平市场价值反应详见表 12-1。

表 12-1　资产评估结果

金额单位：万元

资产名称	账面值	清查调整值	评估值	增减值	增减率

本报告仅供委托方为本报告所列明的评估目的以及报送有关主管机关审查而做。评估报告使用权归委托方所有，未经委托方同意，不得向他人提供或公开。除依据法律需公开的情形外，报告的全部或部分内容不得发表于任何公开的媒体上。

重要提示

以上内容摘自资产评估报告书，欲了解本评估项目的全面情况，应认真阅读资产评估报告书全文。

XY 资产评估有限公司

2007 年 2 月 10 日

评估机构法人代表：

注册资产评估师：

XYZ 公司
资产评估报告书
XY 评报字（2007）第 10 号

一、绪言

XY 资产评估有限公司接受 XYZ 公司的委托，根据国家有关资产评估的规定，本着独立、公正、科学、客观的原则，按照国际公允的资产评估方法，为满足 XYZ 公司整体改组上市之需要，对 XYZ 公司资产进行了评估。本公司评估人员按照必要的评估程序对委托评估的资产和负债进行了实地查勘、市场调查与询证，对委估资产和负债在 2006 年 12 月 31 日所表现的市场价值作出了公允反应。现将资产评估情况及评估结果报告如下。

二、委托方及资产占有方

委　托　方：XYZ 公司

资产占有方：XYZ 公司

（简介略）

三、评估目的

本次评估的目的是为 XYZ 公司整体改组上市提供价值参考。

四、评估范围和对象

XYZ 公司拟以其全部经营性净资产投入拟成立的 ABC 股份有限公司，评估范围包括流动资产、长期投资、固定资产（建筑物类、机器设备类）、在建工程、无形资产、其他资产及负债。对土地使用权拟由集团公司以授权经营方式取得后租给股份公司使用，土地使用权不纳入评估结果汇总表。

评估的具体范围以公司提供的各类资产评估申报表为基础，凡列表内并经核实的资产均在本次评估范围之内。

五、评估基准日

根据我公司与委托方的约定，本项目资产评估的基准日期确定为 2006 年 12 月 31 日。

由于资产评估是对某一时点的资产及负债状况提出价值结论，选择会计期末作为评估基准日，能够全面反映评估对象资产及负债的整体情况；同时根据 XYZ 公司的改制方案，评估基准日与评估目的的计划实现日较接近，故选择 2006 年 12 月 31 日作为评估基准日。

本次资产评估工作中，资产评估范围的界定、评估价值的确定、评估参数的选取等，均以该日之企业内部财务报表、外部经济环境以及市场情况确定。本报告书中一切取价标准均为评估基准日有效的价格标准。

六、评估原则

本次资产评估遵循独立性、客观性、科学性、专业性的工作原则，严格按照国家法律和法规进行评估操作，确保资产评估工作不受外界干扰和评估业务当事人的影响。评估人员科学合理地进行资产评定和估算，同时根据资产的类别和实际情况，遵循贡献原则、替代原则、预期原则等经济原则。

七、评估依据

在本次资产评估工作中所遵循的国家、地方政府和有关部门的法律法规以及所参考的文件资料主要有：

（一）评估行为依据（略）；

（二）评估法规依据（略）；

（三）评估产权依据（略）；

（四）评估取价依据（略）。

八、评估方法（略）

九、评估过程（略）

十、评估结论

在实施了上述资产评估程序和方法后，委估的 XYZ 公司资产于评估基准日 2006 年 12 月 31 日所表现的公平市值详见表 12-2。

表 12-2　资产评估结果

单位：万元

资产名称	账面值	清查调整值	评估值	增减值	增减率

评估结论详细情况参见资产评估明细表（另册）。

十一、特别事项说明

委托方在 2005 年 12 月分别与张××、李××签订转让协议，将张××、李××存于中国银行××储蓄所的大额存单转让给委托方。据转让协议，承诺不得挂失、提前支取、抵押，而存款期满，委托方持存单向××所支取。××储蓄所以"张××、李××已将存折挂失，并已提前支取"为由拒付。至清查工作日止经××市××区人民法院一审判决委托方胜诉，二审正在审理中。以上款项的可收回程度及对评估结果的影响程度无法确定，仅按清查值列示。

本评估报告使用者应注意特别事项对评估结论的影响。

十二、评估基准日期后的调整事项

在评估基准日后有效期以内，资产数量发生的变化，应根据原评估方法对资产额进行相应调整。当评估方法为成本法时，应按实际发生额进行调整；若资产价格标准发生变化并对资产评估价格已产生了明显影响时，委托方应及时聘请评估机构重新确定评估价值。

由于评估基准日后资产数量、价格标准的变化，委托方在资产实际作价时应给予充分考虑，并进行相应调整。

十三、评估报告法律效力

1. 评估结论有效的其他条件

本次评估结论是反映评估对象在本次评估目的下，根据公开市场的原则确定的现行公允市价，没有考虑将来可能承担的抵押、担保事宜，以及特殊的交易方可能追加付出的价格等对评估价格的影响，同时，本报告也未考虑国家宏观经济政策发生变化以及自然力和其他不可抗力对资产价格的影响。

当前述条件以及评估中遵循的持续经营原则等其他情况发生变化时，评估结论一般会失效。

2. 本评估报告依照法律法规的有关规定产生法律效力

3. 评估结论的有效使用期限

根据国家现行规定，本资产评估报告有效期为一年，自评估基准日 2006 年 12 月 31 日起计算，至 2007 年 12 月 30 日止。当评估目的在有效期内实现时，应以评估结论作为资产转让价值的参考。超过一年，需重新进行资产评估。

十四、评估报告提出日期

本评估报告提出日期为 2007 年 2 月 10 日。

XY 资产评估有限公司

2007 年 2 月

评估机构法人代表：

注册资产评估师：

XYZ 公司资产评估人员名单

（略）

备查文件

有关经济行为文件；

资产评估立项批准文件；

被评估企业评估基准日会计报表；

委托与资产占有方营业执照复印件；

产权证明文件复印件；

委托方、资产占有方承诺函；

资产评估人员和评估机构的承诺函；

资产评估机构资格证书复印件；

评估机构营业执照复印件；

资产评估业务约定合同；

其他文件。

XYZ 公司
资产评估说明
XY 评报字（2007）第 10 号
XY 资产评估有限公司
2007 年 2 月

说明一：

关于《资产评估说明》使用范围的声明

（略）

说明二：

关于进行资产评估有关事项的说明

一、委托方与资产占有方概况（略）

二、评估目的（略）

三、评估范围（略）

四、评估基准日（略）

五、可能影响评估工作的重大事项说明（略）

六、资产及负债清查情况的说明（略）

七、资料清单（略）

委托方负责人签字：　　　　　　　　资产占有方负责人签字：

委托方印章　　　　　　　　　　　　资产占有方印章

2007 年 1 月 10 日　　　　　　　　　2007 年 1 月 10 日

说明三：

资产清查核实情况说明

一、资产清查核实内容

根据资产评估工作的要求我们对公司委估资产及负债进行了抽查复核，列入清查范围的资产类型主要有：流动资产、长期投资、固定资产（包括房屋建筑物、机器设备、运输车辆）、在建工程、无形资产、递延资产及流动负债和长期负债。上述资产评估前账面金额详见表 12-3。

表 12-3　资产评估的账面金额

单位：万元

资产项目	账面原值	账面净值

二、实物资产分布情况及特点（略）

三、影响资产清查的事项（略）

四、资产清查的过程与方法

（一）清查的组织工作（略）

（二）清查的主要步骤（略）

（三）清查的主要方法（略）

五、资产清查结论

清查调整结果见表12-4。

表12-4　资产清查调整结果

单位：万元

资产项目	账面原值	账面净值	调整后账面净值

六、清查调整说明

经过清查核实，除职工宿舍此次不评估外，未发现其他需调整事项。

说明四：

评估依据的说明

在本次资产评估工作中所遵循的国家、地方政府和有关部门的法律法规，以及在评估中参考的文件资料主要有以下几项。

一、主要法律法规（略）

二、经济行为文件（略）

三、重大合同、产权证明文件（略）

四、采用的取价标准（略）

五、参考资料及其他（略）

说明五：

各项资产及负债的评估技术说明

（略）

说明六：

整体资产评估收益法评估验证说明

一、收益法的应用简介（略）

二、企业的生产经营业绩与企业的经营优势（略）

三、企业的经营计划（略）

四、企业的各项财务指标（略）

五、评估依据（略）

六、企业的营业收入预测（略）

七、企业的成本费用预测（略）

八、企业长期投资收益预测（略）

九、折现率的选取（略）

十、评估值的计算过程（略）

十一、评估结论（略）

说明七：

评估结论及其分析

一、评估结论

在实施了上述资产评估程序及方法后，XYZ公司的委估资产在评估基准日2006年12月31日所表现的公允价值详见表12-5。

表12-5 资产评估的公允价值

单位：万元

资产名称	账面值	调整后账面值	评估值	增减值	增减率

二、评估结果与调整后账面值比较变动情况说明

1. 总资产评估值与调整后账面值相比增加额

2. 净资产评估值与调整后账面值相比增加额

三、评估结论成立的条件

评估结论是根据前述评估原则、依据、前提、方法、程序得出的，仅为本评估目的服务，评估结论是对评估基准日 XYZ 公司资产及负债的公允价值的反映，只有在上述评估原则、依据、前提存在的条件下才成立。评估人员在出具评估结论时，没有考虑特殊的交易方可能追加付出的价格等对评估价格的影响，也未考虑国家宏观经济政策发生重大变化以及遇有自然力或其他不可抗力的影响。评估结论是本评估机构出具的，受本机构评估人员的职业水平和能力的影响。

四、评估基准日的期后事项对评估结论的影响

1. 发生评估基准日期后重大事项时，不能直接使用本评估结论。在本次评估结果有效期内若资产数量发生变化，应根据原评估方法对评估值进行相应调整。

2. 在评估基准日期后且评估结果有效期内，若资产数量、价格标准发生变化并对资产评估价格产生明显影响时，委托方应及时聘请评估机构重新确定评估值；若资产价格的调整方法简单，易于操作时，可由委托方在资产实际作价时进行相应调整。

五、评估结论的效力、使用范围与有效期

本评估结论是评估专业人员依据国家有关规定出具的意见，具有法律效力。

本评估结论仅供委托方为评估目的使用和送交资产管理机关审查使用。本评估说明的使用权归委托方所有，未经委托方同意，不得向他人提供或公开。

根据国家现行规定，评估结论的有效期为一年，从评估基准日起计算。当评估目的在有效期内实现时，应以评估结论作为股权转让的参考（还需结合评估基准日的期后事项的调

整）。超过一年，需重新进行资产评估。

六、评估结论和瑕疵事项

在评估过程中已发现可能影响评估结论但非评估人员执业水平和能力所能评定估算的有关事项为：

委托方在 2005 年 12 月分别与张××、李××签订转让协议，将张××、李××存于中国银行××储蓄所的大额存单转让给委托方，据转让协议承诺不得挂失、提前支取，而存款期满，委托方持存单向××储蓄所支取。××储蓄所以"张××、李××已将存折挂失，并已提前支取"为由拒付。至清产核资工作日止，经过××市××区人民法院一审判决委托方胜诉，二审正在审理之中。上述款项的可收回程度及对评估结果的影响程度难以确定，因此评估时未进行评定，仅按清查值列示。

七、评估基准日期后事项说明及对评估结论的影响（略）

资产评估明细表

1. 资产评估结果汇总表（略）
2. 资产评估结果分类汇总表（略）
3. 资产清查评估明细表（略）

第四节　资产评估报告的应用

资产评估报告书由评估机构出具后，资产评估委托方、资产评估管理方和有关部门对资产评估报告书及有关资料要根据需要进行应用。

一、委托方对资产评估报告书的应用

（一）根据评估目的，作为资产业务的作价基础

主要资产业务包括企业改制、上市、对外投资、中外合资合作、转让、出售、拍卖等产权变动的经济活动，以及保险、纳税、抵押、担保等非产权变动的经济活动和法律方面需要的其他目的的活动。

（二）作为企业进行会计记录或调整账项的依据

委托方在根据评估报告书所揭示的资产评估目的使用资产评估报告资料的同时，还可依照有关规定，根据资产评估报告书中的资料进行会计记录或调整有关财务账项。

（三）作为履行委托协议和支付评估费用的主要依据

当委托方收到评估机构正式评估报告书的有关资料后，在没有异议的情况下，应根据委托协议，将评估结果作为计算支付评估费用的主要依据，履行支付评估费用的承诺及其他有关承诺的协议。

（四）作为法庭辩论和裁决的举证材料

在涉及经济纠纷时，资产评估结果可以作为有关当事人法庭辩论的举证材料和法庭作出裁决的证明材料。

当然，委托方在使用资产评估报告书及有关资料时也必须注意以下几方面问题。

1. 只能按报告书所揭示的评估目的使用报告，一份评估报告书只允许按一个用途使用。

2. 只能在报告书的有效期内使用报告，超过报告书的有效期，原资产评估结果无效。

3. 在报告书有效期内，资产评估数量发生较大变化时，应由原评估机构或者说资产占有单位按原评估方法作相应调整后方能使用。

4. 涉及国有资产产权变动的评估报告书及有关资料必须经国有资产管理部门或授权部门核准或备案后方可使用。

5. 作为企业会计记录和调整企业账项使用的资产评估报告书及有关资料，必须由有权机关批准或认可后方能生效。

二、资产评估管理机构对资产评估报告书的应用

资产评估管理机构主要是指对资产评估进行行政管理的主管机关和对资产评估业自律管理的行业协会。对资产评估报告书的应用是资产评估管理机构实现对评估机构的行政管理和行业自律管理的重要过程。资产评估管理机构通过对评估机构出具的资产评估报告书有关资料的应用，大体了解评估机构从事评估工作的业务能力和组织管理水平。由于资产评估报告是反映资产评估工作过程的报告，通过对资产评估报告书资料的检查与分析，评估管理机构能大致判断该机构的业务能力和组织管理水平；另一方面，也是对资产评估质量进行评价的依据。资产评估管理机构通过对资产评估报告书进行核准或备案，能够对评估机构的评估结果量作出客观的评价，从而有效实现对评估机构和评估人员的管理。另外，它能为国有资产管理提供重要的数据资料。通过对资产评估报告书的统计与分析，可以及时了解国有资产占有和使用状况以及增减值变动情况，为进一步加强国有资产管理服务。

三、其他有关部门对资产评估报告书的应用

其他有关部门包括证券监督管理部门、保险监督管理部门、工商行政管理、税务机关、金融机构和法院等有关部门。

证券监督管理部门对资产评估报告书的应用主要表现在对申请上市的公司有关申报材料招股说明书的审核过程，以及对上市公司的股东配售发行股票时申报材料配股说明书的审核过程。根据有关规定，公开发行股票公司信息披露至少要列示以下各项资产的评估情况：

1. 按资产负债表大类划分的公司各类资产评估前账面价值及固定资产净值；

2. 公司各类资产评估净值；

3. 各类资产增减值幅度；

4. 各类资产增减值的主要原因。

公开发行股票的公司采用非现金方式配股，其配股说明书的备查文件必须附上资产评估报告书。当然，证券监督管理部门还可运用资产评估报告书和有关资料加强对取得证券业务评估资格的评估机构及有关人员的业务管理。

保险监督管理部门、工商行政管理部门、税务、金融和法院等部门也都能通过对资产评

估报告书的运用来达到实现其管理职能的目的。但是，这些部门在使用资产评估报告书时，都要清醒地认识到资产评估结果只是专家的估价意见，还应该结合本部门的资产业务自主地决策。

练习题

一、单项选择题

1. 评估报告应由评估机构法人代表和至少（ ）名注册资产评估师签名盖章。

A. 1 人　B. 2 人　C. 3 人　D. 4 人

2. 一份资产评估报告书应按（ ）使用。

A. 一个用途　B. 二个用途　C. 多个用途　D. 不限用途

3. 作为企业会计记录和调整企业账项使用的评估报告，必须由（ ）方能生效。

A. 评估机构同意后　　　　　　B. 委托方同意后

C. 评估机构和委托方共同同意后　　D. 有权机关批准后

4. 资产评估结果有效期通常为一年，这一年是从（ ）算起的。

A. 提供报告日　B. 评估基准日　C. 验证确认日　D. 经济行为发生日

5. 资产评估报告书摘要与资产评估报告书具有的法律效力是（ ）。

A. 前者大于后者　B. 后者大于前者　C. 同等效力　D. 不可比较

6. 委托方在使用资产评估报告书及有关资料时，下列说法合理的是（ ）。

A. 一份资产转让评估报告书也可以作为资产出售的作价基础

B. 超出报告书的有效期后，只要由评估机构重新调整相关数据，就仍是有效的

C. 有效期内资产评估数量发生较大变化时，需要按比例调整后方能使用

D. 涉及国有资产产权变动的评估报告书及有关资料要经国有资产行政主管部门确认或授权确认后方可使用

7. 资产评估报告书应当（ ）。

A. 按照委托方的要求编写　　　　B. 按照资产占有方的要求编写

C. 按照资产接受方的要求编写　　D. 按照评估行业有关规定编写

二、多项选择题

1. 下列划分中属于按评估范围划分的是（ ）。

A. 整体评估报告书　　　　　　B. 单项评估报告书

C. 房地产评估报告书　　　　　　D. 土地估价报告书

2. 下列要素中在资产评估报告中必须说明的是（ ）。

A. 评估目的　B. 评估原则　C. 评估方法　D. 评估要求

3. 下列文件中属于资产评估报告书附报文件的是（ ）。

A. 产权证明及复印件　　　　　　B. 评估明细表

C. 有关经济行为文件　　　　　　D. 评估机构营业执照复印件

4. 属于资产评估报告书正文内容的有（　　）。

A. 评估基准日　　　　　　　　　　B. 评估结论

C. 被评估单位提供的原始设备清单　D. 评估原则

E. 评估目的

5. 资产评估报告书的附件应当包括（　　）。

A. 各项资产负债的评估结果清单　　B. 重要资产的产权证明文件

C. 评估计划　　　　　　　　　　　D. 评估人员及评估机构资格证书复印件

E. 关于《资产评估报告书附件》使用范围的说明

第十三章　资产评估案例分析

第一节　机器设备评估案例分析

案例一　上海市某公司电脑数控机床评估

一、基本情况

（一）委托评估基本情况

委估资产为1台电脑数控机床（立式加工中心）：型号 MCV－1300P，最大加工尺寸为 1320×760mm，刀库容量为 20，换刀时间为 12～18 秒，数控系统为 FANUC－OMFX 系统。该设备由我国台湾地区丽伟电脑机械公司制造，于 1993 年 6 月购置并投入使用，目前处于在用状态中，由于长时间使用，该设备的故障率增加，精度已呈明显下降的趋势。

委估设备主要从事大型或结构较为复杂的金属零件的部分工序的加工工作，该设备精度较高，加工效率较高，该公司通过该设备为客户提供金属材料加工服务。在金属加工业务竞争日趋激烈的情况下，随着其他金属加工企业的逐渐强大，该公司的该项业务收入大幅度减少，且随着该设备的使用年限的增长，维修费用支出也成倍增加，该项业务已无利可图。为此，该公司决定调整业务结构并转让该设备。经过与四家公司商谈，该公司与其中一家公司达成了设备转让意向。

（二）评估方法

本次评估采用重置成本法。

（三）评估基准日

本项目评估基准日是 2003 年 2 月 28 日。

（四）评估目的

委托方拟通过评估确定上海某有限公司所委托评估的机器设备在 2003 年 2 月 28 日的现值，为上海某有限公司拟进行的资产转让提供价值参考。

二、评估方法的选择

由于本次评估的范围为单项资产，评估对象为一台机器设备，通过评估人员现场工作收集有关资料（权证资料、设备管理制度、设备维修记录等）并对该设备进行实地勘察，重点关注设备的主要技术指标（如精度等）。

由于该设备是我国台湾地区早期的数控机床，该型号机床已经停产，市场上二手交易案例也无法寻找，且该设备的功能是完成金属零件的部分加工工序，所以本次评估采用重置成本法对该设备进行评估。

重置全价通过调整与该设备同规格的新型设备的重置原值来加以确定；成新率通过年限法和工作量法计算求得，同时结合设备的实际技术状态综合确定。由于本次评估的目的为资产转让，且根据委托方的有关说明，转让后委估资产拟不再原地使用。故重置价不包括设备的运输费用、安装调试费用，本次评估结果中也不含拆卸费、运输费、安装调试费用。

三、评估过程

（一）清查核实工作

评估人员对委托方申报的评估明细表在现场进行逐项核查，如实物名称、规格型号、制造厂家、存放地点，做到表实相符，并查阅运行记录，安排与设备管理人员、使用人员就其目前使用情况交换意见。

经评估人员现场勘察：设备精度呈下降趋势，基本能正常运行。

（二）技术鉴定分析

首先按照企业营运状况，主要分析设备的系统运行状况、设备的工作负荷情况、设备的原始制造质量等，以确定设备的各类损耗（贬值）。现场勘察时，对零件进行钻孔加工，该设备的一次定位后的误差为 +0.04mm（该设备的设计值为 0.01mm），二次定位后，误差接近 -0.02mm，达到了零件的设计要求；钻空加工后，孔径的误差为 +0.02mm（设备的设计误差为 0.01mm），能够达到零件的设计要求。依据现场的零件加工情况结合该设备的维修及检验记录，评估人员分析认为：该设备精度已呈明显下降趋势，但是就目前的加工业务而言，在加工精度的要求不是很高的情况下，还是能够满足目前日常的生产要求。

（三）评定估算工作

在完成了委托方申报的资产评估明细表的现场核实和技术鉴定工作后，首先依据所掌握的资料分析确定设备经济使用年限，确定成新率的测算方法；其次查阅近期有关机器的市场价格信息，开展市场询价工作；确定设备重置价的估算方法，并形成评估结果初稿。

（四）评估结果汇总

在完成评估初稿后，通过对询价资料、原始凭证所列价值分析，并经与委托方充分交流，如果发现有不合理的因素应及时予以修正，最后由公司评估专业人员确定评估结果终稿。随后，按设备分类及资产评估结果的汇总格式要求，把清查评估明细表和汇总表编辑成册，同时，把评估过程中的评估作业表、询价记录等编辑汇总成"附件"存档。

（五）撰写评估说明

按《资产评估准则——评估报告》编制报告格式的要求，撰写"机器设备的评估说明"。

四、评估技术说明

电脑数控机床（立式加工中心）：型号 MCV - 1300P，最大加工尺寸为 1320mm × 760mm，刀库容量为 20，换刀时间为 12～18 秒，数控系统为 FANUC - OMFX 系统。该设备由我国台湾地区丽伟电脑机械公司制造，于 1993 年 6 月购置并投入使用，大约已使用九年半，目前仍处于使用状态。

（一）重置成本确定

经向我国台湾地区丽伟电脑机械有限公司的代理商"郑州方圆机械设备技术开发有限公司"咨询，生产厂商已经不再生产委估型号的数控机床，并得知与委估的数控机床同规格的新型设备的现行价格为 840 000.00 元。

同规格的新型设备与委估设备的主要区别在于数控系统的先进程度（新型设备采用高档数控系统）和机床结构的改进。经代理商介绍，数控系统的价值一般占数控机床整机价格的 1/4（高档）、1/6（中档）或 1/8（低档），改进机床结构后，其价格一般会比旧型设备增加 5%～17%（规格越大比例越高）。委估数控机床制造于 1993 年，目前其数控系统已经落后，机械结构与其同规格的新型设备比较也较为落后，为此对设备的报价作以下调整：

调整后委估设备的重置价格 = 同规格新型报价 - 数控系统差价 - 结构差价

数控系统差价 = 同规格新型报价 ×（1/4 - 1/8）

结构差价 = 同规格新型报价 ×17%（MCV - 1300P 电脑数控机床的规格比较大，取 17% 为其结构差价的比率）

调整后委估设备重置价值 = 840 000 ×（1 - 1/8 - 17%）≈ 590 000（元）

由于本次评估的目的为资产转让，且根据委托方的有关说明转让后委估资产拟不在原地使用，重置价中不含运输费用、安装调试费用。

（二）成新率的确定

成新率通过年限法和工作量法计算求得，同时结合设备的实际技术状态综合确定其成新率。

年限法成新率：数控金属切削机床的经济使用寿命一般为 12～18 年，该车床为较早期的数控车床，原始制造质量一般，本次评估取 14 年为其经济使用年限。

年限成新率 =（1 - 已使用年限/经济使用年限）×100% =（1 - 9.67/14）×100% ≈ 31%

工作量法成新率：委估设备工作量为其运行时间，设备的运行时间以两班制为标准，乘以其正常的使用年限确定（两班制设备一般运行时间为每天 15 小时）。该设备在其经济寿命周期内总的运行时间应为：

每天的运行时间 × 每年的运行天数 × 使用年限 = 15 × 250 × 14 = 52 500（小时）

设备已完成的工作量为设备已运行的时间，委估设备的使用为不定期的三班和两班制，经有关人员介绍该三班和两班制使用的时间比较接近，本次评估取 18 小时（三班和两班制使用的时间）为其每天运行的时间，则该设备已完成的工作量为：

每天的运行时间 × 每年的运行天数 × 已使用年限 = 18 × 250 × 9.67 = 43 515（小时）

该设备的工作量法成新率为：

1 - 已完成的工作量/经济寿命周期内的总工作量 ×100% ≈ 17%

该设备的综合成新率为：31% × 50% + 17% × 50% ≈ 25%

成新率的修正情况：经现场勘察，该设备的精度已经有较大幅度的下降，加工定位精度下降较多，其他的精度下降幅度一般为 100%～150%，这说明该设备尚可使用，要恢复设备的原有精度需要进行重点维修或大修。这说明该设备技术状态与年限法和工作量法综合计算求得的成新率25%是相吻合的，为此，取25%为该设备的成新率。

（三）评估值的计算

评估值＝重置成本×成新率＝590 000×25%＝147 500.00（元）

案例分析：由于该设备为我国台湾地区早期的数控类机床，该型号机床已经停产，市场上的二手交易案例也无法寻找，且该设备的功能是完成金属零件的部分加工工序，所以，本次评估采用重置成本法对该设备进行评估。在运用重置成本法评估的过程中，如何确定重置成本全价是本案例的特点和重点。其主要理由一是该型机号床已经停产，无法询得同型号设备的现行市价；二是该设备为早期的数控机床，机床结构不定型，也很难找到与委估设备技术参数（工作加工尺寸、设计加工精度、刀库容量、自动换刀时间及方式、数控方式等）非常接近的替代设备。所以通过调整与该设备同规格的新型设备的重置原值以获得委估设备的重置原值，就成为比较可行的办法了。其可行性主要表现在：（1）新型设备是在旧设备的基础上，通过改造机床的部分结构和数控系统得以实现的；（2）新型设备与旧设备在工作加工尺寸、设计加工精度、刀库容量等方面是相同的；（3）新机床的结构改造及数控改造是可以量化的。

案例二：山西省某进口冷轧设备评估

一、基本情况

某不锈钢股份有限公司成立于1998年6月5日，是某钢铁（集团）有限公司独家发起的，经公开募集成立的上市股份有限公司，不锈冷轧厂是该公司下设企业之一。不锈冷轧厂建于1970年，是冷轧不锈宽带薄板的专业生产厂。该公司自成立以来，通过不断地技术改造，工艺装备水平逐年提高，并已形成了年产35万吨不锈钢板、30万吨不锈钢材的生产能力。目前生产的不锈钢产品荣获国家质量金奖、冶金部金杯奖、全国百佳产品及某省标志性名牌产品等荣誉。

1999年10月该公司从法国森吉米尔公司购进的一台型号为ZR22B52的可逆式冷轧机，是冷轧厂主要生产设备之一，主要用于不锈钢冷轧板生产，可生产宽带为600mm~1 300mm，厚度为2.5mm~5mm的不锈钢带钢，年生产能力为7万吨，该设备的技术性能在90年代已达到国际先进水平。自投入生产以来有一套完整的管理、维护制度和设备操作规程，使用正常，可满足生产工艺各项指标要求。该设备进口合同中的进口设备货价是1 360万美元。

二、评估方法

本评估案例按照资产评估操作规范要求，结合该进口设备的基本情况，并考虑经济行为和评估方法相匹配的原则，采用重置成本法进行评估。计算公式为：

进口设备评估值＝重置成本×综合成新率

三、评估技术说明

（一）重置成本组成

1. 进口设备的货价

本次评估的进口设备为不锈钢冷轧板专用设备，评估技术人员了解到该案例中法国森吉米尔公司生产的"ZR22B52"可逆式冷轧机均由机械和电气两部分组成，主体构成部分变化不大，但新近生产的同类型设备配有一个防震器，通过了解该防震器，目前国内厂家可查询到可替代该防震器的价格。进口设备的货价仅包括硬件费，不包括软件工程费。进口设备货价通过向有关生产厂商询价、报价的基础上，根据进口国别适当考虑双方成交情况计算，或按订货合同价计算。设备原币货价折算为美元，表示均以美元为基准，外汇牌价以评估基准日中国人民银行公布的外汇汇率为准。

2. 进口从属费用

评估技术人员通过查阅原始入账凭证及购货合同等资料，了解到进口当地 ZR22B52 可逆式冷轧机按正常税率缴纳了关税、增值税，为此，在本次评估目的下，要相应地计取相关的关税、增值税。对计征关税、增值税的进口设备，是否计取海关监管手续费，经向当地海关和外贸进出口公司咨询，并考虑到海关监管手续费是海关对进口减税、免税、保税货物实施监督、管理、提供服务的手续费，对全额征收关税的货物不计取海关监管手续费；反之，应计取海关监管手续费。对其他从属费用如国际运杂费、国外运输保险费、银行手续费、外贸手续费等均按正常情况计取。

（1）国际运费，即从装运港（站）到达我国抵达港（站）的运费。计算公式为：

$$国际运费 = 离岸价 \times 运费率$$

或

$$国际运费 = 单价运价 \times 运量$$

其中，运费率或单位运价参照有关部门或进出口公司的规定执行。

（2）运输保险费，指由保险人（保险公司）与被保险人订立保险契约，在被保险人交付一定的保险费后，保险人根据契约规定对货物在运输过程中发生的承包责任范围内的损失给予经济上的补偿。计算公式为：

$$运输保险费 = [（离岸价 + 国际运费）/（1 - 保险费率）] \times 保险费率$$

其中，保险费率按照保险公司规定的进口货物保险费率计算。

（3）进口关税，由海关对进出口国境或关境的货物和物品征收的一种税。计算公式为：

$$进口关税 = （进口设备离岸价 + 国际运费 + 运输保险费）\times 进口关税率$$

其中，进口关税率按照我国海关总署发布的进口关税税率计算。

（4）增值税，我国增值税条例规定，进口应税产品均按组成计税价格和增值税率直接计算应纳税额。计算公式为：

$$增值税额 = 组成计税价格 \times 增值税税率$$

$$组成计税价格 = 关税完税价格 + 进口关税$$

其中，增值税税率根据规定的税率计算，目前进口设备适用税率为 17%。

（5）外贸手续费，指国家对外贸经济合作部规定的对进口产品征收的费用。计算公式为：

外贸手续费 =（进口设备离岸价 + 国际运费 + 运输保险费）× 外贸手续费率

其中，外贸手续费率按国家对外贸易经济合作部规定的外贸手续费率计算，一般取 1.5%。

（6）银行财务费，一般指中国银行手续费。计算公式为：

银行财务费 = 进口设备离岸价 × 银行财务费率

其中，目前银行财务费率取 0.4% ~ 0.5%。

（7）海关监管手续费，指海关对进口减税、免税、保税货物实施监督、管理、提供服务的手续费，对全额征收关税的货物不计取海关监管手续费。计算公式为：

海关监管手续费 = 进口设备到岸价 × 海关监管手续费率

其中，按照目前有关规定，海关监管手续费率一般取 0.3%。

3. 国内运杂费

设备运费率按设备到岸价乘以设备运杂费率计算。计算公式：

设备运杂费 = 设备到岸价 × 设备运杂费率

其中：设备运杂费率按有关规定计取，本次评估确定为 2.5%。

4. 安装调试费

对安装调试费的计取，通过查阅原始入账凭证和购货合同，当时购入的 ZR22B52 可逆式冷轧机的价格中不含安装调试费，本次评估时依据机械行业有关规定，套用国内设备安装概算指标以进口设备的货价为基数，按国内同类设备安装费率的 30% ~ 70% 选用，选取方法是进口设备与国内同类型设备相比，进口设备机械化和自动化程度越高，取值越低，反之越高。本次评估案例选用 50%，安装费率为 6%。

5. 设备基础费

对设备基础费的计取，经了解核实，该设备基础是在原建筑物中专为该进口设备建造的，且设备的原始入账价值中含设备基础费用。本次评估中，设备基础费用参考原施工预算资料，并考虑相关因素和物价变动趋势调整后确定。

6. 合理的前期费用及其他费用

前期费用及其他费用包括建设单位管理费、可行性研究报告及评估费、设计费、工程监理费、联合式运转费及进口设备的相关费用等。考虑到前期费用及其他费用是为整个项目所产生的，费用计取是依据某省建设工程其他费用标准，并结合该进口设备工艺生产特点进行的。

7. 资金成本

资金成本根据资产评估操作规定计算，计算公式为：

资金成本 = 1/2 ×（进口设备的货价 + 进口从属费用 + 国内运杂费 + 安装调试费 + 设备基础费 + 合理的前期费用及其他费用）× 建设期贷款利率 × 正常建设工期

其中：贷款利率的取值按合理工期和中国人民银行公布评估基准日、贷款利率进行计取。

（二）综合成新率

本次进口机器设备评估成新率的确定采用观察分析法和使用年限法进行综合确定。计算公式为：

$$成新率 = A1 \times 60\% + A2 \times 40\%$$

其中：A1 为鉴定成新率，所占的权重为 60%；

A2 为理论成新率，所占的权重为 40%。

A1：观察分析法成新率的确定

评估人员通过实地勘察，并听取企业管理人员和技术人员的意见，对机器设备的主要技术指标进行综合分析，包括设备的现时技术状态；设备的实际已使用时间；设备的正常负荷率；设备的原始制造质量；设备的维修保养状况；设备的大修、技改情况；设备的工作环境和条件；设备的外观和完整性。

在详细了解上述情况后，确定机器设备的成新率标准，并且划出档次，作为确定成新率的标准依据（见表 13-1）。

表 13-1　成新率参考表

新旧情况	技术参数标准参考说明	成新率（%）
新设备及使用不久的设备	全新状态，刚使用不久，整体良好，能按设计要求正常使用	100～90
较新设备	使用时间不久，外表较新，性能稳定，在用状态良好，能满足设计要求，未出现过较大故障	89～65
半新设备	使用时间较长，外表陈旧，在用状态较好，基本上能达到设备设计要求，能满足工艺要求，需经常维修以保证能正常使用	64～40
旧设备	已使用较长时间，或经过几次大的修理，目前仍能维持使用的设备，在用状态一般，性能明显下降，使用中故障较多，经维护仍能满足工艺要求，可以安全使用	39～15

A2：使用年限法成新率的确定

$$A2 = 尚可使用年限 / （已使用年限 + 尚可使用年限） \times 100\%$$

或　　　　$$A2 = 尚可使用年限 / 经济使用年限 \times 100\%$$

设备已使用年限：以机器设备开始启用到评估基日所经历的时间，并考虑设备的使用频率、使用强度、维护保养情况及工作环境来计取。

设备尚可使用年限：截至评估基准日以评估人员现场对设备的勘察及技术鉴定情况综合分析后来确定其尚可使用年限。

经济使用年限：按照国家有关规定的经济使用寿命年限。

四、评估值计算

（一）重置成本的确定

1. 进口设备货价（FOB价）

评估人员在确定的评估基准日通过该设备在国内的代理机构向法国森吉米尔公司进行了询价，了解到该机型主要是由机械和电气两部分组成，只是在机组的构成上略有差异，并增加了一个防震器。新型设备现行进口设备报价为1 530万美元。针对这一情况，评估人员经与冷轧机专家共同分析研究，报价与成交价格的差别以及新型冷轧机与被估冷轧机增加了一个防震器的差别。通常情况下，实际成交价在报价的基础上压价10%左右。针对新冷轧机增加了一个防震器，经向国内生产的可替代的防震器的生产厂家询价，购价为10万元人民币（约折合1.2万美元）。评估基准日中国人民银行公布的外汇美元对人民币汇率为8.277 1。

该进口设备货价 $= [1\,530 \times (1 - 10\%) - 1.2] \times 8.277\,1$

$= 1\,375.8 \times 8.277\,1$

$= 113\,876\,342$（元）

2. 进口设备从属费用

（1）国际运费 $= 113\,876\,342 \times 5\% = 5\,693\,817$（元）

（2）运输保险费 $= (113\,876\,342 + 5\,693\,817) \div (1 - 0.4\%) \times 0.4\%$

$= 119\,570\,159 \div (1 - 0.4\%) \times 0.4\%$

$= 480\,201$（元）

（3）进口关税 $= (113\,876\,342 + 5\,693\,817 + 480\,201) \times 12\%$

$= 120\,050\,360 \times 12\%$

$= 14\,406\,043$（元）

（4）增值税 $= (113\,876\,342 + 5\,693\,817 + 480\,201 + 14\,406\,043) \times 17\%$

$= 134\,456\,403 \times 17\%$

$= 22\,857\,589$（元）

（5）外贸手续费 $= (113\,876\,342 + 5\,693\,817 + 480\,201) \times 1.5\%$

$= 120\,050\,360 \times 1.5\%$

$= 1\,800\,755$（元）

（6）银行财务费 $= 113\,876\,342 \times 0.5\% = 569\,382$（元）

（7）海关监管手续费

根据《中华人民共和国海关对进出口减税、免税和保税货物征收海关手续费的办法》规定，海关监管手续费是指海关对进出口减免税，保税设备的实施监督、管理和提供服务的手续费，对全额征收关税的货物不收海关监管手续费。本评估进口设备全额征收关税该费用不计取。

进口设备从属费用小计（1）～（7）项共计45 807 787元。

3. 国内运杂费 =（113 876 342 + 5 693 817 + 480 201）×2.5%

              = 120 050 360 × 2.5%

              = 3 001 259（元）

4. 安装调试费 = 113 876 342 × 6% × 50% = 3 416 290（元）

5. 设备基础费

该公司冷轧厂委估机器设备是在原建筑物中专为该进口设备建造的，经查阅该设备原始入账价值中已含该设备基础费。评估人员根据该设备施工预算资料，并考虑相关因素和物价变动趋势调整后确定为 2 277 520 元，不应列入构筑物范围，应按设备基础费计算。

6. 合理的前期及其他费用

   =（113 876 342 + 45 807 787 + 3 001 259 + 3 416 290 + 2 277 520）×7.6%

   = 168 379 198 × 7.6% = 12 796 819（元）

经计算本次评估合理的前期及其他费用按 7.6% 计取。

7. 资金成本 = 1/2 ×（进口设备货价 + 进口设备从属费用 + 国内运杂费 + 安装调试费

             + 设备基础费 + 合理的前期及其他费用）×5.31% × 1

             = 1/2 × 181 176 017 × 5.31% × 1

             = 4 810 223（元）

重置价值 = 进口设备货价 + 进口设备从属费用 + 国内运杂费 + 安装调试费 + 设备基础

         费 + 合理的前期及其他费用

         = 185 986 240（元）

（二）综合成新率

1. 使用年限法

该设备与 1999 年 10 月投入运行，截至评估基准日 2002 年 10 月已使用 3 年，根据冷轧机经济使用寿命及评估人员现场判断，尚可使用 15 年。

                 年限法成新率 = 15/（3 + 15）×100% = 83.33%

2. 观察分析法

评估人员深入现场勘察，并与技术人员、管理人员和操作人员交换意见，对该机器设备主要技术指标进行综合分析，认为该设备较新，使用时间不长，性能稳定，工作正常，可满足生产工艺要求，产品质量合格。判定成新率为 78%。

3. 综合成新率

综合成新率 = 使用年限成新率 × 40% + 观察分析法成新率 × 60%

             = 83.33% × 40% + 78%

             = 33.33% + 46.8%

             = 80.13%

本次评估取综合成新率为 80%

（三）评估价值

评估价值 = 重置成本 × 综合成新率

           = 185 986 240 × 80%

           = 148 788 992（元）

案例分析：本案例较详细地反映了进口设备及从属费用的评估方法和计算过程。由于本次评估采用市场询价，功能性贬值因素已在其重置成本中剔除，不需另外考虑。同时，考虑到本经济行为实现后，设备保持正常生产，故不计经济性贬值。

第二节　不动产评估案例分析

案例一　中漕路某地块土地使用权评估

一、基本情况

（一）委估对象概况

名称：上海××公司中漕路地块

坐落：上海市徐汇区××路××号

面积：土地使用总面积为 8 907 平方米

形状：为四米高左右的不规则平行四边形平坦地

四至：东临××路，北靠××路，西邻××路，南接××路

性质：出让

用途：商、办、住综合用途

地产等级：上海市四级地段

临街状态：两面临街，东面临街为中漕路约××米长，南面临街为凯旋路约××米

利用状况：已经达到三通一平，并建有临时商场、道路、围墙

（二）不动产权利状况

根据所提供的土地出让合同、土地临时使用证、不动产产权证及有关资料反映，上海市徐汇区××路××号内的地产，原土地使用权为上海××厂，土地为国有划拨土地。在1994 年 10 月 27 日上海××公司与上海市土地管理局（现为上海市房屋土地资源管理局）以出让方式签订了土地出让合同，合同号为：沪土（××）出让合同第××号。于××年××月××日取得了临时土地使用证，证号为沪临用（临批）字第××号，占地面积8907 平方米，用途为商、办、住综合用途，使用年限为 50 年，地号为徐家汇街道××坊××丘，图号为××，××，××，××。现上海××公司已办理了不动产权证手续。为此不动产权证中的权利人为新成立的项目开发公司上海××公司。不动产权证证号为：沪房地市字（××）第××号。

（三）不动产利用状况

委估地块已达到三通一平并建有临时商场、道路、围墙是临时集贸市场，当时主要是为迎接 APEC 会议，整治华亭宾馆周围环境，由徐汇区人民政府、徐汇区街道办事处开辟的临时商业市场。

（四）评估目的

为上海××有限公司拟将其所拥有的××区中漕路××号内的地产作价投入到××公司提供价值参考依据。本评估报告所指的土地价格是估价对象土地使用权所含土地出让金、土地基本开发费及基础设施配套费等的熟地地价，评估结果是指土地使用权价值扣除其应付未付的欠款后投入项目公司的价值。

（五）评估范围

本次评估范围是××公司截至 2002 年 6 月 30 日所拥有的位于上海市中漕路××号内的地产（占地面积为 8 907 平方米）的价值。

（六）评估基准日

2002 年 6 月 30 日。

（七）评估方法

本次评估采用基准地价修正法和假设开发法。

二、案例评估的特点

委估地产位于上海市××区中漕路××号内的地产（占地面积 8 907 平方米）。根据本次评估目的和评估对象的特点及特殊情况，并依据土地估价理论与方法对土地估价惯例，估价人员根据收集的资料分析，其地产为综合用途，市场不活跃，比较案例很少，其成本又难以测算，因此不宜采用成本法和市场比较法进行评估，因委估地产目前尚未形成经营。因此经济收益难以测算，故不宜采用收益现值法，估价人员认真分析了所掌握的资料，并进行了实地勘察和对附近地区的调查，根据估价对象土地的特点及项目本身的实际情况，认为选用基准地价修正法和假设开发法进行评估较为合适。故以基准地价修正法和假设开发法进行测算，最后确定其估价结果。

三、评估计划

（一）与委托方接洽，听取公司有关人员对该公司情况及委估资产历史和现状的介绍，了解评估目的、评估范围及其评估对象，确定评估基准日签订评估业务约定书，拟定评估方案；

（二）指导企业填报资产评估申报表；

（三）对公司填报的资产评估明细申请表进行征询、鉴别，选定评估方法；

（四）根据资产评估申请表的内容，与该公司有关的财务记录数据进行核对，到现场进行实物核查和调查，对资产状况进行察看、记录，并与资产管理人员进行交谈，了解资产的经营、管理情况；

（五）开展市场调研询价工作，收集市场价格资料；

（六）根据各评估人员对各类资产勘察的初步结果进行评定估算；

（七）根据评估工作情况，起草资产评估报告书，并经审核后，向委托方提交正式资产评估报告书。

四、评估技术说明

（一）地价影响因素分析

1. 区域因素

（1）位置。委估地产位于上海市徐汇区××号，位置处于××路与××路交汇处，东临中漕路，西靠××路，南邻××路，北接××路，距徐家汇商圈约×公里，距市中心约×公里，距上海火车站约×公里。

（2）周边环境。委估地产附近有高等院校上海交通大学、上海师范大学，有著名的中山医院、国际妇女保健院等，有闻名的上海八万人体育场、万人体育馆等，有高级宾馆华亭宾馆、建国宾馆等，有繁华的徐家汇商圈和环境优美的桂林公园，所以该地块是建造商、办、住综合楼的最佳地段。

（3）交通条件。委估不动产所处的地段，交通十分方便，由临街凯旋路距中山路内环线高架道近百米，由内环线向西可直通虹桥国际机场，向东可通往浦东新区直达浦东国际机场。由临街凯旋路经漕溪路向北可达徐家汇商圈，向南可通往沪杭高速公路直达浙江省各地及全国各地。漕溪路、中山路上有数十条公交线路可直达市区各地，交通十分方便。

（4）市政基础设施状况。委估地块目前已达到路通、水通、场地平整（即"三通一平"）的熟地条件。

2. 个别因素

（1）临街状况。委估地块二面临街，东面临中漕路，南面临凯旋路，极有利于规划设计与施工。

（2）宗地形状。委估地块为四米高左右的不规则平行四边形平坦地，有利于规划设计布局。

（3）临街深度。委估地块临街深度东西向约×××米，南北向约×××米深，临街深度适宜，便利进出。

（4）各项指标及地质条件

①委估地块总占地面积：8 907 平方米；

②规划容积率：不超过 5.7，总建筑面积不超过 50 770 平方米；

③规划绿地率：20%；

④建筑密度：不超过 50%；

⑤土地使用年限：50 年。

根据上海地质条件，委估地块可建造高层建筑、小高层建筑或多层建筑。

宗地用途为商、办、住综合用途（其中住宅面积比例不超过 35%）。初步设计为小高层，商办楼为高层。

（5）城市规划的限制。据了解委估地块附近可能有 2～3 条地下轨道交通线路穿越，其中一条已建成通车，另一条正在施工阶段。但地铁穿越此地块对其产生的影响，政府有关部门未作出明确告知及规划限制。

（二）估价技术思路与方法

1. 评估思路与评估方法

认为选用基准地价修正法和假设开发法进行评估较为合适。

2. 采用基准地价修正法的技术思路

待估地块楼面地价 = 基准地价（楼面地价）×（1 + 交易情况修正系数）×（1 + 日期修正系数）×（1 + ∑区域因素修正系数）×（1 + ∑个别因素修正系数）×使用年限修正系数

区域因素修正系数 = ∑区域因素修正系数×权重值

个别因素修正系数 = ∑个别因素修正系数×权重值

地价 = 楼面地价×建筑面积

3. 采用假设开发法的技术思路

地价 = 预期楼价 - 建筑费 - 专业费用 - 利息 - 销售费用 - 税费 - 开发商利润

4. 估价方法和过程

估价人员认真分析了所掌握的资料，并进行了实地勘察和对附近地区的调查，根据估价土地的特点及项目本身的实际状况，认为选用基准地价修正法和假设开发法进行评估，然后再将两种方法求取的结果进行综合处理，求取估价对象的现实价值，最后扣除应付未付的欠款得出评估结果。

（三）估价测算过程

1. 基准地价修正法

（1）基准地价是政府制定的，以政府的名义公布施行的，具有公示性、法定的权威性和一定的稳定性，是对市场交易产生制约和引导作用的一种土地价格标准。

基准地价系数修正法是依据基准地价级别范围，按不同用途对影响地价的区域因素和个别因素等进行系数修正，从而求得待估宗地公平市场价值的一种评估方法。

本次评估宗地位于上海市区，故决定采用上海市基准地价体系。该基准地价基准日为1998年6月1日。评估以《上海市基准地价表》（供外销用）为依据，该基准地是上海市四级地区域，用途为综合用地，其熟地楼面地价为3 320元/平方米。

（2）交易情况修正的确定。《上海市基准地价表》所公布的各级别土地基准地价均为外销正常交易情况下的熟地价格，本次委估对象属于内销正常交易，根据上海市有关规定，现内外销并轨，土地出让需通过拍卖、招标取得，而委估地块是通过协议取得，与招标、拍卖取得相比较低15%左右，故该项需进行修正，取值为 -15%，则修正系数为85%。

（3）期日修正的确定。基准地价公布时规定了基准日，若该基准日到评估对象的估价期日间土地的市场发生了变化，就应进行期日修正。期日修正应根据该用地所在区域土地价格的市场变化情况进行。

本项期日修正依照中房上海不动产指数进行调整，基准地价基准日1998年6月1日中房上海不动产指数为765，评估基准日2002年6月30日为823，则期日修正系数取107.58%。基准地价因素修正系数详见表13-2。

表 13-2　基准地价因素修正系数表

项目名称	权重	说明	取值	修正系数
基准地价（楼面地价）		待估宗地为四级综合熟地	3320 元/平方米	
交易情况修正系数		内外销并轨，拍卖与原协议交易有差异，故需修正	−15%	85%
交易日期修正系数		综合指数 1998 年 6 月（765），2002 年 6 月（823）	7.58%	107.58%
区域因素修正系数				101.83%
商业服务区繁华度	0.38	临近徐家汇商圈商业服务区较繁华	3%	1.14%
交通便捷	0.23	有多条公交线路，交通较便捷	3%	0.69%
环境优劣条件	0.14	周边环境与同级别地区基本相同	0%	0%
城市基础设施	0.25	城市基础设施基本相同	0%	0%
个别因素修正系数				102.00%
临街状况	0.50	两面临街，东临中漕路南临凯旋路条件较好	4%	2.00%
宗地形状	0.20	不等边四边形	0%	0%
临街深度	0.10	深度一般	0%	0%
地质条件	0.20	地质达到要求	0%	0%
容积率修正系数		容积率与同地区相近	100.00%	100.00%
年期修正系数		土地使用年限 50 年已使用 8 年，按公式计算修正系数为	0.974 762 4	0.974 762 429
待估宗地楼面地价				3074 元/平方米

（4）基准地价因素修正系数表说明。根据上海市基准地价成果编制的区域因素权重值表，是作为因素修正时的权重，根据不动产估价规范的要求，区域因素与个别因素修正幅度之和不超过 30%。此次评估，区域因素和个别因素修正之和的幅度不超过 5%，区域因素整体修正幅度为 1.83%；个别因素整体修正幅度为 2.00%；修正幅度通常设为七个级别：很差、较差、稍差、一般、稍好、较好、很好。

（5）区域因素修正的确定。按综合用地实际情况进行影响因素的选择，主要影响因素有：商业服务区繁华度、交通便捷度、市政设施完善度、环境优劣度等。待估地块所处徐汇区中漕路紧靠徐家汇商圈较繁华的地区，离上海新客站乘车 20 分钟左右；待估地块地处中漕路、凯旋路、中山西路交界处，附近公交线路较多，交通较便捷，离内环线高架道、地铁一号线、明珠线很近，该地块市政基础设施完备。综合上述因素，确定区域因素修正系数和为 1.83%。

①商业服务区繁华度修正系数的确定：由于估价对象所处区域靠近徐家汇商圈，比较繁华，与基准地价平均区域相比，应向上修正 3 个百分点，即为 3%。

②交通便捷修正系数的确定：由于估价对象所处区域交通条件较好，附近公交线路较多，交通较便捷，离内环线高架道、地铁一号线、明珠线很近，与基准地价平均区域相比，影响上修正 3 个百分点，即为 3%。

③环境质量优劣度修正系数的确定：由于估价对象所处区域环境质量与基准地价平均区域相似，故无需修正。

④城市基础设施完备程度修正：由于估价对象所处区域城市基础设施完备，与基准地价平均区域相同，故不需修正。

（6）个别因素修正的确定。按综合用地实际情况进行影响因素的选择，主要个别因素有：临街状况、宗地形状、临街深度、地质条件等。待估对象临街东面临中漕路，南面临凯旋路，地块呈不等边四边形，便于利用，地势平坦。综合上述因素，确定个别因素修正系数和为 2.00%。

①临街状况修正系数的确定：由于估价对象所临街道为东面临中漕路，南面临凯旋路，具有两面临街优势，与基准地价平均区域相比，应修正 4 个百分点，即为 4%。

②宗地形状修正系数的确定：由于估价对象宗地形状为不等边四边形，与基准地价平均区域相近，所以无需修正。

③临街深度修正系数的确定：由于估价对象临街深度较为理想合适，与基准地价平均区域相似，所以无需修正。

④地质条件修正系数的确定：由于估价对象所处区域地质条件与基准地价平均区域相比，都在同一区域，地质条件相同，故不作修正。

（7）容积率因素修正的确定。该地块容积率为 5.7，所处地区域为四级，用途为综合用地，具体修正系数参考综合用地容积率修正系数表，详见表 13-3。

表 13-3　综合用地容积率修正系数表

容积率 土地等级	>9	9	8	7	6	5	4	3	2	1.2	≤0.5
1	0.94	0.95	0.97	1	1.05	1.06	1.07	1.08	1.08	1.09	
2	0.94	0.94	0.94	0.97	1.02	1.05	1.06	1.07	1.08	1.08	
3		0.94	0.94	0.95	1	1.05	1.06	1.07	1.08	1.08	
4			0.93	0.94	0.95	1	1.05	1.06	1.07	1.08	2.0
5			0.93	0.93	0.94	0.95	1	1.05	1.06	1.07	1.9
6				0.92	0.93	0.94	0.95	0.97	1.05	1.06	1.8
7				0.92	0.93	0.94	0.95	0.97	1.05	1.06	1.7
8					0.92	0.93	0.94	0.95	1	1.05	1.7
9						0.93	0.93	0.94	0.97	1.03	1.6
10						0.93	0.93	0.94	0.97	1.03	1.5

由于估价对象处在上海市四级地区域，土地出让合同规定容积率为 5.7，故该地块的容积率与同级地区用途基本相同，故不作修正。

（8）年期修正的确定。基准地价所对应的土地使用年限是各用途土地使用权的最高使用年限，由于本次评估的出让土地其使用权年限为 50 年（从 1994 年 10 月 27 日至 2044 年 10 月 26 日），现已使用 8 年，按年期修正公式计算：

$$修正系数 K = [1 - 1/(1 + r)M]$$
$$= [1 - 1/(1 + 7\%)42]/[1 - 1/(1 + 7\%)50]$$
$$= 0.947\,8$$

年期修正系数确定为 0.947 8。

折现率的确定：

无风险报酬率取银行一年期的存款利率为 1.98%，风险报酬率按投资不动产行业的有关风险因素考虑取 5.00%。

$$则\quad 折现率 r = 无风险利率 + 风险报酬率$$
$$= 1.98\% + 5.00\%$$
$$\approx 7.00\%$$

（9）楼面地价的确定。按基准地价系数修正法的公式，求取宗地楼面地价。

待估地块楼面地价 = 基准地价（楼面地价）×（1 + 交易情况修正系数）×（1 + 日期修正系数）×（1 + ∑区域因素修正系数）×（1 + ∑个别因素修正系数）× 使用年限修正系数

$$= 3\,320 \times 85\% \times 107.58\% \times 101.83\% \times 102.00\% \times 100\% \times 0.947\,8$$
$$\approx 3\,074\ （元/平方米）$$

（10）建筑面积的确定。根据土地出让合同规定，总建筑面积不得超过 50 770 平方米。

（11）总地价的确定。

$$总地价 = 楼面地价 \times 建筑面积$$
$$总地价 = 3\,074 \times 50\,770 = 156\,066\,980\ （元）$$

综上所述，待估地块 50 年期出让土地熟地使用权价值为 156 066 980 元。

2. 假设开发法

委估对象现为商、办、住综合用地，是一块刚完成土地开发的建设用地，根据委托方提供的资料以及有关文件的规定，首先按上海市国有土地使用权出让合同的规定，算出该地块开发的建筑总面积，调查同一供需圈、邻近地域该类不动产的现行市场价格，预测该类不动产的售价，以求取该项目的不动产开发总价值。再按目前社会平均成本以及变动情况计算建筑费、专业费用、利息、销售费用、税费、开发商利润，最后求得委估地块的土地使用权现行市场价值。

即　地价 = 楼价 - 建筑费 - 专业费用 - 利息 - 销售费用 - 税费 - 开发商利润

（1）总建筑面积的测算。委估对象为商、办、住综合用地，根据上海市国有土地使用权出让合同的规定。该地块可开发建设商业、办公、住宅用房，建筑面积根据合同规定不得超过 50 770 平方米，其中住宅用房建筑面积不得超过 35%。建筑面积容积率为 5.7，现按合同规定的规划实施。

则 住宅用房建筑面积为 17 770 平方米，初步设定为小高层。

商办用房建筑面积为 33 000 平方米，初步设定为高层。

（2）不动产开发总价值（楼价）的测算。不动产开发对象为产权商品房，该地段这类商品房，有较多的交易案例，故宜采用市场比较法确定不动产合理的市场价格。

市场比较法指在一定市场条件下，选择与估价对象处在同一供求圈内，并在用途、规模、档次、建筑结构等条件类似、使用价值相同的若干个与估价对象相同或相近的不动产交易实例，就交易情况、交易日期、区域因素、个别因素条件与待估不动产进行对照比较，并对交易实例不动产加以修正，得出评估对象的比准价格，最后乘以委估不动产建筑面积，确定不动产开发价值。

即：不动产比准价格 = 交易实例不动产价格 × 交易情况修正系数 × 交易日期修正系数
× 区域因素修正系数 × 个别因素修正系数

委估不动产现时价格 = $\sum$ 不动产比准价格 $\div n$

委估不动产开发价值 = 不动产现时价格 × 建筑面积

① 小高层不动产开发价值的测算。

a. 比较实例选择。通过市场调查，根据替代原因，按用途相同、地区相同、价格类型相同等特点，在上海市徐汇区同一供求圈内经筛选取明辉园、吴兴路公寓、新华世纪园三个不动产交易案例。详见表 13-4 和表 13-5。

表 13-4　交易实例调查情况表

序号	参照案例	区位	用途	单价	成交日期	交易情况
1	明辉园	宜山路	商住	6 260	2002.6	正常
2	吴兴路公寓	吴兴路肇嘉滨路	商住	6 500	2002.6	正常
3	新华世纪园	新华路凯旋路	商住	6 900	2002.6	正常

表 13-5　因素条件说明表

待估不动产及比较实例　比较因素	待开发不动产	实例一	实例二	实例三
名称		明辉园	吴兴路公寓	新世纪园
座落	中漕路	宜山路	吴兴路肇嘉滨路	新华路凯旋路
用途	商住楼	商住楼	商住楼	商住楼

（续表）

待估不动产及比较实例\\比较因素		待开发不动产	实例一	实例二	实例三
性质		全产权商品房	全产权商品房	全产权商品房	全产权商品房
交易价格			6 260 元/平方米	6 500 元/平方米	6 900 元/平方米
交易时间			2002.6	2002.6	2002.6
交易情况		正常	正常	正常	正常
区域因素	交通条件	比较便捷	比较便捷	比较便捷	比较便捷
	繁华程度	商业服务区较繁华	商业服务区较繁华	商业服务区较繁华	商业服务区较繁华
	基础设施	市政设施完备	市政设施完备	市政设施完备	市政设施完备
	地段等级	4 级	4 级	4 级	4 级
个别因素	房型	房型较新颖	房型较新颖	房型较新颖	房型较新颖
	房屋装饰	一般	一般	一般	一般
	临街状况	中漕路较好	宜山路	吴兴路肇嘉滨路	新华路凯旋路
	环境状况	较好	较好	较好	较好

b. 比较因素的选择。根据影响不动产价格的主要因素，结合评估对象和比较实例的差异情况，选择交易情况、交易时间、区域因素、个别因素四个修正因素，详见表 13-6。

表 13-6　比较因素条件指数表

待估不动产及比较实例\\比较因素		待开发不动产	实例一	实例二	实例三
交易时间情况			2002.6	2002.6	2002.6
交易时间修正系数			100	100	100
交易情况		正常	正常	正常	正常
交易情况修正系数		100	100	100	100
区域因素	交通条件	交通较便捷	交通较便捷	交通较便捷	交通较便捷
	交通条件修正	100	100	100	100
	繁华程度	商业服务区较繁华	商业服务区较繁华	商业服务区较繁华	商业服务区较繁华
	繁华程度修正	100	100	100	100

（续表）

比较因素	待估不动产及比较实例	待开发不动产	实例一	实例二	实例三
区域因素	基础设施	市政设施完备	市政设施完备	市政设施完备	市政设施完备
	基础设施修正	100	100	100	100
	地段等级	4级	4级	4级	4级
	地段等级修正	100	100	100	100
区域因素修正系数		100	100/100	100/100	100/100
个别因素	房型	房型较新颖	房型较新颖	房型较新颖	房型较新颖
	房型修正	100	100	100	100
	房屋装饰	一般	一般	一般	一般
	房屋装饰修正	100	100	100	100
	临街状况	中漕路	宜山路	吴兴路 肇嘉滨路	新华路 凯旋路
	临街状况修正	100	98	100	102
	环境状况	较好	较好	较好	较好
	环境状况修正	100	100	100	100
个别因素修正系数			100/98	100/100	100/102

c. 交易情况修正。评估对象为正常交易，案例一、二、三为正常交易与待估不动产相同，所以无需修正。

d. 交易时间修正。交易时间都是在2002年6月份，与评估基准日接近，所以无需修正。

e. 区域因素修正。交通条件共分六档。一般为中间、较好、好、很好每档加2分，稍差、差每档减2分。因案例一、二、三与待估不动产相似，故无需修正。

繁华程度共分六档。一般为中间、较好、好、很好每档加2分，稍差、差每档减2分。因案例一、二、三与待估不动产相同，故无需修正。

基础设施及地段等级都相同，所以无需修正；

f. 个别因素修正。房型共分为六档。一般为中间、较好、好、很好每档加2分，稍差、差每档减2分。因案例一、二、三与待估不动产基本相似，都比较新颖，故无需修正。

房屋装饰共分六档。一般为中间、较豪华、豪华、很豪华每档加2分，稍差、差每档减2分。因案例一、二、三与待估不动产相同，故无需修正。

临街状况共分六档。一般为中间、较好、好、很好每档加2分，稍差、差每档减2分。因案例一为一面临街，与待估不动产相比稍差，故减2分，因案例二与待估不动产相同，故无需修正；因案例三为三面临街，与待估不动产相比较好，所以加2分。

环境状况因案例一、二、三与待估不动产基本相同，所以无需修正。

g. 比准价格和开发价值的测算，详见表13-7。

表13-7 案例修正比准价格分析计算表

项目	案例一	案例二	案例三
成交价格	6 260 元/平方米	6 500 元/平方米	6 900 元/平方米
交易时间	100/100	100/100	100/100
交易情况	100/100	100/100	100/100
区域因素	100/100	100/100	100/100
个别因素	100/98	100/100	100/102
比准价格（修正后价格）	6 388 元/平方米	6 500 元/平方米	6 765 元/平方米

对三个实例的比准价格，采用简单算术平均法得出待估不动产价格：

小高层地产价格 = （6 388 + 6 500 + 6 765）÷ 3 = 6 551（元/平方米）

小高层不动产平均售价取 6 550 元/平方米。

小高层不动产开发价值 = 不动产价格 × 可销售建筑面积

= 6 550 元 × 17 770 平方米

= 116 393 500（元）

②高层不动产开发价值的测算。按上述同样方式方法求得比准价格（测算过程略），详见表13-8。

表13-8 比准价格结果表

序号	参照案例	区位	用途	权属	单价	成交日期	比准价格
1	文定天下苑	文定路 宜山路	商品房	全产权	7 400	2002.6	7 551.00
2	凯旋花苑	凯旋路 中漕路	商品房	全产权	7 660	2002.6	7 660.00
3	明园世纪城	淮海路 永康路	商品房	全产权	7 900	2002.6	7 745.00

对三个实例的比准价格，采用简单算术平均法得出待估不动产价格为：

高层不动产平均售价 = （7 551 + 7 660 + 7 745）÷ 3 = 7 652.00（元/平方米）

高层不动产平均售价取 7 650 元/平方米。

高层不动产开发价值 = 不动产价格 × 可销售建筑面积

= 7 650 × 33 000 = 252 450 000（元）

③项目开发周期。假设该不动产开发项目预期建设期为两年，建成后预计一年左右全部销售完，开发周期为三年。

④折现率的确定。无风险报酬率取银行一年期的存款利率1.98%，风险报酬率按投资不动产行业的有关风险因素考虑取5%。

则折现率 = 无风险报酬率 + 风险报酬率 = 1.98% + 5% ≈ 7%

不动产总开发价值（楼价）的计算

⑤总开发价值（楼价）

= （小高层不动产开发价值 + 高层不动产开发价值）÷ $(1 + 0.07)^3$

= （116 393 500 + 252 450 000）÷ $(1 + 0.07)^3$

≈ 301 086 166（元）

（3）不动产总开发成本的测算。不动产总开发成本是根据目前社会平均成本以及变动情况来测算建筑费、专业费用、利息、销售费用、税费、开发商利润。

①建筑费的测算。根据当前《上海工程造价信息》、《上海市工程造价参考标准》等公布的资料得知，小高层、高层房屋建筑安装工程费用平均为 2 400 元/平方米以上，本次取 2 400 元/平方米。假设该不动产开发项目建设期为两年，建筑费与专业费用均匀投入，投入比例第一年为60%，第二年为40%，折现率取7.00%。

根据现行的各项政策、规定，住宅建设配套费为 320 元/平方米。则

建筑费为：2 400 + 320 = 2 720（元/平方米）

总建筑费 = [（2 720 × 50 770）× 60%] ÷ (1 + 0.07) × 0.5 + [（2 720 × 50 770）× 4%] ÷ (1 + 0.07) × 1.5

　　　　 = 80 100 537.25 + 49 906 876.79 ≈ 130 007 414（元）

②专业费、管理费用。一般专业费用、管理费用为建筑费的5%，本次按5%计取。

专业费 = [（2 720 × 50 770）× 5% × 60%] ÷ (1 + 0.07) × 0.5 + [（2 720 × 50 770）× 5% × 40%] ÷ (1 + 0.07) × 1.5

　　　 = 4 005 026.86 + 2 495 343.84

　　　 ≈ 6 500 371（元）

③利息。由于本案例采用动态分析方式，地价、建筑费、专业费用均已考虑了时间因素，实际上已含利息，故在此不再单独计算利息。

④销售费用。一般销售费用按楼价的3%计取。

则：销售费用 = 301 086 166 × 3% ≈ 9 032 585（元）

⑤税费。根据上海市现行不动产开发销售费用标准，包括"二税一费"等，计为销售额的5.565%。

则：税费总额 = 301 086 166 × 5.565% ≈ 16 755 445（元）

⑥利润。设地价为 X，按当前上海市同类不动产开发的平均利润8%。

则：利润 = X × 8% + （130 007 413 + 6 500 370.70）× 8%

　　　　 ≈ 8%X + 10 920 623（元）

⑦地价。

地价 = 楼价 - 建筑费 - 专业费用 - 利息 - 销售费用 - 税费 - 开发商利润

$= (301\ 086\ 166 - 130\ 007\ 414 - 6\ 500\ 371 - 9\ 032\ 585 - 16\ 755\ 445 - 10\ 920\ 623)$

$\div\ (1 + 0.08)$

$\approx 118\ 397\ 896$ （元）

（4）用假设开发法求得土地使用权价值为：

土地使用权价值 = 118 397 896 （元）

土地单价 = 118 397 896 ÷ 8 907 = 13 292.68 （元/平方米）

楼面地价 = 118 397 896 ÷ 50 770 = 2 332.04 （元/平方米）

（四）土地使用权价值的确定

根据上述两种方法的评估，基准地价修正法求得土地使用权价值为 156 066 980 元，假设开发法求得的土地使用权价值为 118 397 896.00 元，根据委估地块的实际情况，采用两种结果的简单算术平均值确定估价对象的土地使用权价值。

则：委估土地使用权价值 = （156 066 980 + 118 397 896.00）÷ 2

= 137 232 438 （元）

根据提供的有关资料及现场勘察，并走访了政府有关部门，对多条地铁穿越委估地块将有可能发生不可预见的工程费用，导致建设投资成本增加的问题，降低土地利用率的问题，规划限制的问题，以及投资风险等方面问题的出现，评估人员在进行评估时充分关注了这些问题，并综合考虑了这些问题，为此，确定综合风险调整率为 20%。

则：委估土地使用权价值 = 137 232 438 × （1 - 20%）

$\approx 109\ 785\ 950$ （元）

经评估，上海××公司所拥有的徐汇区××号内的地产（占地面积为 8 907 平方米）在规划地铁穿越的特殊情况下，估价对象在估价基准日 2002 年 6 月 30 日，出让土地 50 年期综合用地使用权的现时市场公允价值为人民币 109 785 950.00 （壹亿零玖佰柒拾捌万伍仟玖佰伍拾元）元。

案例分析：本案例比较详细地介绍了采用基准地价修正法和假设开发法评估土地使用权的一般做法，地价定义比较清晰，对扣除因素进行了明确。但对多条铁路穿越委估地块可能造成的影响分析不够充分，综合风险调整率 20% 的确定较为主观。

案例二　某公司资产重组目的土地使用权价值评估

一、基本情况

（一）估价项目名称

××有限公司土地使用权价值评估。

（二）委托估价方

××有限公司（其他内容略）。

（三）受托估价方

××咨询公司（其他内容略）。

（四）估价对象

估价对象为××有限公司使用的位于××市××路××号的土地，根据国有土地使用证［××市国用（2000）字第××号］，土地面积为7 295.73平方米，用途设定为办公。

（五）估价目的

为委托方资产重组，确定土地资产处置方案提供地价参考依据。

（六）地价定义

地价定义为宗地红线外"七通"（通上水、通下水、通电、通信、通气、通热、通路）和宗地内场地平整的条件下，于评估基准日2002年5月31日，土地使用年限为48年的办公用地在正常市场情况下的土地使用权价值。

（七）评估基准日

2002年5月31日

二、委估土地使用权概况

（一）土地位置状况

根据国有土地使用证［××市国用（2000）字第××号］，××有限公司使用的位于××市××路××号的土地的登记用途为办公，设定用途为办公，土地面积为7 295.73平方米，所处地段的办公用地的级别为二级。

（二）土地权利状况

××有限公司以划拨方式取得该土地使用权，土地证号［××市国用（2000）字第××号］，估价对象权属清楚，无纠纷，截至评估基准日时，估价对象未被设定抵押权、租赁权、担保权、地役权等。

（三）建筑物和地上附着物状况

评估对象的建筑面积为34 435.85平方米，容积率为4.72，无特殊容积率规划限制，建筑物结构为砖混，于2001年5月建成并投入使用。

三、地价影响因素分析

（一）一般因素

1. 政策因素

随着新的土地管理法的实施，政府加大了耕地保护力度，从严控制建设用地的增加，这一方面使用地成本增加，另一方面使得新增建设用地减少，地价有上升的趋势。

××市近年来经济发展速度很快，政府实施了一系列促进房地产发展的税收政策、产业政策，使得××市的不动产市场较为活跃，地价一直呈上升趋势。

2. 其他因素（略）

（二）区域因素

本次评估所指区域为估价对象所处的××区地价级别为二级的区域。

具体区域因素的说明（略）

（三）个别因素

1. 企业概况（略）

2. 宗地面积

宗地面积为 7 295.73 平方米。

3. 宗地形状与地基

宗地形状为矩形，形状规则，有利于土地利用；宗地地形平坦，地基承载力高，适合修建中高层建筑。

4. 宗地基础设施状况

（1）供电状况：共有两路供电，进线电压为 10kV，出线电压为 380V，供电保证率较高，现有供电设施能满足需求。

（2）供水状况：共有两路分别接 HS 路的供水，进宗地管径均为 150mm，现有供水设施能满足需求。

（3）排水状况：共有两路排水，雨污分流。进宗地的雨水管和污水管管径分别为 200mm 和 300mm，现有的排水设施能满足需求。

（4）供暖状况：共有 1 路接 HS 路的供暖，进宗地的供暖管径为 250mm，现有供暖设施能满足需求。

（5）通信状况：共有接 HS 路的通信电缆 150 对，现有通信设施能满足需求。

5. 宗地最有效使用用途

宗地最有效使用用途为商业办公用地，规划用途为商业办公用地，实际用途为办公用地。

6. 土地使用年限

土地使用权在 2002 年 5 月 31 日的剩余使用年期为 48 年。

7. 其他个别因素（略）

四、估价原则

本次评估中，遵循的主要原则有供需原则、替代原则、变动原则、预期收益原则、综合分析原则等。

五、估价方法与估价过程

本次评估选择收益还原法、市场比较法和基准地价修正系数法进行评估（方法的选择过程说明略）。

（一）用收益还原法进行评估

1. 计算年总收益

根据估价人员的调查，估价对象所在区域的与其类似的办公用途物业的平均出租率为 80%，租金一般为 2 元/平方米，1 年以 365 天计。

则：年总收益为：年总收益 = 2 × 365 × 34 435.85 × 80% = 20 110 536.4（元）

2. 计算年总费用

根据估价对象所在区域与其相似的办公用途物业的情况，结合该办公楼的实际情况，确定每年需支付的管理费用为年租金的7%，维修费为重置价的2%，相关税金为25元/平方米，保险费为重置价的0.3%，该类建筑物在评估基准日的重置价为3 000元/平方米。

即：年管理费 = 20 110 536.4 × 7% = 1 407 737.5（元）

年维修费 = 3 000 × 34 435.85 × 2% = 2 066 151.0（元）

年税金 = 25 × 34 435.85 = 860 896.3（元）

年保险费 = 3 000 × 34 435.85 × 0.3% = 309 922.7（元）

年总费用 = 年管理费 + 年维修费 + 年税金 + 年保险费

        = 1 407 737.5 + 2 066 151.0 + 860 896.3 + 309 922.7

        = 4 644 707.5（元）

3. 计算不动产年纯收益

不动产年纯收益 = 年总收益 − 年总费用

        = 20 110 536.4 − 4 644 707.5

        = 15 465 828.9（元）

4. 计算房屋纯收益

（1）计算年折旧费

年折旧费 = 房屋重置价/房屋使用年限 ×（1 − 残值率）

        = 3 000 × 34 435.85 ×（1 − 2%）/49

        = 2 066 151.0（元）

（2）计算房屋现值

房屋现值 = 房屋重置价 − 年折旧费 × 已使用年数

        = 3 000 × 34 435.85 − 2 066 151.0 × 1.0

        = 101 241 399.0（元）

（3）计算房屋纯收益

确定房屋资本化率为11%（确定过程略）。

房屋年纯收益 = 房屋现值 × 房屋资本化率

        = 101 241 399.0 × 11%

        = 11 136 553.9（元）

5. 计算土地年纯收益

土地年纯收益 = 不动产年纯收益 − 房屋年纯收益

        = 15 465 828.9 − 11 136 553.9

        = 4 329 275.0（元）

6. 计算土地价值

确定土地资本化率为8%（确定过程略）。

土地价值 = 4 329 275.0/8% × [1 − 1/（1 + 48%）48] ÷ 7 295.73

        = 7 233.0（元/平方米）

（二）用市场比较法进行评估

1. 比较案例的选择

针对估价对象的用途、交易类型、区域特征和交通、基础设施等具体条件，选择以下三个市场交易实例进行比较参照。

实例 1：××大厦位于 ZS 路，用途为办公，土地面积为 6 849.27 平方米，建筑面积为 30 958.70 平方米，容积率为 4.52，所处地段的土地级别为二级。2000 年 5 月 19 日评定的土地价格为 6 956 元/平方米（其他情况略）。

实例 2：××大厦位于 HX 路，用途为办公，土地面积为 4 589.22 平方米，建筑面积为 23 772.16 平方米，容积率为 5.18，所处地段的土地级别为二级。2001 年 12 月 31 日评定的土地价格为 7 507 元/平方米（其他情况略）。

实例 3：××大厦位于 XH 路，用途为办公，土地面积为 8 786.51 平方米，建筑面积为 43 053.90 平方米，容积率为 4.90，所处地段的土地级别为二级。2002 年 3 月 19 日评定的土地价格为 7 215 元/平方米（其他情况略）。

2. 比较因素的选择

选择交易时间、交易方式、使用年限、公共交通状况、临路条件、基础设施条件等进行修正。

3. 因素条件说明

估价对象和比较案例的各因素条件说明，详见表 13-9。

表 13-9　因素条件说明表

<table>
<tr><td colspan="2">比较因素</td><td>估价对象</td><td>案例 1</td><td>案例 2</td><td>案例 3</td></tr>
<tr><td colspan="2">地价</td><td></td><td>6 956 元/平方米</td><td>7 507 元/平方米</td><td>7 215 元/平方米</td></tr>
<tr><td colspan="2">位置</td><td>GH 路 15 号</td><td>SZ 路 67 号</td><td>XH 路 95 号</td><td>HX 路 29 号</td></tr>
<tr><td colspan="2">交易时间</td><td>评估基准日
2002 年 5 月 31 日</td><td>2002 年 5 月 19 日</td><td>2001 年 12 月 31 日</td><td>2002 年 3 月 19 日</td></tr>
<tr><td colspan="2">交易方式</td><td>协议出让</td><td>协议出让</td><td>协议出让</td><td>协议出让</td></tr>
<tr><td colspan="2">使用年限</td><td>48 年</td><td>48 年</td><td>48 年</td><td>48 年</td></tr>
<tr><td colspan="2">用途</td><td>办公</td><td>办公</td><td>办公</td><td>办公</td></tr>
<tr><td colspan="2">土地级别</td><td>2 级</td><td>2 级</td><td>2 级</td><td>2 级</td></tr>
<tr><td rowspan="2">区域因素</td><td>基础设施</td><td>七通一平</td><td>七通一平</td><td>七通一平</td><td>七通一平</td></tr>
<tr><td>公共交通</td><td>邻近公交线路，双向交通非常便利</td><td>邻近公交线路，双向交通较为方便</td><td>邻近公交线路，双向交通非常方便，且距地铁站 100 米</td><td>邻近公交线路，双向交通非常便利，距地铁站约 500 米</td></tr>
</table>

（续表）

比较因素		估价对象	案例1	案例2	案例3
区域因素	公共设施条件	区内银行、邮局、学校等数量较多，公共设施条件好	区内银行、邮局、学校等数量较多，公共设施条件好	区内银行、邮局、学校等数量较多，公共设施条件好	区内银行、邮局、学校等数量较多，公共设施条件好
	办公集聚条件	估价对象所在区域办公用途的不动产数量较多，办公集聚条件好	区域办公用途的不动产数量较多，办公集聚条件好	区域办公用途的不动产数量较多，办公集聚条件好	区域办公用途的不动产数量较多，办公集聚条件好
个别因素	容积率	4.72	4.52	5.18	4.90
	临路条件	一面临近市级干道，一面临近区级干道	两面均临近区级干道	两面均临近市级干道	一面临近市级干道，一面临近区级干道

4. 编制比较因素条件指数表（详见表13-10）

表13-10　比较因素条件指数表

比较因素		估价对象	案例1	案例2	案例3
交易时间		100	100	100	100
交易方式		100	100	100	100
使用年限		100	100	100	100
用途		100	100	100	100
区域因素	基础设施	100	99	101	100
	公共交通	100	99	102	101
	公共设施条件	100	100	100	100
	办公集聚条件	100	99	100	99
个别因素	容积率	90	87	94	91
	临路条件	100	99	101	100

5. 编制因素修正系数表（详见表 13-11）

表 13-11　因素修正系数表

比较因素		案例 1	案例 2	案例 3
地价		6 956 元/平方米	7 507 元/平方米	7 215 元/平方米
交易时间		100/99	100/100	100/100
交易方式		100/100	100/100	100/100
使用年限		100/100	100/100	100/100
用途		100/100	100/100	100/100
区域因素	基础设施	100/99	100/101	100/100
	公共交通	100/99	100/102	100/101
	办公设施条件	100/100	100/100	100/99
	办公集聚条件	100/99	100/100	100/99
个别因素	容积率	90/87	90/94	90/91
	临路条件	100/99	100/101	100/100
比准价格		7 566.7 元/平方米	6 907.8 元/平方米	7 136.4 元/平方米
平均价格		7 203.6 元/平方米		

取三个修正结果的算术平均值作为估价对象的价值。

即：土地价值 =（7 566.7 + 6 907.8 + 7 136.4）/3 = 7 203.6（元/平方米）

（三）用基准地价修正系数法进行评估

1. 基准地价的内涵

××市办公用地基准地价是指基准日为 2002 年 1 月 1 日，土地开发程度为宗地红线外"七通"（通上水、通下水、通电、通信、通气、通热、通路）和宗地内场地平整的条件下的法定最高出让年期的土地使用平均值。

基准地价修正系数法评估宗地地价的计算公式为：

基准地价设定开发程度下的宗地地价 = 基准地价 $\times k_1 \times k_2 \times k_3 \times$（$1 + \sum k$）

式中：k_1——期日修正系数；

　　　k_2——土地使用年限修正系数；

　　　k_3——容积率修正系数；

　　　$\sum k$——影响地价区域因素及个别因素修正系数之和。

如果所使用的基准地价的设定开发程度与本次评估的设定开发程度存在差异，则还需进行开发程度修正。

2. 确定待估宗地所在地段的土地级别及基准地价

待估宗地位于××市××路，属于××市级办公用地二级地，其在设定容积率为2.0的条件下，50年期的基准地价为5 000元/平方米。

3. 确定期日修正系数

确定期日修正系数 $k_1 = 1.00$（过程略）。

4. 确定土地使用年期修正系数

基准地价的设定年限为办公用地法定最高出让年期50年，而待估宗地的剩余使用年期为48年，故需进行土地使用年期修正。

土地使用年期修正系数 $k_2 = [1 - 1/(1 + 8\%) \times 48] / [1 - 1/(1 + 8\%) \times 50] = 0.996$

5. 确定容积率修正系数

确定容积率修正系数为 $k_3 = 1.43$（过程略）。

6. 确定区域因素和个别因素修正系数

根据《××市基准地价更新技术报告》中办公用地宗地地价影响因素指标说明表及二级办公用地宗地地价修正系数表（略），建立"待估宗地地价影响因素说明、优劣度及修正系数表"，详见表13-12。

表13-12　待估宗地地价影响因素说明、优劣度及修正系数表

因素名称	待估宗地地价影响因素说明	优劣度	修正系数（%）
商业服务区繁华度	略	较优	1.72
交通便捷度	略	较优	1.39
临街状况	略	较优	1.22
基础设施状况	略	一般	0
宗地条件	略	较优	1.19
环境质量优劣度	略	一般	0
人口密度	略	一般	0
合计			5.52

7. 计算待估宗地的地价

$$宗地地价 = 基准地价 \times k_1 \times k_2 \times k_3 \times (1 + \sum k)$$
$$= 5\ 000 \times 1.00 \times 0.996 \times 1.43 \times (1 + 0.0552)$$
$$= 7\ 514.5（元/平方米）$$

由于本次评估设定的土地开发程度与基准地价设定的开发程度一致，所以不需进行开发程度修正。

六、评估结果的确定

（一）地价确定的方法

运用收益法、市场法和基准地价系数修正法测算得到的地价分别为 7 233.0 元/平方米、7 203.6 元/平方米、7 514.5 元/平方米，经评估人员分析，决定采用加权平均法确定待估宗地的地价，三种方法计算结果的权重分别为 0.3、0.4 和 0.3。

评估结果 = （7 233.0 + 7 203.6 + 7 514.5）/3 = 7 305.7（元/平方米）

（二）估价结果

单位面积地价为 7 305.7 元/平方米；

土地面积为 7 295.73 平方米；

总地价为 53 300 415 元。

七、需要特别说明的事项

（一）估价对象宗地内的基础设施开发费用已计入其他资产，遵循土地评估与资产评估相衔接并不重不漏的原则，评估对象的价格定义中的土地开发费用不包含宗地内的基础设施开发费用，即估价对象的土地开发程度设定为宗地外"七通"（通电、通水、通信、通暖、通气、通上水、通下水）及宗地内场地平整。

（二）本报告估价结果在报告中的价格定义所界定的条件下生效，如上述条件发生变化，则评估结果应进行调整或重新评估。

（三）本次评估结果自 2002 年 5 月 31 日起半年内有效。

（四）评估结果在委托方提供的资料真实的情况下有效。如因委托方提供资料有误造成评估结果失真，受托方不承担责任。

（五）其他说明（略）。

案例分析：本案例评估的目的是委托方资产重组，确定土地资产处理方案提供地价参考依据。本案例对评估对象的权属及用途给予了充分关注，对评估对象的权属及用途进行了清楚的描述，截止评估基准日，评估对象未被设定质押权、租赁权、担保权等其他项权利，土地的登记用途为办公用途。该案例对地价定义明确，便于在地价测算中合理分析影响地价的因素，并选择适当的方法。

在对评估对象的权属和用途进行充分描述的基础上，同时对影响评估对象价值的一般因素、区域因素、个别因素进行了比较深入和详细的分析。评估中所遵循的原则适当，收集资料比较丰富，运用了收益法、市场法和基准地价系数修正法三种方法分别测算地价，三种方法相互校核。

在以资产重组为目的的土地使用权价值的评估中，涉及估价对象宗地内的基础设施开发费用与土地评估价值的衔接问题，明确估价对象价格定义中的土地开发费用不包含宗地内的基础设施开发费用，以便评估报告使用者正确理解和应用评估结果。

案例三 北京某大厦质押目的写字楼价值评估

一、基本情况

（一）委估不动产概况

此次委托评估的是位于北京市朝阳区东三环××号××大厦写字楼的地下二层和三层、十层至十七层，权证编号是京房权市朝国字第××号，建筑面积 12 302.09 平方米的不动产价值。

中国××进出口总公司已于 1999 年 4 月取得《中华人民共和国房屋所有权证》（编号是京房权市朝国字第××号），房产证载明建筑面积 12 302.09 平方米，土地使用性质为划拨用地，产权权属现在北京××总公司的名下。

××大厦是由北京市××总公司与中国××进出口总公司于 1991 年 8 月合作开发，北京市××总公司负责××大厦工程的全部报批手续，工程筹建和一切有关工程手续，另负责大厦的建设用地（包括征地拆迁）；中国××进出口总公司负责承担建设工程投资及监督工程质量进度。

××大厦于 1993 年 10 月竣工，总建筑面积为 21 900 平方米，主楼为地下二层（设备层及人防房），地上十七层（公共餐厅及办公层）及屋顶一层（电梯机房及水箱间），裙房为地下一层，地上三层，有南北两个出入口；建筑结构是板式框架剪力墙结构，基础为钢筋砼桩基，8 度抗震设防；配有 4 部专用电梯，两座现浇楼梯；外墙面贴白色墙面砖。

表 13-13 主要设备配置情况表

序号	项目	主要设备情况
1	电梯系统	四部日本三菱 VFCL 电梯
2	空调系统	采用上海通菱开利空调设备厂的 SCW－20A 系统，集中制冷、集中供热方式
3	水系统	VIII 型组合式软水装置，24 小时提供冷热水
4	电气系统	采用交流低压电源供电另设三相异步电动机组作为备用电源
5	通信系统	采用中国正华电子工业公司的数字用户电话程控交换机系统
6	智能管理系统	采用日本公司的摄像、录像、总控制台的保安监视系统
7	卫星、有线电视系统	在楼顶设 6 米自动型反馈 C 波段卫星电视天线

中国××进出口总公司拥有其中的 12 302.09 平方米，其中地下二层为五级人防室，三层、十层至十七层为办公用房、开水间、男女厕所；可供出租面积为 8 628.30 平方米，目前，第 10 层整层（建筑面积 958.70 平方米）正被中国××进出口总公司用于办公。办公区域装修标准因租赁方经营的不同需要，其办公室内部装修略有不同，但大致为：办公室内墙面为高级墙纸或乳胶漆，地面为地板或铺地毯，天花板棚面为成品矿棉石板膏板。

（二）影响因素说明

1. 一般因素

（1）地理位置（略）。

（2）自然环境（略）。

（3）北京市不动产状况。

2003 年 1～6 月北京不动产保持快速增长。据北京市统计局发布的最新数据表明，2003 年上半年，全市不动产开发累计完成 394.7 亿元，比上半年同期增长 16.5%。全市共销售商品房 516.6 万平方米，实现销售额 238.3 亿元，与上半年同期相比分别增长 82.35% 和 75.5%。其中销售住宅 490.6 万平方米，实现销售额 211.1 亿元，与上半年同期相比分别增长 80.7% 和 68.0%（具体详见表 13-14）。

表 13-14　2003 年 1～6 月北京市不动产开发统计资料

主要指标	2003 年 1～6 月	2002 年 1～6 月	同比增长（%）
不动产开发投资（亿元）	394.7	338.9	16.5
住宅	218.7	206.9	5.7
商品房开工面积（万平方米）	6 131.3	5 086.8	20.5
住宅	4 351.2	3 744.7	16.2
新开工面积	1 026.0	1 106.2	-7.2
住宅	782.3	899.3	-13.0
商品房竣工面积（万平方米）	428.1	279.2	53.3
住宅	359.0	242.1	48.3
商品房销售面积（万平方米）	516.6	283.4	82.3
住宅	490.6	271.5	80.7
商品房销售额	238.3	135.8	75.5
住宅	211.1	125.6	68.0

资料来源：北京市统计局 7 月《不动产开发投资增速回升》

据监测显示：2003 年 4、5 月份北京虽然遭受非典的冲击，但由于控制及时，市场信心快速恢复，对不动产市场冲击不大。北京市不动产最新数据表明商品房和汽车两大消费热点并没有受到影响，据五月份统计，全市共销售商品房 102.2 万平方米，同比增长 1.7 倍；销售新车 1 万辆，同比增长 13.6%，不动产行业在此次非典反击战中显示出来的能量再次证明北京不动产市场日趋成熟。6 月以后，北京市政府颁布了一系列减免税费的政策激活市场，而社会经济近年来的持续健康发展也为北京市拓展不动产市场提供了广阔空间。

综合各方面资料分析，上半年北京市不动产有如下特点：

（1）新盘总供应量不降略升；

（2）城区住宅价格下降，郊区住宅价格上升；

（3）高价位住宅和郊区低价位住宅所占比例扩大；

（4）物业类型向多样化、两极化发展。

近两年来写字楼市场供应方面，真正区位优越、形象良好、档次上乘的高档楼盘很受欢迎。因此，区位、档次、服务和恰当的推广策略在目前市场状况下仍然是写字楼物业获得良好租售业绩的必要条件。北京写字楼较多且市场活跃的，仍然是朝阳区、西城区和东城区；市场需求方面，目前银行按揭已经进入商业用房市场，使投资环境相对宽松。但对于区位优越、装修标准及配套设施一般、中低档次的楼盘的需求相对高档楼盘偏低。

2. 区位因素

（1）区域整体因素。委估不动产位于北京朝阳区东三环××号。××大厦处于燕莎商圈的西侧地带，由主楼和裙楼综合建筑组成。

燕莎商圈是北京较早形成的高档商业区之一。商圈通常是由四星级酒店、甲级写字楼、高档外销公寓、发达商业及配套场馆所围成的商业热点区域。北京是国际化大都市，因此也是国际性商圈云集之地，著名的商圈有国贸、燕莎、赛特、亚运村、中关村等。燕莎商圈由于毗邻外国使馆区和机场高速要道，一向是涉外商务的首选黄金地带。经过二十年的发展，其区域发展已相当成熟，新起的高档写字楼租金也一直位于北京市前列，建成年代较早的中低档写字楼租金逐渐呈下滑趋势。

（2）区域环境条件。委估不动产地处高档成熟社区，××大厦附近有德国等国际学校，东面有大型高尔夫球场，南面以亮马河为畔，西面是凯宾斯基饭店和燕莎友谊商城。社区里面不仅有国际品质的大饭店，还有外资医院、便利超市、咖啡馆、酒吧等，各种生活设施一应俱全，符合外国人的生活习惯和情调。此外，便利的交通条件加上大面积的绿化和清新洁净的空气，该社区不单是一个单纯的商务区，更是一个生活氛围浓厚的高尚住宅区。

①交通。委估不动产位于北京朝阳区东三环北路3号，交通四通八达，东三环、东四环、机场路近在咫尺，从委估不动产可以方便、快捷地去往全市各地。委估不动产分别距首都机场××公里，距北京火车站××公里（距西客站××公里），距天安门广场××公里，驱车4公里及13公里，可分别抵达朝外商业中心（东大桥）和北京金融街（复兴门），至王府井、西单繁华商业区分别为9公里、12公里。

②商业及公共配套设施。委估不动产周围高档物业、酒店、商厦林立，商业设施十分完备。

委估不动产所属的××大厦，东面紧邻京信大厦，周围一公里范围座落有凯宾斯基酒店、长城饭店、希尔顿酒店、昆仑饭店、二十一世纪饭店等多家星级酒店。高档写字楼更是遍布四周，前后建成的有京信大厦、京城大厦、发展大厦、中旅大厦、南银大厦、燕莎中心写字楼等，加上附近的福景园、光明公寓、京润水上花园别墅等高档公寓、凤凰城，共同构成了高档、完善的燕莎商圈。

3. 个别因素

（1）交通因素。委估不动产附近有 107、104、701、710、402、420、416、801 等十多路公交车，距地铁××站约××米，分别距东直门交通枢纽、北京站、北京西站和首都国际机场等交通疏散中心约××、××、××和××公里。

委估不动产距北京市中心天安门××公里，分别距国际展览中心、东直门外、朝阳门外商业街和燕莎商圈××、××、××和××公里，搭乘公交车和地铁可以方便地到达。

（2）公共服务设施和基础设施的基本状况。委估不动产附近，沿××路、××路和××路分布有储蓄所、电信营业厅、超市餐饮、医药经营、洗衣、美容美发等营业服务设施；有××小学、××中学等教育机构；有××健康城、××建设俱乐部等康体设施。

委估不动产红线外已具备了道路、上水、下水、电力、通信、热力、供气等基础设施条件。

二、评估价值定义

由于委估不动产是由土地及地上建筑物两部分组成，本报告所称市场价值是指该不动产的综合价值。对于土地，我们评估的是具备"七通一平"（即：道路通达，场地平整，红线边界有自来水、雨污染、煤气、电力、热力及通信设施）条件的，评估基准日使用年限为 50 年期综合用地的出让土地使用权价值，使用期为 2003 年 6 月 30 日至 2053 年 6 月 29 日；而房屋建筑物则按所有权价值进行评估。

三、评估方法的选择

不动产估价方法主要有收益法、市场比较法、假设开发法、成本法、基准地价修正法等。由于委估不动产是收益性物业，故采用收益法计算委估不动产市场价值。

四、评估技术说明

（一）收益法评估思路

1. 收益法的定义及公式

收益法是基于预期原理和货币的时间价值观念，运用适当的资本化率，将预期的委估不动产在未来各年的正常净收益折算到评估基准日，累加后得出委估不动产价格的评估方法。其基本公式如下：

$$v = \sum_{i=1}^{n} \frac{A_i}{(1+R)^i}$$

式中：V——收益价格（元）；

A_i——未来第 i 年的净收益（元）；

R——资本化率（%）；

n——未来可获收益的年限（年）。

2. 运用收益法进行宗地地价评估的程序

（1）收集有关收入和费用的资料；

（2）估算潜在毛收入；

（3）估算有效毛收入；

（4）估算运营费用；

（5）估算净收益；

（6）选用适当的资本化率；

（7）选用适宜的计算公式求出收益价格。

具体应用中由于写字楼物业出租市场比较发达，可比案例较多，故采用市场比较法首先求取市场租金；又因委估不动产是收益型物业，故采用收益法计算委估不动产整体价值，即得到委估不动产假设在评估基准日的市场价值。

（二）用市场比较法求取写字楼市场租金

市场比较法是将委估不动产与在近期已经发生了交易的类似不动产加以比较对照，从已经发生了交易的类似不动产的已知价格修整得出委估不动产价格的一种评估方法。

1. 因素选择

（1）交易时间修正。此次比较案例若为近期发生，则不再调整，只对成交日期有差别地进行调整。

（2）交易情况修正。此次估价所搜集比较案例为市场报价，涉及交易背景、付款方式及优惠条件基本相同，在此均不再修正。

（3）区域条件修正。区域因素是指委估不动产所在区域的社会、政治、经济、自然等综合产生的效应对委估不动产价格的影响因素，其主要内容包括交通条件、商业服务区设施、公用设施、环境质量、基础设施等。在此充分考虑比较案例与委估不动产处于同一供需圈内，进行了比较分析。

（4）个别因素修正。个别因素是指委估不动产所表现的个别特征如新旧程度、装修程度、楼层、设备配套设施、车位规划、建筑结构情况等对不动产价格形成影响的因素，在此对比较案例与委估不动产的差异分别进行了调整。

2. 计算比准价格

根据各项因素修正结果，分别求取各案例比准价格。计算公式如下：

比准价格 = 交易价格 ×（交易时间/100）×（100/交易情况修正）×（100/区位条件修正）×（100/个别条件修正）

3. 求取委估不动产租金价格

估价人员遵循市场比较法的替代原理，经过市场调查，收集同委估不动产在使用功能、建筑结构、装修水平、配套设施、地段等级以及区位因素、个别因素等各方面条件相近的实例，并在其中选取了 A、B、C 三个实例作为比较案例。评估人员在获取案例租金过程中考虑该租金价格为市场报价（均包含了水、暖、电及物业管理费），但不同楼层、房号、客户租赁面积大小、租赁时间长短、租户行业特点以及谈判技巧等因素，实际租金交易价格会与报价有所不同，通过写字楼租赁打折惯例，在租金市场报价基础上按 85% 修正为交易价格。

（1）因素条件修正情况。各比较案例条件因素说明详见表 13-15。

表 13-15　因素条件说明表

实例＼项目	幸福大厦 A 座 A	京信大厦 B	京旅大厦 C
座落	幸福大厦 B 座东侧	幸福大厦 B 座北侧	三元桥西侧
用途	写字楼	写字楼	写字楼
交易情况	正常	正常	正常
交易日期	2003 年 6 月	2003 年 6 月	2003 年 6 月
交易价格	16.15 美元/平方米	18.79 美元/平方米	18.15 美元/平方米
区域条件 交通条件	主干道	主干道	主干道
区域条件 商业服务区设施	优	优	较优
个别条件 环境质量	较优	较优	优
个别条件 基础设施	七通一平	七通一平	七通一平
个别条件 新旧程度	新	略有陈旧	全新
个别条件 装修程度	较高级	中档	高级
个别条件 楼层	17 层	28 层	24 层
个别条件 设备配套设施	较好	一般	好
个别条件 车位规划	一般	较好	好
个别条件 建筑结构	框架	框架	框架

　　根据上面三个比较案例资料与委估不动产的比较，设委估不动产条件因素值为 100，则评估人员确定比较案例与委估不动产各项比较因素的分值见"区域条件因素比较表"（见表 13-16）及"个别因素比较表"（见表 13-17）。

表 13-16　区域条件因素比较表

类似地区＼区域因素	幸福大厦 A 座 A		京信大厦 B		京旅大厦 C	
用途	相同	100/100	相同	100/100	相同	100/100
交易情况	相同	100/100	相同	100/100	相同	100/100
交易日期	相同	100/100	相同	100/100	相同	100/100
交通条件	相同	100/100	相同	100/100	相同	100/100
商业服务区设施	相同	100/100	相同	100/100	较差	100/99
环境条件	相同	100/100	较好	100/101	较差	100/99
基础设施	相同	100/100	相同	100/100	相同	100/100
合计		100/100		100/101		100/98

表 13-17　个别因素比较表

区域因素＼类似地区	幸福大厦 A 座 A		京信大厦 B		京旅大厦 C	
新旧程度	较好	100/102	较差	100/99	好	100/101
装修程度	较好	100/102	较差	100/99	好	100/101
楼层	相同	100/100	较好	100/101	好	100/102
设备配套设施	较好	100/101	较差	100/98	较好	100/101
车位规划	相同	100/100	较好	100/101	较好	100/101
建筑结构	相同	100/100	较好	100/100	相同	100/100
合计		100/105		100/98		100/106

（2）计算委估不动产比准价格。具体计算见表 13-18，最后采用算术平均计算出委估不动产的比准价格。

表 13-18　委估不动产比准价格计算表

项目	幸福大厦 A 座 A	京信大厦 B	京旅大厦 C
交易价格（美元/平方米·月）	16.15	18.79	18.15
交易情况修正	100/100	100/100	100/100
交易日期修正	100/100	100/100	100/100
区域因素修正	100/100	100/101	100/98
个别因素修正	100/105	100/98	100/106
修正后的租金（美元/平方米·月）	15.38	18.97	17.47

委估不动产的比准价格 ＝（15.38＋18.97＋17.47）/3 ＝ 17.27（美元/平方米）

根据以上资料分析，确定建筑面积付款期间月平均租金价格为 17.27 美元/平方米，这与现××大厦对外的市场报价月租金 21 美元/平方米打完 8.5 折后的月租金 17.85 美元/平方米基本吻合。

（三）确定写字楼可供出租建筑面积

写字楼总计可提供出租建筑面积为 8 628.30 平方米，详细内容可参考"基本情况"部分。

（四）确定写字楼的未来出租率

结合委估不动产已成为成熟的出租物业优势，从中国××进出口总公司物业管理人员提供的数据分析，2003 年初至 8 月，××大厦的出租率由 2001 年、2002 年的 90% 下滑到 80%，据中国××进出口总公司物业管理人员介绍这主要是因为受到非典型性肺炎（SARS）的冲击；同时评估人员结合周边类似不动产租赁市场的调查，认为周边类似不动产出租率不容乐观，比较案例的出租率比委估不动产均低 5 个百分点左右，出租率与租金水平、客户来源、物业后期追踪服务等都紧密相关。基于以上综合分析，在不考虑不可抗力及国家政策、北京经济环境以及新的城市规划改变等因素的条件下，设定评估基准日至 2053 年 6 月 30 日未来出租率均为 78%。

（五）确定委估不动产年收益

1. 确定年平均押金利息收入

据调查资料，考虑写字楼的付租方式为押三付一，首付一季度租金作为押金仅计算利息收入，押金收入按评估基准日中国人民银行一年期存款利率（年利率 1.98%）逐年计算利息收入。

年平均押金利息收入 = 平均月租金市场价格 × 12 × 写字楼可供出租面积 × 写字楼的未来出租率 × 评估基准日美元兑人民币银行公布汇率 × 一年期存款利率 × 3/12

$$= 17.27 \times 12 \times 8\,628.30 \times 78\% \times 8.277\,4 \times 1.98\% \times 3/12$$

$$= 57\,147 \text{（元）}$$

2. 确定年平均租金收入

年平均租金收入 = 平均月租金市场价格 × 写字楼可供出租面积 × 写字楼的未来出租率 × 评估基准日美元兑人民币银行公布利率 × 12

$$= 17.27 \times 8\,628.30 \times 78\% \times 8.2\,774 \times 12$$

$$= 11\,544\,825 \text{（元）}$$

3. 委估不动产在正常出租年份的年出租经营费用

按照国家及当地政府的规定或参照行业惯例，出租房尚需承担的出租经营费用通常包括物业管理启动资金、保险费、大修准备金、经营税金（包括营业税、城市建设维护税及教育费附加、房产税和印花税）及管理费。除管理费（包括水、暖、空调、电费及物业人员工资）是以中国 ×× 进出口总公司管理人员提供的数据为取费参照依据外，其余出租经营费用的计算是按照国家及当地政府的规定或参照行业惯例进行的，其中涉及的委估不动产的建造成本是以中国 ×× 进出口总公司提供的固定资产账面原值决定的。

经过分析计算，获取委估不动产在正常出租年份的年出租经营费用为 5 586 793 元人民币。

4. 确定委估不动产未来 50 年每年的净收益

委估不动产每年的净收益

= 年平均押金利息收入 + 年平均租金收入 − 年出租经营费用

$$= 57\,147 + 11\,544\,825 - 5\,586\,793 = 6\,015\,179 \text{（元）}$$

（六）确定委估不动产未来 50 年的资本化率

以安全利率加风险调整值作为资本化率。安全利率采用中国人民银行公布的一年期定期存款利率，风险调整值根据北京的经济现状及未来预测、委估不动产的用途及新旧程度等因素确定。资本化率综合取定为 7%。

（七）委估不动产现状下市场价值的确定

委估不动产于评估基准日达到出租条件下的市场价值如下：

$$v = \sum_{i=1}^{n} \frac{A_i}{(1+R)^i}$$

$$= \sum_{i=1}^{50} \frac{6\ 015\ 179}{(1+7\%)^i}$$

$$= 83\ 381\ 734(元)$$

式中：V——收益价格（元）

A_i——未来第 i 年的净收益

R——资本化率

n——未来可获收益的年限

委估不动产于 2003 年 6 月 30 日就本报告评估目的下所表现的市场价值为 8 338.17 万元（捌仟参佰参拾捌万壹仟染佰元整）。

案例分析：本案例中所对应的相关评估成果将用于中国××进出口总公司因向中国××银行协商相关抵押贷款金额、签署相关主从合同，以及抵押双方向北京市国土资源和房屋管理局进行抵押权设立登记。而设立登记抵押权和抵押权人为实现抵押权而处分抵押物所要求的评估，其对应的评估价值定义和操作要求应是不同的。

本案例评估的仅为委估不动产在本次评估基准日的公开市场价值。以委估不动产依法进行抵押可获得的贷款额度一般会低于本次评估所揭示的评估结果。本案例未对委估不动产抵押贷款所涉及的抵押率发表意见，但在报告中提供了委估不动产可获得的可能贷款额度一般应由相关抵押权人综合考虑抵押物的市场价值、抵押评估质量、抵押物的安全及获利情况、抵押价格、贷款条件，以及抵押人的经营、资信及发展潜力等因素的具体核定。这对于估价报告使用方正确理解、使用评估结果是非常必要的。

第三节　无形资产评估案例分析

案例一　AB 牌商标评估案例

××（集团）公司拟发起设立股份有限公司，其主要产品和经营性资产均进入拟设立的股份公司。现拟对 AB 牌商标进行评估。

1. 商标及企业概况

××（集团）公司是生产农用运输车的企业，是国家重点生产农用车的大集团之一，主要产品商标为 AB 牌注册商标，由文字和图案构成，注册日期为 2002 年 10 月 1 日，注册号为××，核定使用商品为第 12 类，即农用运输车、客车、轿车和摩托车。目前使用 AB 商标的主要产品有三轮和四轮农用运输车，其产量居全国同行业前茅，知名度高，在用户中享有较高的声誉，为企业带来了良好的经济效益。

2. 评估依据

（1）AB 牌商标注册证书；

（2）企业前三年及评估基准日财务报表及相关资料；

（3）主要客户及市场概况；

（4）国家科委中国科技促进发展研究中心"关于农用车走俏的启示"的调研报告；

（5）机械部"农用运输车市场需求与产品结构构成研究"调研报告；

（6）国家对农用车产业的有关政策；

（7）企业发展规划；

（8）其他。

3. 产品及市场状况

（1）产品

AB 牌主导产品有五种规格型号的三轮农用车和三种型号的四轮农用车，产品质量较高，平均故障里程均在 2 500 公里以上，优于国家标准，居同行业领先地位。该系列三轮车、四轮车均被国家主管部门质量评定为一等品，AB 牌商标的农用车还获中国质量管理协会"2007 年全国用户满意产品"等荣誉称号。

（2）市场

该集团具有生产规模优势，三轮农用车的产量在 2007 年前稳居同行业第三，市场遍及全国，市场占有率近 15%，并在非洲若干国家建厂生产、销售。

随着农用车市场高速发展期的结束，市场竞争更趋激烈，不少企业生产难以维持，而该集团公司生产仍呈良好发展态势，在同行业中位居前列。近四年的农用车销售量和销售收入详见表 13-19 和表 13-20。

表 13-19　前 4 年销售量统计表

年份	2004		2005		2006		2007	
品种	销量（辆）	增长率（%）	销量（辆）	增长率（%）	销量（辆）	增长率（%）	销量（辆）	增长率（%）
三轮	120 002	—	126 811	5.67	123 825	−2.35	132 371	6.90
四轮	6 779	—	6 876	1.43	6 390	−7.05	6 946	8.70
合计	126 781	—	133 687	5.45	130 215	−2.60	139 317	6.99

表 13-20　前 4 年销售收入统计表

年份	2004		2005		2006		2007	
品种	销量收入（万元）	增长率（%）	销量收入（万元）	增长率（%）	销量收入（万元）	增长率（%）	销量收入（万元）	增长率（%）
三轮	54 501	–	56 180	7.01	51 048	−9.13	58 172	15.01
四轮	7 623	–	6 966	−8.62	7 031	0.93	7 652	8.83
合计	60 124	–	63 146	4.99	58 179	−7.87	66 364	14.07

4. 评估方法

采用超额收益现值法，即根据商标产品单位售价超过同行业平均售价的部分，按一定的期限和折现率计算现值。计算公式为：

$$P = \sum_{i=1}^{n} R_t (1 + r)^t$$

式中：P——商标评估值；

n——收益年限；

r——折现率；

R_t——第 t 年商标产品的超额收益。

（1）收益年限。农用车结构相对简单，易于生产，行业整体技术水平不高，竞争激烈，综合考虑企业在行业中的地位和技术水平，确定商标带来超额收益的年限为 5 年。

（2）折现率。根据一年期银行存款利率为 6% 和风险报酬率共同确定。风险报酬率主要考虑企业所处行业的风险因素。农用运输车是由农机改造而发展起来的，相对于汽车而言其结构简单，技术含量低，易生产，市场竞争激烈。尽管国家已限制建设新厂，但现有企业的生产规模在扩大，特别是原汽车制造业的介入，使市场竞争更加激烈。目前农用车的价格低，适合农民使用，但其性能也较差；由于国家对农用车的定位不甚明确，管理较薄弱，易发生交通事故，产生不良社会影响；或由于农民收入的提高，道路条件的改善等，导致用户追求性能更优越的汽车，而使整个产业萎缩、衰落。同时，该集团（公司）的三轮、四轮农用车的销售收入占公司总销售收入的 95% 以上，一旦产品开发滞后或决策失误，企业将面临险境。

鉴于上述因素综合考虑，确定风险报酬率为 6%，折现率为：

$$r = 6\% + 6\% = 12\%$$

（3）超额收益。截至 2006 年底，全国登记在"目录"上的农用运输车的企业共 247 家，AB 牌三轮车产量居同行业的前 6 位。

根据近期 AB 牌农用车主要销售市场资料，将 AB 牌农用车与其他厂家生产的相同规格产品进行比较。四轮车售价与其他商标产品基本一致，三轮车的售价详见表 13-21。

表 13-21　主要销售市场售价比较表

主要销售	安徽	河南	江苏	山东	河北	其他
占全部销售量比重	21.8%	29.5%	16.3%	12.5%	10.5%	9.4%
单位售价平均差异	60	40	50	0	50	40

加权平均超额数售价 $= 60 \times 21.8\% + 40 \times 29.5\% + 50 \times 16.3\% + 50 \times 10.5\% + 40 \times 9.4\% = 42$（元）

依据企业前三年的实际产销情况、财务状况和企业发展规划，同时考虑到目前同行业的竞争，对企业未来收益年限的超额收益进行预测，详见表 13-22。

表 13-22　超额收益预测表

年份	2008	2009	2010	2011	2012
销量（辆）	134 708	138 749	142 911	147 198	151 614
销售收入（万元）	64 271	66 199	68 185	70 230	72 337
单车超额收益（元）	42	42	40	35	30
超额收益（万元）	565.77	582.75	571.64	515.19	454.84
扣所得税后收益（万元）	379.07	390.44	383	345.18	304.74
折现系数	0.89	0.80	0.71	0.64	0.57
超额收益现值（万元）	337.37	312.35	271.93	220.92	173.70
合计（万元）	1 316.27				

5. 评估结果。经评估计算，AB 牌商标权价值评估为 1 316.27 万元。

案例二　实用新型专利权的评估

一、基本情况

委估对象提供的是一种冷暖机，该机的压缩机、换热器、电磁阀、膨胀阀和四通转换阀由管路连接成一体。该机由于设有四通转换阀，因此具有供暖和制冷两个功能。该机与低温土壤或地下井采热装置配套使用，技术特征可表现为：高效，1KW 的能量可供 60～100 平方米的面积取暖、制冷；节能，能量输入与输出之比，供热状态 1∶3.8，制冷状态为 1∶5.2，并能克服传统空调夏天制冷能力随气温升高而降低，冬季制热能力随气温降低而下降的特点；经济，初投入是溴化锂机和其他中央空调设备的 1/2～2/3，运行费用节省 1/2～2/3，管理费用低；环保，使用过程中不释放任何对环境有害的排泄物，不破坏水资源；安全，不存在任何爆炸和燃烧的隐患，使用方便，适用面广，既可用于中小区取暖制冷，又可多机组合用于建筑群体。

委估对象的技术承诺品作为一种新型冷暖机，于 1999～2000 年先后获得各项证书，包括由建设部颁发建设部科技成果重点推广项目证书，五部委颁发的国家重点新产品证书，国家环境保护总局颁发的国家重点环境保护实用技术（A）类证书，国家环境保护总局颁发的环境保护科技成果证书，国家经济委员会颁发的国家级新产品证书，国家科委火炬高科技产业开发中心颁发的国家级火炬计划项目证书，并先后获得科技部"中小企业技术创新基金"、国家五部委"重点新产品"推广拨款、国家经贸委"挖潜改造技改项目"拨款及××省科技三项拨款。

该项技术已于 1999 年 3 月 10 日被中华人民共和国国家知识产权局授予实用新型专利权。

二、案例评估特点

第一，因本评估对象为实用新型专利权，在评估时不仅要弄清楚专利的权属、内涵，关注其稳定性和法律的保护期限，更为重要的是要对实用新型专利的有效性加以分析，由于它决定着待估技术是否有价值，因而必须在评估之前进行。

第二，需仔细阅读专利权利要求书，明确法律所保护的范围即评估范围。因专利法对实用新型专利权只保护其产品，所以要关注其专利产品侵权判定难度，也就是要把握好权利要求书所记载的必要技术特征。这也是本案例以及其他专利技术评估的难点。

第三，对影响其价值的法律因素、技术因素、经济因素、市场因素和风险因素以及有效方的实力、技术转让方式等因素要逐一准确分析并采用科学的方法予以量化。这也是本案例以及其他专利技术评估的重点。

本次评估采用收益法——技术分成模型进行评估，影响该评估值的参数有未来收益期内的收益额、剩余经济寿命期、折现率和分成率。这四个参数的选取和确定对评估价值将产生巨大的影响。

本案例对收益额和剩余经济寿命期仅作一般性的分析，重点对折现率和分成率的影响因素及量化方法作详细分析。

第四，本次评估中分成率和折现率的评价方法是综合评价法。

1. 分成率的确定方法

综合评价是对评价对象的多种因素的综合价值进行权衡、比较、优选和决策的活动，又被称为多属性效用理论，简称 MAUT（Multiple Attributive Utility Theory）。利用综合评价法确定分成率，主要是通过对分成率的取值有影响的各个因素，即法律因素、技术因素及经济因素进行评测，确定各因素对分成率取值的影响度，再根据由多位专家确定的各因素权重，最终得到分成率。运用综合评价法确定的分成率，考虑了可能对分成率取值有影响的各种因素，并且参考了国际技术贸易中对技术提成率的数值，因而具有明显的科学性及公正性，它的具体步骤表现在如下几个方面。

（1）建立评测体系。

①建立评价指标体系，并确定指标数值。评价指标体系的确立是综合评价法的关键，也是体现其科学性的一个重要环节。在本次评估中，主要经历了三个阶段。

a. 系统分析。由于分成率的影响因素较多，因此本次评估在确定评价指标体系时，首先对分成率及它的各种影响因素进行了系统分析。在前面对专利资产价值影响因素的分析中可以看出，专利资产价值主要受到四方面的影响，即法律因素、技术因素、经济因素及风险因素，其中，风险因素对专利资产价值的影响主要在折现率中体现，其余三个因素均可在分成率中得到体现。

b. 评测指标分解。在系统分析的基础上，对影响因素按照其内在的因果、隶属等逻辑关系进行分解，并形成评测指标的层次结构。

c. 征求专家意见，确定评价指标体系及价值。通过系统分析，初步拟出评价指标体系之后，征求有关专家的意见，对指标体系进行筛选、修改和完善，最终确定评价指标体系，如图 13-1 所示。

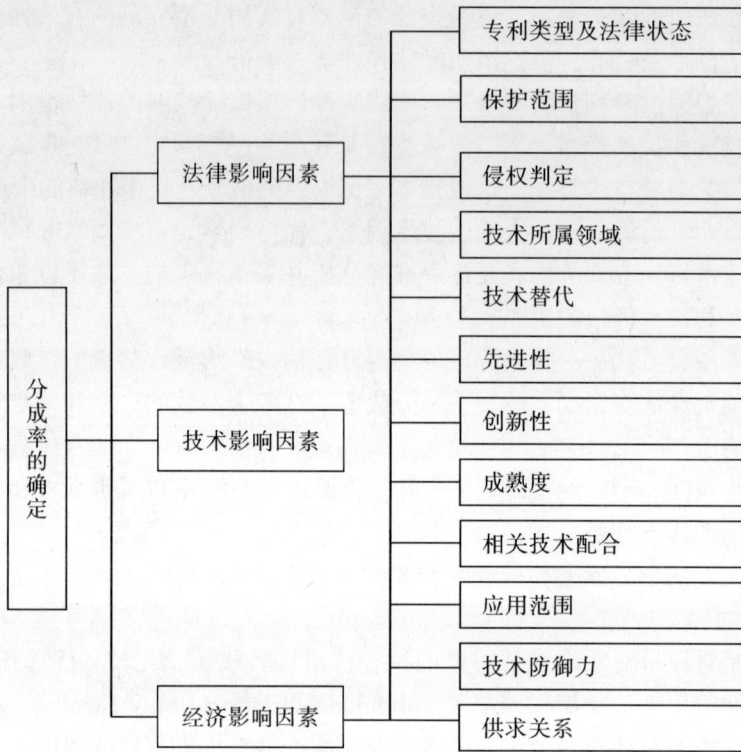

图 13-1　评价指标体系

本次评估对指标数据标准化采用线性评分函数法，即：

$$Yij = (Xij-Xbij)/(Xgij-Xbij) \times 100 \qquad （式1）$$

式中：Yij——第 i 个因素中第 j 个指标的标准化评分；

　　　Xij——第 i 个因素中第 j 个指标的评分；

　　　$Xgij$——第 i 个因素中第 j 个因素的最优值；

　　　$Xbij$——第 i 个因素中第 j 个因素的最劣值。

本次评估中最优值为 100，最劣值为 0，则上式可以简化为 $Yij = Xij$，其取值范围为0～100。

②指标权重的确定。指标权重的确定采用对比求和评分法，在确定过程中，运用德尔菲法征求专家的意见。具体做法为：首先将待定权重的评估指标列出，设计调查表，请专家根据自身对各指标相对重要程度的判断，采用多对分值、按照两两比较得分和一定的原则，将某项指标同其他各项指标逐个比较、评分。在本次调查中，共运用了五对数值：1∶9，2∶8，3∶7，4∶6，5∶5。专家意见返回后，做统计处理，检查意见的离散程度，若达到要求，进行归一处理，得到各指标权重。否则，进行下一轮调查，直至专家的意见趋

于一致。例如，经过三次的意见回馈，专家意见一致性达到要求，结果及权重值的计算详见表13-23。

表 13-23　对三次反馈意见的权重值的计算

类别	A	B	C	权重评分 $\alpha_i = \sum \alpha_{ij}$	权重值 $W_i = \alpha_i / \sum \alpha_i$
A		9	6	15	0.5
B	1		2	3	0.1
C	4	8		12	0.4

经过上述步骤，得到对分成率的综合评价表（见表13-24），在评估过程中，评估人员可以根据待估专利技术的具体情况，对照取值说明，确定所列各影响因素的取值。对于处在所列取值情况中间状态的，可取中间值，如90、70、50、30、10。

综合评价表13-24列出的权重以及所作的取值说明，是针对权利主体所获得的全部收益作出的，如果在评估过程中所计算的是权利主体所获得的超额收益，则可按上述方法进行重新标值。

表 13-24　综合评价表

权重	考虑因素		权重	分值					
				100	80	60	40	20	0
0.3	法律因素	专利类型及法律状态（a）	0.4	100					
		保护范围（b）	0.3	100					
		侵权判定（c）	0.3		80				
0.5	技术因素	技术所属领域（d）	0.1			60			
		替代技术（e）	0.2				50		
		先进性（f）	0.2		80				
		创新性（g）	0.1		80				
		成熟度（h）	0.2	100					
		应用范围（i）	0.1			60			
		技术防御力（j）	0.1		80				
0.2	经济因素	供求关系（k）	1.0		80				

表 13-24 中的取值说明：

a. 专利类型及法律状态。发明专利、经无效或撤销程序的实用新型专利（100）；发明专利申请、实用新型专利（40）。（注：待估的专利技术必须是经过专业人员依照实质性审查条件进行审查后的，否则不可进行评估。）

b. 保护范围。权利要求涵盖或具有该类技术的某些必要技术特征（100）；权利要求包含该类技术的某些技术特征（50）；权利要求具有该类技术的某一技术特征（0）。

c. 侵权判定。待估技术是生产某产品的唯一途径，易于判定侵权及取证（100）；通过对某产品的分析，可以判定侵权，取证较容易（80）；通过对某产品的分析，可以判定侵权，取证存在一定困难（40）；通过对产品的分析，判定侵权及取证均存在一些困难（0）。

d. 技术所属领域。新兴技术领域，发展前景广阔，属国家支持产业（100）；技术领域发展前景较好（60）；技术领域发展平稳（20）；技术领域即将进入衰退期，发展缓慢（0）。

e. 无替代产品（100）。存在若干替代产品（60），替代产品较多（0）。

f. 先进性。各方面超过现有技术（100）；大多数方面或某方面显著超过现有技术（60）；与现有技术不相上下（0）。

g. 创新性。首创技术（100）；改进型技术（40）；后续专利技术（0）。

h. 成熟度。工业化生产（100）；小批量生产（80）；中试（60）；小试（20）；实验室阶段（0）。

i. 应用范围。专利技术可应用于多个生产领域（100）；专利技术应用于某个生产领域（50）；专利技术的应用具有某些限定条件（0）。

j. 技术防御力。技术复杂且需要大量资金研制（100）；技术复杂或所需资金多（50）；技术复杂程度一般、所需资金数量不大（0）。

k. 供求关系。解决了行业的必需技术问题，为广大厂商所需要（100）；解决了行业一般技术问题（50）；解决了生产中某一附加技术问题或改进了某一技术环节（0）。

③构造综合评价模型。本次采用加权算术平均和作为综合评价模型。即：

$$r = \sum_{j=1}^{3} W_i \times \sum_{i=1}^{m} W_{ij} \times Y_{ij} \qquad （式2）$$

式中：r——分成率的调整系数；

Y_{ij}——第 j 个影响因素中第 i 个指标的取值；

W_{ij}——第 j 个影响因素中第 i 个指标的权重；

W_i——第 i 个影响因素的权重。

由上式确定的值，实际上是一个百分数，它所代表的意义是待估专利技术的分成率在可能取值的范围内所处的位置。

（2）利用测评体系确定待估专利的分成率。

①确定待估技术分成率的取值范围。分成率的取值范围是根据国际技术贸易中已被众

多国家认可的技术提成比率范围确定的。随着国家技术市场的发展，提成率已大致趋于一个规范的数值，联合国工业发展组织对各国的技术贸易合同的提成率作了大量的调查统计，结果显示，提成率的一般取值范围为 0.5% ~ 10% （分成基数为销售收入），分行业的统计数据如下：

石油化工行业：0.5% ~ 2%

日用消费品行业：1% ~ 2.5%

机械制造行业：1.5% ~ 3%

化学行业：2% ~ 3.5%

制药行业：2.5% ~ 4%

电器行业：3% ~ 4.5%

精密仪器行业：4% ~ 5.5%

汽车行业：4.5% ~ 6%

光学及电子产品：7% ~ 10%

由于上述提成的数值是得到世界公认，而且在技术贸易实践中得到了验证，因此引用上述数值作为确定分成率的基础数据是科学的。

在评估实践中，经常使用利润分成法，此时，可根据国家有关的统计数字，确定待估技术应用的行业的平均利润率，然后用上述的提成率除以它，从而得到待估技术的利润分成率的取值范围。

②根据分成率的评测表，确定待估专利技术分成率的调整系数。分析待估技术自身的特征，根据分成率的评测表（略）及相关说明确定各影响因素的取值，再由（式2）得到待估专利技术分成率的调整系数。

③确定待估专利技术分成率。根据待估专利技术分成率的取值范围及调整系数可最终得到分成率。计算公式为：

$$R = m + (n - m) \times r \qquad \text{（式3）}$$

式中：R——待估专利技术的分成率；

M——分成率的取值下限；

N——分成率的取值上限；

r——分成率的调整系数。

2. 折现率的确定方法

根据本次资产评估的特点和收集资料的情况，采用了国际通用的社会平均收益率法模型来估测评估中的适用折现率。即：

折现率 = 无风险报酬率 + 风险报酬率

无风险报酬率一般应考虑社会平均报酬率，并选取当年中国人民银行发行的五年期国债利率。

下面重点介绍风险报酬率的确定。

对专利技术投资而言，风险系数由技术风险系数、市场风险系数、资金风险系数及管理风险系数之和确定。根据对本项目的研究及目前评估惯例，各个风险系数的取值范围在0%~5%，而具体的数值则根据评测表求得。

（1）技术风险（详见表13-25）

表13-25　技术风险

权重	考虑因素	分值					
		100	80	60	40	20	0
0.3	技术转化风险（a）						
0.3	技术替代风险（b）						
0.2	技术权利风险（c）						
0.2	技术整合风险（d）						

取值说明：

①技术转化风险。工业化生产（0）；小批量生产（20）；中试（40）；小试（80）；实验室阶段（100）。

②技术替代风险。无替代产品（0）；存在若干替代产品（40）；替代产品较多（100）。

③技术权利风险。发明专利及经过撤销及异议的实用新型专利（10）；实用新型专利（60）；处于申请阶段的专利（100）。

④技术整合风险。相关技术完善（0）；相关技术在细微环节需要进行一些调整，以配合待估技术的实施（20）；相关技术在某些方面需要进行一些调整（40）；某些相关技术需要进行开发（60）；相关技术的开发存在一定的难度（80）；相关技术尚未出现（100）。

（2）市场风险（详见表13-26）

表13-26　市场风险

权重	考虑因素		分权重	分值					
				100	80	60	40	20	0
0.4	市场容量风险（a）								
0.6	市场竞争风险	市场现有竞争风险（b）	0.7						
		市场潜在竞争风险（c）	0.3						

其中：市场潜在竞争风险评测详见表13-27。

表 13-27　市场潜在竞争风险评测表

权重	考虑因素	分值					
		100	80	60	40	20	0
0.3	规模经济型（d）						
0.4	投资额及转换费用（e）						
0.3	销售网络（f）						

说明：①市场容量风险。市场总容量大且平稳（0）；市场总容量一般，但发展前景好（20）；市场总容量一般且发展平稳（40）；市场总容量大，呈增长趋势（80）；市场总容量大，发展平稳（100）。

②市场现有竞争风险。市场为新市场，无其他厂商（0）；市场中厂商数量较少，实力无明显优势（20）；市场中厂商数量较多，但其中有几个厂商具有较明显的优势（60）；市场中厂商数量众多，且无明显优势（100）。

③市场潜在竞争风险。市场潜在竞争风险由以下三个因素决定。

④规模经济型。市场存在明显的规模经济（0）；市场存在一定的规模经济（40）；市场基本不具规模经济（100）。

⑤投资额及转换费用。项目的投资额及转换费用高（0）；项目的投资额及转换费用中等（40）；项目的投资额及转换费用低（100）。

⑥销售网络。产品的销售依赖固有的销售网络（0）；产品的销售在一定程度上依赖固有的销售网络（40）；产品的销售不依赖固有的销售网络（100）。

（3）资金风险（详见表 13-28）。

表 13-28　资金风险

权重	考虑因素	分值					
		100	80	60	40	20	0
0.5	融资风险（a）						
0.5	流动资金风险（b）						

说明：①融资风险。项目的投资额低（0）；项目的投资额中等（40）；项目的投资额高（100）。

②流动资金风险。项目的流动资金低（0）；项目的流动资金中等（40）；项目的流动资金高（100）。

（4）管理风险（详见表 13-29）

表 13-29　管理风险

权重	考虑因素	分值					
		100	80	60	40	20	0
0.4	销售服务风险（a）						
0.3	质量管理风险（b）						
0.3	技术开发风险（c）						

说明：①销售服务风险。已有销售网点和人员（0）；除利用现有网点外，还需要建立一部分新销售服务网点（20）；必须开辟与现有网点数相当的新网点和增加一部分新人力投入（60）；全部是新网点和新的销售服务人员（100）。

②质量管理风险。质量保障体系建立完善，实施全过程质量控制（0）；质量保障体系建立但不完善，大部分生产过程实施质量控制（40）；质量保障体系尚待建立，只在个别环节实施质量控制（100）。

③技术开发风险。技术力量强，研发费（R&D）投入高（0）；技术力量较强，研发费投入较高（40）；技术力量一般，有一定研发费投入（60）；技术力量弱，研发费投入少（100）。

三、本次评估方案的制定和评估过程

评估人员（包括专家）在确认产权、明确委托对象内涵的基础上，首先，确定评估的难点和重点；其次，通过检索与其有关的专利、对权利要求书及其附图的对比，准确界定评估范围；再次，根据文字资料和现场勘察情况对影响其经济价值的各因素进行定性分析，再依据一定的方法量化确定价值评估参数；最后，选用"收益现值法——技术分成模型"对其价值进行评定估算。

主要评估过程和评估技术说明主要表现在以下几个方面。

（一）委托技术三性的确认

委托技术已经通过了中华人民共和国国家知识产权局——专利局授权实用型专利技术，并在同一日申请发明专利，从审批的内容来判定，该技术初步具有创造性、新颖性和实用性。

（二）委托技术存在性的确认

本次委托技术的存在形式通过评估人员现场考察和市场调研通过以下几种方式进行了确认。

1. 通过国家知识产权局授权的专利技术证书及相关文件的检索，验证了委估专利技术的有效性。

2. 通过对委估技术的生产基本设备的实地考察，其内容包含了生产厂房、生产车间、生产设备等技术产业化的条件，验证了本次评估技术实现的物质条件、生产工艺流程完善程度以及实际的生产规模。

3. 通过中国计量科学研究院对委估取暖机测试证书及××省能源利用检测中心对××PC—××*XA节能取暖机试验报告，验证了专利产品的技术性能。

4. 通过对委估技术生产的产品的实质性考察和用户使用信息，进一步验证了委估技术的技术成熟程度。

通过上述几种方式的确认，验证了委估技术的真实存在性。

（三）委估技术与密切相关的现有技术比较所具有的区别特征及所取得的进步

经检索，与委估技术密切相关的现有技术如下：

CN1043381. CN1171520、CN1103156、CN223177、CN1096577、CN1131262、JP，A，92—251158、EP0041658，与上述现有技术的比较可知，利用土地深处冬暖和或夏凉的特点研制室内空调，本领域中对节约能源的研究已经进行了多年的努力，并且提出了各种各样的方案。在现有的技术中，例如，CN1103156提出了将热交换器深埋地下，利用大地深处的热（冷）进行室内空调的方法及其装置，并具有耗电少、节约能源、不污染环境、总体费用低等优点；另外，在JP，A，92—251158中公开了一种空调设备，它将压缩机、四通转换阀、室内换热器、整流电路、室内换热器和蓄液器依次连接并在制冷运转循环和取暖运转循环中能可逆运转的制冷剂循环回路，该整流回路备有四个单向阀、电动膨胀阀和位于电动膨胀阀上右侧的收液罐。

同时，尽管在现有技术中含有本实用新型这些元件的装置是已知的，但是如本实用新型所述这样的元件连接关系是没有的。并且，在现有技术中也没有将含有这些元件的这样一种结构与采集、利用低温土壤或地下井水采热装置来配套使用的冷暖机。由于委估对象的技术所具有的上述有别于现有技术的特征，因而取得了如下显著进步：

（1）由于该冷暖机的能源直接利用低温土壤或地下井水，解决了一直依赖地温提取热源的难题；

（2）采用了压缩机的一端通过管路与四通转向阀相连接，四通转向阀用管路分别与中间转热器、能量转换器和住宅换热器相连接的结构，系统设计合理，并且实现了一机制冷与制热的多功能；

（3）委估对象的产品节能、冷暖效果明显，投资少，避免在取暖或制冷时对环境造成的极大污染。

（四）委估对象的技术成熟程度

委估对象的技术成熟程度可从如下四个方面进行分析。

1. 委估对象的技术性能指标：委估对象的技术已于1998年×月×日通过中国计量科学研究院对×××节能取暖机测试，1998年×月×日通过了××省能源利用监测中心对×××PC—××·×A节能取暖机的试验，测试结果验证了专利产品的技术性能参数的稳定性。

2. 委估对象所处的阶段：至评估基准日，委估对象已处于工业化批量生产阶段。

3. 委估对象的技术整合程度：至评估基准日，委估对象是一项集空调、安装、机械、热工为一体的综合技术。目前×××公司自 2000 年 2 月正式开始运行 ISO9000 质量体系认证活动，根据××商务顾问有限公司出具的"××省×××有限公司 ISO9000 国际质量体系运行状况意见"，委估技术在实施的设计开发和制造、检测过程符合国家及行业的有关法规法令，其质量管理工作已逐步能够与国际标准和体系文件相吻合。

4. 委估对象的应用情况：委估对象的技术产品已在全国 83 个工程中得到实施，并获得多家客户的有效反馈信息，因而，委估对象的技术产品已经经历了工业化生产和实际应用的检验，并获得了较好的经济效益。

（五）委估对象与相关技术的配合说明

1. 委估对象的上游外部配合：委估对象的上游外部配合主要是以主机压缩机供应以及机壳和储液器加工为主的配合。从主机供应方面来看，压缩机主要是进口产品，国外具有充足的资源市场，机壳和储液器加工是一种基础行业的加工，在技术上属于成熟技术，因而上游配合除受汇率变动风险的影响外无任何技术风险。

2. 委估对象的下游外部配合：委估对象的下游外部配合主要是为打井和安装，技术难度很小。因而，委估对象的下游外部技术配合情况也较好，不存在技术产业化风险。

（六）评估对象应用范围分析说明

1. 委估对象的应用范围：建筑群体，即应用于住宅楼、宾馆、办公楼及其他公共建筑。

2. 委估对象的应用条件：委估技术的应用受两个环境条件的限制，需有地下水源且地温在 7 摄氏度以上。

（七）本次委估对象的经济价值评估说明

本次委估对象的经济价值评估是依据委估对象开发现有产品的技术、资金能力、投资计划的规模、生产目标及市场接受能力来确定的，对委估对象创造新产品的潜力及其尚待开发的应用市场的潜在经济价值未作估算。

（八）委估对象的社会效益分析

委估对象的社会效益主要表现在如下几个方面。

1. 突破了地能资源的利用：委估技术通过了国家级鉴定，鉴定结果表明此项技术填补了国内空白，开辟了地下低温热能开发利用的新途径。传统的中央空调以煤、石油、天然气等矿物质为主要能源，这些都是不可再生资源，而本技术开发的低温地能资源则取之不尽。

2. 节能：由于委估对象的技术性能决定了冷暖机在使用过程中节省了大量的能源。

3. 环境保护：对于委托对象的技术性能决定了冷暖机在使用过程中不释放任何对环境有害的物质，不破坏水资源。

（九）宏观经济环境的影响

因国家的环保政策，国家已在一些大中型城市取缔燃煤、燃油锅炉，以及相关政府机构对本项目的支持，这将对委估对象的产品创造一个良好的政策氛围和市场商机。

（十）委估技术的法律状态的影响分析

本次委估技术为专利技术，受我国专利法的保护，保护期限为 10 年，即从 1999 年____月____日到 2009 年____月____日。目前，专利权人的交费手续齐全，受专利法的保护，因而其法律状态对评估的影响不大。

（十一）委估对象产业化不确定因素对评估的影响分析

至评估基准日，委估技术已在×××公司批量生产并在部分地区进行了推广销售，而委估技术要实现其目标经济价值还需进一步开辟新的市场，为此还需建立完善的财务计划、营销计划、营销网络以及服务体系，这些产业化过程中不确定因素都将对经济价值评估产生重大影响。

（十二）委估对象的产品市场需求对评估影响的分析

1. 委估对象形成产品市场竞争性分析

依据委估对象的技术产品成本结构分析，评估人员认为因进口设备的成本比例大，所以在成本控制中受政策风险、汇率风险的不确定因素影响较大，委估对象的技术产品存在一定的市场竞争风险。

2. 委估对象形成产品的市场需求分析

由于委估技术产品的特点及国家政策决定了其具有较强的产品替代能力，因而委估产品具有较大的市场容量。

（十三）委估技术经济寿命对评估的影响

本次评估对象的技术经济寿命主要从替代委估技术的技术壁垒来分析，分析结果表现从以下几个方面。

1. 技术的开发壁垒

本技术研究开发具有对技术经验要求高，技术的综合性较强，技术智力投入大的特点，因而技术的开发壁垒较高。

2. 技术的整合

由于从技术开发到产品的形成过程中，除受设备的技术性能影响外无外来技术约束环节，技术的纵向整合度较高。

3. 技术保护壁垒

从本评估的市场调研来看，目前涉足本技术单位较多，但由于本技术申请了中国专利，受法律保护，而要达到本技术特征效果，则需避开本技术保护范围，因此，本技术法律保护形成了较高的进入壁垒。

综合上述几点：委估对象具有较长的技术经济寿命，对评估价值产生重大的影响。

（十四）参数选取

1. 收益额的测算

（1）收益额的测算原则。本次评估确定收益额采用了现实与未来相结合的原则、客观性和预测性相结合的原则以及资产最佳利用原则。

（2）收益额的测算方法。收益额的测算主要有利润总额法、净利润法及净现金流量法。本次评估采用了净利润法，这种方法在本次评估中测算的优点表现在：能比较客观地反映公司的实际经营业绩，符合公司产权交易的目的；其缺点在于公司在有限经营期内所获得的资产折旧实际上是对公司现有资产的一种补偿价值，是其未来收益的附加值。

本委估技术为已实施的专利，其经济效果和市场前景都比较明朗，并且有一定的历史数据可供参考。因此，预测起来相对简单一些，可由预测学中的各种方法得到。本次评估中评估人员首先识别增长曲线类型，而后进行参数估计，得到拟合方程，然后对拟合方程的拟合度进行检验，并进行显著性检验，如果方程通过检验，则可以使用它进行未来销售收入的预测。

（3）收益测算依据说明。本次评估未来收益预测的基础是依据委托方提供的市场规划计划书，并结合该技术的实施情况，以及委估技术产品在全国范围内推广使用该项技术产品的订货情况，综合评估对象占有方的基本情况、获利能力、获利期限的基础上进行分析。评估人员结合本企业提供的财务计划，按照实地考察的生产规模、生产能力及未来的市场计划，对收入、成本进行预测，然后按财务制度和税收政策确定收益及其净现值，最后根据下述选定的参数，运用收益计算模型确定收益现值。

2. 收益期限额确定

（1）收益期限确定的原则。本次评估采用了专利技术保护年限和技术经济寿命孰短原则。

（2）收益期限确定的方法。收益期限在本次评估中的确定主要有两种方法：法定专利年限法和技术经济寿命法。依据本次评估对象的具体情况和资料分析，按孰短原则来确定评估收益期限。

（3）收益期限确定依据。本次评估对象收益期限确定的依据主要体现为以下两个方面。

①法定专利保护期限。本评估对象"冷暖机"实用新型专利，已获得授权，根据中国专利法有关保护期限的规定，实用新型专利保护期限为自申请之日起10年以内。在超过保护期后，这些技术便成为公认技术，不受专利法保护。本评估对象的剩余法律保护期限为8.5年。

②技术寿命。本次评估对象"冷暖机"实用新型专利技术，目前该技术领域的专利申请较多，各种新技术、新方法不断出现，经调查该领域技术寿命一般在10～15年，我们根据委估技术的具体情况，确定其技术寿命为10年。

综合上述两个方面因素的分析，评估人员最终确定本评估对象的剩余收益年限为8.5年。

3. 确定委估技术分成率

（1）确定委估技术分成率的取值范围。委估技术属机械制造行业技术领域，根据联合国公布的统计数据，其销售额提成率的取值范围为1.5%～3%。

（2）根据分成率的评测表，确定委估技术的分成率调整系数。

①专利类型及法律状态。委估技术是实用新型专利技术，已获得专利权，该项指标取值为100。

②保护范围。委估技术的权利要求书的主权利要求，论述了该技术的结构，这是该类技术的一个必要技术特征，因此该指标取值为100。

③侵权判定。委估技术的必要技术特征是结构性的，可通过对产品的分析判定侵权，相应的取证工作比较容易，该指标取值为80。

④技术所属领域。因委估技术产品较传统的同类产品具有高效、节能、经济、环保安全等特性，因而使得委估对象的产品更适于国家产业政策及市场的需要，其所属领域发展前景较好，该指标取值为60。

⑤替代技术。根据对相关技术领域的专利检索，同类及相关领域的申请量较多，存在一些替代技术，该指标取值为50。

⑥先进性。根据技术检测报告，委估对象的技术已通过中国计量科学研究院对×××节能取暖机测试和××省能源利用监测中心对×××PC—××·×A节能取暖机试验，测试结果验证了专利产品的技术性能参数的稳定性，该指标取值为80。

⑦创新性。委估技术在该技术领域属首创技术，该指标取值为80。

⑧成熟度。根据对委估技术的考察，目前该技术处于工业化生产阶段，该指标取值为100。

⑨使用范围。专利技术主要应用于建筑群体，即住宅楼、宾馆、办公楼及其他公共建筑领域，该指标取值为60。

⑩技术防御力。根据专业人员对委估技术的分析，该技术比较复杂且需大量资金研制，该指标取值为80。

⑪供求关系。在上海、南京等长江沿海地区，以前由于政策限制，大部分工厂、企业、宿舍楼没有取暖设备，随着市场经济的发展，对委估技术产品其需求也不断增长，该指标取值为80。

综上所述，根据式2计算调整系数为81.2%。

（3）确定委估技术的分成率。根据式3可得，分成率为2.72%。

4. 折现率的确定

（1）折现率确定的原则

本次评估确定折现率采用了不低于无风险报酬率的原则、折现率与收益率相匹配的原则和根据实际情况确定的原则。

（2）折现率确定的依据

①无风险报酬率。一般应考虑社会平均报酬率，因此选取2000年中国人民银行发行二期国债五年期国债利率3.14%，换算成复利为2.96%。

②风险报酬率。综合各因素的具体分析，评估人员采用综合评分法得出风险报酬率为8%，最后确定折现率为10.96%。

最后，根据收益现值公式确定"冷暖机"实用新型专利技术的评估值。

案例分析：本案例评估的特点主要表现在以下两个方面。

（1）评估对象特性复杂。对技术资产评估而言，评估对象内涵的确定是评估过程中的首要问题，也是准确评估的前提。任何资产评估都要先确认产权，作为依法享受保护的技术产权的确定显得更为重要，也相对比较复杂。对于专利资产而言，产权的确定不仅包括确定专利的归属，而且包括确定权利的可靠性及稳定性。不同的专利类型及法律状况，意味着不同权利的稳定性，而且还与专利文件的内容有关。因此，在确定过程中，需要对《专利法》及相关技术有充分了解，相对有形资产评估，这个过程是必不可少的，而且是非常重要的环节。技术资产最显著的特点就是具有技术性，一般表现为具有创造性、新颖性及实用性，它是技术资产为所有人带来超额收益最根本的原因，也是决定投资风险的因素之一。因此，在对技术资产评估中，进行技术分析是准确确定待估技术价值的关键环节。技术分析包括对委估对象技术特征的分析，以及与相关技术的比较。

（2）评估参数选取复杂。专利资产评估区别于其他资产评估在于专利资产评估在很大程度上是基于预测作出的，它强调的是资产在未来的使用效果。因此在评估过程中，参数的选取具有一定的灵活性，使它的确定更为复杂、更为重要。

第四节　企业价值评估案例分析

案例一　某上市公司法人股司法拍卖价值评估

一、基本情况

委估对象为上市公司 ABC 股份有限公司人民币普通国有法人股 9 169 200 股。

ABC 股份有限公司，股票简称：ABC，股票代码：000×××。该公司改制前身为 1989 年 6 月 26 日成立的 ABC 电子科技有限公司，为中外合资企业，北京市新技术产业开发试验区的高新技术企业，主要从事开发、生产和销售微型计算机、计算机用软磁盘、医疗电子设备及相关的新技术产品。1995 年以来，以高科技产品开发为宗旨，以科研成果商品化和产业化为中心进行了资产重组工作，首先转让了计算机磁盘生产线和房地产项目，收回投资后，加大对高新技术产品开发和生产的投入，同时也相应调整了股权结构。公司现注册资本 4 050 万元。公司主营业务：阀控式铅酸蓄电池，激光自动成型机和集成制造系统，润滑油复合添加剂、新药开发以及宾馆服务及电源与相关产品的开发生产等。

ABC 股份有限公司截止评估基准日股本结构如下：

股权结构	股数（万股）
流通 A 股	1 329
流通股份合计	1 329
国家股	1 929.4
境内法人股	388.8

外资法人股	1 731.8
其他尚未流通股	21.0
非流通股份合计	4 071
总股本	5 400

本次评估的法人股916.92万股属于国家股中的国有法人股，占非流通股的22.52%，占全部股本的16.98%。

二、案例评估特点

本案例评估的要点主要体现为评估对象的特殊性，以及由此决定的评估的价值类型和评估方法的特殊性。

本案例评估标的为ABC普通国有法人股在不可流通、少数股权交易条件下的公允价值。

"公允价值"在此定义为考虑司法拍卖对资产出让方的影响因素而可能形成的市场价值。我们通过如下技术途径得出公允价值的评估值：（1）首先估算出在持续经营前提下，在不可自由流通、少数股权交易条件下的公平市场价值；（2）考虑本次司法拍卖实际上卖方可能会受外力影响和由于时间原因使潜在的购买者不能充分了解拍卖标的可能对价值的影响。

公平市场价值是指资产在愿意买者和愿意卖者之间转让，买卖双方均没有受任何外力影响作出买或卖的决定，并且买卖双方对资产均有合理的了解并有足够的相关知识。假定的买卖双方能够并且愿意做该交易，而且对资产及其市场情况有足够的了解。

国有法人股股权是指由国有企业法人持有的不可以上市自由流通的股份公司的普通股股权。

不可自由流通是指股权不可以在中国证券交易市场竞价买卖，但可以依法采用其他方式转让、交易；少数股权交易是指未来可能的股权交易仅涉及少数股权交易，不会影响ABC的控股情况。

持续经营是指ABC的经营可以并且能够在未来可预测期内按其现状持续经营下去，不会由于本次法人股转让而出现停产、转产甚至破产等情况。

整体转让是指本次评估的法人股916.92万股需要整体拍卖，不考虑分拆拍卖的情况。

三、评估方案的制定和评估过程

评估人员在对本次评估的目的、评估对象和评估范围、评估对象的权属性质和价值属性，以及影响我国上市公司法人股的价值因素进行充分的研究的基础上，选用恰当的评估方法确定委估资产的价值。具体而言，本次评估通过收集相关市场信息和数据，采用不可流通折扣率法和净资产比率法两种途径估算ABC的法人股在不可自由流通、少数股权交易条件下公平市场价值，再考虑本次司法拍卖实际上卖方可能会受外力影响和由于时间原因使潜在的购买者不能充分了解拍卖竞标的可能对价值的影响，最终得到委托法人股的公允价值。

总体来说，本评估案例的估算程序包括以下内容：

（1）由相关专业人员组成估算小组；

（2）收集分析 ABC 及其他一些上市公司的资料，包括近年来的上市公司法人股拍卖价格信息资料；

（3）制定估算方案；

（4）分析 ABC 的经营业绩，对其财务历史数据进行必要的分析；

（5）根据估算对象的业务及经营业绩选取对比交易案例；

（6）收集对比交易案例公司的近期财务指标数据包括每股收益、每股净资产等；

（7）分析确定估算结论；

（8）编写估算报告初稿；

（9）提交估算报告初稿并向相关方征求意见；

（10）修改并出具正式估算报告。

1. 法人股权的价值因素分析

法人股和流通股均为上市公司的普通股股份，按照我国《公司法》和《证券法》的有关规定，流通股和法人股应该每股享有同样的表决权、收益分配权等，具有同股同权。但法人股与流通股的主要差异在于其流通性。我们知道流通股可以在股票交易所自由竞价流通，而法人股按目前的有关法规，不可以在股票交易所自由竞价流通，只能依法按其他方式交易。法人股的不可流通性对其价值是有直接影响的。一般认为影响法人股与流通股之间的价格差异主要由下列因素造成：①承担的风险，流通股的流通性很强，一旦发生风险，流通股持有者可以迅速出售所持有的股票，减少或避免风险。法人股持有者在遇到同样情况后，则不能迅速作出上述反应而遭受损失。②交易的活跃程度，流通股交易活跃，价格上升。法人股缺乏必要的交易人数，另外法人股一般数额较大，很多投资者缺乏经济实力参与法人股的交易，因而与流通股相比交易不够活跃，价格较低。③炒作因素，流通股的多数投资者着眼短线投资，而对法人股的投资着眼于长线投资。短线投资者更多看重短期效益，投机的机会更大。

（1）国外关于不可流通性影响股票价值的研究。

不可流通性影响股票价值这一事实在很多国家均存在，有很多这方面的研究。下面是美国对不可流通性影响股票价值的研究。

研究报告	研究时期	平均折扣率（%）
SEC Overall Average	1966 – 1969	25. 8
SEC Nonreporting OTC Companies	1966 – 1969	32. 6
Gelman	1968 – 1970	33. 0
Trout	1968 – 1972	33. 5
Moroney	1969 – 1972	33. 6
Maher	1969 – 1973	33. 4

研究报告	研究时期	平均折扣率（%）
Standard Research Consultants	1978 – 1982	45.0
Willameette Management Assocs. Inc	1981 – 1984	31.2
Emory	1987 – 1989	45.0
Emory	1989 – 1990	45.0
Emory	1990 – 1992	42.0
Emory	1993 – 1993	45.0
Emory	1994 – 1995	45.0

上述研究可概述如下：

证券交易委员会（SEC），机构投资研究1966年–1969年作为机构投资者行为研究的一部分，SEC研究对比了有限制交易条款的股票与同类的公开市场上股票的交易价格之间的关系来确定缺少流通性折扣率。股票柜台交易可以分为公告类公司和非公告类公司。在与纽约证券交易所或美国证券交易所股票自由交易的同类股票价格进行对比后发现有限制类股票价格折扣率是最大的，柜台交易股票的折扣率比有限制的股票折扣率有所下降。由于公司的规模代表着这些公司的资本市场价值，柜台交易的非公告公司对于控股公司是恰当的。在此研究中，超过56%的柜台交易上市公司的折扣率超过30%，非公告公司（数量占34%）的折扣率超过40%，平均值和中间值均为25.8%。

另外，在1971年到1972年，SEC进行了关于股票发行的成本研究，该报告研究了发行成本与发行价之间的比例关系。发行成本包括发行佣金、给承销商的折扣以及其他成本。研究结果为每股发行成本平均为发行价格的12.43%。当发行量低于1000万元时，平均成本为16.29%。这是一个非上市公司如果想通过承销发行股票成为上市公司的最低成本。

Gelman研究：Gelman先生研究了4个投资公司的89个有限制股票的交易案例，这些交易案例发生在1968年到1970年。缺少变现能力折扣的平均值和中间值约为33%。

Moroney研究：Robert E. Moroney研究了146笔10个投资公司投资有限制股票的交易案例，这些交易案例发生在1969年到1973年。平均折扣率为36%，中间值为33%。

Trout研究：该报告研究了60例互助基金在1968年到1972年购买有限制股票的案例。Trout先生利用回归分析模型分析了上述交易数据，该研究的平均折扣率为33.45%。

Jr. Michael Maher研究：Maher先生研究了1969年到1973年间4个互助基金购买有限制股票的案例。该研究的资料来源于有关公司上报SEC的报告。折扣率的确定是通过比较购买有限制股票的价格与没有限制股票的交易价格。该研究的平均折扣率为35%。

Standard Research Consultants研究：Standard Research Consultants研究了从1978年10月到1982年6月间的28例个人购置有限制股票的案例。该研究的目的是为了测试SEC1966年到1969年的研究结论。该研究的折扣率为7%～91%，中间值为45%。

Emory Studies Robert W. Baird & Company 公司的 John D. Emoroy 先后发表了 7 份独立的关于缺少流通性对股票价格影响的研究报告。上面详细列出了最近的五份报告，这些报告研究了公司最初上市的股票价格。Emory 先生将首次上市价格与上市前 5 个月的股票交易价格进了对比。

第一个报告研究了 1980 年到 1981 年的 97 项案例。所有最近亏损的公司被删去。经过调查，只剩下 13 个公司的交易案例。这些案例的缺少流动折扣为 4%～87%，平均值为60%，中间值为 66%。

第二个报告研究了 1985 年到 1986 年间的 130 公司，经过调整后剩下了 21 个公司。缺少流动性折扣为 3%～83%，平均值和中间值为 43%。

第三个报告研究了 1987 年 8 月到 1989 年 1 月 18 个月间的 27 个公司的有关案例。折扣率为 4%～82%，平均值和中间值为 45%。

第四个报告研究了 1989 年 2 月到 1990 年 7 月 18 个月间的 23 个公司的交易案例。折扣率为 6%～94%，平均值和中间值分别为 45% 和 40%。

第五个报告研究了 1990 年 8 月到 1992 年 1 月 18 个月间的 35 个交易案例。折扣率为6%～94%，平均值为 42%，中间值为 40%。

第六个报告研究了 1992 年 2 月到 1993 年 6 月 18 个月的 54 个交易案例。折扣率为4%～90%，中间值为 44%，平均值为 45%。

第七个报告研究了 1994 年 2 月到 1995 年 6 月 18 个月的 46 个交易案例，折扣率为6%～79%，平均值和中间值均为 45%。

Willamette Management Associates 研究：Willamette Management Associates 公司分析了1981 年到 1985 年私人购置有限制股票的案例。在 33 个被确认为公平交易的案例中，折扣率中间值为 31.2%。

Willamette Management Associates 公司还在 1975 年到 1985 年间进行过 5 项对比私人公司股票交易价格和后来该公司上市发行价格之间关系的研究。Willamette Management Associates 公司的研究仅包括公司在上市前三年发生的公平交易案例，研究结果表明折扣率为40%～80%。

综上所述，非常充分的论据证明缺少变现能力或缺少流通性，对股票的价格有很大的减值影响。这种减值折扣率一般在 30%～45%。

（2）我国法人股缺少流通性的减值研究。

对于法人股缺少流通性的减值研究，目前在国内还没有这方面的专项研究，但如果对近年国内法人股的交易情况略加注意，也可以发现上述类似情况。事实上，我们对 1998年和 2000 年及 2001 年国内发生的一些法人股交易情况进行了统计研究，并发现在我国缺少流通性对股票的价值也有影响，且在某种程度上比国外的影响还大。

我们对 1998 年国内发生的 70 例法人股交易案例进行了研究，发现法人股成交价格与当日流通股交易收盘价的比例有以下关系：

平均值	19.3%
最大值	39.5%
最小值	9.4%
中间值	18.8%

即法人股交易价格平均只有流通股价格的18.8%。

我们还对发生在2000年间的189例国内法人股拍卖价格进行了研究，发现法人股的成交价格与当日流通股收盘价格的比例关系如下：

平均值	18.5%
最大值	77.8%
最小值	3.5%
中间值	17.3%

即法人股交易价格平均只为流通股价格的15%～20%。

我们对2001年1100多项国内法人股交易案例进行分析，发现法人股的成交价格与当日流通股收盘价格的比例关系如下：

平均值	23.6%
最大值	247.6%
最小值	4.8%
中间值	21.8%

即法人股交易价格平均为流通股价格的24%左右。

上述研究可以明确地证明不可流通性对法人股价格是有明显影响的。

进一步研究表明，法人股的市场价格还与以下因素有关。

①销售收入和利润的质量。企业销售收入和利润的质量对缺少变现能力的折扣有直接影响，对于稳定的销售收入和利润（风险小），相应的折扣率也会相应减小。

②红利分配政策。企业的红利分配政策也会对缺乏流通性的折扣有影响。如果公司处于快速增长期，经常会减少分红，为未来发展提供更多的资金，投资者就牺牲了当前的红利而为未来的资本升值。另一方面，如果公司处于成熟的行业，与增长性好的公司相比，就会给投资者较高的红利分配，这就表明股东可以收到较多的现金，还可以选择投资其他企业而不是仅投资本公司。成熟行业的公司会给股东较高的红利，从而会使变现折扣增多，因为不能期望今后股权会有较大的升值。

③委估股权的规模。控股股权会有比少数股权有更大的价值，因为有很多特权隐含于表决权利中，另一方面，委估股权规模越大，有购买能力的购买者就会相对减少，因此会导致需求减少，从而影响成交价格。

④股票交易限制。现存的协议，如发起人所持股份和其他股东购买或销售取票协议，将会限制有些人员购买或销售股票的时间、地点、方式以及价格等，这也会影响变现能力折扣。对股票的买卖限制越多，折扣就会越高。

⑤预期的处置股权的时间。股权预期需要卖掉的时间越长，折扣率就会越高。卖掉控股股权一般比卖掉少数股权所需的时间少，因为控股股权有自身的特性。

⑥公司的资本结构。经营良好的公司会有一个非常好的资产负债表，并有较低的资产负债结构，较低的资产负债率可以有能力应付财务风险。另一方面，高资产负债率公司更可能会在经济困难期遇到重大问题，通常必须要求预期更好的效益投资机会。因此高资产负债率的公司应该有高折扣率，而低资产负债率的公司应该有较低的折扣率。

2. ABC 法人股估算过程说明

近年国内法人股交易，特别是法人股拍卖市场经历了一个先"牛"后"熊"的市场。从 2000 年末开始，法人股拍卖出现量价齐升的一种局面，据不完全统计显示，仅上海市就有 20 多家拍卖行先后举行过法人股拍卖专场，高潮时每月平均超出 30 场拍卖，2001 年 1 月至 5 月，据不完全统计，法人股拍卖成交额超过 5 亿元；自 2000 年 6 月以来，绝大部分法人股拍卖成交价有 50% 以上的涨幅，不少股甚至上涨 1 倍有余。法人股拍卖价格的骤然升温，主要是由于法人股的交易趋于活跃，交易方式增多。但 2001 年 7 月以后，由于监管当局出台新的法人股交易监管政策，法人股交易无论从量上还是价格上均开始直线下跌。因此，目前法人股市场是处于较低迷状态。

我们通过不可流通折扣率法和净资产比率法两种途径估算 ABC 的法人股在不可自由流通、少数股权交易条件下公开市场价值，再考虑本次司法拍卖实际上卖方可能会受外力迫胁和由于时间原因使潜在的购买者不能充分了解拍卖标的可能对价值的影响，最终得到委估法人股的公允价值。

（1）不可流通折扣率法。

我们选择了 2001 年成交 12 例法人股成交案例，这些案例是遵循如下原则选取的：

①该案例的上市公司应该是与 ABC 处于同一行业——综合行业的上市公司；

②由于法人股市场在 2001 年初到年终呈上升趋势，而从 7 月后又直线下跌，为此，我们认为年初和年终的交易案例更有参考价值。因此，所选择的案例尽量为年初和年终的交易案例。

我们选择的交易案例资料详见表 13-30。

表 13-30　交易案例资料

序号	股票代码	股票简称	拍卖/交易期	股份数量	成交价（元）	拍卖日流通股价（元）	法人股成交价/流通股价比例	行业名称
1	600643	爱建股份	2001 - 2 - 23	50 000	4.25	13.89	30.6%	综合
2	600661	交大南洋	2001 - 1 - 12	100 000	5.15	29.93	17.2%	综合
3	600681	诚成文化	2001 - 3 - 7		3.03	11.8	25.7%	综合
4	600708	东海股份	2001 - 2 - 23	50 000	1.5	10.27	14.6%	综合
5	600730	中国高科	2001 - 3 - 27	100 000	3.1	18.16	17.1%	综合
6	600762	金荔科技	2001 - 3 - 28	100 000	3.85	25.43	15.1%	综合

（续表）

序号	股票代码	股票简称	拍卖/交易期	股份数量	成交价（元）	拍卖日流通股价（元）	法人股成交价/流通股价比例	行业名称
7	600784	鲁银投资	2001 - 12 - 8	13 365 000	3	11.42	26.3%	综合
8	600817	宏盛科技	2001 - 2 - 17	363 000	5.1	20.6	24.8%	综合
9	600840	浙江创业	2001 - 3 - 27	50 000	2.2	13.08	16.8%	综合
10	600878	北大科技	2001 - 12 - 3	31 863 151	1.31	10.15	12.9%	综合
11	000628	倍特高新	2001 - 1 - 12	100 000	2	14.71	13.6%	综合
12	000881	大连国际	2001 - 2 - 8	50 000	2.4	25.81	9.3%	综合

通过对上述 12 家交易案例的不可流通折扣率的统计分析，不可流通折扣率在此定义为法人股成交价与法人股成交日流通股收盘价的比率。因此可以得出所选择的交易案例的不可流通折扣率统计数如下：

平均值　　　　　18.7%

最大值　　　　　16.9%

最小值　　　　　30.6%

中间值　　　　　9.3%

通过上述分析，我们可以得出本次评估的 ABC 不可流通折扣率应该在 9.3% ~ 30.6%。

③销售收入和利润的质量。根据 ABC 和其他 12 家交易案例公司公布的 2001 年年报、2000 年年报和 1999 年年报，我们得到如下企业每股收益和净资产收益率数据，详见表13-31。

表 13-31　每股收益和净资产收益率

序号	股票代码	股票简称	每股收益（元/股）			净资产收益率（%）		
			2001 年	2000 年	1999 年	2001 年	2000 年	1999 年
1	600643	爱建股份	0.28	0.298	0.299	6.51%	6.62%	6.30%
2	600661	交大南洋	0.22	0.21	0.17	10.68%	10.60%	9.00%
3	600681	诚成文化	0.08	0.15	0.025	4.45%	8.75%	1.04%
4	600708	东海股份	0.13	0.018 4	- 0.443	8.25%	2.16%	- 25.62%
5	600730	中国高科	0.26	0.16	0.01	12.24%	10.36%	1.76%
6	600762	金荔科技	0.31	0.14	- 0.826	14.21%	7.56%	- 58.45%
7	600784	鲁银投资	0.02	0.190 7	0.2323	0.73%	8.08%	9.38%
8	600817	宏盛科技	0.01	0.28	0.03	1.06%	20.43%	6.45%
9	600840	浙江创业	- 0.04	0.093	0.048	- 3.24%	12.54%	6.11%
10	600878	北大科技	0.06	0.118	0.423	3.49%	6.18%	24.39%
11	000628	倍特高新	0.06	0.0192	0.005	2.14%	0.72%	2.82%

（续表）

序号	股票代码	股票简称	每股收益（元/股）			净资产收益率（%）		
			2001 年	2000 年	1999 年	2001 年	2000 年	1999 年
12	000881	大连国际	0.16	0.28	0.41	7.36%	12.40%	9.52%
以上 12 家交易案例		平均值	0.129	0.163	0.032	5.66%	8.87%	−0.61%
		中间值	0.105	0.155	0.039	5.48%	8.42%	6.21%
		最大值	0.31	0.298	0.423	14.21%	20.43%	24.39%
		最小值	−0.04	0.018	−0.826	−3.24%	0.72%	−58.45%
13	000835	ABC	0.35	0.29	0.27	12.28%	10.44%	10.50%

从上述表格中的数据我们可以看出，从近两次中报和年报数据看 ABC 的每股收益和净资产收益率均高于其他 12 家的平均水平。因此，如果我们考虑将上述 12 家不可流通折扣率的平均值作为基准，则 ABC 应在上述基准上至少上浮 10%。

④红利分配政策。ABC 和其他 12 家公司近三年的红利分配详见表 13-32。

从表中可以分析看出，ABC 近 3 年再分配次数和分配力度方面与其他 12 家公司相比，综合评比属于较低水平。另外，ABC 所处行业基本属于成熟行业。综合上述因素，不可流通折扣率应上浮 5%。

表 13-32　红利分配

序号	股票代码	股票简称	2001 年		2000 年		1999 年	
			公告日期	分配方案	公告日期	分配方案	公告日期	分配方案
1	600643	爱建股份	2001－3－30 2001－6－26	10 股派 1.5 元	2000－6－28	10 股转增 1 股派 1 元	1999－7－6	10 股转增 0.87 股派 0.87 元
2	600661	交大南洋	2001－6－15	10 股派 1.5 元	—	—	1999－10－9 1999－5－25	10 股转增 5 股或 10 股转增 1 股
3	600681	诚成文化	2001－6－1	10 股派 0.4 元	2000－5－31	10 股转增 5 股	—	—
4	600708	东海股份	—	—	—	—	—	—
5	600730	中国高科	—	—	—	—	—	—
6	600762	金荔科技	2001－4－19	10 股转增 6 股	—	—	—	—
7	600784	鲁银投资	2001－5－22	10 股派 0.8 元	2000－7－12	10 股转增 1 股	—	—

（续表）

序号	股票代码	股票简称	2001 年		2000 年		1999 年	
			公告日期	分配方案	公告日期	分配方案	公告日期	分配方案
8	600817	宏盛科技	—	—	—	—	—	—
9	600840	浙江创业	—	—	—	—	—	—
10	600878	北大科技	—	—	—	—	1999 – 9 – 7	10 股送 3 股
11	000628	倍特高新	—	—	—	—	1999 – 8 – 5	10 股送 2 股
12	000881	大连国际	2001 – 5 – 9	10 股送 1 股转 增 5 股 派 0.25 元	2000 – 7 – 13	10 股送 2 股转 增 6 股	1999 – 8 – 24	10 股派 5 元
13	000835	ABC	2001 – 6 – 12	10 股派 0.3 元	—	—	—	—

⑤委估股权的规模。本次委估的股权为 916.92 万股，规模较大，占总股本的 16.98%，并且需要整体卖出。上述 12 家交易案例中只有鲁银投资和北大科技的股权规模超过 1 000 万股，与委估股权规模相近。其余股权规模远小于 1 000 万股。为此，我们认为不可流通折扣率至少应该下浮 30%。

⑥股票交易限制。根据我们了解，本次评估的 ABC 法人股属于国有法人股，不存在不可交易的限制。不可流通折扣不作调整。

⑦预期的处置股权的时间。本次评估的 ABC 法人股占公司全部股份的 16.98%，没有控股权，但由于国有股转让手续相对复杂，会对预期处理时间有一定影响。因此，综合考虑下调 5%。

⑧公司的资本结构。根据 ABC 和其他 12 家案例公司的财务报告，资本结构指标详见表 13-33。

表 13-33 公司财务报告

序号	股票代码	股票简称	2001 年		2000 年	
			资产负债率	股东权益/负债	资产负债率	股东权益/负债
1	600643	爱建股份	36.51%	173.90%	17.64%	466.89%
2	600661	交大南洋	47.57%	110.22%	37.14%	169.25%
3	600681	诚成文化	53.49%	86.95%	45.65%	119.06%
4	600708	东海股份	67.22%	48.77%	79.06%	26.49%

（续表）

序号	股票代码	股票简称	2001 年		2000 年	
			资产负债率	股东权益/负债	资产负债率	股东权益/负债
5	600730	中国高科	64.03%	56.18%	77.70%	28.70%
6	600762	金荔科技	59.22%	68.86%	78.92%	26.71%
7	600784	鲁银投资	54.65% *	82.98% *	54.54%	83.35%
8	600817	宏盛科技	75.95%	31.67%	69.47%	43.95%
9	600840	浙江创业	78.22%	27.84%	47.55%	110.30%
10	600878	北大科技	38.14%	162.19%	36.32%	175.33%
11	000628	倍特高新	67.32%	48.54%	65.39%	52.93%
12	000881	大连国际	52.40%	90.84%	43.94%	127.58%
以上 12 家交易案例		平均值	57.89%	82.41%	54.44%	119.21%
		中间值	56.94%	75.92%	51.05%	96.83%
		最大值	78.22%	173.90%	79.06%	466.89%
		最小值	36.51%	27.84%	17.64%	26.49%
13	000835	ABC	52.60%	90.11%	52.60%	90.11%

从上述表中的数据我们可以看出，ABC 的资产负债率和股东权益负债率均处于平均水平附近，不可流通折扣率不作调整。

综合上述分析，我们假定上述每项因素对不可流通折扣率的影响是独立不相关的，以对比 12 家案例的不可流通折扣率的平均值 18.7% 作为基础，则 ABC 不可流通折扣率为：

$$18.7\% \times （1 + 10\%） \times （1 + 5\%） \times （1 - 5\%） \times （1 - 30\%） = 14.4\%$$

ABC 截止评估基准日 2001 年 12 月 31 日流通股收盘价为 27.67 元/股，因此其法人股评估值为：

$$26.67 \times 14.4\% = 3.98 （元/股）$$

（2）净资产比率法

我们通过分析研究上述 12 家交易案例公司成交价与每股净资产之间的关系确定法人股的价值。我们再次定义净资产比率为法人股成交价与上市法人股成交日前最近财务报告的每股调整后净资产的比率。由于上述法人股成交案例有部分为 2001 年 1~4 月的成交案例，对于上述案例我们以法人股成交价与 2000 年末每股调整后的净资产计算净资产比率；对于成交时间在 2001 年下半年的案例，我们以 2001 年中报披露的调整后每股净资产计算净资产比率。根据上述定义，所选择的交易案例的净资产升值率统计数据详见表13-34。

表 13-34 净资产升值率

序号	股票代码	股票简称	拍卖/交易期	股份数量	成交价（元）	每股净资产（元）	成交价/每股净资产比例	行业名称
1	600643	爱建股份	2001-2-23	50 000	4.25	4.44	95.7%	综合
2	600661	交大南洋	2001-1-12	100 000	5.15	1.97	261.4%	综合
3	600681	诚成文化	2001-3-7		3.03	1.73	175.1%	综合
4	600708	东海股份	2001-2-23	50 000	1.5	1.0723	139.9%	综合
5	600730	中国高科	2001-3-27	100 000	3.1	1.86	166.7%	综合
6	600762	金荔科技	2001-3-28	100 000	3.85	1.89	203.7%	综合
7	600784	鲁银投资	2001-12-8	13 365 000	3	2.3364	128.4%	综合
8	600817	宏盛科技	2001-2-17	363 000	5.1	1.38	369.6%	综合
9	600840	浙江创业	2001-3-27	50 000	2.2	1.19	184.9%	综合
10	600878	北大科技	2001-12-3	31 863 151	1.31	1.84	71.2%	综合
11	000628	倍特高新	2001-1-12	100 000	2	2.74	73.0%	综合

通过对上述 11 家交易案例的净资产升值率的分析可以得出本交易案例的的不可流通率统计数如下：

平均值	161.7%
最大值	153.3%
最小值	369.6%
中间值	70.8%

净资产比率应该在 70.8%~369.6%。我们采用回归分析方法将 2001 年 12 家交易案例公司的资产负债率和股东权益与负债的比率的自然对数作为自变量，将净资产比率的自然对数作为因变量进行回归分析，回归分析结果详见表 13-35。

表 13-35 回归分析结果

序号	股票代码	股票简称	2001 中期		2001 中期		成交价/每股净资产比例%（Y）	成交价/每股净资产比例自然对数（lnY）
			资产负债率（X_1）	股东权益/负债（X_2）	资产负债率自然对数（$\ln X_1$）	股东权益/负债比率自然对数（$\ln X_2$）		
1	600643	爱建股份	29.54%	238.52%	-121.94%	86.93%	95.72%	-4.37%
2	600661	交大南洋	37.40%	167.38%	-98.35%	51.51%	71.20%	-33.97%
3	600681	诚成文化	38.94%	156.81%	-94.31%	44.98%	261.42%	96.10%

（续表）

序号	股票代码	股票简称	2001 中期		2001 中期		成交价/每股净资产比例%（Y）	成交价/每股净资产比例自然对数（lnY）
			资产负债率（X₁）	股东权益/负债（X₂）	资产负债率自然对数（lnX₁）	股东权益/负债比率自然对数（lnX₂）		
4	600708	东海股份	47.49%	110.57%	−74.47%	10.05%	175.14%	56.04%
5	600730	中国高科	51.85%	92.86%	−65.68%	−7.40%	70.80%	−34.54%
6	600762	金荔科技	54.65%	82.98%	−60.42%	−18.65%	128.40%	25.00%
7	600784	鲁银投资	61.14%	63.56%	−49.20%	−45.32%	184.87%	61.45%
8	600817	宏盛科技	63.89%	56.52%	−44.80%	−57.06%	72.99%	−31.48%
9	600840	浙江创业	64.56%	54.89%	−43.76%	−59.98%	139.89%	33.57%
10	600878	北大科技	65.87%	51.81%	−41.75%	−65.75%	203.70%	71.15%
11	000628	倍特高新	69.28%	44.34%	−36.70%	−81.32%	369.57%	130.72%
12	000881	大连国际	76.71%	30.36%	−26.51%	−119.20%	166.67%	51.08%
13	000835	ABC	55.74%	79.40%	−58.45%	−23.06%		

回归公式：$\ln(Y) = -0.3423 - 0.8530 \times \ln(X_1) - 0.7082 \times \ln(X_2)$

$R^2 = 67.4\%$

或：$Y = 0.7101 \times (X_1)^{-0.8530} \times (X_2)^{-0.7082}$（$R^2 = 67.4\%$）

其中：Y——净资产比率；

X_1——资产负债率；

X_2——股东权益负债率。

将 ABC 数据代入上式，可以得到 ABC 的净资产比率为 137.6%。又根据 ABC 2001 年年报数据，调整后净资产为 2.81 元/股。因此，法人股评估值为：

$2.81 \times 137.6\% = 3.86$（元）

（3）确定评估价值

将上述两种途径计算的结果平均值作为委估法人股的公平市场价值，即：

（3.98 + 3.86）/2 = 3.92（元/股）

另外，本次评估是为司法拍卖提供公允价值参考依据，一般认为法院司法拍卖不会有很长的处置时间，特别是法院拍卖出卖方是在一定压力下作出买卖决定的，并且要在一定时间内卖出，因此上述司法拍卖方式与对比交易案例的拍卖方式有很大的不同。如果委估股权是处于一种强迫拍卖，换句话说，委估股权一定要在指定的时间内卖出，否则会影响交易价格。根据本次评估特殊情况，应对上述不可流通折扣下浮 20%～30%，最后取下浮 20%。

上述 3.96 元应该被认为是 ABC 法人股的公平市场价值，需要进一步调整得出本次评估的公允价值。考虑到司法拍卖的特殊情况，不可流通折扣率应下降 20% 左右，则评估值应为：

3.92 ×（1 – 20%）= 3.13 元/股

3. 评估结论

经评估，ABC 法人股在不可流通、少数股权交易条件及持续经营前提下的公允价值详见表 13-36

表 13-36　ABC 法人股的公允价值

项目名称	单价（元/股）	股票数量（万股）	总价
ABC 法人股	3.13	916.92	2869.96

二、案例总体技术说明

本案例评估的特点主要表现在以下方面。

（一）评估对象和评估价值类型的特殊性

本案例评估对象为我国境内上市公司 ABC 股份有限公司普通国有法人股，评估的价值类型为上市公司法人股在不可流通、少数股权交易条件和司法拍卖前提下的公允价值。与一般的公司股权价值相比，本案例法人股公允价值评估具有一定的特殊性。

（二）评估方法的特殊性

一般而言，公司股权价值评估可以采用收益法、成本加和法和市场比较法。在我国目前的评估实践中，收益法、成本加和法应用较多。本案例采用的评估方法应该属于市场比较法的范畴，但是与一般的股权价值评估中的市场比较法相比，本案例采用的不可流通折扣率法和净资产比率法具有一定的特殊性、创新性和可借鉴性。

在本评估案例中，评估人员针对上市公司法人股的特点和司法拍卖评估的特殊性，借鉴了国外关于缺乏流通性对股票价值影响的研究结论和研究方法，在对影响上市公司法人股的价值因素进行认真研究的基础上，通过定量和定性相结合的方法研究了我国上市公司法人股在不可流通条件下的价值减值问题；然后在上述研究结果的基础上，依据上市公司流通股的市场价格、每股净资产值，以及其他公开的有关资料及数据，分别采用不可流通折扣率法和净资产比率法，对委估的上市公司法人股在不可自由流通、少数股权交易条件及持续经营前提下，考虑司法拍卖对资产出让方的影响因素而可能形成的市场价值，即"公允价值"做出估算。

案例分析：本案例为上市公司法人股司法拍卖定价评估，是很有意义和评估特色的一个案例，其值得关注的方面有如下几点。

1. 价值定义：由于本次评估目的是为司法拍卖提供拍卖定价的参考依据。所以本次评估的价值定义为拟拍卖股权的公允价值，此定义即为考虑司法拍卖特殊情况下的市场交易价值。为此，通过一定的技术途径得出此价值定义的评估值：首先估算出在持续经营前提下，在不可自由流通、少数股权交易条件下的公平市场价值；然后再考虑本次司法拍卖实际上卖方可能会受外力影响作出决定和由于时间原因是潜在的购买者不能充分了解拍卖标的可能对价值的影响。企业价值评估中，价值定义是十分重要的评估前提。然而在我国大量运用资产法评估企业的过程中，往往忽略了价值定义与前提。本案例在这种特殊交易情况下所定义的价值说明了价值定义对于评估结果的重要影响。

2. 股权评估：本案例为典型的法人股股权价值评估。与以往采用资产法评估企业的各种单项资产的做法有很大的不同，这是由于企业价值评估所定义的评估企业整体、所有者股权和企业证券价值相一致。由于是为司法拍卖提供依据，因此估算中评估人员仅依据公开的有关资料及数据做出估算的专业判断，而没有对委估对象进行现场考察。所以最后声明："本次估算工作本身和其产生的估算报告在任何情况下不能理解为我们对××××现有资产（包括固定资产、流动资产等）的真实性、完整性等发表任何意见"是合理的，也是在某种特殊情况下所允许的企业价值评估。

3. 不可自由流通性折扣：由于本次评估对象是上市公司的法人股。本公司的流通股股价和法人股交易价差额可能由于以前没有法人股交易，或交易案例少、情况特殊而无法作为依据。所以，本案例详细地比较了其他 12 家上市公司法人股交易的先例，并从销售收入和利润的质量、红利分配政策、委估股权的规模、股票交易的限制、预期的股权处置时间和公司资本结构等多方面综合考虑，确定法人股的折扣率是有依据和有说服力的。

4. 关于净资产比率法：上面的不可流通折扣率法和净资产比率法其实都是市场途径中的具体方法。由这里也可以看到市场途径运用的灵活性和市场接受程度。我国评估界在企业价值评估中对市场途径的认识还很不够，运用也非常少，这是今后我们需要加强理论研究和实践探讨的一个重要方面。

案例二　某化工公司股权转让评估

一、基本情况

被评估对象 X 公司为进一步向国际市场扩展而在中国 Y 市独资举办的外资企业。公司成立于 1995 年 10 月，占地面积为 180 000 m²，投资总额为 2 800 万美元。X 公司有良好的生产技术和广泛的销售网络，并以此为基础，结合生产地良好的劳动力、工业实力和地理环境优势，生产出具有国际市场竞争能力的各类合成树脂及树脂加工品，行销国内外。从成立到评估基准日，每年均取得良好的经济效益。

X 公司于 1995 年 12 月动工一期工程，1996 年 7 月成立国内的外地办事处，1997 年 7 月一期工程投产，产能为 10 000 吨丙烯酸树脂。1997 年 10 月动工二期工程，1998 年 3 月在异地成立分公司，1998 年 11 月二期工程投产，产能为 40 000 吨丙烯酸树脂、醇酸树脂、不饱和聚酯树脂。2000 年 6 月动工三期工程，2002 年三期投产，预计产能为 60 000 吨含丙烯酸树、醇酸树脂、不饱和聚酯树脂、氨基酸酚醛树脂等。发展至今，公司在全国已有 7 个业务办事处，300 名员工。人员构成为：3% 的硕士生、30% 的本科生、10% 的大专生、30% 的中专生、25% 的高中生和 2% 的初中生。X 公司已取得安全生产许可证、消防安全许可证，被授予"环境保护先进单位"及"Y市高新技术企业"等称号。

二、评估方法的选择和评估方案的制定

根据本次资产评估目的和被评企业的盈利能力、发展趋势，评估人员认为采用收益法对X公司的整体资产进行价值评估是适宜的，主要原因有如下几点。

（一）收益现值法的评估思路与本次被评估企业股权转让的评估目的比较吻合

收益现值法是指通过估算被评估资产的未来预期收益并折算成现值，借以确定被评估资产价格的一种资产评估方法。

所谓收益现值是指企业在未来特定时期内的预期收益按适当的折现率折算成当前价值（简称折现）的总金额。

收益现值法的基本原理是资产的购买者为购买资产而愿意支付的货币量不会超过该项资产未来所能带来的期望收益的折现值。

1. 预期收益及风险与评估价值的关系

从收益现值法出发，资产之所以是资产，之所以具有价值，是因为其能产生未来经济收益。在经济活动中，特定的个体为拥有资产的控制权曾经付出的经济代价形成了该项资产的获取成本，也是现行会计制度所反映的该项资产的账面价值。但是，在收益现值法看来，该资产虽然获取成本很高，若在未来的经营活动中不能发挥作用，也不带来经济收益，因此对于企业而言，拥有该项资产是没有任何经济意义的，用收益现值法评估的结果只能是零或负值。用收益现值法对于资产价值进行评估时，它一般不考虑该项资产的获取成本（会计的账面价值），只考虑该项资产是否有未来经济收益，而且在一定的经济条件下，未来经济收益越大，评估价值越大，反之亦然，由此可见收益现值法进行评估的技术思路。

（1）分析过去，预测将来。评估人员在持续经营假设前提下，对委评资产过去的收益情况进行剖析，排除偶然因素的异常影响，并运用科学的方法，建立被评资产的盈利模型，从而把握未来经济收益的量化表现，为资产价值评估奠定基础。

（2）风险分析，收益本金化。收益与风险同在，获取未来经济收益是以承担相应的经济风险为前提的。风险报酬原理表明未来经济收益与承担风险的关系，承担风险小，则未来经济收益相对较小；承担风险大，则未来收益也相对较大。因此，一项资产在持续经营假设的前提下，其产生的未来经济收益不仅可以预测计算，而且也可以将其所承担的风险通过与历史相比、与行业相比、与社会平均水平相比等各个层面进行比较估算，获得在未来经济收益的折现率（资本化率），实现资本化的目的。

由上可知，收益现值法与重置成本法在技术思路上的最大不同是：收益现值法的评估价值取决于未来经济收益及其承担的风险，未来经济收益越大，评估价值越大，未来承担的风险越大，评估价值相应降低，反之亦然。而重置成本法评估资产价值的出发点和着眼点一般不考虑委评资产未来收益及风险，而是以在评估基准日的经济条件下重新购置该项资产耗费的社会必要劳动为依据，耗费越大，价值越大，评估值亦越大，从这个意义上可以说，收益现值法评估是着眼于历史和现实。

2. 获取未来收益多少是投资的主要动机

投资——购买一项资产的目的是取得收益，是将现实的货币转化为对未来收益的占有权；在价值上，为取得资产的未来收益，现时所支付的价值应等于该项资产未来经济收益的现值，即现实的制度价值将在未来的收益中得到补偿。对投资者而言，其为取得资产所愿支付的价值取决于该项资产的未来收益和风险的大小，而不是该项资产的账面价值（历史成本），未来收益越大，所承担的风险越小，投资价值越高，由此可见，判断投资价值的心理活动与收益现值法评估的技术思路不谋而合。因此从投资的角度看，投资者比较理解和容易接受收益现值法，而对重置成本法及其结果往来难以理解和接受；在产权交易市场上，收益法是资产评估的首选方法。

3. 从本次资产评估的目的来看，选用收益现值法进行评估是适宜的

本次资产评估的目的是为 X 公司股权转让提供参考依据。一个企业的整体价值，除了有形资产的价值外，可能还包括可确指的无形资产和不可确指的无形资产（商誉）。在以下的分析中，将说明 X 公司具有比较好的盈利能力和成长性，其重要原因是利用了母公司的技术、管理和营销资源，而这些资源的价值在企业账面资产中并没有反映。因此该公司价值中可能包含商誉等无形资产价值，用收益现值法对该企业进行评估，能够比较恰当地反映出企业的整体价值。

（二）从本次委评企业的经济特点看，选用收益现值法评估是合理的

X 公司为 Z 公司投资兴办的外商独资企业，已经在全球发展了几十年，并有着成熟的化工技术和完善的服务，X 公司产品生产的核心技术、产品品牌、企业管理和营销渠道等多方面利用了 Z 公司的资源，有 Z 公司作为 X 公司的支持和依靠，X 公司风险回避和获利能力较强。综上所述，X 公司具备持续经营不断盈利的条件。而且 X 公司的未来收益是可以预测的，所面临的风险也是能用货币来衡量的。

X 公司 3 年以来的资产负债和销售收入情况详见表 13-37。

表 13-37　资产负债和销售收入

单位：万元

年份	1999 年	2000 年	2001 年
总资产	18 122.42	21 851.77	24 944.09
负债	8 845.27	12 467.41	10 805.83
净资产	9 277.15	9 384.36	14 138.26
销售收入	12 376.02	22 970.51	26 817.03
净利润	158.95	107.21	1 442.94

（上述数据摘自于 X 公司审计后的年度财务报表。）

分析企业上述财务情况，看出该企业在 1999 年至评估基准日近 3 年的净利润均为正值，投入资本能满足简单再生产、持续经营、资金正常循环的需求；2000 年下半年原油涨

价使得原料涨价，但产品涨价滞后，所以 2000 年盈利较低而 2001 年盈利增长幅度较大。再加上对评估基准日后 2002 年 1~6 月盈利水平的分析，说明企业盈利水平总的趋势是逐步上升的。

X 公司依靠母公司的优势，有能力生产高、中档合成树脂产品，可目前根据我国境内消费市场的情况，主要生产中档产品。这也就是说企业具有技术储备的能力。另外从我国合成树脂的产销情况来看，虽然与发达国家和地区相比有一定的差距，但经过几年的发展，进入了一个平稳发展期，行业风险波动不会太大。

综上所述，我们认为，无论是从收益现值法的技术思路、投资者的投资动机、企业的经营状况还是本次评估目的来看，都表明本次评估选用收益现值法是适宜的。

三、评估技术思路

（一）收益现值法评估的技术思路

1. 收益现值法

所谓收益现值法是按收益还原思路，将企业在未来一定时期内的预期收益还原为评估基准日的资本额或投资额，从而得到企业整体资产评估值的一种方法。资产评估值为未来收益期内各期收益的现值之和。即

$$p = \sum_{i=1}^{n} F_i / (1 + r)^i$$

其中：P——评估值（折现值）；

　　　r——所选取的折现率；

　　　n——收益年期；

　　　F_i——未来第 i 个收益期的预期收益额；当收益年限无限时，n 为无穷大；当收益期有限时，Fn 中包括期末资产剩余净额。

收益现值法的使用前提条件为：

（1）被评估资产必须是能够用货币衡量其未来期望收益的单项或整体资产；

（2）产权所有者所承担的风险也必须是能用货币来衡量的。

2. 评估的主要技术思路

运用收益现值法的难点和关键是如何预测未来收益，如何确定折现率（资本化率）和收益年限。

（1）如何预测未来收益。从发展的观点出发，企业的历史和将来与任何事物一样，都要经历一个发展的过程。过去、现在和将来是企业发展在时间序列上的运动轨迹，现在从过去而来，在现在也能够看到过去的影子；现在又会演变为将来，将来是现在发展的结果。因此，对未来预期收益的预测以企业评估基准日前 3 年的经营业绩为基础，横向分析收入结构、成本结构、财务结构；纵向分析发展历史、增长率，以确定预期收益的取值区间。

（2）如何确定折现率。折现率是将未来预期收益换算成现值的比率。按照期望报酬率确定适用的折现率或资本化率是资产评估中进行收益现值法还原的主要方法。期望报酬原

则要求根据现时的资本市场特征，按照这个市场所决定的实际资产报酬率、投资机会成本来决定适用的折现率或资本化率。本项目采用累加法确定折现率。

企业整体资产适用的折现率通常表现为：

折现率＝无风险报酬率＋行业风险报酬率＋公司特有风险报酬率

①无风险报酬率

无风险报酬率为评估基准日即期的长期国债利率换算为一年期一次付息利率。

②行业风险报酬率

行业风险报酬率通常采用行业平均收益率扣除无风险报酬率得到。

③公司特有风险报酬率

公司特有风险报酬率是指公司经营风险报酬率与公司财务风险报酬率之和。

（3）确定收益年限

以被评企业的法人营业执照和公司章程规定的营业期限确定收益年限。

本次评估的基准日为 2001 年 12 月 31 日，而 X 公司的经营期限为 1995 年 10 月 31 日到 2045 年 10 月 30 日，所以收益年限为 2001 年 12 月 31 日到 2045 年 10 月 30 日，共43.83 年。

（二）评估的假设前提

本次评估中对未来收益的预测建立在如下假设前提的基础上。

1. 持续经营的假设。假设企业以目前的经营方式、目前的网点分布、目前的经营规模持续经营。

2. 宏观经济环境稳定的假设。除已实施的政策之外，在可以遇见的将来，我国的宏观经济政策趋向平衡，税收、利率、物价水平等基本稳定，行业政策按照发展规划实施，'十五'计划顺利实施，整个国民经济持续稳定，健康发展的态势不变。

3. 管理水平社会平均化的假设。委估资产的经营和管理达到社会平均水平，企业经济效益的降低或提高不是源于管理水平的变化，而是源于外部异常经济因素的影响。因此，本次评估不考虑经营者的主观因素对企业效益的影响，对企业价值的影响。

4. 简单再生产的假设。企业按规定提取的固定资产折旧全部用于原有固定资产的维护和更新，并假定此种措施足以并恰好保持企业的经营能力维持不变，企业的经营利润纳税后全部作为红利回报，股东不参与经营。

5. 均衡经营假设。委评企业的营业收入成本费用均衡发生，原料价格与产品销价变化基本同步。

6. 不可抗拒的自然灾害或其他无法预测的突发事件，不作为预测企业未来情况的相关因素。

7. 不考虑通货膨胀因素的影响。资金的无风险报酬率保持目前的水平。

（三）评估技术思路要点

1. 经营实绩分析

对 x 公司组建以来的经营实际业绩、发展趋势进行分析，掌握影响企业净收益的主要因素及其量化表现和相互关系。

2. 企业经营能力分析

对企业资产按其与经营的关系，分为经营性资产、非经营性资产和未使用资产三类。评估人员在充分认识企业资产配置及利用特点的基础上，对企业资产配置作出合理的判断。

3. 收集有关行业政策、发展政策，作为未来收益预测的背景资料。

4. 合理预测未来收益。

5. 选取适当的折现率。

6. 运用公式评定估算。

7. 对评估值的合理性进行分析比较，最终确定评估量。

四、案例分析

（一）收入的预测

1. 市场分析

（1）企业产品

①多种牌号的建筑漆用树脂，为调制内、外墙漆的主要成分；

②多种牌号的木器漆用树脂，为调制木器漆的主要成分；

③多种牌号的工业漆用树脂，用于调制防腐漆、道路划线漆等；

④车辆漆用树脂等。

（2）市场定位。产品主要供应中国境内市场，根据消费市场的情况，目前主要生产中档产品。

（3）原料及产品市场情况。企业产品原料主要为常规石油产品和各种添加剂，价格受石油价格影响，但供应渠道较多。

企业生产的为中间产品，主要供应给涂料和油漆制造企业，是涂料和油漆的主要成分，因此涂料和油漆的市场情况决定该企业的产销状况。

从需求量来分析，全世界涂料 1993 年至 1998 年增长率为 2.7%，1998 年至 2003 年预计为 2.8%，说明需求保持稳定；中国涂料预计近几年年平均增长 7%，目前人均年消费不足 2 千克，而世界人均平均年消费为 4 千克，这说明我国市场容量比较大。目前，在涂料方面，国内开始普遍使用中档产品；在油漆方面，由于家具油漆挥发性物质对人体有危害性，因此中档产品销量已占有一定的份额。另外，被评估企业具有生产高端产品的核心技术和能力。

所以，目前至今后几年中，被评估企业原料能够得到供应，产品的市场前景是较好的。

（4）WTO 与市场竞争。到 2005 年，化工原料关税将降低到 2%，化工中间品和制成品的关税将降低到 5.5% ~ 6.5%，增加了国外产品进入境内市场的可能性。

我国现有年产值超过 100 万元的建筑涂料企业 4 500 家，大部分规模小，产品档次低。目前在合成树脂生产方面能与被评估企业形成竞争对手的主要为宜兴的三木化工和北京的东方罗门哈斯，各家在产品方面各有所长，主要服务的市场也不尽相同。

2. 企业优势

（1）其母公司为历史较长的合成树脂企业，一些产品在亚洲和世界领先，为高科技产业，获得多项奖项；

（2）其母公司具有生产高档产品的核心技术、生产管理经验和营销网络；其产线经过简单调整可生产高端产品；

（3）其使用母公司的核心技术、生产管理经验和营销网络不需付费，企业生产成本相对较低。

3. 生产能力

企业生产能力因为产品品种结构的不同而发生变化。标准产能指在设计的标准产品结构情况下的产能；最高产能指标达到最高生产数量情况下产品结构的产能。详见表13-38。

表13-38　某企业的生产能力

单位：吨

生产配置	产品类别	最高产能	标准产能	备注
R－1101	C＋G	6 479	5 915	
R－1201	C	7 728	7 061	
R－1301	C＋G	4 640	4 350	
R－1401	G	2 829	2 739	
R－3101	C	5 500	5 000	
R－3201	C	8 527	7 750	
R－3301	UP	8 809	7 752	
R－3401	UP	3 691	3 230	
R－2C01	C＋G	4 000	3 230	新生产线
R－2D01	C	11 000	9 617	新生产线
R－2401	C	2 000	1 600	新生产线
SC	C	1 200	1 000	
合计		66 403	59 244	

上表中，C——涂料树脂，G——通用树脂，SC——特殊树脂，UP——聚合树脂

在不包括新生产线产能的情况下，标准产能为44 797吨/年，最高产能为49 403吨/年。根据市场销售增长的情况，企业在2002年建成新生产线并开始投入生产。

4. 收入的分析和测算

企业可生产的品种比较多，主要根据市场需求的变化决定各品种的生产数量，所以销量是主要因素。在本次预测中，首先根据企业近3年销售总量的增长幅度和近、中期销售计划分析预测近5年的销售量；根据销售计划中各产品的销售比例预测各产品类别的销售量；然后根据预测的各产品类别的销售单价得出销售收入的预测结果。

（1）销售量的分析预测。企业近 3 年各产品销量情况详见表 13-39。

表 13-39 某企业 1999 -2001 年产品销量情况

单位：千克

产品类别	1999 年	2000 年	增长率（%）	2001 年	增长率（%）
通用树脂	3 866 355.00	4 386 955.00	13.46	6 969 102.00	58.86
涂料树脂	9 779 305.00	14 811 898.80	51.46	22 382 222.70	51.11
聚酯树脂	1 030 265.00	2 767 966.50	168.67	5 796 014.30	109.40
特殊树脂	–	299 250.00	–	422 885.00	41.31
合计	14 675 925.00	22 266 070.30	51.72	35 570 224.00	59.75

从上表可以看出，企业连续两年销量增长率超过 50%。但 2002 年企业的销售计划是 45 961 600 千克，比 2001 年增长 29%。2002 年 1 ~ 6 月实现销量 21 247 055.48 千克，完成计划的 46%，与计划比较接近。随着销量的增加，增长幅度在下降。为此，评估人员以 2002 年企业计划数为基数，推断通用树脂、聚酯树脂和涂料树脂 2003 年的增长幅度为 20%，2004 年增长幅度为 5%，2005 年及以后各年维持 2004 年的水平；特殊涂料由于近年才开始销售，2003 年至 2006 年每年增长 20%，2006 年及以后各年维持 2005 年的水平。销量的预测结果详见表 13-40。

表 13-40 2002 年 -2006 年的产品销量预测结果

单位：千克

产品类别	销量预测	2002 年	2003 年	2004 年	2005 年	2006 年
通用树脂	数量	6 740 000	8 088 000	8 492 400	8 492 400	8 492 400
	环比		1.20	1.05	1.00	1.00
聚酯树脂	数量	9 054 000	10 864 800	11 408 040	11 408 040	11 408 040
	环比		1.20	1.05	1.00	1.00
涂料树脂	数量	29 629 000	35 554 800	37 332 540	37 332 540	37 332 540
	环比		1.20	1.05	1.00	1.00
特殊涂料	数量	538 600	646 320	775 584	930 701	1 116 841
	环比		1.20	1.20	1.20	1.20
合计	数量	45 961 600	55 153 920	58 008 564	58 163 681	58 349 821

据上表可知，到 2006 年及以后各年，企业的销量接近生产线的标准产能。

（2）主营业务收入的分析预测。企业近几年单位销价详见表 13-41。

表 13-41　各产品的单位销价

单位：元

类别	1999 年	2000 年	增长率（%）	2001 年	增长率（%）	2002 年 1～6 月	增长率（%）	预测值
通用树脂	7.36	8.25	12.00	8.16	－1.03	7.70	－5.65	7.95
涂料树脂	7.26	7.71	6.20	7.15	－7.26	6.64	－7.13	7.01
聚酯树脂	7.28	8.42	15.66	7.81	－7.24	7.21	－7.68	7.63
特殊树脂	0	15.37		13.86	－9.82	10.71	－22.73	

销价中约 70% 为原料成本，原料为石化类产品，与石油价格密切相联。近几年，石油价格波动较大，所以企业产品价格波动也比较大。产品市场价格随石油价格变化而变化，但有一个滞后性，从长远来看是一致的。为尽可能地消除这一影响预测合理性的因素，同时考虑近期的市场情况，评估时将通用树脂、涂料树脂和聚酯树脂的销价按 2000 年 0.2 的权数、2001 年 0.3 的权数、2002 年 1～6 月 0.5 的权数加权平均进行预测。根据配比原则，在后面的成本费用预测中也用此方法进行预测。虽然实际的产品市场价格总是随石油价格的波动而变化，由于原料成本占销价的 70%，其他一般规模和技术水平的企业在预测值这个价格水平下，利润空间很小。所以预测 2002 年及以后各年保持不变。

特殊树脂为 2000 年开始生产销售的产品，开始销价较高，随后逐年下降。由于其 2002 年 1～6 月的原料成本已占到销价的 77%，虽然随着销量的增加成本将有所下降，但这一价格已降到比较合理的水平，所以按 2002 年 1～6 月的销价作为以后各年的预测值。

企业销售量和主营业务收入预测结果详见表 13-42。

表 13-42　产品销售量和主营业务收入

销量单位：千克；金额单位：万元

产品类别	销量预测	2002 年	2003 年	2004 年	2005 年	2006 年
通用树脂	销量	6 740 000	8 088 000	8 492 400	8 492 400	8 492 400
	环比		1.20	1.05	1.00	1.00
	平均单价	7.95	7.95	7.95	7.95	7.95
	金额	5 356.95	6 428.34	6 749.76	6 749.76	6 749.76
聚酯树脂	销量	9 054 000	10 864 800	11 408 040	11 408 040	11 408 040
	环比		1.20	1.05	1.00	1.00
	平均单价	7.63	7.63	7.63	7.63	7.63
	金额	6 910.01	8 292.02	8 706.62	8 706.62	8 706.62

（续表）

产品类别	销量预测	2002 年	2003 年	2004 年	2005 年	2006 年
涂料树脂	销量	29 629 000	35 554 800	37 332 540	37 332 540	37 332 540
	环比		1.20	1.05	1.00	1.00
	平均单价	7.01	7.01	7.01	7.01	7.01
	金额	20 761.04	24 913.25	26 158.91	26 158.91	26 158.91
特殊树脂	销量	538 600	646 320	775 584	930 701	1 116 841
	环比		1.20	1.20	1.20	1.20
	平均单价	10.71	10.71	10.71	10.71	10.71
	金额	576.84	692.21	830.65	996.78	1 196.14
合计	销量	45 961 600	55 153 920	58 008 564	58 163 681	58 349 821
	金额	33 605	40 326	42 446	42 612	42 811

（二）成本费用的分布和预测

前 3 年成本费用情况详见表 13-43。

表 13-43　产品的成本费用

单位：万元

年份	1999 年度	2000 年度	2001 年度
销售成本	9 782.61	19 217.61	21 010.24
销售成本/销售收入	79.0%	83.7%	78.3%
销售费用	1 501.03	2 415.46	2 909.80
销售费用/销售收入	12.1%	10.5%	10.9%
主营业务税金及附加	3.21	9.67	16.72
主营税金/销售收入	0.03%	0.04%	0.06%
管理费用	623.58	713.80	1 054.38
管理费用/销售收入	5.04%	3.11%	3.93%
财务费用	266.03	490.34	415.49
财务费用/销售收入	2.1%	2.1%	1.5%
营业外收入	0.83	0.84	8.33
营业外收入/销售收入	0.01%	0.004%	0.03%
营业外支出	44.21	84.90	51.62
营业外支出/销售收入	0.36%	0.37%	0.19%

1. 销售成本的分析和预测

前3年主营业务成本详见表13-44。

表13-44　产品的主营业务成本

单位：万元

年份	1999 年度	2000 年度	2001 年度
产品销售收入	12 376.02	22 970.51	26 817.03
销售成本	9 782.61	19 217.61	21 010.24
销售成本/销售收入	79.0%	83.7%	78.3%

X 公司的产品由四大类组成，分别为通用树脂、涂料树脂、聚酯树脂以及特殊树脂。这些产品的成本由四部分组成：原料成本、人工成本、变动部分以及固定部分。根据企业提供的 2000 年、2001 年以及 2002 年 1～6 月份的产量和成本核算表得出以下单位成本，详见表13-45。

表13-45　各产品的单位成本

单位：元/千克

项目	成本构成	1999 年	2000 年	2001 年	2002 年（1～6）
通用树脂	原料	5.11	6.19	5.92	5.05
	人工	0.06	0.06	0.07	0.07
	变动	0.47	0.24	0.30	0.27
	固定	0.24	0.43	0.36	0.35
	合计	5.88	6.93	6.65	5.74
涂料树脂	原料	4.87	5.82	4.89	4.35
	人工	0.05	0.04	0.04	0.05
	变动	0.46	0.20	0.23	0.22
	固定	0.26	0.25	0.28	0.26
	合计	5.64	6.32	5.44	4.87
聚酯树脂	原料	5.86	6.80	5.78	5.51
	人工	0.06	0.05	0.06	0.06
	变动	0.27	0.25	0.27	0.23
	固定	0.38	0.31	0.31	0.28
	合计	6.56	7.42	6.42	6.08
特殊树脂	原料		12.86	9.81	8.20
	人工		0.14	0.17	0.13
	变动		1.78	0.81	0.57
	固定		0.21	0.35	0.41
	合计		14.99	11.14	9.32

由此可见，每种产品的单位成本基本呈下降趋势。通过分析可知，在产品成本中主要成分是原料成本，占总成本的70%以上。正是由于原料成本的下降才导致了产品单位成本下降。据评估师了解，在化工行业中，产品原料价格随石油价格的变化而变化。国际上石油价格近几年一直呈下降趋势，所以X公司的产品单位成本下降。而单位人工成本随着通货膨胀和人们生活水平的提高而逐渐提升，只是提升幅度较小。单位固定成本是随产量的变化而变化，产量越大单位固定成本越小。

在预测产品销售成本时，为了更准确地预测未来5年的产品成本，可分四大类产品、四个组成部分来预测。

就原料成本而言，由于未来石油价格的变化很难准确预测，所以根据2000年、2001年和2002年1～6月份的历史成本情况，分别赋予0.2、0.3、0.5的权重来计算通用树脂、涂料树脂和聚酯树脂三种产品的单位产品原料成本，分别为5.54元、4.81元和5.85元。由于特殊树脂的变动过大，难以准确预测，故以2002年上半年的单位产品平均原材料成本为预测值，即8.2元。从2002年开始，在整个收益期内单位产品原料成本均维持该水平。

就人工成本而言，2002年维持2002年1～6月份的水平，以后每年维持5%的增长率，到第5年以后保持不变。

就变动部分成本而言，主要是随产量的变化而变化，根据历史情况分析也可看出，单位产品变动部分成本没有任何变动规律，所以单位产品变动部分成本就根据2002年1～6月份的产品而定。

就固定部分成本而言，由于该部分成本并不随着产量的增加而增加。所以，不能用平均数乘以产量方法来预测。应根据2001年年末的各类产品的固定部分成本数来计算得出。2001年年末通用树脂、涂料树脂、聚酯树脂以及特殊树脂的固定部分成本分别为：2 525 488.1元、6 165 457.94元、1 774 588.47元和146 971.43元。在2002年X公司第三期工程已经开始试生产，并产生效益，应该增加该部分带来的固定成本。在2002年5月31日，X公司的在建工程金额约为5 958万元，按照十年摊销，在2002年仅有半年投入使用该生产线。得出年折旧额以后，再根据每种产品产量占总产量的比重来分摊到各种产品的固定成本上去，预测后各种产品的销售成本详见表13-46。

表13-46　各种产品的销售成本

单位：万元

产品销售成本		2002 年	2003 年	2004 年	2005 年	2006 年
通用树脂	原料	3 734	4 482	4 706	4 706	4 706
	人工	47	59	62	62	62
	变动	182	218	229	229	229
通用树脂	固定	296	340	340	340	339
	合计	4 259	5 100	5 338	5 337	5 337

（续表）

产品销售成本		2002 年	2003 年	2004 年	2005 年	2006 年
涂料树脂	原料	5 297	6 356	6 674	6 674	6 674
	人工	54	68	72	72	72
	变动	226	272	285	285	285
	固定	236	295	295	294	294
	合计	5 813	6 991	7 325	7 325	7 325
聚酯树脂	原料	14 252	17 102	17 957	17 957	17 957
	人工	148	149	157	157	157
	变动	652	782	821	821	821
	固定	809	1 001	1 000	999	998
	合计	15 860	19 034	19 935	19 934	19 934
特殊树脂	原料	442	530	636	763	916
	人工	7	8	10	12	15
	变动	31	37	44	53	64
	固定	18	22	23	24	26
	合计	498	597	713	853	1 020

另有两个调整因素，一是厂房折旧，被评估企业按照会计制度对厂房按照 20 年计提折旧，根据评估师的现场勘察和经验，认为该企业的厂房实际可以使用 50 年，那么也就是说每年多计提折旧提升了产品的成本，具体调整如下：

$$1\ 824 \times (1 - 10\%) \times (1/20 - 1/50) = 49\ （万元）$$

其中：1 824 万元为被评估企业的房屋原值。

二是机器设备的折旧，被评估企业按照会计制度对机器设备按照 10 年计提折旧，根据评估师的现场勘察发现该设备均为不锈钢制品，实际可以使用 15 年，那么也就是说每年多计提的折旧提升了产品的成本，具体调整如下：

$$6\ 748 \times 50\% \times (1 - 10\%) \times (1/10 - 1/15) = 101\ （万元）$$

其中：6 748 万元为生产用机器设备原值。

综合来说，每年应该调减总销售成本 150 万元。

2. 销售费用的分析和预测

前 3 年的销售费用情况详见表 13-47。

表 13-47　产品在 1999－2001 年的销售费用情况

单位：万元

年份	1999 年度	2000 年度	2001 年度
产品销售收入	12 376.02	22 970.51	26 817.03
销售费用	1 501.03	2 415.46	2 909.80
销售费用/产品销售收入	12.1%	10.5%	10.9%

　　销售费用包括人力费用、事务费用、广告费用、运费、包装费和样品费等，取最近年份 2001 年的数据进行分析调整和预测能更为准确地反映将来。2001 年销售费用约为 2 910 万元，其中运费、包装费等随产量变化而变化的费用约占总费用的 1/3。所以，预测基准日后前 5 年的销售费用时，单位产品销售费用的 1/3 随着销量的变化而变化，另外 2/3 维持 2001 年的水平，具体预测详见表 13-48。

表 13-48　预测产品在 2002－2006 年的销售费用

单位：万元

年份	2002 年	2003 年	2004 年	2005 年	2006 年
销售费用	3 651	3 993	4 099	4 105	4 112

　　3. 主营营业税金及附加的分析和预测

　　前 3 年营业税金及附加情况见表 13-49。

表 13-49　1999－2001 年营业税金及附加情况

单位：万元

年份	1999 年度	2000 年度	2001 年度
收入合计	12 376.02	22 970.51	26 817.03
产品销售税金及附加	3.21	9.67	16.72
税金附加/收入合计	0.03%	0.04%	0.06%

　　由于被评估企业的主营税金为增值税，税率为 17%，附加税仅有教育费附加，税率为 1%。预测时，就按 2001 年度附加税金与收入的比例 0.06% 来预测。详见表 13-50。

表 13-50　预测产品在 2002－2006 年间的销售税金

单位：万元

年份	2002 年	2003 年	2004 年	2005 年	2006 年
产品销售税金	20	24	25	26	26

　　4. 管理费用的分析和预测

　　前 3 年管理费用及附加情况详见表 13-51。

表 13-51　1999－2001 年管理费用及附加情况

单位：万元

年份	1999 年	2000 年	2001 年
销售收入	12 376.02	22 970.51	26 817.03
管理费用	623.58	713.80	1 054.38
管理费用/销售收入	5.04%	3.11%	3.93%

　　管理费用包括人力费、折旧费、低值易耗品推销、坏账损失、交通费等，从 1999 年到 2001 年的比例是呈下降趋势，但是总金额上却是呈上升趋势，这是由于管理费用与销售收入并不是呈正相关的关系，当企业逐渐成熟后，管理费用并不再随销售收入的增加同比增加。考虑到该企业又新上了三条生产线，必定会增加一部分管理人员，所以管理费用会有所上升。但是该企业已经逐步发展成熟，步入正常的运营轨道，所以管理费用的上升幅度不大。预测时，以 2001 年的管理费用为准逐渐每年增加 50 万元。具体详见表 13-52。

表 13-52　预测产品在 2002－2006 年的管理费用

单位：万元

年份	2002 年	2003 年	2004 年	2005 年	2006 年
管理费用	1 100	1 150	1 200	1 250	1 300

　　5. 财务费用的分析和预测

　　前 3 年财务费用情况详见表 13-53。

表 13-53　1999－2001 年的财务费用情况

单位：万元

年份	1999 年度	2000 年度	2001 年度
产品销售收入	12 376.02	22 970.51	26 817.03
财务费用	266.03	490.34	415.49
财务费用/产品销售收入	2.1%	2.1%	1.5%

　　被评估企业的财务政策属于谨慎型，一般来说资产负债比维持在 50% 左右，一旦到了 60% 就融入自由资金，以降低资产负债比。所以该公司的财务费用与收入的比例较稳定，2001 年之所以下降，是由于融入了自由资金。所有预测被评估企业未来的财务费用占收入的比例为 2%。具体详见表 13-54。

表 13-54　预测产品在 2002－2006 年的财务费用

单位：万元

年份	2002 年	2003 年	2004 年	2005 年	2006 年
财务费用	672	806	849	852	856

6. 营业外收支的预测

营业外收入和营业外支出在企业的总收入中所占比例非常小，本次评估中不予考虑。

7. 其他业务利润

以往 3 年的其他业务利润详见表 13-55。

表 13-55 1999－2001 年的其他业务利润情况

单位：万元

年份	1999 年度	2000 年度	2001 年度
产品销售收入	12 376.02	22 970.51	26 817.03
其他业务利润	13.06	67.63	75.84
其他业务利润/产品销售收入	0.1%	0.3%	0.3%

该企业的其他业务主要是销售包装桶，销量虽小，但是随着销售量的增加会逐渐增加，但是从上表可以看出，比例还是较为稳定的。所以，预测 2002 年以后的其他业务利润与产品销售收入比为 0.3%。具体详见表 13-56。

表 13-56 预测产品在 2002－2006 年的其他业务利润

单位：万元

年份	2002 年	2003 年	2004 年	2005 年	2006 年
其他业务利润	101	121	127	128	128

（三）企业所得税

该企业是外商投资企业，根据当地税务局的批文，该企业从 2001 年开始实行两免三减半的税收优惠政策，所以，2002 年的企业所得税为 0，2003 年到 2005 年为 15% 的税率，2006 年以后为 33% 的税率，详见表 13-57。

表 13-57 2002－2006 年的企业所得税

单位：万元

年份	2002 年	2003 年	2004 年	2005 年	2006 年
所得税	—	435	485	481	1 049

（四）预测以后经营期内各年度净利润结果详见表 13-58。

表 13-58 经营期内各年度净利润结果

单位：万元

项目	第 1 年	第 2 年	第 3 年	第 4 年	第 5 年	第 6 ～ 第 43.83 年
一、主营业务收入	33 603	40 323	42 443	42 610	42 809	42 809
减：主营业务成本	26 280	31 571	33 161	33 299	33 465	33 465

（续表）

项目	第1年	第2年	第3年	第4年	第5年	第6~ 第43.83年
主营业务成本/主营业务收入	78.21%	78.30%	78.13%	78.14%	78.17%	78.17%
主营业务税金及附加	20	24	25	26	26	26
主营业务税金及附加/收入	0.06%	0.06%	0.06%	0.06%	0.06%	0.06%
二、主营业务利润	7 302	8 728	9 257	9 285	9 318	9 318
主营业务利润/主营业务收入	21.73%	21.64%	21.81%	21.80%	21.77%	21.77%
加：其他业务利润	101	121	127	128	128	128
其他业务利润/主营业务收入	0.3%	0.3%	0.3%	0.3%	0.3%	0.3%
营业费用	3651	3 993	4 099	4 105	4 112	4 112
营业费用/主营业务收入	10.87%	9.90%	9.66%	9.63%	9.61%	9.61%
财务费用	672	806	849	852	856	856
财务费用/收入	2%	2%	2%	2%	2%	2%
三、营业利润	1 980	2 899	3 236	3 206	3 179	3 179
营业利润/主营业务收入	5.89%	7.19%	7.62%	7.52%	7.43%	7.43%
四、利润总额	1 980	2 899	3 236	3 206	3 179	3 179
利润总额/主营业务收入	5.89%	7.19%	7.62%	7.52%	7.43%	7.43%
减：所得税	—	435	485	481	1 049	1 049
所得税/总利润	0	15%	15%	15%	30%	30%
五、净利润	1 980	2 464	2 751	2 725	2 130	2 130
净利润/主营业务利润	5.89%	6.11%	6.48%	6.40%	4.98%	4.98%

（五）折现率的选取

折现率是指通过计算，将未来收入的货币量按一定的比率折算成现时货币量的过程。折现时所采用的比率称之为折现率。折现率与资本化率在本质上是没有区别的，它们都属于投资报酬率或资本收益率。

企业整体资产评估适用的折现率或资本化率通常可表达为：

折现率或资本化率 ＝无风险报酬率＋行业平均风险报酬率＋公司特有风险报酬率

与折现率有关的资产收益率中最重要的一个比率是净资产收益率，它是企业年净利润与净资产额的比值。

具有代表性的资产收益率有银行利率、无风险报酬率、行业平均利润率和社会平均投资回报率等。

银行利率即为一般商业银行所公布的各种存贷款利率。在资产评估中常常按一年期定期储蓄的利率作为确定折现率中无风险报酬率的基础，因为一年期定期利率与企业按年度计算和处理收益极为相似。

无风险利率一般是指按政府发行的债券利率，它可分为长期和短期利率两种，其利率均可折算成年利率。在西方，人们常常用政府发行的国债利率作为无风险利率的计算基础，这一利率在数值上低于商业银行的存款利率，但因为是政府发行的，所以被认为风险最低。而在我国，国债利率高于银行利率，银行又因为是国家经营的，银行存款的风险几乎与国债一样低，因此在我国也有相当一部分人将国家银行的一年期定期利率作为无风险利率看待。

行业平均利润率是某一个特定行业中，所有企业的净资产收益率的平均值，它包含了无风险报酬率和该行业的平均投资风险报酬率。其表达公式为：

行业平均净资产收益率 = 无风险报酬率 + 行业平均投资风险报酬率

全社会所有企业的平均净资产收益率常常被称之为社会平均投资回报率，这是一个对折现率选取具有重要意义的参数，尤其是在我国这种资产市场发育极不成熟的条件下，资产资本所有人往往以这一参数来确定投资方向。这一参数与行业平均净资产收益率相似，它包含了无风险报酬率和整个社会的平均投资风险报酬率，即：

社会平均投资回报率 = 无风险报酬率 + 社会平均投资风险报酬率

运用收益现值法进行评估时，风险报酬率不仅要考虑普遍意义上的投资风险，还应当考虑具体企业所存在的个别风险，例如经营风险、财务风险。此外，还应适当考虑买卖双方的利益分配。

1. 无风险报酬率

本次评估中，无风险报酬率为评估基准日的中长期国债利率换算为 1 年期一次付息利率。在基准日近期，我国 5 年期国库券利率为 3.14%，考虑复利因素，5 年期国库券 1 年付息利率为：

$$5 \text{ 年期国库券的 } 1 \text{ 年付息利率} = (1 + 5 \times 3.14\%)^{1/5} - 1 = 2.959\ 5\%$$

2. 行业风险报酬率

行业风险报酬率通常采用行业平均加权收益率扣除无风险报酬率得到，行业加权平均值可通过财政部统计评价司提供的《2002 年度企业效益评价标准值》中查到。《2002 年度企业效益评价标准值》中日用和化工产品制造行业中型企业的平均净资产收益的平均值为 3.3%，但是对于被评估企业来说，由于有 Z 公司的技术支持，所以其产品系列全面，技术完备，对于其他相同规模的企业来讲经营业绩要好，所以采用日用和化工产品制造行业中型企业的平均净资产收益率的良好值 8.7% 为合成树脂行业平均收益率，扣除无风险报酬率 2.959 5%，行业的风险报酬率为 5.740 5%。

3. 公司特有的风险报酬率

公司特有风险报酬率是指公司经营风险率与公司财务风险报酬率之和。该企业评估基准日资产负债率为 43.32%，净资产收益率为 10.21%，与日用和化学品制造业的良好值 8.7% 相比还是不错的，所以评估人员认为该公司的财务状况比较好，财务风险报酬率定为 0。在经营风险方面，由于国家降低了准入"门槛"，资本进入增多，行业竞争性加剧，故公司经营风险率定为 1.5%。

公司经营风险率与公司财务风险报酬率之和为 1.5%。

$$折现率 = 8.7\% + 1.5\% = 10.2\%$$

（六）收益年限的确定

被评估企业的章程规定经营期限为50年，企业法人营业执照经营期限为1995年10月31日到2045年10月30日，至评估基准日收益剩余年限为43.83年。

（七）剩余资产的确定

评估基准日账面净资产为14 138.27万元。

企业经营到期进行清算时，假定其资产负债结构与评估基准日一致，剩余资产的情况分析如下。

1. 流动资产主要为货币资金、应收账款和存货，账面价值为11 722.03万元。其中，应收款项账龄基本上在1年以内，以账面值作为变现值；由于企业销售利润率达到7%，评估人员认为可以按账面值快速变现，故流动资产的账面值作为变现值。

2. 固定资产账面值为11 371.65万元。其中，建筑物和构筑物账面值为2 330.68万元，是1997年至1998年间建造的，按80%确定变现值为1 865万元；设备类账面值为5 199.82万元，主要为生产设备，是1999年至2000年建造的，由于是化工设备，按50%确定变现值为2 600万元；在建工程账面值为3 841.15万元，建造周期较短，按90%确定变现值为3 457万元。所以固定资产的变现值为7 922万元。

3. 土地使用权账面值为1 677.54万元，其中84万元为代购土地预付款，土地面积约为170亩。目前开发区土地价格约为7万元，变现价值为1 274万元。

4. 其他资产按账面值粗估为238.31万元。

资产的变现价值为20 918万元。

委估企业的负债仅为流动负债，账面金额为10 871万元，包括短期借款、应付账款、其他应付款、应付工资、应交税金、预提费用等，评估人员核对了总账、明细账与有关付款凭证等，未发现有异常情况，均为企业应承担的债务。

因此净资产变现值为10 047万元。

（八）评估价值的计算

评估价值的计算详见表13-59。

表13-59　预期收益的现值计算表

单位：万元

年度	净利润	折现率	折现系数	现值
第1年度	1 980	10.2%	0.907 4	1 797
第2年度	2 464	10.2%	0.823 4	2 029
第3年度	2 751	10.2%	0.747 2	2 055
第4年度	2 752	10.2%	0.678 1	1 848
第5年度	2 130	10.2%	0.615 3	1 310

（续表）

年度	净利润	折现率	折现系数	现值
第6年至第43、83年度	2 130	10.2%	5.893 6	12 552
剩余资产	10 047	10.2%	0.014 1	129
合计		21 721		

净资产的评估价值约为21 721万元。

采用收益现值法评估X公司的净资产的评估值为人民币21 721万元（贰亿壹仟柒佰贰拾壹万元整）。

五、案例评估特点

本次评估采用收益法评估，属于传统评估方法之一，但由于特定标的物不同，所以仍然具有其特点。具体如下：（1）评估对象的特性、评估目的均符合收益法评估的前提条件，较好地反映了收益法在评估中的应用。（2）本案例详细阐明了收益法中各个参数的估算过程。本次评估除了对收入、成本、费用和折现率等进行详细估算外，还评估了企业经营期结束后的残值。这与我们以往常常采用无限年评估企业是有所不同的。

案例分析：本案例为股权转让的评估，评估的对象由以往大多为企业的资产而转变为企业的股权。这种不经意的变化应该使评估师在评估概念上有一个认识的转化，即以往的单纯对资产的评估变为综合性的企业价值评估。根据国际通用的定义：企业价值评估就是对企业整体、企业所有者股权或企业证券价值估算的行为与过程。所以本案例是典型的企业价值评估案例。案例对企业的状况进行了全面的分析，提出选用收益途径方法评估的理由，继而对企业产品的市场、收入、成本、费用以及风险因素等逐一进行了详尽的分析，并作出各项参数测算描述。对评估师采用收益途径方法时的思路和运用过程中的程序细节都有很大的帮助。

本案例评估思路清晰，选用方法适当，分析测算详细。但考虑到本案例的特点，下面几点或许值得进一步补充考虑。

（1）关于企业股权的分布与持股状况，转让股权部分的比例是全部股权还是部分股权，若是部分股权，比例是多少？股权的可流通状况以及是否是控股权或少数股权等情况应予以重点介绍。这样可对被评估对象有一个清楚的认识和了解，以便下一步为判断股权基础价值以及其折扣或溢价作适当考虑。

（2）关于现金流与净利润：本案例采用收益途径，具体方法是净利润折现的方法。净利润是一个会计指标，它等于利润总额减去所得税，是从会计核算上得出的企业所有者拥有的净收益。但是由于会计核算的权责发生制使得这个净收益仅仅为名义上的，其应收应付等往来款项日后可能会变成处理的对象。另外，不同企业的折旧政策也会导致净利润指标的不可对比性。同时，尽管净利润为名义上企业股东所拥有，但为了企业的持续经营，还必须考虑企业的资本性支出和营运资金的增加额。虽然从理论上来说，净利润是收益度量的指标之一，但根据国际评估实务界的实践认识，认为净现金流是一个在企业价值评估中比较理想的企业度量指标，故目前国际评估界一致认为现金流是企业价值评估中企业经济收益的最合适的度量指标。而采用折现现金流量法，现金流又有股权现金流和公司现金流的区别。这就要分清是评估股权的价值还是整个公司的价值，然后采用不同的经济收益指标。

（3）关于收益期限，在收益途径的应用中，收益期限可分为有限期和无限期两种情况。由于企业价值评估中收益途径的应用前提是企业的持续经营，所以收益期为有限期的情况多半是由于法定注册经营期限的问题，这种情况多出现在我国的中外合资企业或外商独资企业之中。此时，如果采用有限期收益计算，则肯定要考虑企业的终值，而测算企业终值的最好办法就是未来收益的资本化。

附录　复利系数表

1%的复利系数表

年限	整付复本利系数 已知现值求将来值	整付现值系数 已知将来值求现值	年金复本利系数 已知年金求将来值	基金年存系数 已知将来值求年金	年金现值系数 已知年金求现值	投资回收系数 已知现值求年金
1	1.010	0.9901	1.000	0.9910	1.0100	1.0000
2	1.020	0.9803	2.010	1.9704	0.5075	0.4975
3	1.030	0.9706	3.030	2.9401	0.4300	0.3300
4	1.041	0.9610	4.060	3.9020	0.2563	0.2463
5	1.051	0.9515	5.101	4.8534	0.2060	0.1960
6	1.062	0.9421	6.152	5.7955	0.1726	0.1626
7	1.702	0.9327	7.214	6.7282	0.1486	0.1386
8	1.083	0.9235	8.286	7.6517	0.1307	0.1207
9	1.094	0.9143	9.369	8.5660	0.1168	0.1068
10	1.105	0.9053	10.426	9.4713	0.1056	0.0956
11	1.116	0.8963	11.567	10.3676	0.0965	0.0865
12	1.127	0.8875	12.683	11.2551	0.0889	0.0789
13	1.138	0.8787	13.809	12.1338	0.0824	0.0724
14	1.149	0.8700	14.974	13.0037	0.0769	0.0669
15	1.161	0.8614	16.097	13.8651	0.0721	0.0621
16	1.173	0.8528	17.258	14.7191	0.0680	0.0580
17	1.184	0.8444	18.430	15.5623	0.0634	0.0543
18	1.196	0.836	19.615	16.3983	0.0610	0.0510
19	1.208	0.8277	20.811	17.2260	0.0581	0.0481
20	1.220	0.8196	22.019	18.0456	0.0554	0.0454
21	1.232	0.8114	23.239	18.857	0.0530	0.0430
22	1.245	0.8034	24.472	19.6604	0.0509	0.0409
23	1.257	0.7955	25.716	20.4558	0.0489	0.0389
24	1.270	0.7876	26.973	21.2434	0.0471	0.0371
25	1.282	0.7798	28.243	22.0232	0.0454	0.0354
26	1.295	0.7721	29.526	22.7952	0.0439	0.0339
27	1.308	0.7644	30.821	23.5596	0.0425	0.0325
28	1.321	0.7568	32.129	24.3165	0.0411	0.0311
29	1.335	0.7494	33.450	25.0658	0.0399	0.0299
30	1.348	0.7419	34.785	25.8077	0.0388	0.0288

（续表）

年限	整付复本利系数	整付现值系数	年金复本利系数	基金年存系数	年金现值系数	投资回收系数
	已知现值求将来值	已知将来值求现值	已知年金求将来值	已知将来值求年金	已知年金求现值	已知现值求年金
31	1.361	0.7346	36.133	26.5423	0.0377	0.0277
32	1.375	0.7273	37.494	27.2696	0.0367	0.0267
33	1.389	0.7201	38.869	27.9897	0.0357	0.0257
34	1.403	0.7130	40.258	28.7027	0.0348	0.0248
35	1.417	0.7050	41.660	29.4086	0.0340	0.0240

2%的复利系数表

年限	整付复本利系数	整付现值系数	年金复本利系数	基金年存系数	年金现值系数	投资回收系数
	已知现值求将来值	已知将来值求现值	已知年金求将来值	已知将来值求年金	已知年金求现值	已知现值求年金
1	1.0200	0.9804	1.0000	1.0000	0.9804	1.0200
2	1.0404	0.9612	2.0200	0.4951	1.9416	0.5151
3	10.612	0.9423	3.0604	0.3268	2.8839	0.3468
4	1.0824	0.9238	4.1216	0.2426	3.8077	0.2626
5	1.1041	0.9057	5.2040	0.1922	4.7135	0.2122
6	1.1262	0.8880	6.3081	0.1585	5.6014	0.1785
7	1.1487	0.8706	7.4343	0.1345	6.4720	0.1545
8	1.1717	0.8535	8.5829	0.1165	7.3255	0.1365
9	1.1951	0.8368	9.7546	0.1025	8.1622	1.1225
10	1.2190	0.8203	10.9497	0.0913	8.9826	0.1113
11	1.2434	0.8043	12.1687	0.0822	9.7868	0.1022
12	1.2682	0.7885	13.4120	0.0746	10.5753	0.0946
13	1.2936	0.7730	14.6803	0.0681	11.3484	0.0881
14	1.3195	0.7579	15.9739	0.0626	12.1062	0.0826
15	1.3459	0.7430	17.2934	0.0578	12.8492	0.0778
16	1.3728	0.7284	18.6392	0.0537	13.5777	0.0737
17	1.4002	0.7142	20.0120	0.0500	14.2918	0.0700
18	1.4282	0.7002	21.4122	0.0467	14.9920	0.0667
19	1.4568	0.6864	22.8405	0.0438	15.6784	0.0638
20	1.4859	0.6730	24.2973	0.0412	16.3514	0.0612
21	1.5157	0.6598	25.7832	0.0388	17.0112	0.0588
22	1.5460	0.6468	27.2989	0.0366	17.6580	0.0566
23	1.5769	0.6342	28.8449	0.0347	18.2922	0.0547

（续表）

年限	整付复本利系数	整付现值系数	年金复本利系数	基金年存系数	年金现值系数	投资回收系数
	已知现值求将来值	已知将来值求现值	已知年金求将来值	已知将来值求年金	已知年金求现值	已知现值求年金
24	1.6084	0.6217	30.4218	0.0329	18.9139	0.0529
25	1.6406	0.6095	32.0302	0.0312	19.5234	0.0512
26	1.6734	0.5976	33.6708	0.0297	20.1210	0.0497
27	1.7069	0.5859	35.3442	0.0283	20.7069	0.0483
28	1.7410	0.5744	37.0511	0.0270	21.2812	0.0470
29	1.7758	0.5631	38.7921	0.0258	21.8443	0.0458
30	1.8114	0.5521	40.5679	0.0247	22.3964	0.0447
31	1.8476	0.5413	42.3793	0.0236	22.9377	0.0436
32	1.8845	0.5306	44.2269	0.0226	23.4683	0.0426
33	1.9222	0.5202	46.1114	0.0217	23.9885	0.0417
34	1.9607	0.5100	48.0336	0.0208	24.4985	0.0408
35	1.9999	0.5000	49.9943	0.0200	24.9986	0.0400

3%的复利系数表

年限	整付复本利系数	整付现值系数	年金复本利系数	基金年存系数	年金现值系数	投资回收系数
	已知现值求将来值	已知将来值求现值	已知年金求将来值	已知将来值求年金	已知年金求现值	已知现值求年金
1	1.030	0.9709	1.000	0.9709	1.0300	1.0000
2	1.061	0.9426	2.030	1.9135	0.5226	0.4926
3	1.093	0.9152	3.091	2.8286	0.3535	0.3235
4	1.126	0.8885	4.184	3.7171	0.2690	0.2390
5	1.159	0.8626	5.309	4.5797	0.2184	0.1884
6	1.194	0.8375	6.468	5.4172	0.1846	0.1546
7	1.230	0.8131	7.662	6.2303	0.1605	0.1305
8	1.267	0.7894	8.892	7.0197	0.1425	0.1125
9	1.305	0.7664	10.159	7.7861	0.1284	0.0984
10	1.344	0.7441	11.464	8.5302	0.1172	0.0872
11	1.384	0.7224	12.808	9.2526	0.1081	0.0781
12	1.426	0.7014	14.192	9.9540	0.1005	0.0705
13	1.469	0.6810	15.618	10.6450	0.0940	0.0640
14	1.513	0.6611	17.086	11.2961	0.0885	0.0585
15	1.558	0.6419	18.599	11.9379	0.0838	0.0538
16	1.605	0.6232	20.157	12.5611	0.0796	0.0496

年限	整付复本利系数	整付现值系数	年金复本利系数	基金年存系数	年金现值系数	投资回收系数
	已知现值求将来值	已知将来值求现值	已知年金求将来值	已知将来值求年金	已知年金求现值	已知现值求年金
17	1.653	0.6050	21.762	13.1661	0.0760	0.0460
18	1.702	0.5874	23.414	13.7535	0.0727	0.0427
19	1.754	0.5703	25.117	14.3238	0.0698	0.0398
20	1.806	0.5537	26.870	14.8775	0.0672	0.0372
21	1.860	0.5376	28.676	15.4150	0.0649	0.0349
22	1.916	0.5219	30.537	15.9369	0.0628	0.0328
23	1.974	0.5067	32.453	16.4436	0.0608	0.0308
24	2.033	0.4919	34.426	16.9356	0.0591	0.0291
25	2.094	0.4776	36.495	17.4132	0.0574	0.0274
26	2.157	0.4637	38.553	17.8769	0.0559	0.0259
27	2.221	0.4502	40.710	18.3270	0.0546	0.0246
28	2.288	0.4371	42.931	18.7641	0.0533	0.0233
29	2.357	0.4244	45.219	19.1885	0.0521	0.0221
30	2.427	0.4120	47.575	19.6005	0.0510	0.0210
31	2.500	0.4000	50.003	20.0004	0.0500	0.0200
32	2.575	0.3883	52.503	20.3888	0.0491	0.0191
33	2.652	0.3770	55.078	20.7658	0.0482	0.0182
34	2.732	0.3661	57.730	21.1318	0.0473	0.0173
35	2.814	0.3554	60.462	21.4872	0.0465	0.0165

4%的复利系数表

年限	整付复本利系数	整付现值系数	年金复本利系数	基金年存系数	年金现值系数	投资回收系数
	已知现值求将来值	已知将来值求现值	已知年金求将来值	已知将来值求年金	已知年金求现值	已知现值求年金
1	1.040	0.9615	1.000	0.9615	1.0400	1.000
2	1.082	0.9246	2.040	1.8861	0.5302	0.4902
3	1.125	0.8890	3.122	2.7751	0.3604	0.3204
4	1.170	0.8548	4.246	3.6199	0.2755	0.2355
5	1.217	0.8219	5.416	4.4518	0.2246	0.1846
6	1.265	0.7903	6.633	5.2421	0.1908	0.1508
7	1.316	0.7599	7.898	6.0021	0.1666	0.1266
8	1.396	0.7307	9.214	6.7382	0.1485	0.1085
9	1.423	0.7026	10.583	7.4351	0.1345	0.0945

年限	整付复本利系数	整付现值系数	年金复本利系数	基金年存系数	年金现值系数	投资回收系数
	已知现值求将来值	已知将来值求现值	已知年金求将来值	已知将来值求年金	已知年金求现值	已知现值求年金
10	1.48	0.6756	12.006	8.1109	0.1233	0.0833
11	1.539	0.6496	13.486	8.7605	0.1142	0.0742
12	1.601	0.6246	15.036	9.3851	0.1066	0.0666
13	1.665	0.6006	16.627	9.9857	0.1002	0.0602
14	1.732	0.5775	18.292	10.5631	0.0947	0.0547
15	1.801	0.5553	20.024	11.1184	0.0900	0.0500
16	1.873	0.5339	21.825	11.6523	0.0858	0.0458
17	1.948	0.5134	23.698	12.1657	0.0822	0.0422
18	2.026	0.4936	25.645	12.6593	0.0790	0.0390
19	2.107	0.4747	27.671	13.1339	0.0761	0.0361
20	2.191	0.4564	29.778	13.5093	0.0736	0.0336
21	2.279	0.4388	31.969	14.0292	0.0713	0.0313
22	2.370	0.4220	34.248	14.4511	0.0692	0.0292
23	2.465	0.4057	36.618	14.8569	0.0673	0.0273
24	2.563	0.3901	39.083	15.2470	0.0656	0.0256
25	2.666	0.3751	41.646	15.6221	0.0640	0.0240
26	2.772	0.3067	44.312	15.9828	0.0626	0.0226
27	2.883	0.3468	47.084	16.3296	0.0612	0.0212
28	2.999	0.3335	49.968	16.6631	0.0600	0.0200
29	3.119	0.3207	52.966	16.9873	0.0589	0.0189
30	3.243	0.3083	56.085	17.2920	0.0578	0.0178
31	3.373	0.2965	59.328	17.5885	0.0569	0.0169
32	3.508	0.2851	62.701	17.8736	0.0560	0.0160
33	3.648	0.2741	66.210	18.1477	0.0551	0.0151
34	3.794	0.2636	69.858	18.4112	0.0543	0.0143
35	3.946	0.2534	73.652	18.6646	0.0360	0.0136

5%的复利系数表

年限	整付复本利系数	整付现值系数	年金复本利系数	基金年存系数	年金现值系数	投资回收系数
	已知现值求将来值	已知将来值求现值	已知年金求将来值	已知将来值求年金	已知年金求现值	已知现值求年金
1	1.050	0.9524	1.000	0.9524	1.0500	1.000
2	1.103	0.9070	2.050	1.8594	0.5378	0.4878

（续表）

年限	整付复本利系数	整付现值系数	年金复本利系数	基金年存系数	年金现值系数	投资回收系数
	已知现值求将来值	已知将来值求现值	已知年金求将来值	已知将来值求年金	已知年金求现值	已知现值求年金
3	1. 158	0. 8638	3. 153	2. 7233	0. 3672	0. 3172
4	1. 216	0. 8227	4. 310	3. 5460	0. 2820	0. 2320
5	1. 276	0. 7835	5. 526	4. 3295	0. 2310	0. 1810
6	1. 340	0. 7462	6. 802	5. 0757	0. 1970	0. 1470
7	1. 407	0. 7107	8. 142	5. 7864	0. 1728	0. 1228
8	1. 477	0. 6768	9. 549	6. 4632	0. 1547	0. 1047
9	1. 551	0. 6446	11. 027	7. 1078	0. 1407	0. 0907
10	1. 629	0. 6139	12. 587	7. 7217	0. 1295	0. 0795
11	1. 710	0. 5847	14. 207	8. 3064	0. 1204	0. 0704
12	1. 796	0. 5568	15. 917	8. 8633	0. 1128	0. 0628
13	1. 886	0. 5303	17. 713	9. 3936	0. 1065	0. 0565
14	1. 980	0. 5051	19. 599	9. 8987	0. 1010	0. 0510
15	2. 079	0. 4810	21. 597	10. 3797	0. 0964	0. 0464
16	2. 183	0. 4581	23. 658	10. 8373	0. 0932	0. 0432
17	2. 292	0. 4363	25. 840	11. 2741	0. 0887	0. 0387
18	2. 407	0. 4155	28. 132	11. 6896	0. 0856	0. 0356
19	2. 527	0. 3957	30. 539	12. 0853	0. 0828	0. 0328
20	2. 653	0. 3769	33. 066	12. 4622	0. 0803	0. 0303
21	2. 786	0. 3590	35. 719	12. 8212	0. 0780	0. 0280
22	2. 925	0. 3419	38. 505	13. 1630	0. 0760	0. 0260
23	3. 072	0. 3256	41. 430	13. 4886	0. 0741	0. 0241
24	3. 225	0. 3101	44. 502	13. 7987	0. 0725	0. 0225
25	3. 386	0. 2953	47. 727	14. 0940	0. 0710	0. 0210
26	3. 556	0. 2813	51. 113	14. 3753	0. 0696	0. 0196
27	3. 733	0. 2679	54. 669	14. 6340	0. 0683	0. 0183
28	3. 920	0. 2551	58. 403	14. 8981	0. 0671	0. 0171
29	4. 116	0. 2430	62. 323	15. 1411	0. 0661	0. 0161
30	4. 322	0. 2314	66. 439	15. 3725	0. 0651	0. 0151
31	4. 538	0. 2204	70. 761	15. 5928	0. 0641	0. 0141
32	4. 765	0. 2099	75. 299	15. 8027	0. 0633	0. 0133
33	5. 003	0. 1999	80. 064	16. 0026	0. 0625	0. 0125
34	5. 253	0. 1904	85. 067	16. 1929	0. 0618	0. 0118
35	5. 516	0. 1813	90. 320	16. 3742	0. 0611	0. 0111

6%的复利系数表

年限	整付复本利系数 已知现值求将来值	整付现值系数 已知将来值求现值	年金复本利系数 已知年金求将来值	基金年存系数 已知将来值求年金	年金现值系数 已知年金求现值	投资回收系数 已知现值求年金
1	1.060	0.9434	1.000	0.9434	1.0600	1.000
2	1.124	0.8900	2.060	1.8334	0.5454	0.4854
3	1.191	0.8396	3.184	2.6704	0.3741	0.3141
4	1.262	0.7291	4.375	3.4561	0.2886	0.2286
5	1.338	0.7473	5.637	4.2124	0.2374	0.1774
6	1.419	0.7050	6.975	4.9173	0.2034	0.1434
7	1.504	0.6651	8.394	5.5824	0.1791	0.1191
8	1.594	0.6274	9.897	6.2098	0.1610	0.1010
9	1.689	0.5919	11.491	6.8071	0.1470	0.0870
10	1.791	0.5584	13.181	7.3601	0.1359	0.0759
11	1.898	0.5268	14.972	7.8869	0.1268	0.0668
12	2.012	0.4970	16.870	8.3839	0.1193	0.0593
13	2.133	0.4688	18.882	8.8527	0.1130	0.0530
14	2.261	0.4423	21.015	9.2956	0.1076	0.0476
15	2.397	0.4173	23.276	9.7123	0.1030	0.0430
16	2.540	0.3937	25.673	10.1059	0.0990	0.0390
17	2.693	0.3714	28.213	10.4773	0.0955	0.0355
18	2.854	0.3504	30.906	10.8276	0.0924	0.0324
19	3.026	0.3305	33.760	11.1581	0.0896	0.0296
20	3.207	0.3118	36.786	11.4699	0.0872	0.0272
21	3.400	0.2942	39.993	11.7641	0.0850	0.0250
22	3.604	0.2775	43.329	12.0461	0.0831	0.0231
23	3.820	0.2618	46.996	12.3034	0.0813	0.0213
24	4.049	0.2470	50.816	12.5504	0.0797	0.0197
25	4.292	0.2330	54.865	12.7834	0.0782	0.0182
26	4.549	0.2198	59.156	13.0032	0.0769	0.0169
27	4.822	0.2074	63.706	13.2105	0.0757	0.0157
28	5.112	0.1956	68.528	13.4062	0.0746	0.0146
29	5.418	0.1846	73.640	13.5907	0.0736	0.0136
30	5.744	0.1741	79.058	13.7648	0.0727	0.0127
31	6.088	0.1643	84.802	13.9291	0.0718	0.0118
32	6.453	0.1550	90.890	14.0841	0.0710	0.0110
33	6.841	0.1462	97.343	14.2302	0.0703	0.0103
34	7.251	0.1379	104.184	14.3682	0.0696	0.0096
35	7.686	0.1301	111.435	14.4983	0.0690	0.0090

7%的复利系数表

年限	整付复本利系数	整付现值系数	年金复本利系数	基金年存系数	年金现值系数	投资回收系数
	已知现值求将来值	已知将来值求现值	已知年金求将来值	已知将来值求年金	已知年金求现值	已知现值求年金
1	1.070	0.9346	1.000	0.9346	1.0700	1.000
2	1.145	0.8734	2.070	1.8080	0.5531	0.4831
3	1.225	0.8163	3.215	2.6234	0.3811	0.3111
4	1.311	0.7629	4.440	3.3872	0.2952	0.2252
5	1.403	0.7130	5.751	4.1002	0.2439	0.1739
6	1.501	0.6664	7.153	4.7665	0.2098	0.1398
7	1.606	0.6228	8.645	5.3893	0.1856	0.1156
8	1.718	0.5280	10.260	5.9713	0.1675	0.0975
9	1.838	0.5439	11.978	6.5152	0.1535	0.0835
10	1.967	0.5084	13.816	7.0236	0.1424	0.0724
11	2.105	0.4751	15.784	7.4987	0.1334	0.0634
12	2.252	0.4440	17.888	7.9427	0.1259	0.0559
13	2.410	0.4150	20.141	8.3577	0.1197	0.0497
14	2.597	0.3878	22.550	8.7455	0.1144	0.0444
15	2.759	0.3625	25.129	9.1079	0.1098	0.0398
16	2.952	0.3387	27.888	9.4467	0.1059	0.0359
17	3.159	0.3166	30.840	9.7632	0.1024	0.0324
18	3.380	0.2959	33.999	10.0591	0.0994	0.0294
19	3.617	0.2765	37.379	10.3356	0.0968	0.0268
20	3.870	0.2584	40.996	10.594	0.0944	0.0244
21	4.141	0.2415	44.865	10.8355	0.0923	0.0223
22	4.430	0.2257	49.006	11.0613	0.0904	0.0204
23	4.741	0.2110	53.436	11.2722	0.0887	0.0187
24	5.072	0.1972	58.177	11.4693	0.0872	0.0172
25	5.427	0.1843	63.249	11.6536	0.0858	0.0158
26	5.807	0.1722	68.676	11.8258	0.0846	0.0146
27	6.214	0.1609	74.484	11.9867	0.0834	0.0134
28	6.649	0.1504	80.698	12.1371	0.0824	0.0124
29	7.114	0.1406	87.347	12.2777	0.0815	0.0115
30	7.612	0.1314	94.461	12.4091	0.0806	0.0106
31	8.145	0.1228	102.073	12.5318	0.0798	0.0098
32	8.715	0.1148	110.218	12.6466	0.0791	0.0091
33	9.325	0.1072	118.933	12.7538	0.0784	0.0084
34	9.978	0.1002	128.259	12.8540	0.0778	0.0078
35	10.677	0.0937	138.237	12.9477	0.0772	0.0072

8%的复利系数表

年限	整付复本利系数	整付现值系数	年金复本利系数	基金年存系数	年金现值系数	投资回收系数
	已知现值求将来值	已知将来值求现值	已知年金求将来值	已知将来值求年金	已知年金求现值	已知现值求年金
1	1.080	0.9259	1.000	0.9259	1.0800	1.0000
2	1.166	0.8573	2.080	1.7833	0.5608	0.4080
3	1.260	0.7938	3.246	2.5771	0.3880	0.3080
4	1.360	0.7350	4.506	3.3121	0.3019	0.2219
5	1.496	0.6806	5.867	3.9927	0.2505	0.1705
6	1.587	0.6302	7.336	4.6229	0.2163	0.1363
7	1.714	0.5835	8.923	5.2064	0.1921	0.1121
8	1.851	0.5403	10.637	5.7466	0.1740	0.0940
9	1.999	0.5003	12.488	6.2469	0.1601	0.0801
10	2.159	0.4632	14.487	6.7101	0.1490	0.0690
11	2.332	0.4289	16.645	7.1390	0.1401	0.0601
12	2.518	0.3971	18.977	7.5361	0.1327	0.0527
13	2.720	0.3677	21.459	7.8038	0.1265	0.0465
14	2.937	0.3405	24.215	8.2442	0.1213	0.0413
15	3.172	0.3153	27.152	8.5595	0.1168	0.0368
16	3.426	0.2919	30.324	8.8514	0.1130	0.0330
17	3.700	0.2703	33.750	9.1216	0.1096	0.0296
18	3.996	0.2503	37.450	9.3719	0.1067	0.0267
19	4.316	0.2317	41.446	9.6036	0.1041	0.0214
20	4.661	0.2146	45.762	9.8182	0.1019	0.0219
21	5.034	0.1987	50.423	10.0168	0.0998	0.0198
22	5.437	0.1840	55.457	10.2008	0.0980	0.0180
23	5.871	0.1703	60.893	10.3711	0.0964	0.0164
24	6.341	0.1577	66.765	10.5288	0.0950	0.0150
25	6.848	0.1460	73.106	10.6748	0.9370	0.0137
26	7.396	0.1352	79.954	10.8100	0.0925	0.0125
27	7.988	0.1252	87.351	10.9352	0.0915	0.0115
28	8.627	0.1159	95.339	11.0511	0.0905	0.0105
29	9.317	0.1073	103.966	11.1584	0.0896	0.0096
30	10.063	0.0994	113.283	11.2578	0.0888	0.0088
31	10.868	0.0920	123.346	11.3498	0.0881	0.0081
32	11.737	0.0852	134.214	11.4350	0.0875	0.0075
33	12.676	0.0789	145.951	11.5139	0.0869	0.0069
34	13.690	0.0731	158.627	11.5869	0.0863	0.0063
35	14.785	0.0676	172.317	11.6546	0.0858	0.0058

9%的复利系数表

年限	整付复本利系数	整付现值系数	年金复本利系数	基金年存系数	年金现值系数	投资回收系数
	已知现值求将来值	已知将来值求现值	已知年金求将来值	已知将来值求年金	已知年金求现值	已知现值求年金
1	1.090	0.9174	1.000	0.9174	1.0900	1.0000
2	1.188	0.8417	2.090	1.7591	0.5685	0.4785
3	1.295	0.7722	3.278	2.5313	0.3951	0.3051
4	1.412	0.7084	4.573	3.2397	0.3087	0.2187
5	1.539	0.6499	5.985	3.8897	0.2571	0.1671
6	1.677	0.5963	7.523	4.4859	0.2229	0.1329
7	1.828	0.5470	9.200	5.0330	0.1987	0.1087
8	1.993	0.5019	11.028	5.5348	0.1807	0.0907
9	2.172	0.4604	13.021	5.9953	0.1668	0.0768
10	2.367	0.4224	15.193	6.4177	0.1558	0.0658
11	2.580	0.3875	17.560	6.8052	0.1470	0.0570
12	2.813	0.3555	20.141	7.1607	0.1397	0.0497
13	3.066	0.3262	22.953	7.4869	0.1336	0.0436
14	3.342	0.2993	26.019	7.7862	0.1284	0.0384
15	3.642	0.2745	29.361	8.0607	0.1241	0.0341
16	3.970	0.2519	33.003	8.3126	0.1203	0.0303
17	4.328	0.2311	36.974	8.5436	0.1171	0.0271
18	4.717	0.2120	41.301	8.7556	0.1142	0.0242
19	5.142	0.1945	46.018	8.9501	0.1117	0.0217
20	5.604	0.1784	51.160	9.1286	0.1096	0.0196
21	6.109	0.1637	56.765	9.2023	0.1076	0.0176
22	6.659	0.1502	62.873	9.4424	0.1059	0.0159
23	7.258	0.1378	69.532	9.5802	0.1044	0.0144
24	7.911	0.1264	76.790	9.7066	0.1030	0.0130
25	8.623	0.1160	84.701	9.8226	0.1018	0.0118
26	9.399	0.1064	93.324	9.9290	0.1007	0.0107
27	10.245	0.0976	102.723	10.0266	0.0997	0.0097
28	11.167	0.0896	112.968	10.1161	0.0989	0.0089
29	12.172	0.0822	124.135	10.1983	0.0981	0.0081
30	13.268	0.0754	136.308	10.2737	0.0973	0.0073
31	14.462	0.0692	149.575	10.3428	0.0967	0.0067
32	15.763	0.0634	164.037	10.4063	0.0961	0.0061
33	17.182	0.0582	179.800	10.4645	0.0956	0.0056
34	18.728	0.0534	196.982	10.5178	0.0951	0.0051
35	20.414	0.0490	215.711	10.568	0.0946	0.0046

10%的复利系数表

年限	整付复本利系数	整付现值系数	年金复本利系数	基金年存系数	年金现值系数	投资回收系数
	已知现值求将来值	已知将来值求现值	已知年金求将来值	已知将来值求年金	已知年金求现值	已知现值求年金
1	1.100	0.9091	1.000	0.9091	1.1000	1.0000
2	1.210	0.8265	2.100	1.7355	0.5762	0.4762
3	1.331	0.7513	3.310	2.4869	0.4021	0.3021
4	1.464	0.688	4.641	3.1699	0.3155	0.2155
5	1.611	0.6299	6.105	3.7908	0.2638	0.1638
6	1.772	0.5645	7.716	4.3553	0.2296	0.1296
7	1.949	0.5132	9.487	4.8684	0.2054	0.1054
8	2.144	0.4665	11.436	5.3349	0.1875	0.0875
9	2.358	0.4241	13.579	5.7590	0.1737	0.0737
10	2.594	0.3856	15.937	6.1446	0.1628	0.0628
11	2.853	0.3505	18.531	6.4951	0.1540	0.054
12	3.138	0.3186	21.384	6.8137	0.1468	0.0468
13	3.452	0.2897	24.523	7.1034	0.1408	0.0408
14	3.798	0.2633	27.975	7.3667	0.1358	0.0358
15	4.177	0.2394	31.772	7.6061	0.1315	0.0315
16	4.595	0.2176	35.950	7.8237	0.1278	0.0278
17	5.054	0.1979	40.545	8.0216	0.1247	0.0247
18	5.560	0.1799	45.599	8.2014	0.1219	0.0219
19	6.116	0.1635	51.159	8.3649	0.1196	0.0196
20	6.728	0.1487	57.275	8.5136	0.1175	0.0175
21	7.400	0.1351	64.003	8.6487	0.1156	0.0156
22	8.140	0.1229	71.403	8.7716	0.1140	0.0140
23	8.954	0.1117	79.543	8.8832	0.1126	0.0126
24	9.850	0.1015	88.497	8.9848	0.1113	0.0113
25	10.835	0.0923	98.347	9.0771	0.1102	0.0102
26	11.918	0.0839	109.182	9.1610	0.1092	0.0092
27	13.110	0.0763	121.100	9.2372	0.1083	0.0083
28	14.421	0.0694	134.210	9.3066	0.1075	0.0075
29	15.863	0.0630	148.631	9.3696	0.1067	0.0067
30	17.449	0.0573	164.494	9.4269	0.1061	0.0061
31	19.194	0.0521	181.943	9.479	0.1055	0.0055
32	21.114	0.0474	201.138	9.5264	0.105	0.0050
33	23.225	0.0431	222.252	9.5694	0.1045	0.0045
34	25.548	0.0392	245.477	9.6086	0.1041	0.0041
35	28.102	0.0356	271.024	9.6442	0.1037	0.0037

11%的复利系数表

年限	整付复本利系数	整付现值系数	年金复本利系数	基金年存系数	年金现值系数	投资回收系数
	已知现值求将来值	已知将来值求现值	已知年金求将来值	已知将来值求年金	已知年金求现值	已知现值求年金
1	1.1100	0.9091	1.0000	1.0000	0.9009	1.1100
2	1.2321	0.8264	2.1100	0.4739	1.7125	0.5839
3	1.3676	0.7513	3.3421	0.2992	2.4437	0.4092
4	1.5181	0.6830	4.7097	0.2123	3.1024	0.3223
5	1.6851	0.6209	6.2278	0.1606	3.6959	0.2706
6	1.8704	0.5645	7.9129	0.1264	4.2305	0.2364
7	2.0762	0.5132	9.7833	0.1022	4.1722	0.2122
8	2.3045	0.4665	11.8594	0.0843	5.1461	0.1943
9	2.5580	0.4241	14.1640	0.0706	5.5370	0.1806
10	2.8394	0.3855	16.7220	0.0598	5.8892	0.1698
11	3.1518	0.3505	19.5614	0.0511	6.2065	0.1611
12	3.4985	0.3186	22.7132	0.044	6.4924	0.1504
13	3.8833	0.2897	26.2116	0.0382	6.7499	0.1482
14	4.3104	0.2633	30.0949	0.0332	6.9819	0.1432
15	4.7846	0.2394	34.4054	0.0291	7.1909	0.1391
16	5.3109	0.2176	39.1900	0.0255	7.3792	0.1355
17	5.8951	0.1978	44.5008	0.0225	7.5488	0.1325
18	6.5436	0.1799	50.3959	0.0198	7.7016	0.1298
19	7.2633	0.1635	56.9395	0.0176	7.8393	0.1276
20	8.0623	0.1486	64.2028	0.0156	7.9633	0.1256
21	8.9492	0.1351	72.2652	0.0138	8.0751	0.1238
22	9.9336	0.1228	81.2143	0.0123	8.1757	0.1223
23	11.0263	0.1117	91.1479	0.0110	8.2664	0.1210
24	12.2392	0.1015	102.1742	0.0098	8.3481	0.1198
25	13.5855	0.0923	114.4133	0.0087	8.4217	0.1187
26	15.0799	0.0839	127.9988	0.0078	8.4881	0.1178
27	16.7386	0.0763	143.0786	0.0070	8.5478	0.1170
28	18.5799	0.0693	159.8173	0.0063	8.6016	0.1163
29	20.6237	0.0630	178.3927	0.0056	8.6501	0.1156
30	22.8923	0.0573	199.0209	0.0050	8.6938	0.1150
31	25.4105	0.0521	221.9132	0.0045	8.7331	0.1145
32	28.2056	0.0474	247.3237	0.0040	8.7686	0.1140
33	31.3082	0.0431	275.5292	0.0036	8.8005	0.1136
34	34.7521	0.0391	306.8375	0.0033	8.8293	0.1133
35	38.5749	0.0356	341.5896	0.0029	8.8552	0.1129

<h3 style="text-align:center">12%的复利系数表</h3>

年限	整付复本利系数 已知现值求将来值	整付现值系数 已知将来值求现值	年金复本利系数 已知年金求将来值	基金年存系数 已知将来值求年金	年金现值系数 已知年金求现值	投资回收系数 已知现值求年金
1	1.120	0.8929	1.000	0.8929	1.1200	1.0000
2	1.254	0.7972	2.120	1.6901	0.5917	0.4717
3	1.405	0.7118	3.374	2.4018	0.4164	0.2964
4	1.574	0.6355	4.779	3.0374	0.3292	0.2092
5	1.762	0.5674	6.353	3.6048	0.2774	0.1574
6	1.974	0.5066	8.115	4.1114	0.2432	0.1232
7	2.211	0.4524	10.089	4.5638	0.2191	0.0991
8	2.476	0.4039	12.300	4.9676	0.2013	0.0813
9	2.773	0.3606	14.776	5.3283	0.1877	0.0677
10	3.106	0.322	17.549	5.6502	0.1770	0.0570
11	3.479	0.2875	20.655	5.9377	0.1684	0.0484
12	3.896	0.2567	24.133	6.1944	0.1614	0.0414
13	4.364	0.2292	28.029	6.4236	0.1557	0.0357
14	4.887	0.2046	32.393	6.6282	0.1509	0.0309
15	5.474	0.1827	37.280	6.8109	0.1468	0.0268
16	6.130	0.1631	42.752	6.9740	0.1434	0.0234
17	6.866	0.1457	48.884	7.1196	0.1405	0.0205
18	7.690	0.1300	55.750	7.2497	0.1379	0.0179
19	8.613	0.1161	63.440	7.3658	0.1358	0.0158
20	9.646	0.1037	72.052	7.4695	0.1339	0.0139
21	10.804	0.0926	81.699	7.5620	0.1323	0.0123
22	12.100	0.0827	92.503	7.6447	0.1308	0.0108
23	13.552	0.0738	104.603	7.7184	0.1296	0.0096
24	15.179	0.0659	118.155	7.7843	0.1285	0.0085
25	17.000	0.0588	133.334	7.8431	0.1275	0.0075
26	19.040	0.0525	150.334	7.8957	0.1267	0.0067
27	21.325	0.0469	169.374	7.9426	0.1259	0.0059
28	23.884	0.0419	190.699	7.9844	0.1253	0.0053
29	26.750	0.0374	214.583	8.0218	0.1247	0.0047
30	29.960	0.0334	421.333	8.0552	0.1242	0.0042
31	33.555	0.0298	271.293	8.085	0.1237	0.0037
32	37.582	0.0266	304.848	8.1116	0.1233	0.0033
33	42.092	0.0238	342.429	8.1354	0.1229	0.0029
34	47.143	0.0212	384.521	8.1566	0.1226	0.0026
35	52.800	0.0189	431.664	8.1755	0.1223	0.0023

13%的复利系数表

年限	整付复本利系数	整付现值系数	年金复本利系数	基金年存系数	年金现值系数	投资回收系数
	已知现值求将来值	已知将来值求现值	已知年金求将来值	已知将来值求年金	已知年金求现值	已知现值求年金
1	1.1300	0.8850	1.0000	1.0000	0.8850	1.1300
2	1.2769	0.7831	2.1300	0.4695	1.6681	0.5995
3	1.4429	0.6931	3.4069	0.2935	2.3612	0.4235
4	1.6305	0.6133	4.8498	0.2062	2.9745	0.3362
5	1.8424	0.5428	6.4803	0.1543	3.5172	0.2843
6	2.0820	0.4803	8.3227	0.1202	3.9975	0.2502
7	2.3526	0.4251	10.4047	0.0961	4.4226	0.2261
8	2.6583	0.3762	12.7573	0.0784	4.7988	0.2084
9	3.0040	0.3329	15.4157	0.0649	5.1317	0.1949
10	3.3946	0.2946	18.4197	0.0543	5.4264	0.1843
11	3.8359	0.2607	21.8143	0.0458	5.6869	0.1758
12	4.3345	0.2307	25.6502	0.0390	5.9176	0.1690
13	4.8980	0.2042	29.9847	0.0334	6.1218	0.1634
14	5.5348	0.1087	34.8827	0.0287	6.3025	0.1587
15	6.2543	0.1599	40.4174	0.0247	6.4627	0.1547
16	7.0673	0.1415	46.6714	0.0214	6.6039	0.1514
17	7.9861	0.1252	53.7390	0.0186	6.7291	0.1486
18	9.0243	0.1108	61.7251	0.0162	6.8399	0.1462
19	10.1974	0.0981	70.7494	0.0141	6.9380	0.1441
20	11.5231	0.0868	80.9468	0.0124	7.0248	0.1424
21	13.0211	0.0768	92.4699	0.0108	7.1015	0.1408
22	14.7138	0.0680	105.4909	0.0095	7.1695	0.1395
23	16.6266	0.0601	120.2.48	0.0083	7.2297	0.1383
24	18.7881	0.0532	136.8314	0.0073	7.2829	0.1373
25	21.2305	0.0471	155.6194	0.0064	7.3300	0.1364
26	23.9905	0.0417	173.8500	0.0057	7.3717	0.1357
27	27.1093	0.0369	200.8404	0.0050	7.4086	0.1350
28	30.6335	0.0326	227.9497	0.0044	7.4412	0.1344
29	34.6158	0.0289	258.5831	0.0039	7.4701	0.1339
30	39.1159	0.0256	293.1990	0.0034	7.4957	0.1334
31	44.2009	0.0226	332.3148	0.0030	7.5183	0.1330
32	49.9470	0.0200	376.5157	0.0027	7.5383	0.1327
33	56.4402	0.0177	426.4627	0.0023	7.5560	0.1323
34	63.7774	0.0157	482.9029	0.0021	7.5717	0.1321
35	72.0684	0.0139	546.6803	0.0018	7.5856	0.1318

14%的复利系数表

年限	整付复本利系数 已知现值求将来值	整付现值系数 已知将来值求现值	年金复本利系数 已知年金求将来值	基金年存系数 已知将来值求年金	年金现值系数 已知年金求现值	投资回收系数 已知现值求年金
1	1.1400	0.8772	1.0000	1.0000	0.8772	1.1400
2	1.2996	0.7695	2.1400	0.4673	1.6476	0.6073
3	1.4815	0.6750	3.4369	0.2907	2.3216	0.4307
4	1.6890	0.5921	4.9211	0.2032	2.9137	0.3432
5	1.9254	0.5194	6.6101	0.1513	3.4331	0.2913
6	2.1950	0.4556	8.5355	0.1172	3.8887	0.2572
7	2.5023	0.3996	10.7305	0.0932	4.2883	0.2332
8	2.8526	0.3506	13.2328	0.0756	4.6389	0.2156
9	3.2519	0.3075	16.0853	0.0622	4.9464	0.2022
10	3.7072	0.2697	19.3373	0.0517	5.2161	0.1917
11	4.2262	0.2366	23.0445	0.0434	5.4527	0.1834
12	4.8179	0.2076	27.2708	0.0367	5.6603	0.1767
13	5.4624	0.1821	32.0887	0.0312	5.8424	0.1712
14	6.2613	0.1597	37.5811	0.0266	6.0021	0.1666
15	7.1379	0.1401	43.8424	0.0228	6.1422	0.1628
16	8.1373	0.1229	50.9804	0.0196	6.2651	0.1596
17	9.2765	0.1078	59.1176	0.0169	6.3729	0.1569
18	10.5752	0.0946	68.3941	0.0146	6.4674	0.1546
19	12.0557	0.0829	78.9692	0.0127	6.5504	0.1527
20	13.7435	0.0728	91.0249	0.0110	6.6231	0.1510
21	15.6676	0.0638	104.7684	0.0095	6.6870	0.1495
22	17.8610	0.0560	120.4360	0.0083	6.7429	0.1483
23	20.3616	0.0491	138.2971	0.0072	6.7921	0.1472
24	23.2122	0.0431	158.6587	0.0063	6.8351	0.1463
25	26.4619	0.0378	181.8708	0.0055	6.8729	0.1455
26	30.1666	0.0331	208.3328	0.0048	6.9061	0.1448
27	34.3899	0.0291	238.4994	0.0042	6.9352	0.1442
28	39.2045	0.0255	272.8893	0.0037	6.9607	0.1437
29	44.6931	0.0224	312.0938	0.0032	6.9830	0.1432
30	50.9502	0.0196	356.7869	0.0028	7.0028	0.1428
31	58.0832	0.0172	407.7371	0.0025	7.0199	0.1425
32	66.2148	0.0151	465.8203	0.0021	7.0350	0.1421
33	75.4849	0.0132	532.0351	0.0019	7.0480	0.1419
34	86.0528	0.0116	607.5200	0.0016	7.0599	0.1416
35	98.1002	0.0102	693.5728	0.0014	7.0700	0.1414

15%的复利系数表

年限	整付复本利系数	整付现值系数	年金复本利系数	基金年存系数	年金现值系数	投资回收系数
	已知现值求将来值	已知将来值求现值	已知年金求将来值	已知将来值求年金	已知年金求现值	已知现值求年金
1	1.150	0.8696	1.000	0.8696	1.1500	1.0000
2	1.323	0.7562	2.150	1.6257	0.6151	0.4651
3	1.521	0.6575	3.473	2.2832	0.4380	0.2880
4	1.749	0.5718	4.993	2.8550	0.3503	0.2003
5	2.011	0.4972	6.742	3.3522	0.2983	0.1483
6	2.313	0.4323	8.754	3.7845	0.2642	0.1142
7	2.660	0.3759	11.067	4.1604	0.2404	0.0904
8	3.059	0.3269	13.727	4.4873	0.2229	0.0729
9	3.518	0.2843	16.786	4.7716	0.2096	0.0596
10	4.046	0.2472	20.304	5.0188	0.1993	0.0493
11	4.652	0.2150	24.349	5.2337	0.1911	0.0411
12	5.350	0.1869	29.002	5.4206	0.1845	0.0345
13	6.153	0.1652	34.352	5.5832	0.1791	0.0291
14	7.076	0.1413	40.505	5.7245	0.1747	0.0247
15	8.137	0.1229	47.580	5.8474	0.1710	0.0210
16	9.358	0.1069	55.717	5.9542	0.168	0.0180
17	10.761	0.0929	65.075	6.0472	0.1654	0.0154
18	12.375	0.0808	75.836	6.1280	0.1632	0.0123
19	14.232	0.0703	88.212	6.1982	0.1613	0.0113
20	16.367	0.0611	102.444	6.2593	0.1598	0.0098
21	18.822	0.0531	118.810	6.3125	0.1584	0.0084
22	21.645	0.0462	137.632	6.3587	0.1573	0.0073
23	24.891	0.0402	159.276	6.3988	0.1563	0.0063
24	28.625	0.0349	184.168	6.4338	0.1554	0.0054
25	32.919	0.0304	212.793	6.4642	0.1547	0.0047
26	37.857	0.0264	245.712	6.4906	0.1541	0.0041
27	43.535	0.0230	283.569	6.5135	0.1535	0.0035
28	50.066	0.0200	327.104	6.5335	0.1531	0.0031
29	57.575	0.0174	377.170	6.5509	0.1527	0.0027
30	66.212	0.0151	434.745	6.5660	0.1523	0.0023
31	76.144	0.0131	500.957	6.5791	0.1520	0.0020
32	87.565	0.0114	577.100	6.5905	0.1517	0.0017
33	100.700	0.0099	664.666	6.6005	0.1515	0.0015
34	115.805	0.0086	765.365	6.6091	0.1513	0.0013
35	133.176	0.0075	881.170	6.6166	0.1511	0.0011

20%的复利系数表

年限	整付复本利系数	整付现值系数	年金复本利系数	基金年存系数	年金现值系数	投资回收系数
	已知现值求将来值	已知将来值求现值	已知年金求将来值	已知将来值求年金	已知年金求现值	已知现值求年金
1	1.200	0.8333	1.000	0.8333	1.2000	1.0000
2	1.440	0.6845	2.200	1.5278	0.6546	0.4546
3	1.728	0.5787	3.640	2.1065	0.4747	0.2747
4	2.074	0.4823	5.368	2.5887	0.3863	0.1963
5	2.488	0.4019	7.442	2.9906	0.3344	0.1344
6	2.986	0.3349	9.930	3.3255	0.3007	0.1007
7	3.583	0.2791	12.916	3.6046	0.2774	0.0774
8	4.300	0.2326	16.499	3.8372	0.2606	0.0606
9	5.160	0.1938	20.799	4.0310	0.2481	0.0481
10	6.192	0.1615	25.959	4.1925	0.2385	0.0385
11	7.430	0.1346	32.150	4.3271	0.2311	0.0311
12	8.916	0.1122	39.581	4.4392	0.2253	0.0253
13	10.699	0.0935	48.497	4.5327	0.2206	0.0206
14	12.839	0.0779	59.196	4.6106	0.2169	0.0169
15	15.407	0.0649	72.035	4.7655	0.2139	0.0139
16	18.488	0.0541	87.442	4.7296	0.2114	0.0114
17	22.186	0.0451	105.931	4.7746	0.2095	0.0095
18	26.623	0.0376	128.117	4.8122	0.2078	0.0078
19	31.948	0.0313	154.740	4.8435	0.2065	0.0065
20	38.338	0.0261	186.688	4.8696	0.2054	0.0054
21	46.005	0.0217	225.026	4.8913	0.2045	0.0045
22	55.206	0.0181	271.031	4.9094	0.2037	0.0037
23	66.247	0.0151	326.237	4.9245	0.2031	0.0031
24	79.497	0.0126	392.484	4.9371	0.2026	0.0026
25	95.396	0.0105	471.981	4.9476	0.2021	0.0021
26	114.475	0.0087	567.377	4.9563	0.2018	0.0018
27	137.371	0.0073	681.853	4.9636	0.2015	0.0015
28	164.845	0.0061	819.223	4.9697	0.2012	0.0012
29	197.814	0.0051	984.068	4.9747	0.2010	0.0010
30	237.376	0.0042	1181.882	4.9789	0.2009	0.0009
31	284.852	0.0035	1419.258	4.9825	0.2007	0.0007
32	341.822	0.0029	1704.109	4.9854	0.2006	0.0006
33	410.186	0.0024	2045.931	4.9878	0.2005	0.0005
34	492.224	0.0020	2456.118	4.9899	0.2004	0.0004
35	590.668	0.0017	2948.341	4.9915	0.2003	0.0003

25%的复利系数表

年限	整付复本利系数	整付现值系数	年金复本利系数	基金年存系数	年金现值系数	投资回收系数
	已知现值求将来值	已知将来值求现值	已知年金求将来值	已知将来值求年金	已知年金求现值	已知现值求年金
1	1.250	0.8000	1.000	0.8000	1.2500	1.0000
2	1.156	0.6400	2.250	1.4400	0.6945	0.4445
3	1.953	0.5120	3.813	1.9520	0.5123	0.2623
4	2.441	0.4096	5.766	2.3616	0.4235	0.1735
5	3.052	0.3277	8.207	2.6893	0.3719	0.1219
6	3.815	0.2622	11.259	2.9514	0.3388	0.0888
7	4.678	0.2097	15.073	3.1611	0.3164	0.0664
8	5.960	0.1678	19.842	3.3289	0.3004	0.0504
9	7.451	0.1342	25.802	3.4631	0.2888	0.0388
10	9.313	0.1074	33.253	3.5705	0.2801	0.0301
11	11.642	0.0859	42.566	3.6564	0.2735	0.0235
12	14.552	0.0687	54.208	3.7251	0.2685	0.0185
13	18.190	0.0550	68.760	3.7801	0.2646	0.0146
14	22.737	0.0440	86.949	3.8241	0.2615	0.0115
15	28.422	0.0352	109.687	3.8593	0.2591	0.0091
16	35.527	0.0282	138.109	3.8874	0.2573	0.0073
17	44.409	0.0225	173.636	3.9099	0.2558	0.0058
18	55.511	0.0180	218.045	3.9280	0.2546	0.0046
19	69.389	0.0144	273.556	3.9424	0.2537	0.0037
20	86.736	0.0115	342.945	3.9539	0.2529	0.0029
21	108.420	0.0092	429.681	3.9631	0.2523	0.0023
22	135.525	0.0074	538.101	3.9705	0.2519	0.0019
23	169.407	0.0059	673.626	3.9764	0.2515	0.0015
24	211.758	0.0047	843.033	3.9811	0.2511	0.0012
25	264.698	0.0038	1054.791	3.9849	0.2510	0.0010
26	330.872	0.0030	1319.489	3.9879	0.2508	0.0008
27	413.590	0.0024	1650.361	3.9903	0.2506	0.0006
28	516.988	0.0019	2063.952	3.9923	0.2505	0.0005
29	646.235	0.0016	2580.939	3.9938	0.2504	0.0004
30	807.794	0.0012	3227.174	3.9951	0.2503	0.0003
31	1009.742	0.0010	4034.968	3.9960	0.2503	0.0003
32	1262.177	0.0008	5044.710	3.9968	0.2502	0.0002
33	1577.722	0.0006	6306.887	3.9975	0.2502	0.0002
34	1972.152	0.0005	788.609	3.9980	0.2501	0.0001
35	2465.190	0.0004	9856.761	3.9984	0.2501	0.0001

30%的复利系数表

年限	整付复本利系数 已知现值求将来值	整付现值系数 已知将来值求现值	年金复本利系数 已知年金求将来值	基金年存系数 已知将来值求年金	年金现值系数 已知年金求现值	投资回收系数 已知现值求年金
1	1.300	0.7692	1.000	0.7692	1.3000	1.0000
2	1.690	0.5917	2.300	1.3610	0.7348	0.4348
3	2.197	0.4552	3.990	1.8161	0.5506	0.2506
4	2.856	0.3501	6.187	2.1663	0.4616	0.1616
5	3.713	0.2693	9.043	2.4356	0.4106	0.1106
6	4.827	0.2072	12.756	2.6428	0.3784	0.0784
7	6.275	0.1594	17.583	2.8021	0.3569	0.0569
8	8.157	0.1226	23.858	2.9247	0.3419	0.0419
9	10.605	0.0943	32.015	3.0190	0.3321	0.0312
10	13.786	0.0725	42.620	3.0915	0.3235	0.0235
11	17.922	0.0558	65.405	3.1473	0.3177	0.0177
12	23.298	0.0429	74.327	3.1903	0.3135	0.0135
13	30.288	0.0330	97.625	3.2233	0.3103	0.0103
14	39.374	0.0254	127.913	3.2487	0.3078	0.0078
15	51.186	0.0195	167.286	3.2682	0.3060	0.0060
16	66.542	0.0150	218.472	3.2832	0.3046	0.0046
17	86.504	0.0116	285.014	3.2948	0.3035	0.0035
18	112.455	0.0089	371.518	3.3037	0.3027	0.0027
19	146.192	0.0069	483.973	3.3105	0.3021	0.0021
20	190.050	0.0053	630.165	3.3158	0.3016	0.0016
21	247.065	0.0041	820.215	3.3199	0.3012	0.0012
22	321.184	0.0031	1067.280	3.3230	0.3009	0.0009
23	417.539	0.0024	1388.464	3.3254	0.3007	0.0007
24	542.801	0.0019	1806.003	3.3272	0.3006	0.0006
25	705.641	0.0014	2348.803	3.3286	0.3004	0.0004
26	917.333	0.0011	3054.444	3.3297	0.3003	0.0003
27	1192.533	0.0008	3971.778	3.3305	0.3003	0.0003
28	1550.293	0.0007	5164.311	3.3312	0.3002	0.0002
29	2015.381	0.0005	6714.604	3.3317	0.3002	0.0002
30	2619.996	0.0004	8729.985	3.3321	0.3001	0.0001
31	3405.994	0.0003	11349.981	3.3324	0.3001	0.0001
32	4427.793	0.0002	14755.975	3.3326	0.3001	0.0001
33	5756.130	0.0002	19183.768	3.3328	0.3001	0.0001
34	7482.970	0.0001	24939.899	3.3329	0.3001	0.0001
35	9727.860	0.0001	32422.868	3.3330	0.3000	0.0000

35%的复利系数表

年限	整付复本利系数 已知现值求将来值	整付现值系数 已知将来值求现值	年金复本利系数 已知年金求将来值	基金年存系数 已知将来值求年金	年金现值系数 已知年金求现值	投资回收系数 已知现值求年金
1	1.3500	0.7407	1.0000	0.7404	1.3500	1.0000
2	1.8225	0.5487	2.3500	1.2894	0.7755	0.4255
3	2.4604	0.4064	4.1725	1.6959	0.5897	0.2397
4	3.3215	0.3011	6.6329	1.9969	0.5008	0.1508
5	4.4840	0.2230	9.9544	2.2200	0.4505	0.1005
6	6.0534	0.1652	14.4384	2.3852	0.4193	0.0693
7	8.1722	0.1224	20.4919	2.5075	0.3988	0.0488
8	11.0324	0.0906	28.6640	2.5982	0.3849	0.0349
9	14.8937	0.0671	39.6964	2.6653	0.3752	0.0252
10	20.1066	0.0497	54.5902	2.7150	0.3683	0.0183
11	27.1493	0.0368	74.6976	2.7519	0.3634	0.0134
12	36.6442	0.0273	101.8406	2.7792	0.3598	0.0098
13	49.4697	0.0202	138.4848	2.7994	0.3572	0.0072
14	66.7841	0.0150	187.9544	2.8144	0.3553	0.0053
15	90.1585	0.0111	254.7385	2.8255	0.3539	0.0039
16	121.7139	0.0082	344.8970	2.8337	0.3529	0.0029
17	164.3138	0.0061	466.6109	2.8398	0.3521	0.0021
18	221.8236	0.0045	630.9247	2.8443	0.3516	0.0016
19	299.4619	0.0033	852.7483	2.8476	0.3512	0.0012
20	404.2736	0.0025	1152.2103	2.8501	0.3509	0.0009
21	545.7693	0.0018	1556.4838	2.8519	0.3506	0.0006
22	736.7886	0.0014	2102.2532	2.8533	0.3505	0.0005
23	994.6646	0.0010	2839.0418	2.8543	0.3504	0.0004
24	1342.797	0.0007	3833.7064	2.8550	0.3503	0.0003
25	1812.776	0.0006	5176.5037	2.8556	0.3502	0.0002
26	2447.248	0.0004	6989.2800	2.8560	0.3501	0.0001
27	3303.785	0.0003	9436.5280	2.8563	0.3501	0.0001
28	4460.110	0.0002	12740.313	2.8565	0.3501	0.0001
29	6021.148	0.0002	17200.422	2.8567	0.3501	0.0001
30	8128.550	0.0001	23221.570	2.8568	0.3500	0.0000
31	10973.54	0.0001	31350.120	2.8569	0.3500	0.0000
32	14814.280	0.0001	42323.661	2.8569	0.3500	0.0000
33	19999.280	0.0001	57137.943	2.8570	0.3500	0.0000
34	26999.030	0.0000	77137.223	2.8570	0.3500	0.0000
35	36448.69	0.0000	104136.25	2.8571	0.3500	0.0000

40％的复利系数表

年限	整付复本利系数	整付现值系数	年金复本利系数	基金年存系数	年金现值系数	投资回收系数
	已知现值求将来值	已知将来值求现值	已知年金求将来值	已知将来值求年金	已知年金求现值	已知现值求年金
1	1.400	0.7143	1.000	0.7143	1.4001	1.0001
2	1.960	0.5103	2.400	1.2245	0.8167	0.4167
3	2.744	0.3654	4.360	1.5890	0.6294	0.2294
4	3.842	0.2604	7.104	1.8493	0.5408	0.1408
5	5.378	0.1860	10.946	2.0352	0.4914	0.0914
6	7.530	0.1329	16.324	2.1680	0.4613	0.0613
7	10.541	0.0949	23.853	2.2629	0.4420	0.0420
8	14.758	0.0678	34.395	2.3306	0.4291	0.0291
9	20.661	0.0485	49.153	2.379	0.4204	0.0204
10	28.925	0.0346	69.814	2.4136	0.4144	0.0144
11	40.496	0.0247	98.739	2.4383	0.4102	0.0102
12	56.694	0.0177	139.234	2.4560	0.4072	0.0072
13	79.371	0.0126	195.928	2.4686	0.4052	0.0052
14	111.120	0.0090	275.299	2.4775	0.4037	0.0037
15	155.568	0.0065	386.419	2.4840	0.4026	0.0026
16	217.794	0.0046	541.986	2.4886	0.4019	0.0019
17	304.912	0.0033	759.780	2.4918	0.4014	0.0014
18	426.877	0.0024	104.691	2.4942	0.401	0.001
19	597.627	0.0017	1491.567	2.4959	0.4007	0.0007
20	836.678	0.0012	2089.195	2.4971	0.4005	0.0005
21	1171.348	0.0009	2925.871	2.4979	0.4004	0.0004
22	1639.887	0.0007	4097.218	2.4985	0.4003	0.0003
23	2295.842	0.0005	5373.105	2.4990	0.4002	0.0002
24	3214.178	0.0004	8032.945	2.4993	0.4002	0.0002
25	4499.847	0.0003	11247.110	2.4995	0.4001	0.0001
26	6299.785	0.0002	15746.960	2.4997	0.4001	0.0001
27	8819.695	0.0002	22046.730	2.4998	0.4001	0.0001
28	12347.570	0.0001	30866.430	2.4998	0.4001	0.0001
29	17286.590	0.0001	43213.990	2.4999	0.4001	0.0001
30	24201.230	0.0001	60500.580	2.4999	0.4001	0.0001

45%的复利系数表

年限	整付复本利系数	整付现值系数	年金复本利系数	基金年存系数	年金现值系数	投资回收系数
	已知现值求将来值	已知将来值求现值	已知年金求将来值	已知将来值求年金	已知年金求现值	已知现值求年金
1	1.4500	0.6897	1.0000	0.690	1.45000	1.00000
2	2.1025	0.4756	2.4500	1.165	0.85816	0.40816
3	3.0486	0.3280	4.552	1.493	0.66966	0.21966
4	4.4205	0.2262	7.601	1.720	0.58156	0.13156
5	6.4097	0.1560	12.022	1.867	0.53318	0.08318
6	9.2941	0.1076	18.431	1.983	0.50426	0.05426
7	13.4765	0.0742	27.725	2.057	0.48607	0.03607
8	19.5409	0.0512	41.202	2.109	0.47427	0.02427
9	28.3343	0.0353	60.743	2.144	0.46646	0.01646
10	41.0847	0.0243	89.077	2.168	0.46123	0.01123
11	59.5728	0.0168	130.162	2.158	0.45768	0.00768
12	86.3806	0.0116	189.735	2.196	0.45527	0.00527
13	125.2518	0.0080	267.115	2.024	0.45326	0.00362
14	181.6151	0.0055	401.367	2.210	0.45249	0.00249
15	263.3419	0.0038	582.982	2.214	0.45172	0.00172
16	381.8458	0.0026	846.324	2.216	0.45118	0.00118
17	553.6764	0.0018	1228.170	2.218	0.45081	0.00081
18	802.8308	0.0012	1781.846	2.219	0.45056	0.00056
19	1164.1047	0.0009	2584.677	2.220	0.45039	0.00039
20	1687.9518	0.0006	3748.782	2.221	0.45027	0.00027
21	2447.5301	0.0004	5436.743	2.221	0.45018	0.00018
22	3548.9187	0.0003	7884.246	2.222	0.45013	0.00013
23	5145.9321	0.0002	11433.182	2.222	0.45009	0.00009
24	7461.6015	0.0001	16579.115	2.222	0.45006	0.00006
25	10819.322	0.0001	24040.716	2.222	0.45004	0.00004
26	15688.017	0.0001	34860.038	2.222	0.45003	0.00003
27	22747.625	0.0000	50548.056	2.222	0.45002	0.00002
28	32984.056		73295.681	2.222	0.45001	0.00001
29	47826.882		106279.74	2.222	0.45001	0.00001
30	69348.978		154106.62	2.222	0.45001	0.00001

50%的复利系数表

年限	整付复本利系数	整付现值系数	年金复本利系数	基金年存系数	年金现值系数	投资回收系数
	已知现值求将来值	已知将来值求现值	已知年金求将来值	已知将来值求年金	已知年金求现值	已知现值求年金
1	1.5000	0.6667	1.000	0.667	1.50000	1.00000
2	2.2500	0.4444	2.500	1.111	0.90000	0.40000
3	3.3750	0.2963	4.750	1.407	0.71053	0.21053
4	5.0625	0.1975	8.125	1.605	0.62303	0.12308
5	7.5938	0.1317	13.188	1.737	0.57583	0.07583
6	11.3906	0.0878	20.781	1.824	0.54812	0.04812
7	17.0859	0.0585	32.172	1.883	0.53108	0.03108
8	25.6289	0.0390	49.258	1.922	0.52030	0.02030
9	38.4434	0.0260	74.887	1.948	0.51335	0.01335
10	57.6650	0.0173	113.330	1.965	0.50882	0.00882
11	86.4976	0.0116	170.995	1.977	0.50585	0.00585
12	129.7463	0.0077	257.493	1.985	0.50388	0.00388
13	194.6195	0.0051	387.239	1.990	0.50258	0.00258
14	291.9293	0.0034	581.859	1.993	0.50172	0.00172
15	437.8939	0.0023	873.788	1.995	0.50114	0.00114
16	656.8408	0.0015	1311.682	1.997	0.50076	0.00076
17	985.2613	0.0010	1968.523	1.998	0.50051	0.00051
18	1477.8919	0.0007	2953.784	1.999	0.50034	0.00034
19	2216.8378	0.0005	4431.676	1.999	0.50023	0.00023
20	3325.2567	0.0003	6648.513	1.999	0.50015	0.00015
21	4987.8851	0.0002	9973.770	2.000	0.50010	0.00010
22	7481.8276	0.0001	14961.655	2.000	0.50007	0.00007
23	11222.742	0.0001	22443.483	2.000	0.50004	0.00004
24	16834.112	0.0001	33666.224	2.000	0.50003	0.00003
25	25251.168	0.0000	50500.337	2.000	0.50002	0.00002

参考文献

1. 全国注册资产评估师考试用书编写组. 资产评估. 北京：经济科学出版社，2009

2. 全国注册资产评估师考试用书编写组. 资产评估. 北京：中国财政经济出版社，2008

3. 姜楠. 资产评估. 大连：东北财经大学出版社，2004

4. 朱萍. 资产评估学教程. 上海：上海财经大学出版社，2004

5. 乔志敏，张文新. 资产评估学教程. 北京：中国人民大学出版社，2006

6. 汪海粟. 资产评估. 北京：高等教育出版社，2008

7. 虞晓芬，汪初牧. 资产评估. 北京：清华大学出版社，2004

8. 肖翔，何琳. 资产评估学教程. 北京：清华大学出版社，北京交通大学出版社，2004

9. 赵仑. 资产评估学教程. 北京：首都经济贸易大学出版社，2004

10. 崔劲，朱军. 资产评估案例. 北京：中国人民大学出版社，2003

11. 朱萍. 资产评估学. 上海：上海财经大学出版社，2005

12. 潘学模. 资产评估学. 成都：西南财经大学出版社，2004

13. 沈琦. 不动产·机器设备·珠宝首饰·资源资产评估案例. 北京：中国财政经济出版社，2004

14. 刘伍堂，崔劲. 无形资产评估案例. 北京：中国财政经济出版社，2004

15. 王少豪，刘登清. 企业价值评估案例. 北京：中国财政经济出版社，2004

教辅产品及教师会员申请表

申请教师姓名			
所在学校		所在院系	
联系电话		电子邮件地址	
通信地址			
教授课程名称		学生人数	
您的授课对象	本科□　研究生□　MBA□　EMBA□　高职高专□　其他□		
教材名称		作者	
书号		订购册数	
您对该教材的评价			
您教授的其他课程名称		学生人数	
准备选用或正在使用的教材 （教材名称　出版社）			
您的研究方向		是否对教材翻译或改编有兴趣？　是□　否□	

您是否对编写教材感兴趣?　　　是□　　　否□

您推荐的教材是：_____

　　推荐理由：_____

为确保教辅资料仅为教师获得，请将此申请表加盖院系公章后传真或寄回给我们，谢谢！

　　　　　　　　　　　　　　　　　　　　　教师签名：
　　　　　　　　　　　　　　　　　　　　　院/系办公室公章

地　　址：北京市崇文区龙潭路甲 3 号翔龙大厦 218 室
　　　　　北京普华文化发展有限公司
邮　　编：100061
传　　真：(010) 67120121
咨询热线：(010) 67129879　67129872 - 818
网　　址：http://www.ptpress.com.cn
邮购电话：(010) 67129872 - 818
编辑信箱：puhuabook869@126.com